普通话训练与测试教程

主　编　彭永昭

副主编　(按音序排列)

　　　　方林刚　黄　洁　毛　宇

　　　　石美珊　王玲娟

重庆大学出版社

图书在版编目(CIP)数据

普通话训练与测试教程/彭永昭主编.—重庆:重庆大
学出版社,1998.8(2021.4重印)
ISBN 978-7-5624-1801-6

Ⅰ.普… Ⅱ.彭… Ⅲ.普通话—教材 Ⅳ.H102

中国版本图书馆 CIP 数据核字(2007)第 185447 号

普通话训练与测试教程

主 编 彭永昭

责任编辑:孙英姿 版式设计:孙英姿
责任校对:廖应碧 责任印制:张 策

*

重庆大学出版社出版发行
出版人:饶帮华
社址:重庆市沙坪坝区大学城西路 21 号
邮编:401331
电话:(023) 88617190 88617185(中小学)
传真:(023) 88617186 88617166
网址:http://www.cqup.com.cn
邮箱:fxk@ cqup.com.cn(营销中心)
全国新华书店经销
重庆升光电力印务有限公司印刷

*

开本:850mm×1168mm 1/32 印张:13.5 字数:363 千 插页:8 开 1 页
1998 年 8 月第 1 版 2021 年 4 月第 24 次印刷
印数:87 501—89 500
ISBN 978-7-5624-1801-6 定价:29.00 元

前　言

　　随着改革开放形势的不断深入发展,普通话的学习越来越引起人们的重视。国家有关部门也加大了推广普通话的力度。1994年10月30日国家语委、国家教委、广电部就作出了《关于开展普通话水平测试工作的决定》,明确规定"中小学教师、师范院校的教师和毕业生应达到一级或二级水平"并"从1995年起逐步实行持普通话等级证书上岗制度"。李岚清同志在1997年12月召开的语言文字工作会议上提出:"公务员和教师一样,要带头说普通话"普通话应成为他们的工作语言。同时,国家语委对窗口行业的工作人员也提出了明确要求,应尽快提高普通话能力,并逐步做到以普通话为服务用语。普通话能力已成为许多行业录用人才的条件之一。

　　在这种形势下,为了迅速、有效地帮助大家提高普通话水平,我们编写了《普通话训练与测试教程》。本书可供各类开设了普通话课程的院校及各种普通话培训班使用,还可供普通话爱好者自学使用。

　　本书以语言理论为纲,特别突出了方言语音辨正,尤其对重庆人说普通话应注意的问题说得比较详细。本书还编写和整理了大量的训练材料和学习资料,使学习者在学习对照时能落到实处,有具体感受,同时也方便自学者使用。

　　本书在编写过程中参考了一些现代汉语教材及《普通话水平测试大纲》的有关资料。重庆师范学院教材建设指导委员会、中文系领导及汉语教研室领导给予了热情的支持与关怀,特别是黎新第教授,在百忙中通读了本书全文,提出了宝贵的建议。重庆大学出版社的同志也给予了很大的帮助,在此一并表示诚挚的谢意。

本书的编写分工如下:

第一章由黄洁老师编写,第二章由王玲娟老师编写,第三章由毛宇老师编写,第四章由彭永昭老师编写,第五章由方林刚老师编写,第六章由彭永昭、黄洁老师编写,第七章由石美珊老师编写,第八章由黄洁老师编写。彭永昭老师负责主编工作。

由于水平有限,本书不足之处在所难免,敬请同行及读者批评指正。

编　者

目　录

第一章　绪　论

一、汉语普通话和方言

（一）普通话——现代汉民族共同语

任何一种语言，都必须具备三方面的条件：语音、词汇、语法。语音是语言的物质外壳，词汇是语言的建筑材料，语法是语言的结构规律。普通话作为汉民族的共同语，有它自身的语音系统、词汇体系和语法规则。概括起来说，普通话就是以北京语音为标准音，以北方话为基础方言，以典范的现代白话文著作为语法规范的现代汉民族共同语。

所谓共同语，是指一个民族全体成员通用的语言。它是相对于方言而言的。共同语的形成是与经济、政治的集中分不开的。普通话之所以以北京语音为标准音，以北方方言为基础方言，是有深远的历史渊源的。自1153年金迁都北京以来，经历了元明清三个朝代，北京作为我国的政治、经济、文化中心，历时近千年。一方面，北京话作为官府的通用语言很早就广泛传播到全国各地；另一方面，宋元话本、明清小说的流传，也使北方方言的影响更为广泛。尤其是到了本世纪，随着辛亥革命和"五四"运动的兴起，国语运动和"白话文"运动更进一步强化了北京话在汉语口语和书面语上的代表性。新中国成立以后，为了更好地促进国家的统一，人民的团结，政治、经济和文化的发展，党和政府非常重视汉民族共同语的确立和推广，于1955年10月在北京召开了第一次文字改革会议和第一次现代汉语规范问题学术会议，将现代汉民族共同语确定为"普通话"。

"普通话"即在汉民族社会普遍通行的话语。它以北京语音为标准音,有两个方面的涵义:一方面,北京语音成为普通话的标准音是历史和现实的必然,这一标准一旦确立,所有不与之相符的语音都是不规范的非标准音。另一方面,作为规范标准的"北京语音"指的是北京的语音音系。即北京音的声韵调系统和北京的字音。这是一个整体上的标准,并不是说北京话里的任何一个语音成分都是规范、标准的普通话成分。对北京话中过多的轻声和儿化音,普通话不可能全部吸收。而那些异读和土音成分,更不宜作为普通话的标准音。所以不能把普通话语音等同于北京语音。

从词汇的角度说,普通话以北方话为基础方言。在汉语各方言中,北方方言分布范围最广、影响力最大,其词汇具有极大的普遍性,但不是北方话所有的词汇都可以进入普通话。有些地方性太强的词,懂的人少,又过于土俗,就不宜吸收到普通话中来。另一方面,为丰富词汇,普通话也要从方言、古代语和外来语中吸收词语。

普通话的语法标准是以典范的现代白话文著作作为规范的。"典范的现代白话文著作"一是指有代表性的优秀著作,如国家的法律条文、报刊社论和现代著名作家的优秀白话文作品;二是指这些著作中的一般用例。在这些代表著作中,间或出现的不够纯洁、规范的语言用例只能当做特殊用例,不能进入普通话的语法规范。

通过以上规范的确立,普通话已经成为现代汉民族的标准语言。它不仅是汉民族的共同语,也是国内各民族人民之间的交际工具。随着中国的改革开放和国际地位的提高,它的社会作用和影响也在日益提高。

(二)汉语方言概况

现代汉民族既有共同语,也有不同的方言。方言是民族语言的地方分支,是局部地区的人们使用的语言。现代汉民族的方言是汉族社会在发展过程中,语言发生不同的分化、统一的结果。现代汉语有这样七大方言:

1. 北方方言

以北京话为代表,它是现代汉民族共同语的基础方言。分布地域最广,使用人口最多,约占汉族总人口的 73%。北方方言下分华北东北方言、西北方言、西南方言和江淮方言四个次方言区。

2. 吴方言

以上海话为代表。主要分布在上海市、江苏省长江以南镇江以东、浙江省的大部分地区,使用人口约占汉族总人口的 7.2%。

3. 湘方言

以长沙话为代表。主要分布在湖南省除西北角的大部分地区,有新湘语、老湘语之分。使用人口约占汉族总人口的 3.2%。

4. 赣方言

以南昌话为代表。主要分布在江西省的大部分地区,使用人口约占汉族总人口的 3.3%。

5. 客家方言

以广东梅县话为代表。主要分布在广东东部和北部、广西东南部、福建西部、江西南部。客家人虽然居住分散,但客家方言自成体系,内部差别不太大。它的使用人口约占汉族总人口的 3.6%。

6. 闽方言

以福州话、厦门话等为代表。主要分布在福建省、海南省的大部分地区,广东省的潮汕、雷州半岛,浙江省的温州以及广西的少数地区、台湾省的大多数汉人居住区。使用人口约占汉族总人口的 5.7%。闽方言下分闽东、闽南、闽北、闽中、永安等五个次方言。

7. 粤方言

以广州话为代表,当地人叫"白话"。主要分布在广东中部、西南部和广西东部、南部以及港澳地区。使用人口约占汉族总人口的 4%。

由于方言与普通话的差别主要体现在语音上,因此上述七大方言中,与普通话差别最大的是闽粤方言,吴方言次之,湘、赣、客家方言与普通话的距离相对较小。方言区的人们可以通过对比,找出自己的方言与普通话的异同和对应转换规律,以便更好、更快地推广普通话,使用普通话。

二、普通话的推广和普及的重要性

汉语是一种历史悠久、精密完善的语言,它的地位、作用和影响无论在过去、现在甚至将来都十分重要,不可忽视。当前,尤其要积极推广和大力普及普通话。

（一）推广和普及普通话是时代和社会的迫切需要

我国幅员辽阔,人口众多,地域之间的方言差异很大,分布也比较复杂,就是在同一方言区划中,也存在着许多令人费解的方言歧异。从信息论的观点看,语言交际的过程就是语言信息编码、发送、传递、接受、解码的过程。方言的不同必将导致语言信息码的差异。操不同方言的人,在交际中因不懂对方的信息码,不能很好地接收和解释彼此的语言信息,往往造成交际障碍,因此而产生的误会和损失也在所难免。所以,推广和普及民族共同语是我们社会的需要。

当今社会市场经济迅速发展,科学技术突飞猛进。随着改革开放的逐步深入,人际交往、区际交往、国际交往日益频繁密切;随着高新科技的开发,计算机的应用和普及,语言的服务对象从人际交际拓展到了"机际交际",计算机成为了人类思维活动延伸的工具,语言更深刻地进入了现代科技社会的广阔空间,中文信息处理成为了面向21世纪高新技术的基础和重点。这一切都对社会语言的纯洁化、规范化和标准化提出了更高的要求。民族共同语的推广和普及已经成为时代的迫切要求。

改革开放以来,我国综合国力迅速增强,与世界的交往不断扩展。随着国际地位的提高和对外开放程度的加大,作为联合国六种工作语言之一(汉语、英语、法语、俄语、西班牙语、阿拉伯语)的汉语,势必对世界产生更大的吸引力。中国要面向全球,走向世界,必须要有统一、规范、健康的社会用语。普通话在全社会的大力推广和深入普及已是势所必然。

（二）推广和普及普通话也是个人的需要

社会生活中,语言是一个人教养、身份和地位的标志,也是现代素质的重要构成因素。它体现着人的内在气质修养和外在风度形象。许多发达国家的国民都非常刻意地讲究说话的语音和语调。他们认为,语音、语调是否标准和穿着打扮是否得体,都是同等重要的事情。不规范的语音和语调暴露着人们"受教育程度不高"、"土气"、"粗俗"等缺点;而说标准语则标志着文明、高雅、见过世面、富有教养,是构成个人魅力的一个重要方面。对一个社会来说,社会用语的规范化和标准化程度标志着它物质文明和精神文明的发达程度;而对一个人来说,语言形象则是其个人形象的重要标志,不可轻视和忽略。

在现代生活中,作为一种根本性的素质,语言还直接关系到一个人的生存能力。未来社会,一个人的专业知识、经历、学历等固然重要,但语言能力将对他的生存状况产生最直接的影响。换句话说,不管一个人的天资和才能如何,不管他在某些方面如何专长,人们对他的评价不仅以他的知识水平为根据,而且也以其语言水平作为更直接的标尺。当今的中国,改革开放已成历史潮流,在市场经济激烈的竞争中,增强实力是立于不败之地的根本方法。普通话是语言能力的重要构成方面,随着时代的推进,其重要性必将进一步得到显现和加强。

（三）国家对推普工作的有关要求

继1955年10月普通话得到确立之后,1956年2月6日,国务院发布了《关于推广普通话的指示》。同年,中央和各省市自治区相继成立了推广普通话工作委员会。1957年全国普通话推广工作汇报会上又根据当时实际情况制定了推普工作方针。1958年国家公布的《汉语拼音方案》和1963年公布的《普通话异读词三次审音总表初稿》为普通话的注音识字和学习推广提供了切实的依据。经过数十年的努力，我国推普工作取得了显著成绩。

十一届三中全会以来，我国加强了推普工作的力度。1982年11月五届人大第五次会议通过的《中华人民共和国宪法》第19条明确规定："国家推广全国通用的普通话。"为了适应社会发展，1986年1月，国家教育委员会和国家语言文字工作委员会联合召开了全国语言文字工作会议。会议制定了新时期语言文字工作的方针和任务，大力推广和积极普及普通话已被提到当前语言文字工作任务的首要地位。1997年12月的全国语言文字工作会议更进一步地强调了当前我们的工作任务是坚持普通话的法定地位，大力推广普通话。推普工作要继续贯彻"大力推行，积极普及，逐步提高"的12字方针。在普及的基础上提高，在提高的指导下普及。第一，各级各类学校要加强普通话能力的训练，特别要注意普通话口语能力的提高，使普通话成为各级各类学校的教学语言，成为部分城镇学校的校园语言。第二，党政机关在推广普通话方面要率先垂范，在公务活动中自觉说普通话，具备普通话能力应作为公务员录用的必备条件之一。第三，有声传媒要以普通话为播音用语，广播电台、电视台的播音员、节目主持人从1998年起，要逐步做到持普通话合格证上岗。商业、旅游、邮电、交通、金融、司法等行业工作人员，解放军、武警指战员要尽快提高普通话能力，逐步以普通话为服务用语、工作用语。第四，加强普通话培训测试工作，提高普通话培训测试的科学水平，使测试更加科学化、现代化。第五，作好普通话词汇规范化工作，引导词汇应用的规范化。会议还指出，推广普通话是一项艰苦、复杂而又十分迫切的工作，我们要学校、社会一起抓，使两方面的推普工作互相结合、互相促进。

推广普通话并不排斥方言。它不是要人为地禁用或消灭方言，而是为了消除方言之间的隔阂，以利社会交际的畅达。方言不会因为推广普通话而消灭，它将与普通话长期共存，以适应人们社会生活各方面的交际需要。

三、怎样学好普通话

（一）努力克服心理障碍

许多人在学习普通话时,首先面对的不是技术问题,而是心理问题。他们或是害怕出丑,或是畏惧困难,或是对学习普通话的重要性认识不足。种种复杂的心理障碍常常给普通话的学习造成重重干扰,因此,学习普通话必须首先解决这些心理上的问题。

少数人在学与不学普通话的问题上心存迟疑。他们或多或少认为,现实生活中,不说普通话并不影响自己的正常生活。可现代生活日新月异,时代的变迁不断加速。在今天看来还算正常的生活态度和生活方式,转瞬之间就可能因落伍而被时代抛弃。与其到时候怨天尤人,不如现在未雨绸缪,站在时代潮头,做生活的强者。

一些人在学习普通话的过程中,往往因自己生硬别扭的发音而难为情。他们的训练仅限于跟着集体随声附和,或是躲在角落里偷偷诵读,因而对普通话缺乏足够的训练和深入的感受,学习进步缓慢。对这种情况,我们可以学习语言大师萧伯纳的经验:固执地一味让自己出丑,直到习以为常。任何学习都有一个从笨拙到精熟的过程,学习普通话也必然要经过这一尴尬阶段。要尽早结束这种尴尬境况,惟有下苦功夫克服困难,使自己早日成为学习中的胜利者,成为自己畏怯心理的战胜者。如果在学习中过分顾及面子,不敢坦然面对自己的缺陷,更不能以顽强的意志和艰苦的努力去克服它,一味退避畏缩,其结果不仅使自己付出了时间精力却收效甚微,而且容易造成心理上的阴影,加重今后学习和生活的负担。

除此以外,学习普通话过程中还会遇到其他一些心理问题。因此,做好自己的心理调适,是学好普通话的重要前提。

（二）注意学习方法

方言区的人学习普通话的目的是能听、能说标准的普通话。但改变多年对方言的听说习惯,建立一种新的听说能力,并不是一件容易的事。一方面我们要花力气、下功夫,老老实实地学习,另一方面也应该注意对学习方法的掌握和运用。如重庆人学普通话,不容易辨明 n、l 声母的字词。那么,我们可以从发音原理上弄清楚二者的区别,通过训练,发准这两个音。但是,怎么才能弄清那些字是 n 声母,那些字是 l 声母呢? 一个一个地辨别、记忆不仅麻烦,而且见效慢,这时我们可以利用普通话的声韵配合规律、声旁类推规律、普通话与方言的对应规律以及记少不记多等方法来巧学巧记,使我们的学习收到事半功倍的效果。

（三）创造良好的语言环境

任何语言应用都离不开具体的语言环境。它直接影响和制约着语言的学习和应用。在学习普通话的过程中,我们一定要克服当地方言环境的负面影响,尽量为自己创造有利的普通话环境。

做好这一点的关键在于主观认识的加强。如果我们有了学好普通话的迫切要求,自然就容易对普通话产生特别的兴趣和高度的敏感,自觉寻找各种可以接触普通话的机会,对普通话的学习别有会心;强烈的主观愿望还可以促使自己自觉地运用普通话进行阅读和思维,这会有力地促进普通话的口语表达;出于学好普通话的主观愿望,我们还可以对周围的语言环境作小范围的优化调整。语言环境是客观的,但对它的感受却是主观的。创造语言环境的目的在于更好地接受普通话的熏陶,能否将这种熏陶转变为切实的感受和领悟,关键还在于主观意识的活动。

总之,普通话的学习是一种复杂的学习活动,它不仅要求我们耳到、口到,还特别要求"心到"。普通话的学习周期可长可短,一段时间内的全身心投入,是学习效率最高的一种方法。

四、普通话语音常识

（一）语音及其发音原理

语音是由人的发音器官发出的表示一定意义的声音,也就是人们说话的声音。它是语言的物质外壳,是语言意义信息的运载工具。

和其他声音一样,语音也是由物体(声带)振动而发出的声音。因而也具有音高、音强、音长、音色等物理属性。由于语音是由人体发音器官发出的,因而它也是一种生理现象,具有生理属性。但从根本上说语言是一种社会现象,从属于语言的语音也就具有社会属性。

社会属性是语音的本质属性,是语音区别于其他声音的关键。它主要表现在两个方面:首先,用什么样的语音来表示什么样的意义不是由个人决定的,而是由社会全体成员约定俗成;其次,一个社会和另一社会的语言在语音上的区别主要表现为一种系统上的差异,这种系统性语音差异不仅存在于不同民族的语言之间,在同一民族语言的不同方言之间也同样存在。

语音的产生有一个较复杂的过程:由肺部呼出的气流冲击声带,声带振动产生的音波在咽腔、口腔、鼻腔等器官里发生共鸣,使音响得到扩大,这些音响再经口腔和鼻腔的进一步调节,便产生出了各式各样的语音。

从上述过程看,人体中的肺和气管、喉头和声带以及口腔和鼻腔,都对语音的产生有直接的作用。其中,肺和气管是人体的呼吸器官,也是发出语音的动力器官;声带是主要的发音体,发音时,声带在气流的冲击下产生振动,喉头则主要对声带起调节作用,改变声带振动的效果;口腔和鼻腔是最重要的发音器官,它们一方面是语音最主要的共鸣体,同时又是语音最主要的调节器,所有语音基本上都是经口腔和鼻腔的最后调节而形成的。语音的发出要依靠各个发音器官的相互协调和共同作用,我们对口腔和鼻腔应该特别注意(见图1-1)。

(二)语音的基本概念

1. 音节和音素

音节是语音的基本结构单位,也是听觉上最容易感觉和分辨的最小单位。汉语中除儿化音节外,一般一个汉字就是一个音节。

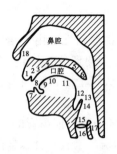

图 1-1　发音器官示意图

1. 上唇	2. 上齿	3. 齿龈
4. 硬腭	5. 软腭	6. 小舌
7. 下唇	8. 下齿	9. 舌尖
10. 舌面	11. 舌根	12. 咽头
13. 咽壁	14. 会厌	15. 声带
16. 气管	17. 食道	18. 鼻孔

例如"集思广益"四个字就是四个音节。对音节从音色的角度作进一步划分,就可以得到音素。音素是语音的最小单位。它是构成音节的基本成分。一个音节可以由一个音素构成,也可以由多个音素构成。如"集思广益"中的"集 ji"、"思 si"、"广 guang"三个音节都是由多个音素构成,"益 i"则由一个音素构成。

2. 元音和辅音

根据发音时气流是否受阻、声带是否振动、声音是否响亮等条件的不同,音素还可以分为元音和辅音两大类。

发音时,气流在口腔、咽头不受阻碍,声带振动,声音响亮的音是元音。普通话里有 a o e i u ü ê er -i[ʅ] -i[ɿ] 10 个元音。

发音时,气流在口腔、咽头受到阻碍,声带一般不振动,声音不响亮的音是辅音。普通话里有 b p m f d t n l g k h j q x zh ch sh r z c s ng 共 22 个辅音。

3. 声母、韵母和声调

传统音韵学将一个汉字字音分成声母、韵母、声调三个部分。声母指一个音节开头的辅音。有些音节的开头没有辅音声母,习惯上把这种情况看作声母等于零,称之为"零声母"。韵母是音节中声母后面的部分。声调则指的是音节中具有区别意义作用的音高变化。例如在"guǎng"这个音节中,开头的辅音"g"就是声母;声母后面的"uang"就是韵母,这个韵母由两个元音"u"、"a"和一个辅音"ng"组成;音节在整个发音过程中由降而升的音高变化就是声调,由"ˇ"表示。

声母、韵母和元音、辅音是两对不同性质的语音术语。声母、韵母是分析音素在音节结构中的不同位置而得出的概念；元音、辅音则是分析音素自身的发音特点而得出的概念。因此不能把声母等同于辅音，韵母等同于元音。

记录普通话语音的工具——汉语拼音方案

汉语拼音方案是采用拉丁字母给汉字标注普通话语音的一套音标。它是 1958 年 2 月 21 日由第一届全国人民代表大会第五次会议批准，作为正式方案向全国公布推行的。这套方案是对我国三百多年来创制的各种汉语注音法的经验总结，是中国语言文字工作的一个重大成就。几十年来的实践证明，这套方案在识字注音、规范民族共同语、推广普通话、改进语文教学、帮助对外汉语教学以及现代通讯、文献检索、计算机信息处理等许多方面都发挥了重要作用，已经成为我国现代生活中不可缺少的社会工具。

汉语拼音方案包括五个部分，即：字母表、声母表、韵母表、声调符号、隔音符号。（见附录一）

附 录 一

汉语拼音方案

一、字 母 表

字母:	A a	B b	C c	D d	E e	F f	G g
名称:	ㄚ	ㄅㄝ	ㄘㄝ	ㄉㄝ	ㄜ	ㄝㄈ	ㄍㄝ
	H h	I i	J j	K k	L l	M m	N n
	ㄏㄚ	l	ㄐㄧㄝ	ㄎㄝ	ㄝㄌ	ㄝㄇ	ㄋㄝ
	O o	P p	Q q	R r	S s	T t	
	ㄛ	ㄆㄝ	ㄑㄧㄡ	ㄚㄦ	ㄝㄙ	ㄊㄝ	
	U u	V v	W w	X x	Y y	Z z	
	ㄨ	万ㄝ	ㄨㄚ	ㄒㄧ	ㄧㄚ	ㄗㄝ	

v 只用来拼写外来语、少数民族语言和方言。

字母的手写体依照拉丁字母的一般书写习惯。

二、声 母 表

b	p	m	f		d	t	n	l
ㄅ玻	ㄆ坡	ㄇ摸	ㄈ佛		ㄉ得	ㄊ特	ㄋ讷	ㄌ勒
g	k	h			j	q	x	
ㄍ哥	ㄎ科	ㄏ喝			ㄐ基	ㄑ欺	ㄒ希	
zh	ch	sh	r		z	c	s	
ㄓ知	ㄔ蚩	ㄕ诗	ㄖ日		ㄗ资	ㄘ雌	ㄙ思	

在给汉字注音的时候,为了使拼式简短,zh ch sh 可以省作 ẑ ĉ ŝ。

三、韵 母 表

	i ㄧ 衣	u ㄨ 乌	ü ㄩ 迂
a ㄚ 啊	ia ㄧㄚ 呀	ua ㄨㄚ 蛙	
o ㄛ 喔		uo ㄨㄛ 窝	
e ㄜ 鹅	ie ㄧㄝ 耶		üe ㄩㄝ 约
ai ㄞ 哀		uai ㄨㄞ 歪	
ei ㄟ 欸		uei ㄨㄟ 威	
ao ㄠ 熬	iao ㄧㄠ 腰		
ou ㄡ 欧	iou ㄧㄡ 忧		
an ㄢ 安	ian ㄧㄢ 烟	uan ㄨㄢ 弯	üan ㄩㄢ 冤
en ㄣ 恩	in ㄧㄣ 因	uen ㄨㄣ 温	ün ㄩㄣ 晕
ang ㄤ 昂	iang ㄧㄤ 央	uang ㄨㄤ 汪	
eng ㄥ 亨的韵母	ing ㄧㄥ 英	ueng ㄨㄥ 翁	
ong (ㄨㄥ)轰的韵母	iong ㄩㄥ 雍		

（1）"知、蚩、诗、日、资、雌、思"等七个音节的韵母用 i，即：知、蚩、诗、日、资、雌、思等字拼作 zhi、chi、shi、ri、zi、ci、si。

（2）韵母ㄦ写成 er，用做韵尾的时候写 r。例如"儿童"拼作 értóng，"花儿"拼作 huār。

（3）韵母ㄝ单用的时候写成 ê。

（4）i 行的韵母，前面没有声母的时候，写成 yi（衣），ya，（呀），

ye（耶），yao（腰），you（忧），yan（烟），yin（因），yang（央），ying（英），yong（雍）。

u 行的韵母，前面没有声母的时候，写成 wu（乌），wa（蛙），wo（窝），wai（歪），wei（威），wan（弯），wen（温），wang（汪），weng（翁）。

ü 行的韵母，前面没有声母的时候，写成 yu（迂），yue（约），yuan（冤），yun（晕）。ü 上两点省略。

ü 行的韵母跟声母 j，q，x 拼的时候，写成 ju（居），qu（区），xu（虚），ü 上两点也省略；但是跟声母 n，l 拼的时候，仍然写成 nü（女），lü（吕）。

（5）iou，uei，uen 前面加声母的时候，写成 iu，ui，un，例如 niu（牛）gui（归），lun（论）。

（6）在给汉字注音的时候，为了使拼式简短，ng 可以省作 ŋ。

四、声调符号

阴平　阳平　上声　去声
　-　　　／　　　∨　　　＼

声调符号标在音节的主要母音上。轻声不标。例如：

妈 mā　　麻 má　　马 mǎ　　骂 mà　　吗 ma
（阴平）　（阳平）　（上声）　（去声）　（轻声）

五、隔音符号

　a，o，e 开头的音节连接在其他音节后面的时候，如果音节的界限发生混淆，用隔音符号（'）隔开，例如：pi'ao（皮袄）。

第二章 声母辨正及训练

一、普通话声母的发音

普通话声母共22个,由辅音声母和零声母组成。普通话辅音声母21个,可按发音部位和发音方法进行分类。

（一）按发音部位分类

发音部位即发音时的受阻部位,是指气流在发音器官中受到阻碍的位置。

普通话辅音声母,按发音部位可分为三个大类,七个小类:

1. 唇音

唇音又分为双唇音和唇齿音两个小类。

双唇音:b,p,m。这三个声母的发音,要求上唇和下唇接触。下面这些字的声母发的就是双唇音:

b	报	表	变	饱	波
p	破	碰	盼	抛	劈
m	命	梦	妈	忙	秘

唇齿音:f。这个声母的发音,要求上齿轻轻接触下唇的内侧。下面这些字的声母发的就是唇齿音:

f	发	放	风	肥	反

2. 舌尖音

又分为舌尖前音、舌尖中音和舌尖后音三个小类。

舌尖前音:z,c,s。这三个声母就是我们平常所说的平舌音,发音时要求舌头平伸,舌尖抵住上齿背。下面这些字的声母发的就是舌尖前音:

z	作	走	租	匝	栽
c	粗	材	操	惨	刺
s	三	算	僧	岁	送

舌尖中音:d,t,n,l。这四个声母的发音,要求舌尖抵住上齿龈。下面这些字的声母发的就是舌尖中音:

d	地	钉	大	动	得
t	剔	听	跳	土	通
n	奴	诺	虐	扭	宁
l	里	龙	灵	轮	略

舌尖后音:zh,ch,sh,r。这四个声母就是我们平常所说的翘舌音,发音时要求舌尖上翘,与硬腭前部轻轻接触。下面这些字的声母发的就是舌尖后音:

zh	侦	种	正	帐	智
ch	揣	绸	潮	除	昌
sh	数	沙	试	善	舍
r	若	热	日	忍	绒

3. 舌面音

又分为舌面前音和舌面后音两个小类。

舌面前音:j,q,x。这三个声母的发音,要求舌面前部与硬腭前部接触形成阻碍。下面这些字的声母发的就是舌面前音:

j	就	经	尽	居	尖
q	抢	前	期	区	球
x	稀	需	先	想	谐

舌面后音:g,k,h。这三个声母就是我们通常所说的舌根音,发音时要求舌面后部与软腭接触形成阻碍。下面这些字的声母发的就是舌面发音:

g	歌	概	高	感	关
k	空	开	考	快	酷
h	欢	化	含	轰	喊

（二）按发音方法分类

普通话辅音声母的发音方法,按成阻和除阻的方式、气流的强弱、声带是否颤动分述如下:

(1)根据造成和克服阻碍即成阻和除阻的方式,可以把21个辅音声母分为塞音、擦音、塞擦音、鼻音、边音五类。

塞音(6个):b,p,d,t,g,k。这六个声母又叫爆破音。发音时要求成阻阶段发音部位完全闭塞,软腭上升,封闭鼻腔通路,堵住气流;持阻阶段气流在阻碍部位之后积蓄;除阻时突然解除阻碍,气流猛然迸出,爆发成声。

下面这些词语的声母发的就是塞音:

b	标榜	辨别	病变	奔波
p	澎湃	铺平	爬坡	拼盘
d	带动	断定	到底	单独
t	天堂	铁蹄	吞吐	体贴
g	更改	干戈	尴尬	杠杆
k	慷慨	苛刻	夸口	空旷

擦音(6个):f,s,sh,r,x,h。这六个声母的发音要求成阻时构成阻碍的发音部位轻轻接触,并留有缝隙;持阻阶段气流从缝隙中挤出,摩擦成声;除阻即发音结束。

下面这些词语的声母发的就是擦音:

f	丰富	仿佛	纷繁	非法
s	洒扫	琐碎	搜索	送死
sh	史诗	深山	手术	实施
r	忍让	荣辱	柔弱	如若
x	详细	现象	相信	新鲜
h	黄昏	荷花	浩瀚	悔恨

塞擦音(6个):z,c,zh,ch,j,q。这六个声母的发音方法实际是塞音和擦音两种发音方法的结合,以塞音的成阻开始,随即过渡到擦音的发音,并以擦音结束。具体要求是:发音部位先是完全闭

塞,封闭鼻腔通路,堵住气流,让气流在发音部位之后积蓄;然后慢慢打开一条窄缝,让气流从窄缝中挤出,摩擦成声。

下面这些词语的声母发的就是塞擦音:

z	祖宗	自尊	总则	做作
c	苍翠	猜测	草丛	粗糙
zh	主张	壮志	种植	政治
ch	戳穿	铲除	初春	抽查
j	讲究	积极	结局	将军
q	牵强	轻巧	铅球	弃权

鼻音(2个):m,n。这两个声母的发音,要求成阻时发音部位完全闭塞,封闭气流从口腔外出的通路;然后软腭下垂,打开鼻腔通路,气流振动声带,从鼻腔流出而成音。

下面这些词语的声母发的就是鼻音:

| m | 盲目 | 蒙昧 | 弥漫 | 埋没 |
| n | 农奴 | 能耐 | 恼怒 | 扭捏 |

边音(1个):l。这个声母的发音,要求舌尖顶紧上齿龈,使舌的两侧留有空隙,同时软腭上升,封闭鼻腔通道,然后气流振动声带,沿舌两侧的空隙流出成音。

下面这些词语的声母发的就是边音:

| l | 老练 | 联络 | 零乱 | 冷落 |

(2)根据发音时气流的强弱,普通话声母中的塞音和塞擦音有"送气"和"不送气"的区别。发音时呼出的气流较弱,称之为"不送气音";呼出的气流较强,则称之为"送气音"。

不送气音(6个):b,z,d,zh,j,g。

送气音(6个):p,c,t,ch,q,k。

(3)根据发音时声带是否颤动,普通话辅音声母可以分为清音和浊音两类。发音时声带不颤动的是清音,声带颤动的是浊音。普通话只有4个浊音声母:m,n,l,r。其余都是清音。

结合发音部位和发音方法这两个方面,就可以全面清楚地掌握每个普通话辅音声母。

表2-1　普通话辅音声母发音表

发音部位 ＼ 发音方法		塞音		塞擦音		擦音		鼻音	边音
		清音		清音		清音	浊音	浊音	浊音
		不送气	送气	不送气	送气				
唇音	双唇音	b	p					m	
	唇齿音					f			
舌尖音	舌尖前音			z	c	s			
	舌尖中音	d	t					n	l
	舌尖后音			zh	ch	sh	r		
舌面音	舌面前音			j	q	x			
	舌面后音	g	k			h			

二、声母辨正

这里所说的"辨正"是指辨别、辨析,并以普通话语音为标准进行正音。

方言区的人要掌握好普通话的声母,不仅要准确把握每一个声母的发音部位和发音方法,发准读音,还应该经常将自己的方音与普通话的语音进行对比,找出它们的异同,并在"异"这个方面狠下功夫,以普通话的标准读音进行反复训练。这样,就不难掌握普通话的声母。

各方言的声母与普通话声母相比,都有这样那样的差异。下面以重庆方言为例,与普通话进行比较,要特别注意以下五个方面:

（一）分清声母 zh,ch,sh 与声母 z,c,s 的字音

重庆方言没有 zh,ch,sh 和 z,c,s 的区分。普通话中所有 zh,ch,sh 声母的字重庆人都念作 z,c,s。例如,某甲姓"周",某乙姓

"邹"，这在普通话里分得很清楚，"周"念 zhōu，"邹"念 zōu；而重庆话一律念 zou¹，所以在重庆话的口语中，无法知道是姓"周"呢还是姓"邹"。又如，"推辞"（tuī cí）和"推迟"（tuīchí）重庆人都念成 tui¹ ci²，"事实"（shì shí）和"四十"（sí shí）都念成 si⁴ si²，"擦手"（cāshǒu）和"插手"（chā shǒu）都念成 ca²sou³。这样的例子还很多。单听一个词无法判定究竟说的是哪一个，只有另加解释或在具体的上下文语境中才听得明白。所以重庆人要学好普通话，一定要注意区分和读好 zh，ch，sh 和 z，c，s 的字。

首先要发准 z，c，s 与 zh，ch，sh 这两组声母。这两组声母的发音方法相同，区别在发音部位上。发 z，c，s 的时候，舌头平伸，舌尖一定要抵住上齿背；而发 zh，ch，sh 的时候，舌尖一定要上翘，和硬腭前沿接触。重庆人发这两组音的困难主要在 zh，ch，sh 这一组，有的人完全发成了 z，c，s，这在普通话等级测试中算是发音错误，要扣分；有的人发音时舌尖没有和硬腭前沿接触，舌位靠前，舌尖靠近上齿背，发的音十分接近 z，c，s，或是舌位靠后，舌尖接近硬腭中后部，发出的音给人的感觉是翘舌太过，这两种情况，都应算是发音缺陷，在普通话等级测试中也要扣分。所以要发好 zh，ch，sh 这一组舌尖后音，需要反复练习。

其次是要能迅速、准确地判断普通话哪些字的声母发 zh，ch，sh，哪些字的声母发 z，c，s。这就要求学会记音。记字音可采取记少不记多的办法。z 组声母的字比 zh 组声母的字要少得多，因此，只要记住 z 组声母的常用字，大体就可以分清 z 组声母与 zh 组声母的字了。但一个一个孤立地去记字音，缺乏系统性，不便记住。有一个便捷而又行之有效的方法，就是利用代表字（往往是声旁）进行类推，举一反三，记住一个字的读音，就等于记住了一组字的读音，往往可以收到事半功倍的效果。需要提醒的是，在类推的过程中也有例外，记住这个例外，其他都可用类推方法记住，这又回到记少不记多的方法上去。例如，"寸"（cùn）、"村"（cūn）、"忖"（cǔn）都有"寸"这个声符，只要记住"寸"，就可类推"村"、"忖"的声母也是平舌音 c；但"衬"（chèn）是个例外，念翘舌音声母 ch。所以记住"衬"声母翘舌，其他以"寸"平舌类推就行了。以代表字类推读音,可参考本章附录《声母代表字类推表及认读举例》中的有关部分。

需要说明一点的是,普通话里舌尖后音除了 zh,ch,sh 外,还有一个"r",它在重庆话里往往读[z],如"热"、"日"、"肉"、"忍"等字。所以说普通话时把声母[z]改成翘舌音"r"就行了。

zh-z、ch-c、sh-s 字音辨正练习：

zh-z 对比练习

zhǒngzú 种族	zhìzào 制造	zhǎo zé 沼泽	zhízé 职责
zhūzōng 猪鬃	zhāzǐ 渣滓	zhǒu zi 肘子	zhèngzài 正在
zhǐ zé 指责	zhīzú 知足	zhǎngzǐ 长子	zhǔzǎi 主宰
zhùzuò 著作	zhuīzōng 追踪	zhǔn zé 准则	zhuǎnzǎi 转载
zhàizi 寨子	zhuàng zú 壮族	zhuǎ zi 爪子	zhuāngzài 装载
zhuǎnzèng 转赠			

zìzhǐ 字纸	zūnzhòng 尊重	zǔ zhī 组织	zàizhí 在职
zīzhǎng 滋长	zǔzhòu 诅咒	zuǒzhèng 佐证	zǔzhǐ 阻止
zǒngzhī 总之	zuìzhōng 最终	zūnzhào 遵照	zázhì 杂志
zànzhù 赞助	zuòzhě 作者	zuòzhōng 座钟	zìzhì 自治

zàizhòng	zēngzhǎng	zá zhì	zǔ zhǎng
载重	增长	杂质	组长
zuòzhǔ	zì zhuàn	zōngzhǐ	zuòzhèn
作主	自传	宗旨	坐镇
zú zhǎng	zǒngzhàng	zuìzhèng	zāizhòng
族长	总帐	罪证	栽种
zì zhì	zuòzhuāng	zì zhòng	
自制	坐庄	自重	

zhǔlì zǔlì	zhēngbīng zēngbīng	zhàojiù zàojiù
主力—阻力	征兵—增兵	照旧—造就
zhīyuán zī yuán	zhúzi zúzi	zhāitáo zāitáo
支援—资源	竹子—卒子	摘桃—栽桃
miánzhǐ mián zǐ	zhuāndòng zuāndòng	
棉纸—棉籽	砖洞—钻洞	

ch-c 对比练习

chuáncāng	chóucuò	chǐcùn	chàngcí
船舱	筹措	尺寸	唱词
chūncán	chūcāo	chī cù	chúcǎo
春蚕	出操	吃醋	除草
chuǎi cè	chéngcái	chǎngcì	chuāncì
揣测	成材	场次	穿刺
chúncuì	chén cù		
纯粹	陈醋		

cāochǎng	cuóchuāng	cǎichē	cǎochuàng
操场	痤疮	彩车	草创
cù chéng	cí chéng	cāochí	cuīchǎn
促成	辞呈	操持	催产
càichǎng	cáichǔ	cáochuán	cánchuǎn
菜场	裁处	漕船	残喘
cuòchē	cāngchǔ	cí chǎng	cáochuáng
错车	仓储	磁场	槽床

mùchái mùcái 木柴—木材	yì chéng yìcéng 一 成 ——一层	zuìchū zuìcū 最初—最粗	
tuīchí tuīcí 推迟—推辞	chāshǒu cāshǒu 插 手—擦 手	yú chì yúcì 鱼翅—鱼刺	
chū bù cūbù 初步—粗布	luànchǎo luàncǎo 乱 吵 —乱 草		

sh-s 对比练习

shūsòng 输 送	shēnsù 申诉	shàosuǒ 哨 所	shēnsuō 伸缩
shēngsǐ 生死	shì sú 世俗	shí sì 十四	shīsàn 失散
shēnsī 深思	shí sù 食宿	shàng si 上 司	shēng sè 声 色
shèngsì 胜似	shàng sù 上 诉	shōusuō 收缩	shàngsè 上色
shèng sù 胜 诉	shī sè 失色	shūsōng 疏 松	shuānsè 栓塞
shīsuàn 失 算	sù shè 宿舍	sāngshèn 桑 葚	suìshí 燧石
suōshǐ 唆使	sàngshī 丧 失	sōngshù 松 树	suìshí 碎石
sǔnshī 损失	sāngshù 桑 树	suànshù 算 术	suīshuō 虽 说
sīshú 私塾	sā shǒu 撒 手	suǒshì 琐事	sìshēng 四声
suíshí 随时	sù shí 素食	suànshì 算 式	suìshu 岁 数
suíshǒu 随 手	sǎoshì 扫视	sī shēng 私 生	sǐshāng 死伤
sàozhou 扫 帚	sōngshǒu 松 手	suìshǒu 岁 首	sìshū 四书

sōngshǔ	sǎoshè	sǐshuǐ
松鼠	扫射	死水

shīrén　sī rén	shīzhǎng　sī zhǎng	shāng yè　sāng yè
诗人—私人	师长—司长	商业—桑叶
shū zi　sū zi	shuìshí　suìshí	shānjiǎo　sānjiǎo
梳子—苏子	睡时—碎石	山脚—三角
shōu jí　sōu jí	shìshí　sì shí	
收集—搜集	事实—四十	

含 r 声母字的练习

rǎorǎng	diǎnrǎn	rěnrǎn	ráoshù
扰攘	点染	荏苒	饶恕

huánrào	rè dù	rénlún	rènzhèng
环绕	热度	人伦	认证

rènzhí	réngrán	rì shí	rì zhì
任职	仍然	日食	日志

lái rì	róngrěn	yí róng	róng rǔ
来日	容忍	仪容	荣辱

fánróng	róng jiě	xiāoróng	rǒng zá
繁荣	融解	消融	冗杂

rǒngcháng	róuruǎn	róurèn	rú rǎn
冗长	柔软	柔韧	濡染

rú yǎ	rú ruò	rǔzhī	rù mèng
儒雅	如若	乳汁	入梦

ruì lì	ruìzhì	róngmǎ	rónghàng
锐利	睿智	戎马	戎行

（二）分清鼻音声母 n 与边音声母 l 的字音

重庆方言没有 n 和 l 的区分。重庆人普遍把普通话里的鼻音 n 都念成边音 l。例如，"恼怒"（nǎonù）和"老路"（lǎolù）重庆人都念 lao³lu⁴，"难住"（nánzhù）和"拦住"（lánzhù）重庆人都念

lan^{2}zu^4，"留念"（liúniàn）和"留恋"（liúliàn）重庆人都念 liu^{2}lian^4，"脑子"（nǎozi）和"老子"（lǎozi）重庆人都念 lao^{3}zi。这样的例子很多，单说一个词在口语中很难分辨到底是哪一个，也只有通过解释或结合上下文语境才可断定。

重庆人要学好普通话，区分和读好 n、l 字音是十分重要的，尤其是 n 声母字音，这是重庆人学普通话的一大难点。要解决这个问题，首先要发准普通话 n、l 两个声母。n、l 两个声母的发音部位完全相同，区别在于它们的发音方法。发舌尖中鼻音 n 时，舌尖要抵住上齿龈，使之形成阻塞，然后软腭下垂，打开鼻腔通路，声带振动，气流同时到达口腔和鼻腔，在口腔受到阻碍，气流从鼻腔透出成声。发舌尖中边音 l 时，舌尖要抵住上齿龈的后部，阻塞气流从口腔中路通过的通道，然后软腭上升，关闭鼻腔通路，声带振动，气流到达口腔后从舌头跟两颊内侧形成的空隙通过而成声。发这两个音，我们可以采取下面的辅助练习：两根手指分别对准口腔和鼻腔，发 n 时，对准鼻腔的手指感到有明显的气流呼出；发 l 时，对准口腔的手指感到的气流要明显些。这样，通过单独的发音练习和对比发音训练，就可以掌握普通话 n、l 的发音了。

其次还要记住普通话里哪些字念 n 声母，哪些字念 l 声母。记字音仍然可采取记少不记多以及利用代表字进行类推的方法。普通话里 n 声母的字比 l 声母的字要少得多，所以只要记住 n 声母的常用字，大体就可以分清 n 声母和 l 声母的字了。再根据已知读音的代表字来类推其他同声符字的读音，并排除个别例外，就基本上可以掌握普通话里的 n、l 字音了。可参考本章附录《声母代表字类推表及认读举例》中的有关部分。

n-l 字音辨正练习

nǎli	nàlǐ	nàilì	nǎolì
哪里	那里	耐力	脑力

nénglì	nílóng	nìliú	niánlíng
能力	尼龙	逆流	年龄

núlì	nǎilào	nàiláo	nèilì
奴隶	奶酪	耐劳	内力
néngliàng	niǎolèi	nǚláng	nàliáng
能 量	鸟类	女郎	纳凉
nèilù	nènlǜ	níliáo	niánlì
内陆	嫩绿	泥疗	年历
níngliàn	nónglì	nèiluàn	niánlún
凝练	农历	内乱	年轮
nǔlì	nǚliú	nónglín	nuǎnliú
努力	女流	农林	暖流
nǚlán	nuǎnlián	nánlán	nánlǐng
女篮	暖帘	男篮	南岭

lǎonóng	liènǚ	luònàn	lìniào
老农	烈女	落难	利尿
liúnnián	léiniǎo	lìnián	liúniàn
流年	雷鸟	历年	留念
liánnián	lànní	lěngnuǎn	lǐngnán
连年	烂泥	冷暖	岭南
líniú			
犁牛			

nízi lízi	nǎozi lǎozi	nǎonù lǎolù
呢子—梨子	脑子—老子	恼怒—老路
wúnài wúlài	dàniáng dàliáng	nǚbàn lǚbàn
无奈—无赖	大娘—大梁	女伴—旅伴
shuǐniú shuǐliú	dànián dàlián	liúniàn liúliàn
水牛—水流	大年—大连	留念—留恋
nánzhù lánzhù	ménnèi ménlèi	nóngzhòng lóngzhòng
难住—拦住	门内—门类	浓重—隆重
niǎoquè liǎoquè	niánjié liánjié	nánzǐ lánzi
鸟雀—了却	年节—廉洁	男子—篮子

（三）分清声母 f 与声母 h 的字音

f 声母与 h 声母的字在许多方言里都有混读的情况，重庆方言 h、f 混读的情况集中反映在把普通话里所有 hu 音节的字都念成了 fu，如把"蝴蝶"（húdié）说成是 fu^{2}die^2，"虎狼"（hǔláng）说成是 fu^{3}lang^2，"糊涂"（hútu）说成是 fu^{2}tu^2，"恍惚"（huǎnghū）说成是 huang^{3}fu^2，"户口"（hùkǒu）说成是 fu^{4}kou^3 等。重庆人要分清 f、h 声母的字，就得把方言中念"fu"音节的字改读成"hu"音节。普通话里 hu 音节的代表字有"乎、忽、胡、狐、虎、户"六个。

另外，有些地方如荣昌、射洪等地有 f、h 不分的情况，"花"（huā）说成 fa^1，"饭"（fàn）说成 huan^4；又如奉节、巫溪没有 f 声母，"风"（fēng）说成 hong^1，"房"（fáng）说成 huang^2。这些地区的人要注意纠正，记住普通话里哪些字读 h，哪些字读 f。

记音仍可采用记少不记多的办法（f 声母字少于 h 声母字）以及代表字类推法。类推可参考本章附录《声母代表字类推表及认读举例》中的有关部分。

分清了哪些字念 f 声母，哪些字念 h 声母，并不等于能读好、说好 f、h 声母的字，必须通过反复的正音训练，才能真正掌握普通话里 f、h 声母的字音。

f-h 字音辨正练习

fēnghuá	fù huì	féng hé	fūhuà
风华	附会	缝合	孵化
fánhuā	fēnhuà	fǎnháng	fú huò
繁花	分化	返航	俘获
fáng hù	fēi huā	fènghuáng	fù huó
防护	飞花	凤凰	复活
fēnghòu	fànhé	fāhuī	fànhún
丰厚	饭盒	发挥	犯浑
fēnhóng	fúhé	fǔ huà	fānhuǐ
分红	符合	腐化	翻悔
fánghóng	fànghuǒ	fénhuà	fùhé
防洪	放火	焚化	复合
fēnháo	fénhuǐ	fēnhào	
分毫	焚毁	分号	

hùnfǎng	héfǎ	huìfèi	hǎifáng
混纺	合法	汇费	海防
héngfú	hǔfú	huàfǎng	huāfěn
横幅	虎符	画舫	花粉
hèfà	huàféi	háofàng	hàofèi
鹤发	化肥	豪放	耗费
huófó	huāfèi	huàfēn	huāngfèi
活佛	花费	划分	荒废
huīfù	héfēng	hóngfú	huàfēng
恢复	和风	洪福	话锋
huànfā	hóngfēng	huīfā	huífù
焕发	洪峰	挥发	回复
huófan	huǒfáng	huífǎng	
活泛	伙房	回访	

fùfā hùhuā	fángkōng hángkōng	fùzhù hùzhù
复发—护花	防空—航空	附注—互助
fùlì hùlì	fèihuà huìhuà	fànrén huànrén
富丽—互利	废话—会话	犯人—换人
fánghòu huánghòu	kāifā kāihuā	fāngdì huāngdì
房后—皇后	开发—开花	方地—荒地
fúdù húdù		
幅度—弧度		

（四）注意某些送气声母与不送气声母的字音

重庆方言把普通话中一部分念不送气声母的字音念成了送气声母，如，把"卑鄙"（bēibǐ）念成 bei^1pi^3，"复辟"（fùbì）念成 fu^2pi^2，"选择"（xuǎnzé）念成 $xuan^3cê^2$，"改造"（gǎizào）念成 gai^3cao^4，"噪音"（zàoyīn）念成 cao^4yin^1，"刽子手"（guìzishǒu）念成 $kuai^4zisou^3$ 等；又有把普通话中一部分念送气声母的字音念成不送气，如，把"枸杞"（gǒuqǐ）念成 gou^3ji^3，"肚脐"（dùqí）念成 du^4ji^1，"枇杷"（pípa）念成 pi^2ba^1，"舂米"（chōngmǐ）念成 $zong^1mi^3$，"翅膀"（chìbǎng）念成 zi^4bang^3。重庆人说普通话，也要注意这一点。

送气声母字音与不送气声母字音辨正练习

zhàiquàn	piányi	chìbǎng	chōng mǐ
债 券	便宜	翅 膀	舂 米

pípa	hǔntun	gǒuqǐ	chì rè
枇杷	馄 饨	枸杞	炽热

péngpài	dùqí	pípa	jiē chù
澎 湃	肚脐	琵琶	接触

xuǎn bá	jié zhǐ	bá shè	zhǐ dǎo
选 拔	截止	跋 涉	指导

bīn lín	bǔ zhuō	jiān miè	guàn xǐ
濒临	捕 捉	歼 灭	盥 洗

bēi bǐ	piāo bó	fù bì	chuán bó
卑 鄙	漂 泊	复辟	船 舶

dī bà	fán zào	biān tà	zhàn dǒu
堤坝	烦 躁	鞭 挞	战 抖

gān zào	guàn gài	xuǎn zé	biàn dì
干 燥	灌 溉	选 择	遍 地

zhù zhái	tuō jiù	jīng lún	jié bào
住 宅	脱臼	腈 纶	捷报

gǎi zào	bàn jiǎo	chì zhà	má bì
改造	绊 脚	叱咤	麻痹

zhǎo zé	zhān bǔ	dī fáng	xìn jiān
沼泽	占 卜	提 防	信笺

pì měi	zào yīn	dà gài	què záo
媲美	噪 音	大概	确 凿

gē zhì	guì zú	jìn tòu	zhì xù
搁 置	贵族	浸 透	秩序

bù zhòu	guì zishǒu	jǐn gū zhòu	cū guǎng
步 骤	刽 子手	紧 箍 咒	粗 犷

húnzhuó	zhuàng jī		
浑 浊	撞击		

（五）分清零声母与辅音声母的字音

普通话是零声母的一部分字音,重庆话念为辅音声母,主要有

·29·

以下几种情况：

（1）普通话由 a、o、e 开头的零声母字音，如"哀"（āi）、"矮"（ǎi）、"隘"（ài）、"安"（ān）、"暗"（àn）、"岸"（àn）、"熬"（áo）、"袄"（ǎo）、"欧"（ōu）、"藕"（ǒu）、"恩"（ēn）、"额"（é）等，重庆话普遍念成辅音 ng[ŋ]作声母。

（2）普通话由 i 开头的零声母音字，如"研"（yán）、"业"（yè）、"仪"（yí）、"疑"（yí）、"严"（yán）、"验"（yàn）等，重庆话普遍念成辅音 l[l]作声母。

（3）普通话读 wu 的零声母字，如"午"（wǔ）、"武"（wǔ）、"无"（wú）、"雾"（wù）、"务"（wù）等，重庆话普遍念成辅音[v]作声母。

（4）某些以 ü 开头的零声母字，如"孕"（yùn），重庆话念为辅音[z]作声母。

相反，重庆话也有将普通话辅音声母的字念为零声母的，如，将"容、戎、榕、荣、融"（róng）等字念成 yong^2。

可见，要念准普通话字音的声母，还必须注意分清零声母与辅音声母的字音。

零声母字与辅音声母字辨正

āi tàn	ái dǎ	ài yè	ái zhèng
哀叹	挨打	艾叶	癌症
hé'ǎi	ǎi xiǎo	guān'ài	zǔ'ài
和蔼	矮小	关隘	阻碍
ài hào	ān rán	àn jiàn	àn shang
爱好	安然	案件	岸上
àn dàn	áo yào	áo xiáng	pí'ǎo
暗淡	熬药	翱翔	皮袄
ào qì	ào kǒu	ào huǐ	ōu gē
傲气	拗口	懊悔	讴歌
ōu dǎ	ǒu fěn	ǒu rán	É guó
殴打	藕粉	偶然	俄国

tiān'é	fèn'é	ě xīn	è hào
天鹅	份额	恶心	噩耗

è shā	ruǎn'è	jī'è	bào'ēn
扼杀	软腭	饥饿	报恩

ángshǒu	yánjiū	yèwù	yǎnrán
昂首	研究	业务	俨然

huái yí	yí biǎo	yán sù	yánwang
怀疑	仪表	严肃	阎王

yìlì	yànshōu	róng yì	róng yù
毅力	验收	容易	荣誉

（六）其他

重庆人学普通话，除了要注意前面五个问题以外，还有些问题，如把普通话里有些 j 声母的字读成 g 声母，把有些 x 声母的字读成 h 声母，把有些 q 声母的字读成 k 声母了，即普通话是舌面音 j、q、x 作声母的，重庆话读成 g、k、h 舌根音了。这部分字数量不多，但如果不纠正，很影响说话人的普通话语音面貌，下面把这些字举例如下：

例字	重庆话	普通话	词　　语
街	gai^1	jiē	上街　街心
阶	gai^1	jiē	阶梯　阶段
搅	gao^3	jiǎo	搅乱
窖	gao^4	jiào	地窖　窖肥
角	go^2	jiǎo	角楼　角落　角度
嵌	kan^1	qiàn	镶嵌
掐	ka^2	qiā	掐断　掐算　掐头去尾
敲	kao^1	qiāo	敲门　敲竹杠
咸	han^2	xián	味太咸　咸菜
衔	han^2	xián	头衔　衔接
陷	han^4	xiàn	陷进去
苋	han^4	xiàn	苋菜
鞋	hai^2	xié	皮鞋　鞋袜
项	hang^4	xiàng	项目　项链
杏	hen^4	xìng	杏儿（重庆话 henr^4，普通话 xìngr）

三、声母训练

（一）现代汉语常用字中含 zh、ch、sh-z、c、s，n-l，f-h 声母的字的训练

zh-

zhā	zhāi	zhǎi	zhān	zhàn	zhàn	zhāng	zhǎng
扎	摘	窄	粘	占	站	章	长
zhǎng	zhàng	zháo	zhǎo	zhào	zhé	zhè	zhe
涨	丈	着	找	照	折	这	着
zhēn	zhēn	zhèn	zhēng	zhēng	zhèng	zhī	zhī
真	针	阵	睁	争	正	只	织
zhí	zhǐ	zhǐ	zhǐ	zhǐ	zhì	zhì	zhōng
直	指	止	只	纸	至	治	中
zhōng	zhǒng	zhòng	zhòng	zhōu	zhū	zhū	zhǔ
钟	种	种	重	周	株	猪	煮
zhù	zhù	zhuā	zhuǎn	zhuàn	zhuāng	zhuàng	zhuī
住	祝	抓	转	转	装	撞	追
zhǔn	zhuō						
准	捉						
zhā	zhá	zhá	zhǎ	zhà	zhà	zhài	zhài
渣	闸	炸	眨	炸	榨	寨	债
zhān	zhǎn	zhǎn	zhàn	zhāng	zhǎng	zhàng	zhàng
沾	盏	斩	战	张	掌	帐	胀
zhāo	zhào	zhào	zhē	zhě	zhèn	zhèn	zhèn
招	兆	罩	遮	者	震	振	镇
zhēng	zhēng	zhěng	zhèng	zhèng	zhī	zhī
蒸	征	整	症	挣	证	枝	知
zhī	zhī	zhí	zhí	zhì	zhì	zhì	zhì
汁	之	植	值	志	掷	致	置
zhì	zhì	zhōng	zhǒng	zhòng	zhòng	zhōu	zhōu
制	质	终	肿	中	众	舟	州
zhōu	zhōu	zhòu	zhǔ	zhǔ	zhù	zhù	zhù
洲	粥	皱	拄	主	著	助	铸

zhù	zhù	zhuài	zhuān	zhuān	zhuàn	zhuàn	zhuāng
筑	驻	拽	专	砖	传	赚	桩

zhuāng	zhuàng	zhuàng	zhuó	zhuó
庄	幢	壮	啄	着

ch-

chā	chá	chá	chà	chāi	cháng	cháng	cháng
插	茶	查	差	拆	尝	常	长

chǎng	chàng	chāo	chāo	cháo	chǎo	chē	chèn
场	唱	超	抄	朝	吵	车	趁

chēng	chéng	chéng	chéng	chī	chǐ	chōng	chóng
称	城	成	乘	吃	尺	冲	重

chōu	chóu	chòu	chū	chū	chú	chǔ	chù
抽	愁	臭	初	出	除	处	处

chuān	chuán	chuán	chuāng	chuáng	chuǎng	chuàng	chuī
穿	传	船	窗	床	闯	创	吹

chūn
春

chā	chà	chān	chán	chán	chán	chǎn	chǎn
叉	岔	搀	蝉	馋	缠	铲	产

chàn	cháng	cháng	cháo	chǎo	chě	chè	chén
颤	偿	肠	潮	炒	扯	撤	沉

chéng	chéng	chéng	chèng	chí	chí	chòng	chóu
呈	盛	惩	秤	池	迟	冲	仇

chǒu	chú	chù	chuǎn	chuàn	chuāng	chuí	chuí
丑	锄	触	喘	串	疮	捶	锤

chuí	chún	chǔn
垂	纯	蠢

sh-

shā	shǎ	shài	shān	shǎn	shāng	shàng	shāo
杀	傻	晒	山	闪	伤	上	稍

shāo	shǎo	shé	shè	shēn	shēn	shēn	shén
烧	少	蛇	射	伸	身	深	神

shēng	shēng	shěng	shèng	shèng	shī	shī	shí
声	升	省	剩	胜	湿	诗	十

shǐ	shì	shì	shì	shì	shì	shōu	shǒu
使	事	是	市	室	试	收	手

shǒu	shòu	shòu	shū	shū	shú	shǔ	shù
首	受	瘦	输	书	熟	数	树

shù	shuā	shuāi	shuǎi	shuí	shuǐ	shuì	shuō
数	刷	摔	甩	谁	水	睡	说

shā	shā	shā	shá	shān	shàn	shāng	
沙	砂	纱	啥	删	善	商	

shǎng	shàng	shāo	shāo	shào	shě	shè	
赏	尚	梢	捎	哨	舍	摄	

shè	shè	shěn	shèn	shēng	shèng	shī	
社	设	审	渗	生	盛	师	

shī	shī	shí	shí	shí	shí	shí	
失	施	拾	时	食	实	识	

shǐ	shǐ	shǐ	shǐ	shì	shì	shì	
史	屎	驶	始	式	世	视	

shǒu	shòu	shòu	shū	shǔ	shù	shù	
守	授	售	梳	属	束	竖	

shuǎ	shuài	shuān	shuāng	shuāng	shuì	shùn	
耍	帅	栓	霜	双	税	顺	

z-

zá	zāi	zài	zài	zán	zāng	zǎo
杂	灾	再	在	咱	脏	早

zào	zé	zǐ	zì	zì	zǒu	zǔ
造	则	紫	自	字	走	组

zuān	zuǐ	zuì	zuì	zuǒ	zuò	zuò
钻	嘴	醉	最	左	做	作

zuò	zuò					
坐	座					

zá	zāi	zǎi	zài	zǎn	zàn	zàng
砸	栽	宰	载	攒	暂	葬

zāo	zāo	záo	zǎo	zào	zéi	zěn
遭	糟	凿	枣	灶	贼	怎

zēng	zǐ	zǐ	zǒng	zòu	zòu	zū
增	籽	子	总	奏	揍	租

zú	zú	zuì	zūn
足	族	罪	尊

c-

cā	cāi	cǎi	cǎi	cài	cáng	cǎo
擦	猜	踩	采	菜	藏	草

cè	céng	céng	cí	cì	cì	cóng
册	层	曾	词	刺	次	从

cū	cù	cuī	cún	cùn	cuò
粗	醋	催	存	寸	错

cái	cái	cái	cān	cán	cán	cǎn
裁	才	财	餐	蚕	残	惨

cāng	cāo	cáo	cè	cè	cèng	cí
舱	操	槽	侧	测	蹭	雌

cí	cí	cǐ	cōng	cóng	còu	cù
辞	瓷	此	葱	丛	凑	促

cuàn	cuì	cuō
窜	脆	搓

s-

sī	sī	sī	sǐ	sì	sōng	sòng
撕	私	丝	死	四	松	送

suān	suàn	suì	suì	suō	suǒ	
酸	算	碎	岁	缩	所	

sī	sì	sì	sì	sǒng	sōu	sú
思	寺	肆	似	耸	搜	俗

sù	suī	suì	sǔn	sǔn	suǒ
素	虽	穗	损	笋	锁

n-

ná	nǎ	nà	na	nán	nán	nán
拿	哪	那	哪	南	男	难

nào	ne	nèi	néng	ní	nǐ	nián
闹	呢	内	能	泥	你	年

niàn	niǎo	nín	niú	niǔ	nóng	nòng
念	鸟	您	牛	扭	浓	弄

nǚ	nuǎn
女	暖

nǎi	nǎi	nài	nàn	nèn	nǐ	niǎn
乃	奶	耐	难	嫩	拟	捻

niǎn	niáng	niàng	niào	niē	nǐng	nù
撵	娘	酿	尿	捏	拧	怒

nuó
挪

l-

lā	la	lái	lán	lán	lǎn	làn
拉	啦	来	蓝	拦	懒	烂

láng	làng	lāo	lǎo	lèi	lèi	lěng
狼	浪	捞	老	累	类	冷

lí	lí	lǐ	lì	lì	lì	li
梨	离	里	例	立	粒	哩

liǎ	lián	liǎn	liàn	liáng	liáng	liàng
俩	连	脸	练	凉	量	辆

liàng	liáo	liǎo	liè	lín	líng	líng
亮	聊	了	列	临	零	铃

lǐng	lìng	liú	liú	liù	lóng	lóu
领	另	留	流	六	龙	楼

lòu	lòu	lù	lù	lù	luàn	lüè
漏	露	路	录	绿	乱	略

là	là	lài	láo	lào	lè	lēi
落	辣	赖	牢	涝	乐	勒

léi	lěi	léng	lèng	lí	lǐ	lǐ
雷	垒	棱	楞	犁	理	礼

lì	lián	liàn	liàn	liáng	liáng	liǎng
利	帘	恋	炼	梁	良	两

liàng	liàng	liào	liè	liè	lín	lín
量	晾	料	裂	劣	磷	邻

lín	líng	lǐng	lìng	liū	lù	lóng
淋	灵	岭	令	溜	陆	聋

lǒng	lǒu	lou	lù	lù	lú	lǚ
拢	搂	喽	露	鹿	驴	铝

lǚ	lǜ	luǎn	lūn	lùn	luó	
旅	率	卵	抡	论	锣	

f-

fā	fān	fán	fàn	fàn	fāng	fáng
发	翻	凡	犯	饭	方	防

fàng	fēi	féi	fèi	fèi	fēn	fèn
放	飞	肥	肺	费	分	份

fēng	féng	fú	fú	fú	fù	fú
风	逢	扶	幅	浮	副	符

fù						
富						

fá	fá	fǎ	fān	fān	fán	fán
伐	罚	法	帆	番	繁	烦

fǎn	fǎn	fàn	fǎng	fēi	fèi	fén
反	返	泛	彷	非	废	坟

fèn	fēng	fēng	fēng	féng	fǒu	fú
粪	封	蜂	疯	缝	否	伏

fú	fú	fǔ	fù	fù	fù	fù
服	福	俯	赴	复	腹	负

h-

hái	hǎi	hài	hán	hǎn	hàn	háng
还	海	害	含	喊	汗	行

hǎo 好	hào 号	hào 好	hē 喝	hé 和	hé 合	hé 盒
hé 河	hēi 嘿	hēi 黑	hěn 很	hēng 哼	hóng 红	hòu 厚
hòu 后	hū 呼	hú 壶	hú 湖	hù 户	huā 花	huá 划
huá 滑	huà 画	huà 划	huà 化	huà 话	huài 坏	huán 环
huán 还	huàn 换	huāng 慌	huáng 黄	huī 灰	huī 挥	huí 回
huì 会	hùn 混	huó 活	huǒ 火	huò 或	huò 货	
hāi 咳	hán 寒	hàn 旱	hàn 焊	hào 耗	hē 呵	hé 核
hé 何	hěn 狠	héng 横	hōng 烘	hóng 虹	hǒng 哄	hòng 哄
hǒu 吼	hú 胡	hú 糊	hù 护	huái 怀	huǎn 缓	huàn 患
huàn 唤	huāng 荒	huǎng 晃	huàng 晃	huǐ 毁	huǐ 悔	huì 汇
huì 绘	hūn 昏	huō 豁	huǒ 伙	huò 获	huò 祸	

（二）含有 zh、ch、sh-z、c、s,n-l,f-h 声母的词语训练

zh-

zhì yí 置疑	zhōngcéng 中层	zhànlán 湛蓝	zhádāo 铡刀
zháicài 择菜	zhānlián 粘连	zhānniàn 瞻念	zhàn fú 战俘
zhāngzuǐ 张嘴	zhǎngfáng 长房	zhàngpeng 帐篷	zhǎochár 找茬儿
zhāokǎo 招考	zhéshè 折射	zhēn jì 真迹	zhēnbǎn 砧板

zhēnwén	zhěnchá	zhènzāi	zhēngchén
珍闻	诊察	赈灾	征尘
zhēngníng	zhèngwù	zhèngquàn	zhèngyǒu
狰狞	正误	证券	诤友
zhīwu	zhī xī	zhī zi	zhíwèi
支吾	知悉	栀子	职位
zhí pí	zhǐ jiǎ	zhǐ yì	zhǐnán
植皮	趾甲	旨意	指南
zhǐshǐ	zhìliú	zhìshì	zhì lì
指使	滞留	志士	致力
zhìnáng	zhōngjiànr	zhǒngchù	zhòumà
智囊	中间儿	种畜	咒骂
zhū rú	zhǔhūn	zhúsǔn	zhùcáng
侏儒	主婚	竹笋	贮藏
zhù zì	zhuānhèng	zhuǎnshùn	zhuāngliàn
铸字	专横	转瞬	装殓
zhuī gǔ	zhuómó		
椎骨	琢磨		

z-

zīzhòng	zǐjīng	zìhuì	zìchí
辎重	紫荆	字汇	自持
zōng cí	zòngróng	zǒudiàor	zòuzhé
宗祠	纵容	走调儿	奏折
zū lìn	zǔchuán	zǔqǔ	zuǐyán
租赁	祖传	组曲	嘴严
zuì'àn	zūnchóng	zuōfang	zuóliào
罪案	尊崇	作坊	作料
zuòláo	zuòpài	zuǒqīng	zìwěn
坐牢	做派	左倾	自刎
zìsī	zōng hé	zī yuán	zīshì
自私	综合	资源	姿势
zǒngtǒng	zǔ náo	zuānyán	zuǐchún
总统	阻挠	钻研	嘴唇

zuìchū	zuómo	zuòwèi	zī chǎn
最初	琢磨	座位	资产
zǐxì	zōng lǔ	zìmú	zìlì
仔细	棕榈	字模	自立
zǐnǔ	zīróng	zīshì	zōngyǐng
子女	姿容	滋事	踪影
zǔsè	zuìyì	zūnxíng	zēngchǎng
阻塞	醉意	遵行	增长
zàofǎn	zāogāo	zǎowǎn	zāoshòu
造反	糟糕	早晚	遭受
zāihài	zá luàn		
灾害	杂乱		

ch-

chāzi	chǎnliàng	chàndǒu	chángnián
叉子	产量	颤抖	常年
chángyuǎn	chǎngdì	chāoguò	cháoxiào
长远	场地	超过	嘲笑
chēliàng	chè dǐ	chénzhuó	chènshān
车辆	彻底	沉着	衬衫
chéng jì	chéng kè	chéngkěn	chījīng
成绩	乘客	诚恳	吃惊
chíhuǎn	chìbǎng	chōngpèi	chǒu'è
迟缓	翅膀	充沛	丑恶
chū bù	chū lù	chúfáng	chǔbèi
初步	出路	厨房	储备
chǔzhì	chuánsòng	chuāng hu	chuángpù
处置	传送	窗户	床铺
chuīniú	chūngēng	cháiláng	chānhuo
吹牛	春耕	豺狼	搀和
chán sū	cháchí	cháyàn	chāisǎn
蟾酥	茶匙	查验	拆散
chàngwǎng	cháonòng	chèhuàn	chén jìn
怅惘	嘲弄	撤换	沉浸

chén cù	chèn zhí	chēng sòng	chéng sè
陈醋	称职	称颂	成色
chéng xiàn	chǐ yín	chì bó	chì zé
呈献	齿龈	赤膊	斥责
chōng cì	chóu láo		
冲刺	酬劳		

c-

cái feng	cái kuài	cán rěn	cāng cù
裁缝	财会	残忍	仓促
cāo láo	cǎo yuán	cè suǒ	cè liáng
操劳	草原	厕所	测量
céng cì	cí zhí	cǐ shí	cì hou
层次	辞职	此时	伺候
cōng ming	cóng 'ér	còu qiǎo	cuò zhé
聪明	从而	凑巧	挫折
cū cāo	cuī huǐ	cūn zhuāng	cuō shāng
粗糙	催毁	村庄	磋商
cuò wù	cù shǐ	cāng qióng	cā shì
错误	促使	苍穹	擦试
cāi yí	cái shí	cǎi zhì	cài nóng
猜疑	才识	采制	菜农
cān zhàn	cǎn tòng	cáng nì	cè yǐn
参战	惨痛	藏匿	恻隐
cēn cī	cí píng	cí sù	cì dì
参差	瓷瓶	词素	次第
cōng lù	cù yōng	cuán jù	cuǐ càn
葱绿	簇拥	攒聚	璀璨
cuī mián	cuàn duó	cuó chuāng	cún xīn
催眠	篡夺	痤疮	存心
cuò dāo	cáo zá	cǎi chóu	cāng sāng
锉刀	嘈杂	彩绸	沧桑
cáo hé	cè dòng		
漕河	策动		

sh-

shā fā 沙发	shānjiǎo 山脚	shàn zì 擅自	shānghén 伤痕
shàngxún 上旬	shāowēi 稍微	shēchǐ 奢侈	shēnyín 呻吟
shēnchén 深沉	shèntòu 渗透	shēng yù 声誉	shěnglüè 省略
shī fu 师傅	shǐ jìn 使劲	shì jì 世纪	shì lì 事例
shūchū 输出	shù fù 束缚	shuāi tuì 衰退	shuāngfāng 双方
shuǐ lì 水利	shùnbiàn 顺便	shuōmíng 说明	shuǎngkuai 爽快
shuìshōu 税收	shāzǎo 沙枣	shǎyǎn 傻眼	shǎi zi 色子
shāndòng 煽动	shānbǎn 舢板	shànràng 禅让	shāngwù 商务
shǎngqián 赏钱	shàngyìng 上映	sháoyao 芍药	shàoqiǎ 哨卡
shēzhàng 赊账	shēnyuān 申冤	shén sì 神似	shěnshì 审视
shēngchén 生辰	chèngzàn 盛赞	shīzhěn 湿疹	shíliu 石榴
shízhǐ 食指	shìtàn 试探	shǒushi 首饰	shòunàn 受难
shūniǔ 枢纽	shǔcuàn 鼠窜		

s-

sā huǎng 撒谎	sānjiǎo 三角	sàn fā 散发	sǎng zi 嗓子
sǎochú 扫除	sè cǎi 色彩	sēnlín 森林	sī suǒ 思索

sīyíng 私营	sījī 司机	sì jì 四季	sòngxíng 送行
sōuchá 搜查	sū xǐng 苏醒	sù zhì 素质	suīshuō 虽说
suí jí 随即	sūn nǚ 孙女	suǒwèi 所谓	sī liang 思量
sīyí 司仪	sìyì 肆意	sōngzhēn 松针	sòngbìn 送殡
súqi 俗气	sù xiě 速写	suānchǔ 酸楚	sǔnyǎn 榫眼
suǒnà 唢呐	sǎ sǎo 洒扫	sāixiàn 腮腺	sǎnbīng 伞兵
sāngrènr 桑葚儿	sàoyǎng 瘙痒	sèzé 塞责	sēng lǚ 僧侣
sǎo zi 嫂子	sāngshì 丧事	sǎnmàn 散漫	sàichē 赛车
sāorǎo 骚扰	sàng'ǒu 丧偶	sāosī 缫丝	sàiwài 塞外
suōduǎn 缩短	suìshu 岁数	suàn ní 蒜泥	sǔnhào 损耗
sù liào 塑料	sī háo 丝毫		

n-

nǎ ge 哪个	nǎifěn 奶粉	nàmènr 纳闷儿	nǎojīn 脑筋
nèimù 内幕	néngshǒu 能手	nǐ dìng 拟定	niánqīng 年青
niēzào 捏造	níngméng 柠檬	niǔzhuǎn 扭转	nónghù 农户
núyì 奴役	nǚzǐ 女子	nuǎnhuo 暖和	nìng kě 宁可
niúnǎi 牛奶	nónghòu 浓厚	niánjí 年级	nítǔ 泥土

níngshì	nǔlì	náshǒu	nài hé
凝视	努力	拿手	奈何
nánguā	nángchóng	náobó	nánwei
南瓜	囊虫	铙钹	难为
nǎonù	nàozāi	nèihòng	nènhuáng
恼怒	闹灾	内讧	嫩黄
ní nán	nì zhuǎn	niānjiūr	niàngzào
呢喃	逆转	拈阄儿	酿造
niǎokàn	nièpán	níngxiào	niǔ ní
鸟瞰	涅槃	狞笑	忸怩
nüèji	nǔ gōng	nuódòng	niè hé
疟疾	弩弓	挪动	啮合
niào sù	niǔdài	niǎnfáng	nián jié
尿素	纽带	碾坊	黏结
nì 'ài	ní gū		
溺爱	尼姑		

l-

lājī	láilì	lǎnduò	lǎngsòng
垃圾	来历	懒惰	朗诵
lǎolao	lèi sì	lǐ huì	lìqi
姥姥	类似	理会	力气
lián zǐ	liàngjiě	liáokuò	línshí
莲子	谅解	辽阔	临时
língchén	liúsuān	lóngzhòng	lòushuì
凌晨	硫酸	隆重	漏税
lù chéng	lǚ xíng	lüèwēi	lúnliú
路程	旅行	略微	轮流
luōsuo	luòshí	liángzhǒng	liánjié
罗唆	落实	良种	廉洁
lìwài	lěngyǐn	léi dá	lè qù
例外	冷饮	雷达	乐趣
lánqiú	là zhú	láojià	làngfèi
篮球	蜡烛	劳驾	浪费

lèizhū	lǎnshéng	lèsuǒ	làoyìn
泪珠	缆绳	勒索	烙印
lǐfú	lì hai	liánjiē	língtīng
礼服	厉害	联接	聆听
lièqǔ	liàntiáo	liǎngqī	lìnsè
猎取	链条	两栖	吝啬
lǚlì	luánshēng	lúnlǐ	lǔmǎng
履历	孪生	伦理	鲁莽
lǒuzi	lóngdēng		
篓子	龙灯		

f-

fādǒu	fángyì	fèixū	fēnqí
发抖	防疫	废墟	分歧
fùshù	fǒuzé	fēngchǎn	fěnsuì
复述	否则	丰产	粉碎
fùyù	fānqié	fànwǎn	fánnǎo
富裕	番茄	饭碗	烦恼
fǎláng	fānyì	fēn fù	féiliào
法郎	翻译	吩咐	肥料
fáwèi	fánlì	fāngxiāng	fēiyè
乏味	凡例	芳香	扉页
fěnsī	fēngmǐ	fùmiè	fèngxì
粉丝	风靡	覆灭	缝隙
fúchí	fǔxù	fùrú	fēngdiān
扶持	抚恤	妇孺	疯颠
fóshǒu	fūqiǎn	fǎnggǔ	fǎnxǐng
佛手	肤浅	仿古	反省
fānhào	fàlà	fànyùn	fēiděi
番号	发腊	贩运	非得
fāngcùn	fànběn	fàngsì	fánlí
方寸	范本	放肆	樊篱
fányǎn	fēngmáng	fènkǎi	fénjiǔ
繁衍	锋芒	愤慨	汾酒

fěi rán	fēng pí	fényíng	fèi yán
斐然	封皮	坟茔	肺炎

fǎngchē	fànlàn		
纺车	泛滥		

h-

háishi	hǎozhuǎn	hé mù	hēi 'àn
还是	好转	和睦	黑暗

héngxīng	hòuguǒ	húlu	huā sè
恒星	后果	葫芦	花色

huánjìng	huāngluàn	huìlù	hùnfǎng
环境	慌乱	贿赂	混纺

huòwù	huì lǜ	huángchóng	huīhuáng
货物	汇率	蝗虫	辉煌

huáiyí	huàyàn	hù shi	hóngchá
怀疑	化验	护士	红茶

hòubǔ	huáqiáo	huàndēng	huāngtáng
候补	华侨	幻灯	荒唐

huòqǔ	háma	hǎiluó	hányǎng
获取	蛤蟆	海螺	涵养

hángmó	hàohàn	hē chì	hé zhǔn
航模	浩瀚	呵斥	核准

hóngliàng	hòubèi	hè rán	hōnglōng
洪亮	后备	赫然	轰隆

hòudao	huàtǒng	huá nì	hǔ pò
厚道	话筒	滑腻	琥珀

hú tu	huàzhǎn	hé kǔ	háoshuǎng
糊涂	画展	何苦	豪爽

hángjia	hánliú	hā qian	hāi yō
行家	寒流	哈欠	嗨哟

hànqíng	hǒngpiàn		
旱情	哄骗		

（三）零声母音节的训练

ā 阿	āi 哎	àn 按	áng 昂	ǎo 袄	āi 哀	àn 暗
áo 熬	é 鹅	ér 而	ēn 恩	wā 挖	wāi 歪	wān 弯
wǎng 往	wéi 围	wén 闻	wǒ 我	wū 屋	wēng 翁	yā 压
yān 烟	yáng 杨	yāo 邀	yé 爷	yī 依	yǐn 隐	yīng 鹰
yo 哟	yǒng 涌	yōu 幽	yú 于	yuān 冤	yuè 越	yún 匀
yóu 油	yuán 援	yǔ 语	yòu 右	yòng 用	yì 译	yīng 英
yāo 要	yǎng 养	wàn 万	wǔ 舞	wèi 慰	ài 碍	yǔ 雨
yáng 洋	yù 喻	è 恶	yī 衣	yì 议	yuán 元	yóu 邮
yùn 蕴	wǎ 瓦	wài 外	wǎn 晚	yí 疑	wēi 微	yóu 游
ài 爱	yī 医	wū 污	wēi 威	wàng 望	wǎn 惋	wú 梧
wǔ 午	wéi 维	yǎn 眼	yā 鸦	āi 唉	àn 案	wò 握
ǎi 矮	yǎng 养	ào 奥	ài 艾	wěn 稳	āo 凹	yǎng 仰
yàn 厌	yè 谒	yào 药	yì 异	wǎ 瓦	yīn 音	ào 傲
āi 挨	ān 鞍	yì 义	yīng 鹦	wō 蜗	wū 乌	wěi 尾
yíng 营	yōng 佣	yǐng 影	wà 袜	wān 剜	yōu 优	wēng 嗡
áo 翱	yōu 悠	wō 涡	yīng 应	ài 隘	wěi 伟	wō 蜗

wū	yìng	yóu	yù	yuè	wěi	wěn
巫	硬	由	玉	岳	猥	紊
āi	ān	wò	wèi	wān	yǒng	yòu
哎	鹌	卧	味	蜿	咏	诱
yù	wán	wěi	yù	yòu	wán	wéi
谕	完	伪	育	幼	顽	违
yú	yuè	wán	wàng	yuē	yuán	ān
愉	粤	丸	妄	约	猿	谙
wěng	wǎng	yuè	yù	wáng	āi	wǎn
螉	枉	悦	御	亡	唉	宛
yuán	yuān	yǒu	yù	wàn	wàng	yù
圆	鸳	友	寓	腕	旺	浴
yuán	wàn	yuàn	yún	wáng	wēi	yù
园	蔓	院	云	王	巍	芋
yòu	wǎng	wéi	yū	ào	àn	yú
釉	网	帷	淤	澳	黯	鱼
yuàn	ǎi	yuè	wán	ān	áo	wēi
怨	嗳	乐	玩	桉	遨	偎
yūn	àn	ér	yún	ē	ān	yǔn
晕	岸	儿	耘	婀	氨	陨
àng	yáo	wéi	é	yè	yě	ěr
盎	摇	桅	讹	业	野	耳
ào	yán	yàng	wēi	wō	yàn	yī
拗	颜	样	危	倭	艳	衣
yín	yóu	é	wén	wèi	yōng	yǐn
吟	鱿	俄	文	卫	庸	饮
wèn	yíng	yù	wèi	ān	wǔ	wèi
问	迎	欲	慰	安	武	谓
yǐng	ǎi	yùn	wēn	è	yù	yīn
颖	霭	韵	温	愕	郁	殷
é	yū	wù	yǒu	yíng	wěn	yì
峨	迂	务	牖	赢	吻	艺
wǔ	yíng	yì	ě	wěi	yǒng	yì
妩	盈	肆	恶	萎	甬	呓

wèi	è	yǔ	wú	è	wū	yǐn
魏	噩	羽	吴	厄	屋	引
yuè	wā	wěi	wén	yuán	yáng	wǔ
阅	洼	娓	蚊	媛	阳	忤
yìng	wù	è	yú	yùn	ái	wū
映	误	扼	愚	孕	皑	邬
yān	è	yuān	wēn	wù	yàn	yàng
淹	饿	渊	瘟	晤	焰	漾
wū	yàn	wǔ	āi	áo	yāng	yè
诬	燕	五	埃	鏖	秧	液
yì	wù	yín	ěr	yuán	wù	áo
臆	雾	银	饵	辕	悟	嗷
yuè	è	wú	yù	yùn	wèi	yù
跃	遏	蜈	预	熨	喂	驭
wén	ǎo	wěi	yīn	yīng	wǔ	ěr
纹	媪	苇	阴	婴	捂	迩
yǔ	yùn	wù				
宇	运	物				

（四）会话训练（"一、不"标变调的符号）

(1) "Wǒmen yǐjīng zài zhèr děng le jìn bànxiǎoshí le , háishi kànbu
"我们 已经 在 这儿 等了 近 半小时了，还是 看不
dào qìchē de yǐngzi . Mǎshàng jiùyào xià yǔ le ." "Qìchē lái le . Dànyuàn
到 汽车的 影子。马上 就要 下雨了。""汽车 来了。但愿
shì shíbālù ." "Méicuò, jiùshì shíbā lù , lái de zhèng shì shíhou ."
是 十八路。""没错，就是 十八路，来得 正 是 时候。"

(2) "Nǐ shì zěnme bǎ tā sòng dào yīyuàn de ?" "Zhènghǎo nà ge shíhou
"你 是 怎么 把 他 送 到 医院的？""正好 那个 时候
yǒu yíliàng jiùhùchē jīngguò, wǒmen biàn bǎ tā sòng jìn le yī yuàn ."
有 一辆 救护车 经过，我们 便 把 他 送 进 了 医院。"

(3) "Nǐ zài nàr zhuā ěrnáosāi de gàn shénme ya ?" "wǒ jiǎojìnnǎo-
"你 在 那儿 抓 耳挠腮 地 干 什么 呀？""我 绞尽脑
zhī xiǎng le yí shàngwǔ jiùshì xiǎng bu qǐ nà ge shēng chǎn shǒutíshì
汁 想了 一 上午，就是 想 不起 那个 生 产 手提式
jìsuànjī gōngsī de míngzì ."
计算机 公司的 名字。"

（4）"Xīn de xǐwǎnjī zěn me yòu huài le？" "Bù zhī dao．Wǒ zhēn nà-
"新 的 洗碗机 怎 么 又 坏 了？" "不 知 道。我 真 纳
mēnr　xiūlǐgōng gāng zǒu le yíkèzhōng, érqiě tā shuō zhè jīqì tǐng hǎo
闷儿，修理工 刚 走 了 一刻钟，而且 他 说 这 机器 挺 好
yòng．"
用。"

（5）"Nǐ de jìsuànjī kè jìnzhǎn rú hé？" "Kèběn wǒ hái dǒng, dànshi
"你 的 计算机 课 进展 如 何？" "课本 我 还 懂，但是
jiàoshòu suǒ jiǎng de, wǒ lián yí bàn dōu tīng bu dǒng．Tā zài kètáng shang
教授 所 讲 的，我 连 一 半 都 听 不 懂。他 在 课堂 上
shǐyòng dàliàng de zhuānyè shùyǔ, wǒ xiǎng tā de kèchéng duì wǒ tài nán.
使用 大量 的 专业 术语，我 想 他 的 课程 对 我 太 难。
Méizhǔnr　wǒ yīnggāi xiān xuǎn xué qǐshǐ kèchéng．"
没 准儿 我 应该 先 选 学 启始 课程。"

（6）"Xuéxiào shénme shíhou zài fàngyìng nà bù diànyǐng？" "Xià xīng-
"学校 什么 时候 再 放 映 那 部 电影？" "下 星
qī wǔ xiàwu．" "Wǒ rènwèi zhè shì jīnnián zuì shòu huānyíng de diànyǐng．"
期五 下午。" "我 认为 这 是 今年 最 受 欢迎 的 电影。"
"Wǒ yě shì zhème xiǎng de．"
"我 也 是 这么 想 的。"

（7）"Tīngshuō nǐ shǔjiǎ qù cānguān Dūnhuáng shí kū le．" "Shì de．
"听 说 你 暑假 去 参观 敦 煌 石窟 了。" "是 的。
wèi chōngfēn lì yòng jiǎ qī, wǒ cānguān le Qiānfódòng, Yuèyáquán hé qítā
为 充分 利 用 假期，我 参观 了 千佛洞，月牙泉 和 其他
bié de dìfang. Dūnhuáng nà dìfang díquè xī yǐn zhe xǔduō zhōng wài yóu-
别 的 地方。敦 煌 那 地方 的确 吸引 着 许多 中 外 游
kè．"
客."

（8）"Wǔfàn hòu wǒmen qù kànkan nà tào fángzi, kàn lái xiànzài què-
"午饭 后 我 们 去 看看 那 套 房子，看 来 现在 确
shí shì mǎifáng de hǎo shí jī．" "Wǒ jīntiān zǎochen yǐjīng qù guò le．Nà
实 是 买房 的 好 时 机。" "我 今天 早晨 已 经 去 过 了。那
tào fáng zi jùbèi suǒyǒu xiàndàihuà shèbèi, rú nuǎnqì、rèshuǐ gòngyīng、liǎng-
套 房子 具备 所有 现代化 设备，如 暖气、热水 供 应、两
ge xǐzǎojiān, érqiě jiàqian yě bú guì．"
个 洗澡间，而且 价钱 也 不 贵。"

(9)"机器安装好了吗?""没有,我把说明书研究了半天,就是搞不清楚。""让我看看,三个臭皮匠,顶个诸葛亮。"

(10)"我从来也没见过这种古式椅子,在哪儿买的?""在一家很偏僻的小店里买到的。"

(五)绕口令

(1)读下面的绕口令,注意其中的平翘舌音:

CHISHI

匙

钥匙汤匙,各司其职。

钥匙开锁,汤匙进食。

要是开锁没钥匙,

您别尝试用汤匙;

要是进食没汤匙,

您用钥匙理不直,

大家还要笑您痴,

说您分不清钥匙和汤匙。

数 树

Sùsu yào shūshu jiāo tā shǔshù,
素素 要 叔叔 教 她 数树,

Shūshu xiān jiāo sùsu shǔshù.
叔叔 先 教 素素 数数。

Shūshu duì sùsu shuō:
叔叔 对 素素 说:

Xué huì le shǔshù, jiù néng shǔshù,
学 会 了 数数,就 能 数树,

Xué bu huì shǔshù, jiù bù huì shǔshù.
学 不 会 数数,就 不 会 数树。

Sùsu xué huì le shǔshù hòu shǔshù,
素素 学 会 了 数数 后 数树,

Yì kē、liǎng kē……sān kē、sì kē、
一 棵、两 棵……三 棵、四 棵、……

Shǔ chū le shí sì kē shù.
数 出 了 十 四 棵 树。

SHUZI HE SUOZI

梳子和 梭子

Shūzi néng shūtóu,
梳子 能 梳头,

Suōzi néng zhībù.
梭子 能 织布。

Bié bǎ shūzi dàngchéng suōzi qù zhī bù,
别 把 梳子 当 成 梭子 去 织布,

Bié bǎ suōzi dàngchéng shūzi qù shūtóu.
别 把 梭子 当 成 梳子 去 梳头。

试一试

Sì shì sì,
四 是 四,

Shí shì shí,
十 是 十,

Sì shí jiǎn shísì zài chéng sìshísì,
四十 减 十四 再 乘 四十四,

Shì yì qiān yì bǎi sìshísì,
是 一千 一百 四十四,

Qǐng nǐ shì yi shì.
请 你 试 一 试。

小 思 和 小 石

Xiǎosī yǒu shísì ge shì zi,
小思 有 十四 个 柿子,

Xiǎoshí yǒu sì ge shì zi
小石 有 四个 柿子,

Xiǎosī bǐ Xiǎoshí duō shíge shìzi,
小思 比 小石 多 十个 柿子,

Xiǎoshí bǐ Xiǎosī shǎo shíge shìzi.
小石 比 小思 少 十个 柿子。

(2)读下面的绕口令,注意其中的鼻、边音:

梨 上 全 是 泥

Lǎojì tiāo le yídàn lí, Xiǎo lǐ lā le yìchē ní.
老季 挑 了 一担 梨,小李 拉 了 一车 泥。

Lǎojì bāng Xiǎolǐ tuī ní, Xiǎolǐ bāng Lǎojì tiāo lí.
老季 帮 小李 推泥, 小李 帮 老季 挑梨。

Jiéguǒ ní pèng sǎ le lí, nòngde lí shang quán shì ní.
结果 泥 碰 撒了梨, 弄得 梨上 全是 泥。

LA MACHE
拉马车

Ménwài yǒu sì liàng sì lún dà mǎchē,
门外 有 四 辆 四轮 大马车,

Nǐ ài lā nǎ liǎngliàng lā nǎ liǎngliàng.
你 爱 拉 哪 两 辆 拉 哪 两 辆。

NüXU LüJU LüSHUN
女婿 旅居 旅 顺

Lǚ jú de nǚxu lǚ jū Lǚshùn,
吕菊 的 女婿 旅居 旅顺,

Lǚ jū Lǚshùn de nǚ xu wàngjì dài yǔjù,
旅居 旅 顺 的 女婿 忘记 带 雨具,

Wàngjì dài yǔjù de nǚxu qù yóujú,
忘记 带 雨具 的 女婿 去 邮局,

Qù yóu jú de xū yú lín le yìshēn yǔ.
去 邮局 的 须臾 淋了 一身 雨。

XUE NIE NI
学 捏泥

Pánli fàngzhe yíge lí,
盘里 放着 一个 梨,

Zhuōshang fàng kuài xiàng pí ní.
桌 上 放 块 橡 皮泥。

Xiǎolì Xiǎoqí xué niēní,
小丽 小奇 学 捏泥,

Yǎnkàn lí, shǒu niē ní,

眼 看 梨，手 捏泥，

yí huìr niēchéng yìge lí.

一会儿 捏 成 一个 梨。

Bǐ yì bǐ,

比 一 比，

Zhēn lí jiǎ lí chà bu lí.

真 梨 假梨 差 不 离。

XIAONIUNIU FANGNIU
小 妞 妞 放 牛

Xiǎoniūniu cháng fàngniú,

小 妞妞，常 放 牛，

Dàniú xiǎoniú gòng liù tóu,

大牛 小 牛 共 六头，

Dàniú jī jiǎo dǐng xiǎoniú,

大牛 犄角 顶 小 牛，

Jíhuài le fàngniú de xiǎoniūniu,

急坏 了 放 牛的 小 妞妞，

Xiǎoniūniu huībiān chōu dàniú,

小 妞妞 挥 鞭 抽 大牛，

Búràng dàniú dǐng xiǎoniú,

不 让 大牛 顶 小 牛，

Shuí dōu kuā tā shì ài niú de xiǎo niūniu.

谁 都 夸 她 是 爱牛的 小 妞妞。

(3)读下面的绕口令，注意其中的 f-h 声母：

ZHONG HULU
种 葫芦

Wǔ gū gu , wǔ gū fu,

五姑姑，五姑父，

Wūqián wūhòu zhòng húlu.
屋前 屋后 种 葫芦。

Húlu tū, dà dùdu,
葫芦 秃，大 肚肚，

Kèshàng wǔgǔ hé liùchù.
刻上 五谷 和 六畜。

Yòu dútè, yòu gǔpǔ,
又 独特，又 古朴，

Húlu yìshù néng zhìfù.
葫芦 艺术 能 致富。

FENGHUANG

凤 凰

Fènghuángshān shang Fènghuā xiāng,
凤 凰 山 上 凤 花 香，

Fènghuángtái shang luò fènghuáng,
凤 凰 台 上 落 凤 凰，

Hóngfènghuáng, lánfènghuáng,
红 凤 凰，蓝 凤 凰，

Fěnhóngfènghuáng huángfènghuáng.
粉 红 凤 凰 黄 凤 凰。

JIFEI

积肥

Wūhòu yìduī fèn,
屋后 一堆 粪，

Hùnshàng yìduī huī,
混上 一堆 灰，

Huī hùn fèn,
灰 混 粪，

Fèn hùn huī,
粪 混 灰，

Huī fèn hùnchéng yídàduī,
灰 粪 混 成 一大堆,

Sòngdào nóngcūn qù jīféi.
送 到 农 村 去 积肥。

(4)读下面的绕口令,注意分辨零声母字音和辅音声母的字音:

E GUO HE
鹅 过 河

Gē ge dìdi pōqián zuò,
哥哥 弟弟 坡前 坐,

Pōshang wòzhe yìzhī é,
坡 上 卧着 一只 鹅,

Pōxia liúzhe yìtiáo hé.
坡下 流着 一条 河。

Gē ge shuō:kuānkuān de hé,
哥哥 说: 宽 宽 的 河,

Dìdi shuō:féi féi de é.
弟弟 说 :肥肥 的 鹅。

É yào guò hé,
鹅要 过 河,

Hé yào dù é,
河要 渡 鹅,

Bù zhī shì é guò hé,
不 知 是 鹅过 河,

Háishi hé dù é.
还 是 河渡 鹅。

LONGLONG HE YINGYING
龙 龙 和 莹 莹

Lónglong yǒu gè língling,
龙 龙 有 个 铃铃,

Yíngying yǒu tiáo chóngchong.
莹 莹 有 条 虫 虫。

Lónglong xiǎng yòng língling,
龙 龙 想 用 铃 铃,

Qù mō Yíngying de chóngchong;
去 摸 莹 莹 的 虫 虫;

Yíngying xiǎng yòng chóngchong,
莹 莹 想 用 虫 虫,

Qù huàn Lónglong de língling.
去 换 龙 龙 的 铃 铃。

XIAOLIANG JIU XIAOYANG
小 良 救 小 羊

Xiǎoliáng gǎnzhe yì qún yáng,
小 良 赶着 一 群 羊,

Lái dào shān shang yùzhe láng,
来 到 山 上 遇着 狼,

Láng yào chī yáng yáng duǒ láng,
狼 要 吃 羊 羊 躲 狼,

Xiǎoliáng jiù yáng dǎpǎo láng.
小 良 救 羊 打跑 狼。

（六）朗读材料

　　读下面的诗歌及文章,注意发音准确,尤其是平翘舌声母、鼻边声母、零声母以及送气不送气声母的字音。

JIANGXUE
江 雪

Qiānshān niǎo fēi jué,
千 山 鸟 飞 绝,

Wànjìng rénzōng miè.
万 径 人 踪 灭。

Gūzhōu suōlìwēng,

孤舟 蓑笠翁,

Dúdiào hánjiāngxuě.

独钓 寒江雪。

SHANXING
山 行

Yuǎn shàng hánshān shíjìng xié,

远 上 寒山 石 径 斜,

Báiyún shēnchù yǒu rénjiā.

白云 深处 有 人 家。

Tíngchē zuò ài fēnglín wǎn,

停 车 坐 爱 枫 林 晚,

Shuāngyè hóng yú èr yuè huā.

霜 叶 红 于 二 月 花。

XUANZE
选 择

Xuǎn zé jiàngluò——

选 择 降 落——

Wǒ shì yǔdī

我 是 雨 滴

Cóng yún de yáolán zhōng zǒu lái

从 云 的 摇 篮 中 走 来

Mòmò de pūxiàng zhīshi de dàdì

默默 地 扑 向 知识 的 大 地

Yǒnggǎn de chōngjìn qí yì de kuàng yě

勇 敢 地 冲 进 奇 异 的 旷 野

Yòng zhīshi zhī quán zīrùn zhìhuì zhī shù

用 知识 之 泉 滋润 智慧 之 树

Xuǎnzé fèngxiàn——

选 择 奉 献——

Wǒ shì lǜyè
我 是 绿叶

Chūntiān, wèi dàdì tiān shàng yídào lǜzhuāng
春 天，为 大地 添 上 一道 绿 装

Xiàtiān, wèi rénmen chēngchū yípiàn yīnliáng
夏天，为 人们 撑 出 一片 阴凉

Qiūtiān, qiāorán pūjìn dàdì mǔqīn de huáibào
秋天，悄然 扑进 大地母亲 的 怀抱

Huàzuò chūn ní, qù yùnyù xīn de shēngmìng
化 作 春 泥，去 孕育 新 的 生 命

Xuǎn zé jǐ yǔ——
选 择 给予——

Wǒ shì jiàoshī
我 是 教师

Bǎ xìyǔ dàigěi tiándì
把 细雨带给 田地

Ràng zhǒngzi wéndào nítǔ de fēnfāng
让 种子 闻到 泥土的芬芳

Bǎ yángguāng dàigěi yuányě
把 阳 光 带给 原野

Ràng qiānwànduǒ huār jìngxiāng kāifàng
让 千万朵 花儿 竞 相 开 放

YONGBAO MINGTIAN
拥 抱 明 天

Huáguò de rìzi
滑 过 的 日子

Xiàng qínxián shang qīngqīng liūguò de yíchuàn chànyīn
像 琴 弦 上 轻 轻 溜过 的 一 串 颤音

Suìyuè múqíng
岁月 无 情

Zài zuótiān de jìyì li
在 昨天 的 记忆里

· 60 ·

Duōshǎo lèi shuǐ zài huí yì de guāng yǔ yǐng zhōng huáluò
多少 泪水 在 回忆的 光 与 影 中 滑落
Duōshǎo kěwàng zài jìngjìng de suìyuè zhōng xiāoshī
多少 渴望 在 静静的 岁月 中 消失
Qīngchūn de mèng zǒngshì shénqí ér yòu ménglóng
青春 的 梦 总是 神奇而 又 朦 胧
Chōngjǐng zhe měihǎode chéngshú
憧 憬 着 美好的 成 熟
Yòu juànliàn zhe qīngsè de chúnzhēn
又 眷恋 着 青涩 的 纯真
Jīntiān wǒ yào dàng qǐ qīngchūn de rèqíng
今天 我 要 荡起 青 春 的 热情
Yáng qǐ shēngmìng de fēngfān
扬起 生 命 的 风帆
Qù pǔ xiě múhuǐ de piānzhāng
去 谱写 无悔 的 篇 章

LAOREN HE TAIYANG
老人 和 太 阳

Tā yǐ jing huó le hěn jiǔ.
他 已 经 活 了 很 久。

Tā kào zài nàr , Lǎotài lóngzhōng, kàozhe yìgēn shùgàn, yìgēn jí cū
他 靠 在 那儿,老态龙 钟,靠着 一根 树干,一根 极粗
de shùgàn, zài chímù zhōng, zài xī yáng xiàshān de shíhou.
的 树干,在 迟暮 中,在 夕阳 下山 的 时候。

Nà shí kè , wǒ zhènghǎo lù guò, biàn tíngxià jiǎobù, bǎ tā duānxiáng.
那 时刻,我 正 好 路过,便 停下 脚步,把 他 端 详 。

Tā lǎo le , mǎn liǎn zhòu wén, nà shuāng yǎn jīng àn dàn shèn yú
他 老了 , 满 脸 皱 纹,那 双 眼睛 黯淡 甚于
yōushāng.
忧 伤 。

Tā kào zhe shùgàn, yángguāng xiān cháo tā yí lái, qīngqīng tūn shí zhe
他 靠着 树干, 阳 光 先 朝 他 移来,轻轻 吞食着
tā de shuāngjiǎo.
他 的 双 脚。

在那儿，像 蜷缩着，停留了片刻。然后 上 升，把
他 沉 浸，把 他 淹没。

缓 缓 地 从 他 那儿 移开，把 他 和 自己的 美丽 光
芒 合成 一体……

我 目睹着太阳 怀着 深深 的 爱恋 慢 慢 地把他吞
下，叫 他 长 眠。

就 这 样，一点 一点 把 他 带走；就 这 样，在 自己的 光
芒 中 一点 一点 把 他 溶解。

像 一个 妈 妈 把 自己 的 孩子 温 柔 地 抱 在 怀
中 ……

留下 的 只是 这 个，当 那 深 情 可 爱 的 老人 成 了 光
芒，像 世间 其他 无形 的 东 西，随 着 夕阳 的 余辉 无比
缓 慢 地 离去。

苹 果 里 的 星 星

一个 人 的 错误，有 可 能 侥 幸 地 成为 另 一个 人 的
发现。

儿子走 上 前来，向 我 报告幼儿园里 的 新闻，说他
又 学会了新 东西，想 在 我 面前 显示。他 打开 抽屉，拿
出 一把还 不该 他 用 的 小刀，又 从 冰 箱 里取出 一只
苹果 说："爸爸，我 要 让 您 看看里头 藏着 什么。"

"我 知道 苹果 里面 是 什么。"我说。

"来，还是 让 我 切 给 您 看看 吧。"他 说着把 苹果
一切 两半——切 错 了。我们 都 知道，正 确 的 切法应该
是 从 茎部 切到 底部 窝 凹处。而他 呢，却 是 把 苹果 横
放 着，拦腰 切下去。然后，他 把 切 好 的 苹果 伸到 我
面 前："爸爸，看哪，里头 有 颗 星 星 呢。"

真的，从 横切 面 看，苹果核 果然 显 出 一个 清晰
的 五角星。我 这 一 生 不 知 吃 过 多少 苹果，总是 规
规矩矩 地 按 正 确 的 切法把 它们 一 切 两半，却 从 未
疑心 过 还有 什么 隐藏 的 图案 我 尚 未 发现！于是，在 那
么 一 天，我 孩子 把 这 消息 带 回家 来，彻 底 改变 了 冥 顽
不化 的 我。

不 论 是 谁，第 一次 切 "错" 苹果，大 凡 都 仅 出 于 好奇，

huò yóuyú shūhū suǒzhì，zhè shēncáng qí zhōng，búwèirénzhī de tú'àn jìng
或 由于 疏忽 所致，这 深藏 其 中，不为人知 的 图案 竟

jùyǒu rúcǐ jùdà de mèilì，tā xiān cóng bùzhī shénme dìfang chuándào wǒ
具有 如此 巨大 的 魅力，它 先 从 不知 什么地方 传到 我

érzi de yòu'éryuán，jiēzhe biàn chuángěi wǒ，xiànzài yòu chuángěi nǐ-men
儿子 的 幼儿园，接着 便 传给 我，现在 又 传给 你们

dàjiā．
大家。

Shìde， rúguǒ nǐ xiǎng zhīdao shénme jiào chuàngzàolì， wǎng xiǎochù
是的，如果 你 想 知道 什么 叫 创 造 力，往 小 处

shuō，jiùshì píngguǒ—— qiē "cuò" de píngguǒ.
说，就是 苹果—— 切 "错" 的 苹果。

HULI DE WEIBA BI SHENZI CHANG
狐狸的 尾巴比 身子 长

Céng rèn zhù Yīng hé zhù qián Sū dàshǐ de Yīlǎng shǒuxiàng Mòhǎn-
曾 任驻 英 和驻（前）苏 大使 的 伊朗 首相 莫罕

mòdé · Mósàtái，suī yǐ nián yú qī shí，réngrán jīngcháng yìngfu wàijiāo shì-
默德·摩萨台，虽 已 年 逾 七十，仍然 经常 应付 外交 事

wù. yícì，Mósàtái wèi Yīlǎng shíyóu chūkǒu jiàgé wèntí yú Yīngguó dàibiǎo
务。一次，摩萨台 为 伊朗 石油 出口 价格 问题 与 英 国 代表

tánpàn，tā duì yìtǒng shíyóu suǒ yāoqiú de é wài fèn'é chāoguò le yì tǒng
谈判，他 对 一桶 石油 所 要求 的 额外 份额 超过 了 一桶

shíyóu de quánbù jiàgé．Cānjiā tánpàn de zhōngjiānrén Měiguó dàibiǎo Méng
石油 的 全部 价格。参加 谈判 的 中 间人 美国 代表 蒙

fūlǐ'ěr · Hālǐmàn duì Mósàtái shuō："Shǒuxiàng xiānsheng， rúguǒ wǒmen
夫里尔·哈里曼 对 摩萨台 说："首 相 先 生，如果 我们

yào lǐzhì de tǎolùn wèntí，bìxū gòngtóng zūnshǒu yìxiē jīběn yuánzé．"
要 理智 地 讨论 问题，必须 共 同 遵守 一些 基本 原则。"

Mósàtái níngshì zhe tā，dàizhe diǎn jiǎoxiá de shénqíng，wèn："Shénme
摩萨台 凝视 着 他，带着 点 狡黠 的 神情，问："什么

yàng de yuánzé?"
样 的 原则?"

Hālǐmàn shuō: "Lìrú, méiyóu yíjiàn dōngxi de júbù bǐ tā de zhěngtǐ
哈里曼 说:"例如,没有 一件 东西 的 局部 比 它的 整体
hái yào dà."
还 要 大。"

Mósàtái zuò le gè guàixiàng, màntūntūn de Shuō: "Zhège yuánzé ma,
摩萨台 做 了 个 怪 相, 慢吞吞 地 说:"这个 原则 嘛,
zhànbuzhù jiǎo. bǐrú húli ba, tā de wěiba wǎngwǎng bǐ tā de shēnzi hái-
站 不 住 脚。比如 狐狸 吧,它 的 尾巴 往 往 比它的 身子 还-
yào cháng."
要 长。"

Shuōwán, Mósàtái dǎozài shāfā shang pěngfù dàxiào, shǐ dé Hālǐmàn mú
说 完,摩萨台 倒在 沙发 上 捧腹 大笑,使得 哈里曼 无
yǐ dáduì.
以 答对。

Hú li de shēnzi bìng bú shì tā de zhěngtǐ, Mó sà tái bú shì bù míng-
狐狸 的 身子 并 不 是 它 的 整体,摩萨台 不 是 不 明-
bai. Dàn rúguǒ bùnéng rúcǐ de "tōuhuàn" gàiniàn, yòu héyǐ néng bǎituō zì-
白。但 如果 不 能 如此地"偷 换"概念,又 何以 能 摆脱 自
jǐ de jiǒngjìng ne? Mó sà tái de gāomíng jiù zài zhèlǐ.
己 的 窘 境 呢? 摩萨台 的 高 明 就 在 这里。

思考与练习

一、读下面的单音节字词,注意声母的发音:

蔼 思 晒 跳 佛 虐 啦 翅 租 申 素 扇 虎
窜 谂 刷 痤 畔 械 掣 怯 掀 绽 湃 挠 咀
涸 炽 濒 噎

二、根据拼音写出汉字,并反复朗读,注意声母的发音:

nǎozi	dànián	nǔlì	àndàn	yèyǔ
sèzé	rǎnliào	chuàngzào	cáibǎo	èzhǐ
lǎoliàn	shǐshī	cūcāo	bènnéng	fēngjǐng
niàntou	píngcháng	suǒsuì	zhuózhuang	háofàng
zuìchū	sāngyè	húdù	fùzhù	mùchái

xuǎnbá   fěnhóng   áoxiáng

三、根据拼音朗读下面的文章,注意声母的发音:

YOUMO JIAOSHOU

Zhùmíng yǔyánwénzìxuéjiā, jiàoyùjiā Qián Xuántóng(钱玄同),
sānshí niándài zài Běijīng Shīfàn Dàxué rènjiào.

Yǒu yícì, tā jiǎngshòu chuántǒng yīnyùnxué(音韵学)tándao
"kāikǒuyīn" yǔ "bìkǒuyīn" de qūbié. Tā jǔ le yīgè lìzi shuō:

Běijīng yǒu yíwèi jīngyùndàgǔ nǚyìrén, xíngxiàng jùnměi, tèbié
shì yìkǒu jiébái ér yòu zhěngqí de yáchǐ, shǐ rén zhùmù. Nǚyìrén céng
yīn yí cì shìgù, diàole liǎngkē ményá, yìng yāo fùyàn péijiǔ shí, zuò
zài bīnkè zhōng hěn bú zìzai, jìnliàng bìmiǎn kāikǒu, Wànbudéyǐ shí,
yǒu rén wèn huà cái dá huà. Tā yígài yòng "bìkǒuyīn", bìmiǎn
"kāikǒuyīn", zhèyang jiù kěyǐ zhē chǒu le. Rú zhèyang de duìhuà:

"Guì xìng?" "Xìng wǔ."

"Duōdà niánjì?" "Shíwǔ."

"Jiā zhù nǎli?" "Bǎo' ān fǔ."

"Gàn shénme gōngzuò?" "Chàng dàgǔ."

Yǐshàng de duìhuà, duō shì yòng "bìkǒuyīn", kěyǐ bú lù chǐ.

Děngdào zhè wèi nǚyìrén yáchǐ xiūpèi hǎo le, zài yǔ rén jiāotán
shí, tā yòu quánbù gǎiyòng "kāikóuyīn", yúshì duìdá yòu chéng le:

"Guì xìng?" "Xìng Lǐ."

"Duōdà niánjì?" "Shíqī."

"Jiā zhù nǎli?" "Chéngxī."

"Gàn shénme gōngzuò?" "Chàng xì."

DIHUI DUI QIANLONG

Qīngcháo Qiánlóng niánjiān, Hángzhōu Nánpíngshān(南屏山)
Jìngcísì(净慈寺)yǒu gè jiào Dǐhuǐ(诋毁)de héshang, zhè rén
cōngming jīling, què xīnzhíkǒukuài, xǐhuan yìlùn tiānxià dàshì, érqiě

yào jiǎng jiù jiǎng, xiǎng mà jiù mà. Qiánlóng huángdì duì tā zǎo yǒu suǒ wén, wèi le zhǎo jièkǒu chéngzhì tā, biàn huàzhuāng chéng xiùcai lái dao Jìngcísì.

Qiánlóng suíshǒu zài dì shang jiǎn qǐ yíkuài pīkāi de máozhúpiàn, zhǐzhe qīng de yímiàn wèn Dǐhuǐ: "Lǎoshīfu, zhège jiào shenme ya?"

Ànzhào yìbān de chēnghu, xiǎnrán jiào "mièqīng"（篾青）. Dǐhuǐ zhèng yào dá huà, tūrán, cóng zhè xiùcai de yántánjǔzhǐ zhōng yìshi dào le shénme, nǎozi zhōng mǎshàng shǎnchū "mièqìng" de xiéyīn bú jiù shì "mièQīng"（灭清）ma? Yúshì yǎnzhū yí zhuàn, dádao: "Zhè shì zhúpí."

Qiánlóng běn yǐwéi Dǐhuǐ huì dá mièqīng, biàn yǐ duì Qīng zhèngfǔ bù mǎn de zuìmíng lìjí chǔfá tā, méi liàodao tā qiǎomiào de rào le guòqu. Qiánlóng hěn bù gānxīn, suíjí jiāng zhúpiàn fān guò lai, zhǐ zhe bái de yímiàn wèn Dǐhuǐ: "Lǎo shīfu, zhège yòu shì shénme ne?"

"Zhège ma," Dǐhuǐ xīnli xiǎng zhe, rúguǒ huídá "mièhuáng"（篾黄）, jiù yòu zhòng le zhè xiùcai de jìcè, yīnwèi "mièhuáng"（篾黄）hé "mièhuáng"（灭皇）tóngyīn, yúshì tā dádao: "Wǒmen guǎn tā jiào zhúròu."

Qiánlóng huángdì de zhè yìzhāo yòu shībài le.

XIEFU QIN KE DE MIAO DA

Yìtiān, Shāhuáng xiàlìng zhāojiàn Wūkèlán gémìng shīrén Xièfǔqínkē. Dào le zhāojiàn de shíhou, gōngdiàn shang de wénwǔ bǎiguān dōu xiàng shāhuáng wānyāo jūgōng, zhǐyǒu Xièfǔqínkē yíge rén lǐnrán zhànlì yìpáng, lěngyǎn dǎliàng zhe Shāhuáng. Shāhuáng dànù, wèndao: "Nǐ shì shénme rén?"

Shīrén huídá: "Wǒ shì Xièfǔqínkē."

"Wǒ shì huángdì, nǐ zěnme bù jūgōng? Jǔguóshàngxià, shuí gǎn jiàn wǒ bù dītóu?"

Xièfǔqínkē chénzhuó de shuō: "Bú shì wǒ yào jiàn nǐ, ér shì nǐ yào jiàn wǒ. Rúguǒ wǒ yě xiàng zhōuwéi zhèxiē rén yíyàng xiàng nǐ wānyāo dītóu, nǐ zěnme néng kàn de jiàn wò ne?"

Shāhuáng bèi wèn de zhāngkǒujiéshé.

附 录 二

声母代表字类推表及认读举例

zh -

［查］ 查 渣 楂 喳

xìngzhā	zhā zǐ	shānzhā	jiàozhāzhā
姓查	渣滓	山楂	叫喳喳

［扎］ 扎 札 轧

zhāshǒu	zhēngzhá	xìnzhá	zhágāng
扎手	挣扎	信札	轧钢

［乍］ 乍 炸 诈 蚱 榨 窄 咋

zhà yí kàn	bàozhà	qī zhà	zhàměng
乍一看	爆炸	欺诈	蚱蜢

zhàyóu	zhǎixiǎo	zhā hu
榨油	窄小	咋呼

［占］ 占 沾 粘 毡 站 战

zhānguà	zhānguāng	zhānzhù	zhānmào
占卦	沾光	粘住	毡帽

zhàn lì	zhànzhēng
站立	战争

［章］ 章 漳 璋 樟 蟑 彰 瘴 嶂 幛 障

wénzhāng	zhāng hé	zhāng yù	zhāngmù
文章	漳河	璋玉	樟木

zhāngláng	biǎozhāng	zhàng qì	diézhàng
蟑 螂	表 彰	瘴 气	叠 嶂

shòuzhàng	zhàng'ài		
寿 幛	障 碍		

[长] 长 张 涨 帐 胀

shēngzhǎng	zhāngkāi	zhǎngshuǐ	pàozhàng
生 长	张 开	涨 水	泡 涨

wénzhàng	fù zhàng		
蚊 帐	腹 胀		

[丈] 丈 杖 仗

zhàng fu	shǒuzhàng	yí zhàng
丈 夫	手 杖	仪 仗

[召] 召 招 昭 沼 诏 照

zhào jí	zhāogòng	zhāoxuě	zhǎo zé
召 集	招 供	昭 雪	沼 泽

zhàoshū	zhàoyào		
诏 书	照 耀		

[折] 折 蜇 哲 浙

zhēgēntou	qū zhé	zhērén	hǎizhé
折 跟 头	曲 折	蜇 人	海 蜇

zhéxué	Zhèjiāng		
哲 学	浙 江		

[遮] 遮 蔗 鹧

zhēdǎng	gānzhè	zhè gū
遮 挡	甘 蔗	鹧 鸪

[者] 者 赭 锗 诸 猪 煮 著 箸

zuòzhě	zhěhóng	zhěyuán sù	zhūwèi
作 者	赭 红	锗 元 素	诸 位

féi zhū	zhǔfàn	zhùmíng	zhù zi
肥 猪	煮 饭	著 名	箸 子

[贞] 贞 祯 桢 侦

zhēnjié	zhēn jí	zhēnmù	zhēnchá
贞 洁	祯 吉	桢 木	侦 查

[珍] 珍 胗 疹 诊 袗

zhēncáng　　jīzhēnr　　shīzhěn　　zhěnduàn
珍藏　　　鸡胗儿　　湿疹　　　诊断

zhěn yī
袗衣

[振] 振 赈 震

zhèndòng　　zhènzāi　　dìzhèn
振动　　　赈灾　　　地震

[正] 正 症 怔 钲 征 证 政

zhēngyuè　　zhèngpài　　zhēngjié　　zhèngzhuàng
正月　　　正派　　　症结　　　症状

fā zhèng　　tóngzhēng　　chángzhēng　　zhèngmíng
发怔　　　铜钲　　　长征　　　证明

zhèngzhì
政治

[争] 争 挣 睁 峥 铮 狰 筝 诤

zhēng qǔ　　zhēngzhá　　zhèngqián　　zhēngyǎn
争取　　　挣扎　　　挣钱　　　睁眼

zhēngróng　　zhēngzhēng　　zhèngliàng　　zhēngníng
峥嵘　　　铮铮　　　铮亮　　　狰狞

gǔzhēng　　zhèngyǒu
古筝　　　诤友

[烝] 烝 蒸 拯

zhēngmín　　zhēng fā　　zhěngjiù
烝民　　　蒸发　　　拯救

[之] 之 芝

zhī　　língzhī
之　　灵芝

[支] 支 枝 吱 肢

zhīzhù　　zhī yè　　gā zhī　　zhī tǐ
支助　　　枝叶　　　嘎吱　　　肢体

[只] 只 织 职 咫 枳 帜 识

zhīshēn　　zhǐyǒu　　biānzhī　　zhí zé
只身　　　只有　　　编织　　　职责

	zhǐchǐ	zhǐshí	qí zhì	kuǎnzhì
	咫尺	枳实	旗帜	款识

[知] 知 蜘 智

zhīshi	zhīzhū	zhìhuì
知识	蜘蛛	智慧

[直] 直 植 殖 值 置

zhíguān	zhòngzhí	fánzhí	jiàzhí
直观	种植	繁殖	价值

fàngzhì
放置

[执] 执 絷 贽 挚 鸷 蛰

zhíqín	mǎzhí	zhìjiàn	zhēnzhì
执勤	马絷	贽见	真挚

zhìniǎo	jīngzhé
鸷鸟	惊蛰

[旨] 旨 脂 指

zhǐ yì	zhīfáng	zhǐdǎo
旨意	脂肪	指导

[止] 止 沚 祉 址 趾

zhìzhǐ	shuǐzhǐ	shízhǐ	dì zhǐ
制止	水沚	时祉	地址

jiǎozhǐ
脚趾

[志] 志 痣

zhì qì	hēizhì
志气	黑痣

[痔] 痔 峙

zhìchuāng	duìzhì
痔疮	对峙

[至] 至 窒 桎 蛭 致 侄

zhìjīn	zhì xī	zhì gù	shuǐzhì
至今	窒息	桎梏	水蛭

zhìmìng	zhínǚ
致命	侄女

[中] 中 衷 忠 盅 钟 种 仲

zhōngyāng　　zhòngdú　　yóuzhōng　　zhōngxīn
中　央　　　　中　毒　　　由　衷　　　忠　心

cházhōng　　zhōng'ài　　zhǒnglèi　　zhòngtián
茶　盅　　　　钟　爱　　　种　类　　　种　田

zhòngcái
仲　裁

[轴] 轴 妯 宙 舳

zhóuchéng　　zhóu lǐ　　yǔ zhòu　　zhú lú
轴　承　　　　妯　娌　　　宇　宙　　　舳　舻

[朱] 朱 诛 珠 茱 株 侏

zhūquè　　zhū lù　　zhūsuàn　　zhū yú
朱　雀　　　诛　戮　　　珠　算　　　茱　萸

zhūlián　　zhūwǎng　　zhū rú
株　连　　　蛛　网　　　侏　儒

[主] 主 拄 注 炷 柱 蛀 驻 住

zhǔliú　　zhǔguǎigùnr　　zhùyì　　yí zhùxiāng
主　流　　　拄拐棍儿　　　注　意　　　一　炷　香

zhù zi　　zhùchóng　　zhùzhá　　jū zhù
柱　子　　　蛀　虫　　　驻　扎　　　居　住

[爪] 爪 抓

zhuǎzi　　zhǎo yá　　zhuāhuò
爪　子　　　爪　牙　　　抓　获

[专] 专 砖 转 传

zhuānyè　　zhuānwǎ　　zhuǎnhuàn　　zhuànquānr
专　业　　　砖　瓦　　　转　换　　　转　圈　儿

zhuàn jì
传　记

[庄] 庄 桩

zhuāngjia　　mùzhuāng
庄　稼　　　木　桩

[壮] 壮 装

zhuàng zú　　zhuāngbèi
壮　族　　　装　备

［隹］ 隹 椎 锥 稚 雉 准

zhuī	jǐ zhuī	zhuī zi	yòuzhì
隹	脊椎	锥子	幼稚

zhì	zhǔnquè		
雉	准确		

［卓］ 卓 桌 焯

zhuóyuè	zhuō zi	zhuōmíng
卓越	桌子	焯明

［啄］ 啄 琢 椓

zhuóshí	diāozhuó	zhuóxíng
啄食	雕琢	椓刑

z –

［匝］ 匝 咂 砸

zhōu zā	zā zuǐ	zá suì
周匝	咂嘴	砸碎

［栽］ 栽 哉 载

zāipéi	āi zāi	zhuǎnzǎi	zài kè
栽培	哀哉	转载	载客

［宰］ 宰 滓 梓

zǎi gē	zhā zǐ	zǐ shù
宰割	渣滓	梓树

［赞］ 赞 攒 臜 瓒

zànchéng	zǎnqián	āzā	zànshuǐ
赞成	攒钱	腌臜	瓒水

［臧］ 臧 藏 脏（臟）赃（臟）

zāng pǐ	bǎozàng	wǔzàng	zāngkuǎn
臧否	宝藏	五脏	赃款

［澡］ 澡 璪 藻 燥 噪 躁

xǐ zǎo	yù zǎo	hǎizǎo	zàorè
洗澡	玉璪	海藻	燥热

zàoyīn	jízào		
噪音	急躁		

［责］ 责 赜 啧 帻 箦 渍

zé bèi 　　　　 tàn zé suǒyǐn 　　　　 zé zé
责备 　　　　 探赜索引 　　　　 啧啧

zé jīn 　　　　 zé xí 　　　　 wū zì
帻巾 　　　　 箦席 　　　　 污渍

［曾］ 曾 憎 增 赠

zēng zǔ 　　　　 zēng wù 　　　　 zēng jiā 　　　　 zèng sòng
曾祖 　　　　 憎恶 　　　　 增加 　　　　 赠送

［咨］ 咨 资 姿 恣

zī xún 　　　　 zī lì 　　　　 zī shì 　　　　 zì yì
咨询 　　　　 资历 　　　　 姿势 　　　　 恣意

［兹］ 兹 滋 孳

zī 　　　　 zī rùn 　　　　 zī shēng
兹 　　　　 滋润 　　　　 孳生

［子］ 子 籽 仔 字 孜

zǐ nǚ 　　　　 cài zǐ 　　　　 zǐ xì 　　　　 zì yǎn
子女 　　　　 菜籽 　　　　 仔细 　　　　 字眼

zī zī
孜孜

［宗］ 宗 鬃 棕 踪 综 粽

zōng jiào 　　　　 zhū zōng 　　　　 zōng shù 　　　　 shī zōng
宗教 　　　　 猪鬃 　　　　 棕树 　　　　 失踪

zōng hé 　　　　 zòng zi
综合 　　　　 粽子

［租］ 租 诅 祖 俎 阻 组

chū zū 　　　　 zǔ zhòu 　　　　 zǔ xiān 　　　　 zǔ shàng ròu
出租 　　　　 诅咒 　　　　 祖先 　　　　 俎上肉

zǔ'ài 　　　　 zǔ zhǎng
阻碍 　　　　 组长

［纂］ 纂 攥

biān zuǎn 　　　　 zuàn jǐn
编纂 　　　　 攥紧

［尊］ 尊 遵 樽 鳟

zūnjìng	zūnshǒu	jiǔzūn	zūnyú
尊敬	遵守	酒樽	鳟鱼

[作] 作 昨 酢 咋 怎

zuōfang	zuóliào	zuòyè	zuótiān
作坊	作料	作业	昨天

chóuzuò	zǎbàn	zěnme
酬酢	咋办	怎么

[最] 最 嘬 撮

zuìchū	zuōyìkǒu	yìzuǒhúzi
最初	嘬一口	一撮胡子

[左] 左 佐

zuǒshǒu	fǔzuǒ
左手	辅佐

[坐] 坐 座 唑

zuòbiāo	zuòtán	kǎzuò
坐标	座谈	咔唑

ch –

[叉] 叉 杈 衩 钗

gāngchā	cházhù	chǎkāi	pǐchà
钢叉	叉住	叉开	劈叉

chācǎo	shùchà	kùchǎr	jīnchāi
杈草	树杈	裤衩儿	金钗

[搀] 搀 谗 馋

chānfú	chányán	zuǐchán
搀扶	谗言	嘴馋

[单] 单 禅 蝉 婵 阐

chányú	zuòchán	chánlián	chánjuān
单于	坐禅	蝉联	婵娟

chǎnshù
阐述

[产] 产 铲

shēngchǎn　chǎnchú
生 产　铲 除

[昌] 昌 菖 猖 娼 倡 唱

chāngshéng　chāngpú　chāngkuáng　chāng jì
昌 盛　菖 蒲　猖 狂　娼 妓

chàng yì　gē chàng
倡 议　歌 唱

[尝] 尝 偿 常 嫦

hé cháng　chánghuán　jīngcháng　Cháng'é
何 尝　偿 还　经 常　嫦 娥

[长] 长 怅 伥

chángduǎn　chàngrán　wèi hǔ zuòchāng
长 短　怅 然　为 虎 作 伥

[场] 场 肠 畅

chángyuàn　chǎngcì　dà cháng　chàngxiāo
场 院　场 次　大 肠　畅 销

[抄] 抄 钞 炒 吵 剿

chāo xí　chāopiào　chǎocài　zhēngchǎo
抄 袭　钞 票　炒 菜　争 吵

chǎomiàn
剿 面

[朝] 朝 潮 嘲

cháotíng　zhǎngcháo　cháonòng
朝 庭　涨 潮　嘲 弄

[辰] 辰 晨 宸

xīngchén　zǎochen　chén yǔ
星 辰　早 晨　宸 宇

[成] 成 诚 城 盛

chéngběn　chéngshí　chéngchí　chéngfàn
成 本　诚 实　城 池　盛 饭

[呈] 呈 程 醒 逞

chéngxiàn　lù chéng　zuìchéng　chěngnéng
呈 现　路 程　醉 醒　逞 能

[池] 池 弛 驰

chítáng　　sōngchí　　bēnchí
池塘　　　松弛　　　奔驰

[斥] 斥 坼 拆

chìzé　　chèliè　　chāikāi
斥责　　坼裂　　拆开

[畴] 畴 踌 筹 俦

fànchóu　　chóuchú　　chóuhuà　　chóulǚ
范畴　　　踌躇　　　筹划　　　俦侣

[惆] 惆 稠 绸

chóuchàng　　chóumì　　chóuduàn
惆怅　　　　稠密　　　绸缎

[出] 出 础 黜 绌

chūbǎn　　jīchǔ　　chùmiǎn　　xiāngxíngjiànchù
出版　　基础　　黜免　　　相形见绌

[厨] 厨 橱 蹰 幮

chúfáng　　shūchú　　chíchú　　chúzhàng
厨房　　　书橱　　　踟蹰　　　幮账

[揣] 揣 踹 喘

chuāidōu li　　chuǎicè　　chuàikāi　　chuǎnqì
揣兜里　　　揣测　　　踹开　　　喘气

[创] 创 疮 怆

chuāngshāng　　chuàngzào　　cuóchuāng　　bēichuàng
创伤　　　　　创造　　　　痤疮　　　　悲怆

[吹] 吹 炊

chuīpěng　　chuīyān
吹捧　　　炊烟

[垂] 垂 棰 捶 箠 锤 陲

chuízhí　　mùchuí　　chuídǎ　　chuíbiān
垂直　　　木棰　　　捶打　　　箠鞭

tiěchuí　　biānchuí
铁锤　　　边陲

[春] 春 椿 蠢

	chūntiān	chūnshù	yúchǔn	
	春天	椿树	愚蠢	
[淳]	淳 醇 鹑			
	chúnpǔ	xiāngchún	ānchún	
	淳朴	香醇	鹌鹑	
[啜]	啜 辍			
	chuòqì	chuòxué		
	啜泣	辍学		

c –

[才]	才 材 财			
	réncái	mùcái	cáibǎo	
	人才	木材	财宝	
[采]	采 睬 踩 彩 菜			
	cǎifǎng	lǐcǎi	cǎihuài	jīngcǎi
	采访	理睬	踩坏	精彩
	fàncài			
	饭菜			
[参]	参 骖 惨			
	cānjiā	cēncī	cānchē	bēicǎn
	参加	参差	骖车	悲惨
[仓]	仓 沧 苍 舱			
	cāngcù	cāngsāng	cāngtiān	chuáncāng
	仓促	沧桑	苍天	船舱
[曹]	曹 漕 槽 嘈 蛴			
	xìngcáo	cáoyùn	mǎcáo	cáozá
	姓曹	漕运	马槽	嘈杂
	qícáo			
	蛴螬			
[测]	测 厕 恻			
	cèliáng	cèsuǒ	cèyǐn	
	测量	厕所	恻隐	
[岑]	岑 涔			

　　　　　cénjì　　　　　　céncén

　　　　　岑寂　　　　　　涔涔

［曾］　曾　噌　嶒　蹭

　　　　　céngjīng　　　　cēng de yí xià　　　　léngcéng

　　　　　曾经　　　　　　噌的一下　　　　　　峻嶒

　　　　　mócèng

　　　　　磨蹭

［此］　此　疵　跐　雌

　　　　　cǐ shí　　　　　xiá cī　　　　cǐtà　　　　cíxióng

　　　　　此时　　　　　　瑕疵　　　　跐踏　　　　雌雄

［慈］　慈　糍　磁　鹚

　　　　　cí'ài　　　　　cíbā　　　　cítǐ　　　　lúcí

　　　　　慈爱　　　　　　糍粑　　　　磁体　　　　鸬鹚

［词］　词　祠　伺

　　　　　cí qǔ　　　　　cí táng　　　　cì hou

　　　　　词曲　　　　　　祠堂　　　　伺候

［囱］　囱　烟　璁　璁　聪

　　　　　yāncōng　　　　cōnghuǒ　　　　cōngshí　　　　cōngmǎ

　　　　　烟囱　　　　　　烟火　　　　璁石　　　　璁马

　　　　　cōngming

　　　　　聪明

［匆］　匆　葱

　　　　　cōngmáng　　　　cōngcuì

　　　　　匆忙　　　　　　葱翠

［从］　从　苁　钑　丛

　　　　　cóngróng　　　　cóngqián　　　　cōngróng　　　　cōngcōng

　　　　　从容　　　　　　从前　　　　苁蓉　　　　钑钑

　　　　　cóngkān

　　　　　丛刊

［瘁］　瘁　悴　粹　萃　翠　猝

　　　　　xīn lì jiāocuì　　　　qiáocuì　　　　chúncuì　　　　huìcuì

　　　　　心力交瘁　　　　　憔悴　　　　纯粹　　　　荟萃

　　　　　cuì lǜ　　　　　cù rán

　　　　　翠绿　　　　　　猝然

[窜] 窜 撺 蹿

cuàntáo　　　cuānduo　　　xiàngshàngcuān
窜 逃　　　　撺 掇　　　　向 上 蹿

[崔] 崔 摧 催 璀

cuīwēi　　　cuīhuǐ　　　cuī cù　　　cuǐcàn
崔 巍　　　摧 毁　　　催 促　　　璀 璨

[寸] 寸 村 忖

chǐcùn　　　cūnzhuāng　　　cǔnduó
尺 寸　　　村 庄　　　　忖 度

[搓] 搓 蹉 磋 嵯

cuōshǒu　　　cuōtuó　　　cuōshāng　　　cuó'é
搓 手　　　蹉 跎　　　磋 商　　　嵯 峨

[挫] 挫 锉 痤

cuòzhé　　　cuòdāo　　　cuóchuāng
挫 折　　　锉 刀　　　痤 疮

[错] 错 措 厝 醋

cuòwù　　　cuòshī　　　cuòzhì　　　chī cù
错 误　　　措 施　　　厝 置　　　吃 醋

sh –

[沙] 沙 痧 裟 鲨 砂 纱 少

shā yǎ　　　fā shā　　　jiāshā　　　shā yú
沙 哑　　　发 痧　　　袈 裟　　　鲨 鱼

shāshí　　　shāmào　　　shǎoshù　　　shàonián
砂 石　　　纱 帽　　　少 数　　　少 年

[杀] 杀 刹

shāhài　　　shāchē
杀 害　　　刹 车

[扇] 扇 煽 骟

shānshàn zi　　　shāndòng　　　shànmǎ
扇 扇 子　　　煽 动　　　骟 马

[山] 山 舢 讪 汕 疝

shān dì　　　shānbǎn　　　shànxiào　　　shàntóu
山 地　　　舢 板　　　讪 笑　　　汕 头

shànbìng
疝 病

[衫] 衫 杉 钐

chènshān　　　shānmù(shāmù)　　　shāndāo
衬 衫　　　杉 木　　　钐 刀

[珊] 珊 蹒 删 姗

shānhú　　　pánshān　　　shāngǎi　　　shānshān
珊 瑚　　　蹒 跚　　　删 改　　　姗 姗

[擅] 擅 嬗

shàncháng　　　shànbiàn
擅 长　　　嬗 变

[善] 善 膳 鳝 缮

shànliáng　　　yòngshàn　　　shàn yú　　　xiūshàn
善 良　　　用 膳　　　鳝 鱼　　　修 缮

[捎] 捎 梢 鞘 筲 稍 艄 潲 哨

shāodài　　　shùshāo　　　biānshāo　　　shāo jī
捎 带　　　树 梢　　　鞭 鞘　　　筲 箕

shāoshāo　　　shào xī　　　shāogōng　　　zhūshào
稍 稍　　　稍 息　　　艄 公　　　猪 潲

kǒushào
口 哨

[绍] 绍 韶 苕

jièshào　　　sháoshān　　　hóngsháo
介 绍　　　韶 山　　　红 苕

[申] 申 珅 呻 伸 绅 神 审 婶

shēnqǐng　　　shēn yù　　　shēnyín　　　shēnzhǎn
申 请　　　珅 玉　　　呻 吟　　　伸 展

shēnshì　　　shén qí　　　shěnchá　　　shěnshen
绅 士　　　神 奇　　　审 查　　　婶 婶

[甚] 甚 葚

shènzhì　　　sāngshèn
甚 至　　　桑 葚

· 82 ·

[生] 生 甥 笙 牲 胜

shēngdòng　　wàisheng　　shēng gē　　shēngkou
生 动　　外 甥　　笙 歌　　牲 口

qǔshèng
取 胜

[师] 师 狮 筛

lǎoshī　　shī zi　　shāixuǎn
老 师　　狮 子　　筛 选

[史] 史 驶

lì shǐ　　jiàshǐ
历 史　　驾 驶

[市] 市 柿

shìchǎng　　shìbǐng
市 场　　柿 饼

[式] 式 试 拭 轼 弑

shìyàng　　kǎoshì　　shì lèi　　chēshì
式 样　　考 试　　拭 泪　　车 轼

shìjūn
弑 君

[恃] 恃 侍

shìzhàng　　fú shì
恃 仗　　服 侍

[受] 受 授 绶

shòumìng　　jiǎngshòu　　shòudài
受 命　　讲 授　　绶 带

[梳] 梳 疏 蔬

shū zi　　shūtōng　　shūcài
梳 子　　疏 通　　蔬 菜

[叔] 叔 菽 淑

shūshu　　shū sù　　shū nǚ
叔 叔　　菽 粟　　淑 女

[抒] 抒 舒 纾

	shū fā	shū fu	shūhuǎn
	抒发	舒服	纾缓

[孰] 孰 熟 塾

	shú	shúliàn	fànshóu le	sī shú
	孰	熟练	饭熟了	私塾

[暑] 暑 署 薯 曙

	shǔjià	shǔmíng	hóngshǔ	shǔguāng
	暑假	署名	红薯	曙光

[刷] 刷 涮

	fěnshuā	shuàbái	shuànyángròu
	粉刷	刷白	涮羊肉

[率] 率 摔 蟀

	shuàilǐng	shuāijiāo	xī shuài
	率领	摔跤	蟋蟀

[栓] 栓 拴

	mùshuān	shuānmǎ
	木栓	拴马

[霜] 霜 孀

	pī shuāng	shuāng jū
	砒霜	孀居

[税] 税 帨 说

	shuìshōu	shuì jīn	shuì fú	shuōmíng
	税收	帨巾	说服	说明

[舜] 舜 瞬

	Shùn dì	shùnjiān
	舜帝	瞬间

[烁] 烁 铄

	shǎnshuò	zhòngkǒushuò jīn
	闪烁	众口铄金

s—

[散] 散 撒 黴

sǎnwén	sànbù	sā huǎng	sǎ zhǒng
散文	散布	撒谎	撒种

sǎn zi
馓子

[桑] 桑 颡 搡 嗓

sāng yè	sǎng'é	tuī sǎng	sǎngyīn
桑叶	颡额	推搡	嗓音

[搔] 搔 骚 瘙

zhuāsāo	sāodòng	sàoyǎng
抓搔	骚动	瘙痒

[啬] 啬 穑

lìn sè	jià sè
吝啬	稼穑

[斯] 斯 厮 撕 嘶

sī wén	xiǎo sī	sī huǐ	sī yǎ
斯文	小厮	撕毁	嘶哑

[思] 思 锶 腮 鳃

sī kǎo	sī yuán sù	sāixiàn	yú sāi
思考	锶元素	腮腺	鱼鳃

[丝] 丝 咝 鸶

sīchóu	sīsī	lùsī
丝绸	咝咝	鹭鸶

[司] 司 饲 伺 嗣

sī jī	sì yǎng	sì jī	sì hòu
司机	饲养	伺机	嗣后

[松] 松 淞 忪 颂

sōngshù	Sōngjiāng	xīngsōng	gē sòng
松树	淞江	惺忪	歌颂

[叟] 叟 搜 嗖 艘 飕 瞍

lǎosǒu	sōují	sōusōu	yì sōuchuán
老叟	搜集	嗖嗖	一艘船

sōugān	mángsǒu
飕干	盲瞍

[宿] 宿 缩

sù shè　　　suō duǎn
宿舍　　　　缩短

[塑] 塑 溯

sù zào　　　zhuī sù
塑造　　　　追溯

[素] 素 愫 嗓

sù cái　　　qíng sù　　　sù zi
素材　　　　情愫　　　　嗓子

[酸] 酸 狻 梭 唆

suān chǔ　　suān ní　　suō zi　　suō shǐ
酸楚　　　　狻猊　　　梭子　　　唆使

[遂] 遂 邃 燧 隧

bànshēnbùsuí　suì xīn　　shēn suì　　suì shí
半身不遂　　　遂心　　　深邃　　　燧石

suì dào
隧道

[隋] 隋 随 髓

Suí cháo　　suí shí　　gǔ suǐ
隋朝　　　　随时　　　骨髓

[孙] 孙 荪 狲

sūn nǚ　　sūn cǎo　　hú sūn
孙女　　　　荪草　　　猢狲

[索] 索 嗦

tàn suǒ　　duō suo
探索　　　　哆嗦

[锁] 锁 唢 琐

tiě suǒ　　suǒ nà　　suǒ suì
铁锁　　　　唢呐　　　琐碎

n -

[那] 那 哪 挪 娜

nà me	nǎ lǐ	Nézhā	nuódòng
那么	哪里	哪吒	挪动

ē nuó
婀娜

[纳] 纳 衲 呐 钠 内 讷

cǎi nà	lǎo nà	nà hǎn	nà yuán sù
采纳	老衲	呐喊	钠元素

nèi róng	mù nè
内容	木讷

[乃] 乃 芀 氖 奶

nǎi zhì	yù nǎi	nǎi qì	nǎi nai
乃至	芋芀	氖气	奶奶

[奈] 奈 捺

nài hé	àn nà
奈何	按捺

[南] 南 楠 喃

nán fāng	nán mù	nán nán
南方	楠木	喃喃

[挠] 挠 譊 蛲 铙

zǔ náo	náo náo	náo chóng	náo bó
阻挠	譊譊	蛲虫	铙钹

[脑] 脑 恼 瑙

nǎo dai	nǎo nù	mǎ nǎo
脑袋	恼怒	玛瑙

[霓] 霓 倪 鲵 猊 婗 睨

ní hóng dēng	duān ní	dà ní	suān ní
霓红灯	端倪	大鲵	狻猊

yī ní	nì shì
婴婗	睨视

[尼] 尼 泥 怩 呢 昵 旎

ní gū	ní kēng	niǔ ní	ní zi
尼姑	泥坑	忸怩	呢子

	ne	qīn nì	yǐ nǐ
	呢	亲昵	旖旎

[你] 你 您

	nǐ men	nínhǎo
	你们	您好

[捏] 捏 涅

	niēzào	nièpán
	捏造	涅槃

[拈] 拈 粘 鲇

	niānjiūr	nián hu	nián yú
	拈阄儿	粘糊	鲇鱼

[念] 念 埝 捻

	niàntou	tǔ niàn	niǎnxiàn
	念头	土埝	捻线

[娘] 娘 酿

	xīnniáng	niàngzào
	新娘	酿造

[鸟] 鸟 袅

	niǎokàn	niǎorào
	鸟瞰	袅绕

[聂] 聂 颞 嗫 蹑 镊

	xìngNiè	niè gǔ	nièrú	nièzōng
	姓聂	颞骨	嗫嚅	蹑踪

	niè zi
	镊子

[宁] 宁 柠 拧 咛 狞 泞

	níngjìng	nìng kě	níngméng	níngshǒujīn
	宁静	宁可	柠檬	拧手巾

	nǐngluó sī		pí qì nìng
	拧螺丝		脾气拧

	dīngníng	zhēngníng	ní nìng
	叮咛	狰狞	泥泞

[妞] 妞 忸 扭 纽

dà niū　　　niǔ ní　　　niǔzhuǎn　　niǔkòu
大妞　　　　忸怩　　　　扭转　　　　纽扣

[农] 农 浓 哝 侬 脓

nóngcūn　　nóng yù　　dū nong　　nóng
农村　　　　浓郁　　　　嘟哝　　　　侬

huànóng
化脓

[奴] 奴 驽 孥 弩 努 怒

núlì　　　　　nú mǎn　　　nú　　　　　nǔ gōng
奴隶　　　　驽马　　　　孥　　　　　弩弓

nǔlì　　　　　fā nù
努力　　　　发怒

[疟] 疟 虐

nüè ji　　　　nüèdài
疟疾　　　　虐待

[懦] 懦 糯

nuòruò　　　nuò mǐ
懦弱　　　　糯米

[诺] 诺 喏 锘 匿

nuòyán　　　nuò　　　　nuòyuán sù　yǐn nì
诺言　　　　喏　　　　锘元素　　　隐匿

l –

[拉] 拉 啦

lā chě　　　lá tiáokǒu　　bàn lǎ　　　lālāduì
拉扯　　　　拉条口　　　半拉　　　　啦啦队

[蜡] 蜡 腊 猎

là zhú　　　là ròu　　　dǎ liè
蜡烛　　　　腊肉　　　　打猎

[来] 来 莱 崃 徕 睐 赉

・89・

láilì	Pénglài	Qiónglài	zhāolái
来历	蓬莱	邛崃	招徕

láolài	qīnglài	shǎnglài
劳徕	青睐	赏赉

［赖］ 赖 濑 癞 籁 懒

yīlài	làishuǐ	làizi	wànlàijùjì
依赖	濑水	癞子	万籁俱寂

lǎnduò
懒惰

［阑］ 阑 澜 斓 谰 兰(蘭) 栏(欄) 拦(攔) 烂(爛)

lánshān	bōlán	bānlán	lányán
阑珊	波澜	斑斓	谰言

láncǎo	lángān	lánjié	cànlàn
兰草	栏杆	拦截	灿烂

［蓝］ 蓝 褴 篮 滥

lánběn	lánlǚ	lánqiú	fànlàn
蓝本	褴褛	篮球	泛滥

［览］ 览 榄 揽 缆

yuèlǎn	gǎnlǎn	bāolǎn	lǎnshéng
阅览	橄榄	包揽	缆绳

［郎］ 郎 廊 榔 螂 锒 琅 锒 狼 朗 浪

lángzhōng	chángláng	bīnglang	tángláng
郎中	长廊	槟榔	螳螂

lángtóu	lánggān	lángdāng	lángbèi
锒头	琅玕	锒铛	狼狈

lǎngsòng	làngfèi
朗诵	浪费

［劳］ 劳 捞 痨 唠 崂 涝

láolì	dǎlāo	láobìng	láodao
劳力	打捞	痨病	唠叨

Láoshān	làozāi
崂山	涝灾

［老］ 老 佬 姥

	lǎoshī	kuòlǎo	lǎolao
	老师	阔佬	姥姥

[烙] 烙 酪 落 络 路 赂 露 鹭 洛 骆 络 略

làoyìn	nǎilào	jiàngluò	làxià
烙印	奶酪	降落	落下

làoshǎir	liánluò	lùchéng	huìlù
落色儿	联络	路程	贿赂

tǔlù	lù sī	Luòyáng	luòtuo
吐露	鹭鸶	洛阳	骆驼

luòyì	shěnglüè
络绎	省略

[雷] 雷 擂 檑 镭 蕾

léi yǔ	léi bō	lèi tái	léi mù
雷雨	擂钵	擂台	檑木

léi yuán sù		huā lěi
镭元素		花蕾

[肋] 肋 勒 嘞

lèi gǔ	lēi jǐn	lè suǒ	hǎo lei
肋骨	勒紧	勒索	好嘞

[棱] 棱 崚 睖

lēngjiǎo	léngcéng	lèngzheng
棱角	崚嶒	睖睁

[离] 离 漓 璃 篱

líbié	línlí	bōli	líba
离别	淋漓	玻璃	篱笆

[丽] 丽 鹂 俪 逦

Lí jiāng	měilì	huáng lí	kàng lì
丽江	美丽	黄鹂	伉俪

yǐlǐ
迤逦

[里] 里 理 俚 鲤 娌 厘 狸 哩

lǐnòng	lǐlùn	lǐyǔ	lǐyú
里弄	理论	俚语	鲤鱼

zhóulǐ	límǐ	húli	shìli
妯娌	厘米	狐狸	是哩

[利] 利 梨 犁 蜊 痢 莉 俐 猁

lìluo	líyuán	lítián	gélí
利落	梨园	犁田	蛤蜊
lìji	mòlì	línglì	shēlì
痢疾	茉莉	伶俐	猞猁

[立] 立 粒 苙 笠

lìzhèng	kēlì	lìlín	dǒulì
立正	颗粒	苙临	斗笠

[厉] 厉 励 疠 粝 蛎 砺

yánlì	gǔlì	lìbìng	lìmǐ
严厉	鼓励	疠病	粝米
mǔlì	lìshí		
牡蛎	砺石		

[力] 力 历 沥 雳 呖 荔

lìqi	lìshǐ	lìqīng	pīlì
力气	历史	沥青	霹雳
lìlì	lìzhī		
呖呖	荔枝		

[廉] 廉 镰

liánjié	liándāo		
廉洁	镰刀		

[连] 连 涟 褳 莲 鲢 链

liánnián	liányī	dālian	liánpeng
连年	涟漪	褡褳	莲蓬
liányú	liàntiáo		
鲢鱼	链条		

[脸] 脸 敛 殓

liǎnsè	shōuliǎn	rùliàn
脸色	收敛	入殓

[练] 练 炼

	liàn xí	yě liàn
	练习	冶炼

[梁] 梁 粱

qiáoliáng	gāoliáng
桥梁	高粱

[良] 良 粮 踉

yōuliáng	liángshi	liàngqiàng
优良	粮食	踉跄

[两] 两 俩 辆 魉

liǎng kě	jì liǎ	tā liǎ	chē liàng
两可	伎俩	他俩	车辆

[凉] 凉 谅 晾

liángkuai	liànglěng	yuánliàng	liàng yī fu
凉快	凉冷	原谅	晾衣服

[嘹] 嘹 撩 僚 燎 獠 缭 潦 镣

liáoliàng	liāoqún zi	liáo bō	guānliáo
嘹亮	撩裙子	撩拨	官僚

liáoyuán	liáo yá	liáorào	liǎodǎo
燎原	獠牙	缭绕	潦倒

tiě liào
铁镣

[了] 了 疗 辽

liǎoquè	zhìliáo	liáokuò
了却	治疗	辽阔

[列] 列 咧 裂 烈 洌 冽 趔

liè xí	liě zuǐ	liè hén	gāng liè
列席	咧嘴	裂痕	刚烈

qīng liè	lǐn liè	liè qie
清洌	凛冽	趔趄

[鳞] 鳞 麟 遴 磷 嶙 粼

yú lín	qí lín	línxuǎn	línhuǒ
鱼鳞	麒麟	遴选	磷火

lín xún	lín lín
嶙峋	粼粼

[林] 林 淋 霖 琳 啉

lín lì	lín bā	guòlìn	lín yǔ
林立	淋巴	过淋	霖雨

línláng	kuílín
琳琅	喹啉

[凌] 凌 菱 陵 绫

líng rǔ	língjiǎo	shānlíng	língzi
凌辱	菱角	山陵	绫子

[令] 令 羚 零 玲 苓 聆 龄 囹 铃 伶 翎
领 岭 拎 邻

mìnglìng	língyáng	língluàn	línglóng
命令	羚羊	零乱	玲珑

fú líng	língtīng	niánlíng	líng yǔ
茯苓	聆听	年龄	囹圄

tónglíng	líng lì	líng zi	lǐngdǎo
铜铃	伶俐	翎子	领导

shānlǐng	līnshuǐ	lín jū
山岭	拎水	邻居

[刘] 刘 浏

liúhǎir	liúlǎn
刘海儿	浏览

[流] 流 鎏 琉 硫

liúcuàn	liú jīn	liú lí	liúhuáng
流窜	鎏金	琉璃	硫磺

[留] 留 溜 瘤 榴 遛

liúniàn	liū da	zhǒngliú	shíliu
留念	溜达	肿瘤	石榴

liùmǎ
遛马

[龙] 龙 珑 茏 聋 栊 咙 胧 笼 垄 拢 陇

lóngpáo	línglóng	cōnglóng	lóngzi
龙袍	玲珑	葱茏	聋子

liánlóng	hóulong	ménglóng	lóngzi
帘栊	喉咙	朦胧	笼子

lǒngzhào	lǒngduàn	lā lǒng	Lǒng xī
笼罩	垄断	拉拢	陇西

[娄] 娄 楼 偻 蝼 髅 搂 篓 瘘 镂 褛 屡 缕

tǒnglóu zi	mùlóu	lóuluó	lóu gū
捅娄子	木楼	偻㑩	蝼蛄

kū lóu	lǒubào	zhǔlǒu	lòuguǎn
骷髅	搂抱	竹篓	瘘管

lòu kè	lán lǚ	lǚcì	lǚlǚ
镂刻	褴褛	屡次	缕缕

[卢] 卢 泸 垆 颅 轳 舻 鸬 鲈 庐 炉 芦 驴

lú bù	Lúshuǐ	lútǔ	tóulú
卢布	泸水	垆土	头颅

lùlú	zhúlú	lúcí	lúyú
辘轳	舳舻	鸬鹚	鲈鱼

máo lú	huǒ lú	lú wěi	máo lú
茅庐	火炉	芦苇	毛驴

[虏] 虏 掳

fúlǔ	lǔ lüè
俘虏	掳掠

[鲁] 鲁 橹 镥

lǔ mǎng	chuán lǔ	lǔ yuán sù
鲁莽	船橹	镥元素

[鹿] 鹿 漉 麓 辘

lù jiǎo	lù wǎng	shān lù	lù lú
鹿角	漉网	山麓	辘轳

[录] 录 禄 碌 绿

lù yīn	fènglù	yōng lù	lùlín
录音	俸禄	庸碌	绿林

lùsè
绿色

[吕] 吕 铝 侣

xìng Lǚ	lǚ guō	bàn lǚ
姓吕	铝锅	伴侣

［虑］ 虑 滤

　　kǎo lǜ　　　guò lǜ
　　考虑　　　过滤

［峦］ 峦 栾 滦 銮 挛 鸾 孪 恋

　　shānluán　　xìng Luán　　Luán hé　　jīn luán
　　山峦　　　姓栾　　　滦河　　　金銮

　　jìng luán　　luán fèng　　luán shēng　　ài liàn
　　痉挛　　　鸾凤　　　孪生　　　爱恋

［伦］ 伦 沦 论 轮 囵 岺 纶

　　lún lǐ　　　chén lún　　lún yǔ　　　lùn wén
　　伦理　　　沉沦　　　论语　　　论文

　　chē lún　　hú lún　　　kūn lún　　jīng lún
　　车轮　　　囫囵　　　崑岺　　　腈纶

［螺］ 螺 骡 漯 摞 累

　　tián luó　　luó zi　　　Luò hé　　　yí luò shū
　　田螺　　　骡子　　　漯河　　　一摞书

　　léi zhui　　jī léi
　　累赘　　　积累

f –

［发］ 发 废

　　fā dá　　　tóu fà　　　fèi chú
　　发达　　　头发　　　废除

［乏］ 乏 泛

　　quē fá　　　fàn zhōu
　　缺乏　　　泛舟

［伐］ 伐 阀 筏

　　tǎo fá　　　jūn fá　　　zhú fá
　　讨伐　　　军阀　　　竹筏

［法］ 法 砝 珐

　　fǎ dìng　　　fǎ mǎ　　　fǎ láng
　　法定　　　砝码　　　珐琅

［凡］ 凡 帆 矾 梵

	píngfán	fānchuán	míngfán	Fànyǔ
	平凡	帆船	明矾	梵语

[番] 番 藩 翻 燔 璠 蕃

fānhào	fān lí	fānzhuǎn	fánkǎo
番号	藩篱	翻转	燔烤

fányù	fánmào
璠玉	蕃茂

[反] 反 返 贩 饭

fǎnfù	fǎnhuí	fànmài	fànwǎn
反复	返回	贩卖	饭碗

[范] 范 犯

fànwén	zuìfàn
范文	罪犯

[方] 方 芳 坊 妨 房 防 肪 访 仿 舫 纺 放

fāngxiàng	fēnfāng	páifāng	zuōfang
方向	芬芳	牌坊	作坊

fāng'ài	fángwū	fángzhǐ	zhīfáng
妨碍	房屋	防止	脂肪

fǎngwèn	fǎngfú	huàfǎng	fǎngxiàn
访问	仿佛	画舫	纺线

kāifàng
开放

[非] 非 扉 霏 菲 啡 蜚 绯 斐 悱 诽 匪 翡
痱

fēicháng	fēiyè	fēifēi	fāngfēi
非常	扉页	霏霏	芳菲

fěibó	kāfēi	fēishēng	fēihóng
菲薄	咖啡	蜚声	绯红

fěirán	fěicè	fěibàng	tǔfěi
斐然	悱恻	诽谤	土匪

fěicuì	fèizi
翡翠	痱子

[沸] 沸 费 狒 佛 拂

fèiténg	làngfèi	fèifei	fójiào
沸腾	浪费	狒狒	佛教

fǎngfú	fú xiǎo
仿佛	拂晓

[分] 分 雰 芬 吩 氛 纷 汾 粉 忿 份

fēnshù	fēnfēn	fēnfāng	fēnfù
分数	雰雰	芬芳	吩咐

qì fēn	fēnyún	Fén hé	fěnhóng
气氛	纷纭	汾河	粉红

gǔfèn
股份

[烽] 烽 蜂 峰 锋 逢 缝

fēnghuǒ	mì fēng	gāofēng	fēnglì
烽火	蜜蜂	高峰	锋利

xiāngféng	féngrèn	fèng xì
相逢	缝纫	缝隙

[风] 风 疯 枫 讽

fēngsú	fēngkuáng	fēng yè	fěngcì
风俗	疯狂	枫叶	讽刺

[奉] 奉 俸

fèngcheng	xīnfèng
奉承	薪俸

[夫] 夫 麸 肤 芙 扶

fūrén	màifū	fūqiǎn	fúróng
夫人	麦麸	肤浅	芙蓉

fú zhí
扶植

[福] 福 辐 幅 蝠 匐 富 副

fúqi	fú shè	fúdù	biānfú
福气	辐射	幅度	蝙蝠

púfú	fùyù	fù shí
匍匐	富裕	副食

[浮] 浮 俘 孵

fú kuā	fú huò	fū huà	
浮夸	俘获	孵化	

［伏］ 伏 袯 茯

| fútiē | bāofu | fúlíng | |
| 伏贴 | 包袱 | 茯苓 | |

［甫］ 甫 辅 脯 傅 缚 敷

| Dùfǔ | fǔzhù | xìngfǔ | shīfu |
| 杜甫 | 辅助 | 杏脯 | 师傅 |

| shùfù | fū yǎn | | |
| 束缚 | 敷衍 | | |

［父］ 父 斧 釜

| yúfù | fùqīn | fǔ tóu | pòfǔchénzhōu |
| 渔父 | 父亲 | 斧头 | 破釜沉舟 |

［讣］ 讣 赴

| fùgào | bēnfù | | |
| 讣告 | 奔赴 | | |

［复］ 复 覆 蝮 馥 腹 鳆

| fùbì | fùgài | fùshé | fùyù |
| 复辟 | 覆盖 | 蝮蛇 | 馥郁 |

| fùgǎo | fùyú | | |
| 腹稿 | 鳆鱼 | | |

［付］ 付 咐 附 驸 腑 府 拊 腐 符

| fùchū | fēnfù | fùjiàn | fùmǎ |
| 付出 | 吩咐 | 附件 | 驸马 |

| fèifǔ | zhèngfǔ | fǔzhǎng | fǔlàn |
| 肺腑 | 政府 | 拊掌 | 腐烂 |

| fúhé | | | |
| 符合 | | | |

h –

［海］ 海 嗨

| hǎiyáng | hāi yō | | |
| 海洋 | 嗨哟 | | |

[亥] 亥 孩 骸 咳 氦 骇 核 劾

hàishí	hái zi	cánhái	hāi
亥时	孩子	残骸	咳
hàiqì	jīnghài	héxīn	
氦气	惊骇	核心	
táohúr	tánhé		
桃核儿	弹劾		

[酣] 酣 邯

hānshuì	Hándān
酣睡	邯郸

[函] 函 涵 菡

hánshòu	hányǎng	hàndàn
函授	涵养	菡萏

[旱] 旱 悍 焊 捍

hàn jì	qiánghàn	hàn jiē	hànwèi
旱季	强悍	焊接	捍卫

[翰] 翰 瀚

hànlín	hàohàn
翰林	浩瀚

[杭] 杭 吭 航

Hángzhōu	yǐnháng	hángxíng
杭州	引吭	航行

[豪] 豪 壕 嚎 毫

háofàng	háogōu	háojiào	háomáo
豪放	壕沟	嚎叫	毫毛

[何] 何 荷 呵 嗬

hé bì	hé huā	hē chì	hē
何必	荷花	呵斥	嗬

[合] 合 盒 颌 哈 蛤

héchéng	hé zi	shàng hé	hāhā
合成	盒子	上颌	哈哈
háma			
蛤蟆			

[禾] 禾 和

    hé miáo   wēn hé   yìng hè   huó miàn
    禾 苗   温 和   应 和   和 面

    huò yào   hú le
    和 药   和 了

[黑] 黑 嘿

    hēi' àn   hēi
    黑 暗   嘿

[很] 很 狠 痕 恨

    hěn kuài   hěn dú   hén jì   yí hèn
    很 快   狠 毒   痕 迹   遗 恨

[亨] 亨 哼

    hēng tōng   hēng xiǎo qǔr
    亨 通   哼 小 曲 儿

[烘] 烘 哄 洪

    hōng kǎo   hōng dòng   hǒng piàn   qǐ hòng
    烘 烤   哄 动   哄 骗   起 哄

    hóng shuǐ
    洪 水

[红] 红 虹 讧

    hóng sè   cǎi hóng   nèi hòng
    红 色   彩 虹   内 讧

[宏] 宏 弘 泓

    hóng dà   hóng tú   yì hóng
    宏 大   弘 图   一 泓

[乎] 乎 呼

    zài hu   hū háo
    在 乎   呼 号

[忽] 忽 惚 囫 笏

    hū rán   huǎng hū   hú lún   yù hù
    忽 然   恍 惚   囫 囵   玉 笏

[胡] 胡 湖 糊 煳 瑚 葫 蝴 猢

    hú qín   hú pō   hú tu   hū qiáng
    胡 琴   湖 泊   湖 涂   糊 墙

hù nong	shāo hú	shān hú	hú lu
糊弄	烧煳	珊瑚	葫芦
hú dié	hú sūn		
蝴蝶	猢狲		

[狐] 狐 弧

hú li	hú dù
狐狸	弧度

[虎] 虎 琥 唬

hǔ bào	hǔ pò	xià hu
虎豹	琥珀	吓唬

[户] 户 护 沪

mén hù	hù sòng	hù jù
门户	护送	沪剧

[化] 化 花 哗 华 桦 铧 货

huà xué	huā lán	huā lā	xuān huá
化学	花篮	哗啦	喧哗
cái huá	Huà Shān	bái huà	lí huá
才华	华山	白桦	犁铧
huò wù			
货物			

[滑] 滑 猾

huá liu	jiǎo huá
滑溜	狡猾

[怀] 怀 坏

huái niàn	sǔn huài
怀念	损坏

[还] 还(還) 环(環) 寰 鬟

huán yuán	huán rào	huán yǔ	yún huán
还原	环绕	寰宇	云鬟

[换] 换 涣 痪 焕 唤

jiāo huàn	huàn sàn	tān huàn	huàn fā
交换	涣散	瘫痪	焕发
huàn xǐng			
唤醒			

［荒］荒 慌 谎

huāngfèi　　huāngluàn　　huǎngyán
荒 废　　　慌 乱　　　谎 言

［黄］黄 潢 磺 蟥 簧

huánghuā　　zhuānghuáng　liúhuáng　　mǎhuáng
黄 花　　　装 潢　　　硫 磺　　　蚂 蟥

tánhuáng
弹 簧

［皇］皇 凰 惶 徨 煌 蝗 篁

huáng dì　　fènghuáng　　huángkǒng　　pánghuáng
皇 帝　　　凤 凰　　　惶 恐　　　彷 徨

huīhuáng　　huángchóng　　yōuhuáng
辉 煌　　　蝗 虫　　　幽 篁

［晃］晃 恍 幌

yíhuàng　　huǎngyou　　huǎngrán　　huǎngzi
一 晃　　　晃 悠　　　恍 然　　　幌 子

［挥］挥 辉 晖 荤 浑

fā huī　　guānghuī　　chūnhuī　　hūncài
发 挥　　　光 辉　　　春 晖　　　荤 菜

húnzhuó
浑 浊

［灰］灰 恢 诙

huī jìn　　huī fù　　huīxié
灰 烬　　　恢 复　　　诙 谐

［回］回 茴 蛔 徊

huí gù　　huíxiāng　　huíchóng　　páihuái
回 顾　　　茴 香　　　蛔 虫　　　徘 徊

［悔］悔 诲 晦

huǐgǎi　　jiàohuì　　huì qi
悔 改　　　教 诲　　　晦 气

［彗］彗 慧

huìxīng　　cōnghuì
彗 星　　　聪 慧

［惠］惠 蕙

huìcún　　　huìcǎo
惠存　　　蕙草

［会］会 烩 荟 桧 绘

huìyì　　　huìxiārénr　　　huìcuì
会议　　　烩虾仁儿　　　荟萃

Qínhuì　　　huìhuà
秦桧　　　绘画

［昏］昏 婚

huánghūn　　　jiéhūn
黄昏　　　结婚

［混］混 馄

húndàn　　　hùnxiáo　　　húntun
混蛋　　　混淆　　　馄饨

［活］活 话

huódòng　　　huàjù
活动　　　话剧

［火］火 伙

huǒlì　　　huǒji
火力　　　伙计

［或］或 惑

huòxǔ　　　míhuò
或许　　　迷惑

第三章　韵母辨正及训练

一、普通话韵母的分类

韵母是音节中声母后面的部分。韵母主要由元音充当,也可以由元音加辅音构成。普通话的韵母一共有三十九个。根据不同的标准可以把三十九个韵母分成不同的类别。

(一)按韵母的内部结构分类

根据韵母的内部结构,可以把韵母分成三类:

(1)单韵母:由一个元音构成的韵母。普通话一共有十个单韵母。如:ɑ、i、ü、er 等。

(2)复韵母:由两个或三个元音构成的韵母。普通话一共有13 个复韵母。如:ɑi、iɑ、iɑo、uei 等。

(3)鼻韵母:由一个或两个元音后面带上鼻辅音构成的韵母。普通话一共有16 个鼻韵母。如:ɑn、in、iɑn、uɑn、eng、iong 等。

(二)按照韵母开头元音音素的不同分类

按照韵母开头元音音素的差异,可以把普通话韵母分成开口呼、齐齿呼、合口呼、撮口呼四类(简称"四呼")。

(1)开口呼韵母:凡是没有韵头,韵腹又不是 i、u、ü 的韵母叫开口呼韵母。如:ɑ、ɑi、ɑn、ɑng 等。

(2)齐齿呼韵母:韵母是 i 或以 i 起头的韵母称为齐齿呼韵母。如:i、iɑ、ie、iɑn、iɑng 等。

(3)合口呼韵母:韵母是 u 或以 u 起头的韵母称为合口呼韵母。如:u、uɑ、uɑi、uɑn、uɑng 等。

(4)撮口呼韵母:韵母是 ü 或以 ü 起头的韵母称为撮口呼韵

母。如：ü、üe、üan 等。

按照以上分类，普通话的韵母分类可以概括如表3-1。

表 3-1　普通话韵母表

	开口呼	齐齿呼	合口呼	撮口呼
单韵母	-i [ɿ]、[ʅ]	i	u	ü
	ɑ	iɑ	uɑ	
	o		uo	
	e			
	ê	ie		üe
	er			
复韵母	ɑi		uɑi	
	ei		uei	
	ɑo	iɑo		
	ou	iou		
鼻韵母	ɑn	iɑn	uɑn	üɑn
	en	in	uen	ün
	ɑng	iɑng	uɑng	
	eng	ing	ueng	
			ong	iong

二、韵母的发音条件

普通话韵母因为内部结构成分的差异，其发音状况有所不同。下面对单韵母、复韵母和鼻韵母的发音条件作逐个说明。

（一）单韵母

普通话单韵母共有十个，其中 ɑ、o、e、ê、i、u、ü 为舌面元音。发音时主要是舌面起作用，其发音要领为：

（1）把握舌位的前后。发元音时，舌面隆起的最高点为"舌位。"根据舌位的前后可把舌面单元音分为前、央、后三类。发 i、ê、ü 时，舌头前伸，舌尖抵住下齿背，故为前元音；发 ɑ[A] 时，舌位居中，故为央元音；发 o、e、u 时，舌尖后缩，离开下齿背，故为后元音。

（2）控制舌位高低和口腔开口度的大小。舌位的高低和口腔开口度大小成反比关系。舌位高则口腔开口度小，舌位低则口腔开口度大，如：发 α[A] 时，口腔开口度最大，而舌位最低；发 ê 时，口腔半开，而舌位半低；发 o、e 时，口腔半闭，而舌位半高；发 i、u、ü 时，口腔开口度很小，而舌位最高。

（3）调整唇形的圆展。如发 o、u、ü 时，嘴唇拢圆；而发 i、ê、α、e 时，嘴唇则不圆，或张开（α[A]），或向左右展开（i、ê、e）。

-i[ʅ] 和 -i[ɿ] 为两个舌尖元音，发音时主要是舌尖起作用。发 -i[ɿ] 时，舌尖前伸，靠近上齿背，嘴唇向两边展开。如 zì sī（自私）的韵母便是 -i[ɿ]。发 -i[ʅ] 时，舌尖上翘，靠近硬腭前部，嘴唇向两边展开。如 zhī chí（支持）的韵母便是 -i[ʅ]。

er 为卷舌元音，主要也是舌尖起作用。发 er 时，舌位居中，舌尖向硬腭卷起，嘴唇略微展开。如 shào ér（少儿）的 ér 的韵母则是 er。

单韵母词语对照练习

méi pò（没破）——méi kè（没课）

nèi mó（内膜）——nèi gé（内阁）

gāo pō（高坡）——gāo gē（高歌）

bǐ yì（比翼）——bǐ yù（比喻）

yǒu qì（有气）——yǒu qù（有趣）

bù jí（不急）——bù jú（布局）

jì lù（记录）——jì lǜ（纪律）

jì shù（技术）——jì xù（继续）

zī yuán（资源）——zhī yuán（支援）

zì jué（自觉）——zhī jué（知觉）

yú cì（鱼刺）——yú chì（鱼翅）

jìn sì（近似）——jìn shì（近视）

（二）复韵母

普通话的复韵母一共有十三个,其中二合复韵母九个:ɑi、ei、ɑo、ou、iɑ、ie、uɑ、uo、üe;三合复韵母四个:iɑo、iou、uɑi、uei。

复韵母的发音不是几个单元音的简单相加,而是由一个元音向另一个元音的滑动。在滑动过程中,舌位的高低前后,口腔的开闭,唇形的圆展都逐渐有所变化。如发iɑ时,在由i向ɑ的滑动过程中,舌位由高向低,口腔由小到大逐渐变动,延长声音,只听见收尾的音。

在复韵母中,各元音的口腔开口度以及声音的清晰响亮程度是不同的。如iɑ,ɑ的开口度大,声音清晰响亮。因此,根据清晰响亮度大的元音在复韵母中的位置,可以划分为:前响复韵母,后响复韵母和中响复韵母三类。

1. 前响复韵母

发前响复韵母时,前面的元音音值清晰响亮,后边的元音音值含混模糊。共有四个:

ɑi: kāi cǎi 开采　　　cǎi zhāi 采摘

　　shài tái 晒台　　　zāi hài 灾害

ei: bèi lěi 蓓蕾　　　hēi méi 黑煤

　　běi měi 北美　　　pèi bèi 配备

ɑo: gāo ào 高傲　　　bào gào 报告

　　pāo máo 抛锚　　　chǎo nào 吵闹

ou: zǒu gǒu 走狗　　　hòu lóu 后楼

　　kǒu tóu 口头　　　chǒu lòu 丑陋

2. 后响复韵母

后响复韵母发音时,前边的元音音值轻而短,后边的元音音值清晰响亮。共有五个:

iɑ: jià xià 架下　　　jiǎ yá 假牙　 jiā jià 加价

ie: tiē qiè 贴切　　　jié yè 结业

　　xiè xie 谢谢　　　yé ye 爷爷

ua：　shuǎ huá 耍滑　　　huā wà 花袜

　　　guà huā 挂花　　　guà huà 挂画

uo：　duò luò 堕落　　　guò cuò 过错

　　　huǒ guō 火锅　　　nuò ruò 懦弱

üe：　què yuè 雀跃　　　yuē lüè 约略　　quē xuě 缺雪

3. 中响复韵母

中响复韵母发音时,中间的元音音值清晰响亮,前边的元音音值轻而短,而后边元音音值含混不太固定。三合元音都是中响复韵母,共有四个：

iao：　qiǎo miào 巧妙　　　xiǎo miáo 小苗

　　　miǎo biǎo 秒表　　　jiào xiāo 叫嚣

iou：　niú yóu 牛油　　　yōu xiù 优秀

　　　xiù qiú 绣球　　　jiǔ liú 久留

uai：　shuāi huài 摔坏　　　huái chuāi 怀揣　　wài kuài 外快

uei：　zhuī suí 追随　　　shuǐ wéi 水位

　　　huì duì 汇兑　　　cuì wēi 翠微

（三）鼻韵母

普通话的鼻韵母一共十六个,其中带舌尖鼻辅音韵尾 n 的共有八个：an、ian、uan、üan、en、in、uen、ün,称前鼻韵母；带舌根鼻辅音韵尾 ng 的也有八个：ang、iong、uang、eng、ing、ueng、ong、iong,称后鼻韵母。

鼻韵母发音时,由发元音(气流不受阻,从口腔流出)向发鼻辅音(气流在口腔受阻,从鼻腔流出)逐渐变动,前后连成一体。

1. 前鼻韵母

an、en、in、ün 发音时,先发元音,紧接着软腭下降,鼻音色彩增加,舌尖抵住上齿龈,发鼻音 n。

an：　lán gān 栏杆　　　tán pàn 谈判

　　　cān zàn 参赞　　　hàn shān 汗衫

en：　shēn chén 深沉　　　shěn chèn 审慎

mén zhěn 门诊　　　gēn běn 根本

in：　lín yīn 林荫　　　bīn lín 濒临

　　　pīn yīn 拼音　　　yīn qín 殷勤

ün：　jūn xùn 军训　　　jūn yǔn 均匀　　qūn xún 逡巡

ian、uan、üan、uen 发音时，从前面轻而短的元音过渡到中间较响亮的元音，随后软腭下降，舌尖抵住上齿龈，发鼻音 n。

ian：　jiǎn liàn 简炼　　　lián mián 连绵

　　　diàn niàn 惦念　　　tiān biān 天边

uan：　kuān huǎn 宽缓　　　wǎn zhuǎn 婉转

　　　ruǎn duàn 软缎　　　zhuān guǎn 专管

üan：　yuán quán 源泉　　　xuān yuán 轩辕

　　　yuán quān 圆圈　　　quán quán 全权

uen：　kūn lún 昆仑　　　wēn shùn 温顺

　　　chūn sǔn 春笋　　　hún tún 馄饨

2. 后鼻韵母

ang、eng、ing、ong 发音时，先发元音，紧接着舌根往后缩抵住软腭，软腭下降，打开鼻腔通路，发舌根浊鼻音 ng。

ang：　cāng máng 苍茫　　　cháng láng 长廊

　　　chǎng fáng 厂房　　　cāng sāng 沧桑

eng：　fēng shèng 丰盛　　　fēng zheng 风筝

　　　shēng téng 升腾　　　zhěng fēng 整风

ing：　níng jìng 宁静　　　píng dìng 评定

　　　qīng tīng 倾听　　　míng xīng 明星

ong：　hǒng zhōng 洪钟　　　hōng dòng 轰动

　　　cōng lóng 葱茏　　　gōng nóng 工农

iang、uang、ueng、iong 发音时，前面的元音音值轻而短，表示舌位开始移动的位置，然后紧接发 ang、eng、ong。

iang：　xiāng jiāng 香江　　　xiǎng liàng 响亮

　　　xiàng yáng 向阳　　　liǎng jiāng 两江

uang： zhuāng huáng 装潢　　　kuáng wàng 狂妄

　　　　zhuàng kuàng 状况　　shuāng huáng 双簧

ueng： wēng wēng 嗡嗡

iong： xiōng yǒng 汹涌　　　qióng xiōng 穷凶

　　　　jiǒng jiǒng 炯炯

三、韵母辨正

　　韵母是音节的重要组成部分,在一个音节结构中,可以没有声母,但必须包含韵母。因此,韵母音值的发音是否准确清晰直接影响着普通话发音的准确度。方言区的人在学习普通话时,要注意找出本方言区的韵母同普通话韵母的差异和对应规律,自觉避免错误。下面着重谈谈重庆人在学习普通话时,就韵母方面应注意的几个问题。

　　（一）分清舌尖前元音-i[ɿ]和舌尖后元音-i[ʅ]

　　在普通话中,舌尖前元音-i[ɿ]和舌尖后元音-i[ʅ]是分得很清楚的。但在重庆话中,则无区别,绝大多数字均念成舌尖前元音-i[ɿ]。因此,对一部分有区别的字要特别注意记忆。

词语对比练习

zìzhǐ	zhìzhǐ	zìzhì	sǐjì	shǐjì
字纸	制止	自治	死记	史记

zìzào	zhìzào	sīzhǎng	shīzhǎng	cánsī	chánshī
自造	制造	司长	师 长	蚕丝	禅 师

tuīcí	tuīchí	sīshì	shīshì	zīshì	zhīshi
推辞	推迟	私事	失事	姿势	知识

zìxù	zhìxù	zīyuán	zhīyuán	yúcì	yúchì
自序	秩序	资源	支援	鱼刺	鱼翅

jìnsì	jìnshì	sīrén	shīrén	zìyuàn	zhìyuàn
近似	近视	私人	诗人	自愿	志愿

sì shí	shìshí	yízì	yízhì
四时	事实	一字	一致（“一”是变调）

sìlì	shìlì	zìwèn	zhìwèn	zhǐshān	zǐshān
肆力——	视力	自问——	质问	纸山——	紫衫

zhībǔ	zībǔ	shǐqián	sǐqián	zìxiāo	zhìxiāo
织补——	滋补	史前——	死钱	自销——	滞销

zhōngzǐ	zhōngzhǐ
中子——	中止

带-i（前）韵母的词语练习

zīzī	cìsì	zīběn	zìsī	sīlìng	fēnzǐ
孜孜	四次	资本	私自	司令	分子
cǐcì	sīzì	sìzì	cíbié	cízhāng	cí yǔ
此次	自私	恣肆	辞别	辞章	词语
cǐ kè	cìpǐn	cìtàn	sīwén	sī xù	sīshì
此刻	次品	刺探	斯文	思绪	私事
sījiāo	wú sī	gāngsī	sīháo	sǐyìng	sǐbǎn
私交	无私	钢丝	丝毫	死硬	死板
jiǔ sì	fàngsì	sìrǎo	sìyuàn	xiāngsì	sìliào
酒肆	放肆	肆扰	寺院	相似	饲料
sì shí	jì sì	sìzhī	sìhǎi	sī yí	zīxún
巳时	祭祀	四肢	四海	司仪	咨询
zī chǎn	zīróng	zīmàn	zīrùn	zǐzhú	fù zǐ
资产	姿容	滋蔓	滋润	紫竹	父子
zǐdàn	zǐ yè	zìzhǐ	wénzì	wūzì	
子弹	子夜	字纸	文字	污渍	

带-i（后）韵母的词语练习

zhīchí	zhǐshì	zhìshǐ	zhìzhǐ	shízhì	shǐshī
支持	指示	致使	制止	实质	史诗
shīshǐ	shīshí	shīzhí	shíshī	shíshì	shízhǐ
诗史	失实	失职	实施	时事	食指
shǐshí	shǐzhì	shìzhǐ	shìshí	zhǐshǐ	zhíshì
史实	矢志	试纸	事实	指使	执事

· 112 ·

zhǐshì	zhǐchǐ	zhǐchì	zhìshì	zhīshí	zhǐhǎo
只是	咫尺	指斥	志士	知识	只好
bàozhǐ	zhìshǎo	chīzhǎng	dāichī	chīxiāng	chímài
报纸	至少	痴长	呆痴	吃香	迟脉
shuǐchí	chítáng	chíchěng	xiūchǐ	yáchǐ	shēchǐ
水池	池塘	驰骋	羞耻	牙齿	奢侈
chǐdù	chìrè	chìjiǎo	zhǎnchì	hēchì	chìzé
尺度	赤热	赤脚	展翅	呵叱	斥责
zǒngzhī	tōngzhī	yìzhì	tǐzhì	kāishǐ	júshì
总之	通知	意志	体制	开始	局势
shìjiè	kǎoshì	zōngzhǐ	zhēnzhī	shísù	sùshí
世界	考试	宗旨	针织	时速	素食
suǒshì	zázhì	suōshǐ			
琐事	杂志	唆使			

（二）念准 e 韵母

重庆话中没有 e 韵母,普通话念 e 韵母的字音,在重庆话中出现了分流现象,有的念成了 o 韵母,如:歌、割、鸽、个、各、鹅、科、壳、可、渴、喝、合、和、河、贺、乐等,有的则念成 ê 韵母,如:德、迫、策、车、革、客、核、色、哲、这、特、则、勒等。

重庆人要念准 e,首先要学习 e 的发音,其次要辨析记忆带 e 韵母的字。学习 e 的发音,可利用 o 引导发 e,o 与 e 舌位高低、前后相同,区别在于唇形的圆展。先发 o,然后舌位不变,逐渐向左右展开嘴角,这时声音自然念成 e 了。

$$o \xrightarrow[\text{舌位不变}]{\text{唇形由圆变扁}} e$$

词语练习

bóbo	pópo	mòmo	báomó	mómò	kèchē
伯伯	婆婆	默默	薄膜	磨墨	客车
géhé	hégé	sèzé	gēshě	tèsè	héliú
隔阂	合格	色泽	割舍	特色	河流

kè kǔ	kě pà	xià kè	chàng gē	wǔ gè	gēge
刻苦	可怕	下课	唱 歌	五个	哥哥
kǒu kě	hē shuǐ	hé zhé	huáng hé	zhù hè	kē kè
口渴	喝水	合辙	黄 河	祝贺	苛刻
fēi gē	kě lè	kē xué	jiū gé	jiū hé	kē tóu
飞鸽	可乐	科学	纠葛	纠合	磕头

（三）分清 uo 和 o

普通话的单韵母 o 和复韵母 uo 区别十分清楚,但在重庆话中则没有复韵母 uo。凡是普通话中念 uo 韵母的字在重庆话中大都念成 o,如:多、脱、拓、糯、罗、火、捉、戳、说、若、昨、挫、缩、窝等。

要分辨 uo 和 o,首先要学会发复韵母 uo。o 和 uo 的发音区别在于:发 o 时,舌位、唇形始终不变,发 uo 时,在由 u 向 o 的逐渐滑动过程中,舌位、唇形有变动。其次可以借助普通话声韵配合规律来分辨记忆字词。按照声韵配合规律,单韵母 o 只能跟 b、p、m、f 相拼,而复韵母 uo 除 b、p、m、f 和 j、q、x 外,其他声母均能相拼。

词语练习

luōsuo	luòtuo	nuòruò	cuòluò	kuòchuò	huǒguō
罗唆	骆驼	懦弱	错落	阔绰	火锅
duōme	huāduǒ	lüèduó	tuō fù	tuōchē	tuōluò
多么	花朵	掠夺	托付	拖车	脱落
tuójiāng	tuǒbiàn	kāituò	tuóluó	kè zhuō	zhuōliè
沱江	妥便	开拓	陀螺	课桌	拙劣
zhuōnòng	zhuó rè	zhuóqíng	zhuó sè	diāozhuó	cuòzhé
捉弄	灼热	酌情	着色	雕琢	挫折
cuōtuó	chuōchuān	chuò qì	shǎnshuò	zuǒyòu	jǐnsuō
蹉跎	戳穿	啜泣	闪烁	左右	紧缩
chuānsuō					
穿梭					

（四）注意一些与普通话韵母不同的字

重庆话中有些字的韵母与普通话差别较大,应特别注意。

（1）"菊、局、蓄、曲、屈、渠、续、育、域"等字,普通话韵母是 ü,

而重庆话则念成 üo 或 üu。

（2）"岳、约、（音）乐、略、掠、觉、确、却、雀、学"等字，普通话韵母为 üe，重庆话韵母则为 io。

（3）"药、钥、角、脚"等字，普通韵母为 iao，重庆话韵母为 io。

（4）"律、（圆周）率、绿、驴"等字，普通话韵母为 ü，重庆话韵母为 u。

词语练习

qūyù	bùjú	chǔxù	shānyuè	huìlǜ	niújiǎo
区域	布局	储蓄	山岳	汇率	牛角

máquè	jiéyuē	cuìlǜ	jìxù	quēlüè	díquè
麻雀	节约	翠绿	继续	缺略	的确

gēqǔ	jiàoyù	qiūjú	wěiqū	zìjué	yuēlüè
歌曲	教育	秋菊	委屈	自觉	约略

quèyuè	yīyào	jiǎoluò	jìlǜ	máolú	huàxué
雀跃	医药	角落	纪律	毛驴	化学

（五）注意韵头 u 的丢失或增加

如"敦、吞、孙、尊、村"等字，普通话韵母为 uen，但在重庆话中，则丢失了韵头 u，以 en 为韵母了。再如"内、雷、累、磊、泪、类"等字，普通话韵母为 ei，重庆话则成为 uei。这两种情况都要加以辨正。

词语练习

lúndūn	érsūn	zūnchēng	cūnzhuāng	nèidì	léidiàn
伦敦	儿孙	尊称	村庄	内地	雷电

yǎnlèi	zhǒnglèi	huótūn	chēlún	jīlěi	
眼泪	种类	活吞	车轮	积累	

（六）分清前鼻韵母和后鼻韵母

重庆话中前鼻韵母和后鼻韵母的混淆，主要表现在 en——eng、in——ing 这两对韵母上。此外，也有一些地区如涪陵以及四川的自贡、宜宾的某些地区，没有后鼻韵母 ang，将 ang 韵母的字都念作 an，如"访问"说成"反问"，"糖"说成"谈"，"钢"说成"甘"。像以上地区的人说普通话，更应特别注意。

要分辨前、后鼻韵母，首先要发准 n 和 ng 这两个鼻音。读前鼻韵母时，最后舌尖要用力抵住上齿龈，发音未完不得离开；读后鼻韵母时，最后舌根要用力抵住软颚，发音终了之前不得离开。练习前、后鼻韵母，可以成对地比较发音，an——ang、en——eng、in——ing。解决了发音问题，再依照偏旁类推字表记住代表字的韵母。这样就容易掌握了。

词语练习

含前鼻音韵母音节的词语练习

an

ànhán	màntán	dànfán	fànlàn	fānbǎn	kāntàn
暗含	漫谈	但凡	泛滥	翻版	勘探
fǎngǎn	nánkàn	hànbān	Hándān	cànlàn	
反感	难看	汗斑	邯郸	灿烂	

en

fēnshēn	ménshén	fènhèn	rènzhēn	rènshén	ménrén
分身	门神	愤恨	认真	妊娠	门人
rénmen	shénrén	zhēnshén	ēnrén	ménzhěn	
人们	神人	真神	恩人	门诊	

in

xīnqín	yīnxìn	jìnxīn	jīnyín	mínxīn	qīnjìn
辛勤	音信	尽心	金银	民心	亲近
jǐnlín	jǐnjǐn	jìnyīn	línjìn	jìnqīn	
紧邻	仅仅	近因	临近	近亲	

ian

piànmiàn	qiánxiàn	qiānlián	jiǎnbiàn	miàndiǎn	diànxiàn
片面	前线	牵连	简便	面点	电线
jiānxiǎn	jiànbiàn	piānxiǎn	jiǎnyàn		
艰险	渐变	翩跹	检验		

uan

chuánhuàn	guànchuān	guànchuàn	huànhuàn	wǎnzhuǎn
传唤	贯穿	贯串	涣涣	宛转

suānruǎn	zhuǎnwān	zhuǎnhuàn	tuántuán	guānhuàn
酸软	转弯	转换	团团	官宦

uen

kùndùn	lùnwén	wēncún	gǔnlún	gǔncún	hùndùn
困顿	论文	温存	滚轮	滚存	混沌

húlún	huíchūn	guīshùn	zhuǎnshùn
囫囵	回春	归顺	转瞬

üan

quánquán	xuányuǎn	quánquán	yuánquán	yuányuán	xuānyán
拳拳	玄远	全权	圆全	源源	宣言

xuànrǎn	yùnxuán	tiányuán	yuányīn
渲染	晕眩	田园	元音

ün

jūnyíng	píngjūn	jùnjié	rénqún	qúnqíng	yīqún
军营	平均	俊杰	人群	群情	衣裙

gōngxūn	xūnrǎn	xùnliáng	xúnxìn
功勋	熏染	驯良	寻衅

含后鼻音韵母音节的词语练习

ang

dāngchǎng	mángcháng	dǎnggāng	shàngchǎng
当场	盲肠	党纲	上场

hángbāng	fāngzhàng	shāngháng	shàngdàng
行帮	方丈	商行	上当

tàngshāng	shàngcāng
烫伤	上苍

eng

fēngdēng	méngshēng	fēngbèng	fèngchéng
丰登	萌生	风泵	奉承

héngděng	gēngshēng	lěngfēng	léngfèng
恒等	更生	冷风	棱缝

héngshēng　chéngméng
横 生　　承 蒙

iang

liángxiǎng　liǎngyàng　liàngxiàng　liǎngxiāng
粮 饷　　两 样　　亮 相　　两 厢

liángjiàng　liàngqiàng　qiángxiàng　Xiāngjiāng
良 将　　踉 跄　　强 项　　湘 江

xiǎngliàng　xiàngyáng
响 亮　　向 阳

ing

língxìng　jīngbīng　jīngyíng　língdīng
灵 性　　精 兵　　晶 莹　　伶 仃

míngjìng　língtīng　dìngxíng　dìngxìng
明 净　　聆 听　　定 型　　定 性

dìngyǐng　dìngmíng
定 影　　定 名

uang

kuàngchuáng　kuángwàng　huánghuáng　kuàngkuang
矿 床　　狂 妄　　惶 惶　　框 框

huángguāng　wāngwāng　huàngdàng　gāohuāng
黄 光　　汪 汪　　晃 荡　　膏 肓

ueng

wēnggū　lǎowēng　WēngJiāng　wēngwēng
翁 姑　　老 翁　　瓮 江　　嗡 嗡

ong

dōnggōng　hóngsōng　gōngzhòng　zǒnggòng
东 宫　　红 松　　公 众　　总 共

gōngzhǒng　hóngtóng　dōnghōng　nóngzhòng
工 种　　红 铜　　冬 烘　　浓 重

kǒnglóng　sòngzhōng
恐 龙　　送 钟

iong

xióngxióng　xiōngxiōng　jiǒngjiǒng　pínqióng
熊 熊　　汹 汹　　炯 炯　　贫 穷

qióng lóng	píngyōng	yōngróng	yīngyǒng
穹 隆	平 庸	雍 容	英 勇

yòngjīn	yóuyǒng
佣 金	游 泳

含前鼻音韵母后鼻音韵母音节的词语练习

an——ang

màncháng	gǎnchǎng	fánmáng	ānkāng
漫 长	赶 场	繁 忙	安 康

fǎnháng	fǎncháng	dàntāng	mǎntáng
返 航	反 常	蛋 汤	满 堂

nánfāng	gǎnshāng
南 方	感 伤

ang——an

dāngrán	kànghàn	fàngsàn	gànggǎn
当 然	抗 旱	放 散	杠 杆

mángrán	fāng'àn	fángchǎn	kàngzhàn
茫 然	方 案	房 产	抗 战

fǎngdān	shàngbān	fǎngbàn
仿 单	上 班	仿 办

en——eng

fēnchéng	ménfēng	pēndēng	rénshēng
纷 呈	门 风	喷 灯	人 声

rènzhèng	rènshēng	rénzhèng	shēngēng
认 证	认 生	仁 政	深 耕

ménshēng	rénzhèng
门 生	人 证

eng——en

lěngmén	hénggèn	féngrèn	lèngshén
冷 门	横 亘	缝 纫	愣 神

pēngrèn	néngrén	shēngmén	shēngchén
烹 饪	能 人	声 门	生 辰

shèngrén	lěngsēnsēn
圣 人	冷 森 森

ian——iang

miányáng 绵 羊	jiànjiàng 健 将	miǎnqiǎng 勉 强	miànxiàng 面 相
piānxiàng 偏 向	tiānliàng 天 亮	tiānliáng 天 良	xiànliàng 限 量

iang——ian

jiāngpiàn 姜 片	jiāngqián 江 前	qiángjiàn 强 健	qiǎngxiān 抢 先
qiǎngxiǎn 抢 险	qiǎngbiàn 强 辩	xiāngqiàn 镶 嵌	xiāngyán 相 沿
xiǎngniàn 想 念	xiàngpiàn 相 片	xiàngqián 向 前	

in——ing

jìnxìng 尽 兴	jìnqíng 尽 情	mínbīng 民 兵	línxíng 临 行
jìnbīng 进 兵	pǐnxíng 品 行	yīnpíng 阴 平	línjīng 鳞 茎
mínmìng 民 命	yǐnxíng 隐 形		

ing——in

jīngxīn 精 心	jìngjìn 净 尽	jīngxīn 经 心	jìngxīn 静 心
língmǐn 灵 敏	lǐngjīn 领 巾	lìngqīn 令 亲	míngxīn 铭 心
dǐngxīn 鼎 新	dìngqīn 定 亲		

uan——uang

guǎnzhuàng 管 状	guānwàng 观 望	guānguāng 观 光	duānzhuāng 端 庄
chuánwǎng 船 网	wǎnshuāng 晚 霜	wànzhuàng 万 状	duǎnzhuāng 短 装
zuànchuáng 钻 床			

uang——uan

guānghuán	huāngluàn	zhuāngsuàn	huángguān
光 环	荒 乱	装 蒜	皇 冠

kuánghuān	wàngduàn	wǎnghuán	wángguān
狂 欢	妄 断	往 还	王 冠

综合词语练习

ānkāng	ànqíng	běnnéng	bīngchuān
安 康	案 情	本 能	冰 川

chǎnmíng	chéngkěn	chéngrèn	chénjìng
阐 明	诚 恳	承 认	沉 静

chūngēng	duānzhèng	duǎnpíng	fàngxīn
春 耕	端 正	短 评	放 心

fǎngwèn	fēnmíng	fēnzhēng	gāngbǎn
访 问	分 明	纷 争	钢 板

guāngyīn	hánlěng	jiǎngpǐn	jiǎnqīng
光 阴	寒 冷	奖 品	减 轻

zhènjìng	bēnténg	shàngcéng	Chángchéng
镇 静	奔 腾	上 层	长 城

词语对比练习

bèn	bèng	pēn	pēng	hén	héng
笨 ——	蹦	喷 ——	烹	痕 ——	恒

shēn	shēng	rén	réng	cén	céng
身 ——	生	人 ——	仍	岑 ——	曾

sēn	sēng	yín	yíng	xīn	xīng
森 ——	僧	银 ——	赢	新 ——	星

lǎolíng	lǎolín	jīn yú	jīng yú	shěnshì	shěngshì
老凌 ——	老林	金鱼 ——	鲸鱼	审 视 ——	省 市

qīnshēng	qīngshēng	jìn zhǐ	jìngzhǐ	pínfán	píngfán
亲 生 ——	轻 声	禁 止 ——	静 止	频 繁 ——	平 凡

xíngxīng	xìnxīn	rénshēn	rénshēng		
行 星 ——	信 心	人 参 ——	人 生		

关于鼻韵母，除了前面所说的问题外，还要注意 ong 韵母与 ueng 韵母的区别，ong 韵母与 eng 韵母的区别。重庆话往往把普通话读 ueng 韵母的字读成 ong 韵母，把普通话有些读 eng 韵母的字也读成 ong 韵母。如"翁"，普通话是 ueng 自成音节读 wēng，重庆话则读成 ong[1]，"朋"，普通话读 péng，重庆话则读 pong[2]。要纠正这类问题，首先要发准 ueng 韵与 eng 韵（这两个韵母重庆话都没有），同时用"普通话声韵配合规律"来帮助记忆。

　　根据声韵配合规律，普通话 ong 韵母不能有零声母音节，所以凡是碰见"翁、嗡、瓮"等字就不能用 ong 去注音，并且改读成 wēng；另外，根据声韵配合规律，双唇音声母 b、p、m、f 不能与合口呼 ong 韵母相拼（b、p、m、f 与合口呼相拼只限 u），所以凡是碰见"崩、朋、蒙、逢"等字时，就不要用 ong 韵母与双唇音声母相拼，并改为 eng 韵与它们相拼。

词语练习

含 eng 韵母音节的词语练习

bēngkuì	bēng liè	bēng tā	bēngdài	bēng jǐn
崩溃	崩裂	崩塌	绷带	绷紧
bèng fā	shuǐbèng	Bèng bù	pēngrèn	pēng jī
迸发	水泵	蚌埠	烹饪	抨击
péngpài	péngzhàng	péng bó	péngsōng	péngchē
澎湃	膨胀	蓬勃	蓬松	篷车
péngyǒu	tiānpéng	péngshā	pěngchǎng	pèngbēi
朋友	天棚	硼砂	捧场	碰杯
pèng bì	méng bì	méngmèi	níngméng	méng yá
碰壁	蒙蔽	蒙昧	柠檬	萌芽
tóngméng	měng zú	měng liè	yǒngměng	mènghuàn
同盟	蒙族	猛烈	勇猛	梦幻
mènglàng	fēng fù	fēngdēng	fēng bì	fēnfēng
孟浪	丰富	丰登	封闭	分封

fēnghuǒ	mì fēng	xiānfēng	fēngmáng	fēngbào
烽火	蜜蜂	先锋	锋芒	风暴

kuángfēng	fēng gé	xiāngféng	chóngféng	fèngxíng
狂风	风格	相逢	重逢	奉行

fèngxiàn	lóngfèng	fèng lí
奉献	龙凤	凤梨

含 ueng 韵母音节的词语练习

yú wēng	wēng xù	wèngcài	wèngzhōngzhībiē
渔翁	翁婿	蕹菜	瓮中之鳖

含 eng、ong 韵母音节的词语练习

eng—ong

néngdòng	téngtòng	gēngzhòng	zèngsòng	zhèngzhòng
能动	疼痛	耕种	赠送	郑重

lěngdòng	gēngdòng	chénggōng	fèngsòng	fēngdòng
冷冻	更动	成功	奉送	封冻

ong—eng

chóngféng	gōngchéng	dōngfēng	zhōngchéng	dōnggēng
重逢	工程	东风	忠诚	冬耕

gōngzhèng	gòngshēng	kōngchéng	tóngshēng	tóngděng
公正	共生	空城	童声	同等

四、韵母训练

（一）两千常用字中含-i（后）、ing、eng 韵母的字的训练

chī	chí	chǐ	shī	shī	shī	shī	shī	shí
吃	迟	尺	师	失	施	湿	诗	十

shí	shí	shí	shí	shí	shǐ	shǐ	shǐ	shǐ
拾	时	食	实	识	史	使	屎	驶

shǐ	shì	shì	shì	shì	shì	shì	shì	shì
始	式	世	事	是	市	室	视	试

zhī	zhī	zhī	zhī	zhī	zhī	zhī	zhí	zhí
只	枝	支	知	汁	之	织	直	植

zhí	zhǐ	zhǐ	zhǐ	zhǐ	zhì	zhì	zhì	zhì
值	指	止	只	纸	志	掷	至	致

zhì	zhì	zhì	zhì	rì
置	制	质	治	日

bēng	bèng	céng	céng	cèng	chēng	chēng	chéng
绷	蹦	层	曾	蹭	撑	称	城

chéng	chéng	chéng	chéng	chéng	chèng	dēng	dēng
成	呈	乘	盛	惩	秤	灯	登

dēng	děng	dèng	fēng	fēng	fēng	fēng	féng
蹬	等	瞪	封	蜂	风	疯	逢

féng	gēng	gěng	gèng	hēng	héng	hèng	kēng
缝	耕	梗	更	哼	横	横	坑

léng	lěng	lèng	méng	měng	mèng	néng	péng
棱	冷	楞	蒙	猛	梦	能	棚

pěng	pèng	rēng	réng	shēng	shēng	shēng	shěng
捧	碰	扔	仍	声	生	升	省

shèng	shèng	shèng	téng	téng	téng	zēng	zhēng
盛	剩	胜	藤	腾	疼	增	蒸

zhēng	zhēng	zhěng	zhèng	zhèng	zhèng
睁	争	整	正	症	证

bīng	bīng	bǐng	bǐng	bǐng	bìng	bìng	dīng
兵	冰	柄	丙	饼	病	并	丁

dīng	dìng	dǐng	dìng	dìng	jīng	jīng	jīng
盯	钉	顶	定	订	惊	精	经

jīng	jǐng	jǐng	jǐng	jìng	jìng	jìng	jìng
茎	景	井	颈	静	境	敬	竟

jìng	líng	líng	líng	lǐng	lǐng	lìng	lìng
净	零	铃	灵	岭	领	另	令

míng	míng	mìng	níng	píng	píng	píng	píng
鸣	名	命	拧	平	凭	瓶	评

qīng	qīng	qīng	qīng	qíng	qǐng	tīng	tīng
青	轻	氢	清	情	请	厅	听

tíng	tǐng	tǐng	xīng	xīng	xīng	xíng	xíng
停	挺	艇	星	腥	兴	刑	型

xíng	xíng	xǐng	xìng	xìng	xìng	yīng	yīng
形	行	醒	性	杏	姓	鹰	应

yíng	yíng	yíng	yìng	yìng	yìng
营	迎	赢	应	硬	映

（二）含-i（前）——-i（后），eng——en，ing——in 韵母
的词语训练

bēnpǎo	bēnténg	běnlǐng	běnnéng
奔跑	奔腾	本领	本能

běnxìng	běn zi	bēngkuì	bēngdài
本性	本子	崩溃	绷带

bīnguǎn	bǐngxìng	bìngqíng	céng cì
宾馆	秉性	病情	层次

céngjīng	chénjìng	chènxīn	chēnghào
曾经	沉静	称心——	称号

chēngzàn	chéngzhèn	chéng pǐn	chéngrén
称赞	城镇	成品	成人

chéngxīn	chéng dù	chéng fá	chéngqīng
成心	程度	惩罚	澄清

chéngkěn	chéngbàn	chéngbàn	chéngrèn
诚恳	惩办——	承办	承认

chījīng	chí xù	chí yí	chǐlǔn
吃惊	持续	迟疑	齿轮

chǐcùn	chǐ zi	chì zì	chū jìng
尺寸	尺子——	赤字	出境

chūshēn	chūshēng	chūshì	chūshì	chū xí	chū xi
出身——	出生	出事——	出世	出席——	出息

chǔzhì	chǔjìng	chuǎn qì	chūngēng
处置	处境	喘气	春耕

cí zhí	cǐ shí	cōngmíng	cì jī
辞职	此时	聪明	刺激

cì pǐn	cì shù	cì yào	cì hou
次品	次数	次要	伺候

cù jìn	cù shǐ	dā yìng	dá chéng
促进	促使	答应	达成

dǎ tīng	dǎ zhēn	dà chén	dà shēng
打听	打针	大臣	大声
dà shǐ	dà sì	dà xíng	dà zhì
大使	大肆	大型	大致
dài jìn	dài lǐng	dān rèn	dān xīn
带劲	带领	担任	担心
dàn chén	dàn shēng	dāng shí	dǎng xìng
诞辰	诞生	当时	党性
dàng cì	dāo rèn	dǎo teng	dǎo shī
档次	刀刃	倒腾	导师
dǎo zhì	dēng huǒ	dēng long	dēng pào
导致	灯火	灯笼	灯泡
dēng jì	děng dài	děng dào	děng hòu
登记	等待	等到	等候
děng jí	děng yú	dèng zi	dí rén
等级	等于	凳子	敌人
dí shì	dí zi	dǐ zhì	dì shì
敌视	笛子	抵制	地势
dì xíng	dì zhèn	dì zhǐ	dì zhì
地形	地震	地址	地质
dì zēng	diǎn míng	diǎn xīn	diǎn xíng
递增	点名	点心	典型
diàn chí	diàn líng	diàn shì	diàn yǐng
电池	电铃	电视	电影
diàn dìng	dīng zi	dīng zhǔ	dǐng diǎn
奠定	钉子	叮嘱	顶点
dìng lǜ	dìng gòu	dìng yì	dìng yuè
定律	订购	定义	订阅
dòng jìng	dòng shēn	dòu zhì	dòu zi
动静	动身	斗志	豆子
duān zhèng	duàn dìng	duì chèn	duì yìng
端正	断定	对称	对应
ēn qíng	fā míng	fā shēng	fā shì
恩情	发明	发生	发誓

fā xíng 发行	fǎ dìng 法定	fǎ lìng 法令	fǎ tíng 法庭
fǎ zhì 法制	fánzhí 繁殖	fánmèn 烦闷	fǎnyìng 反应
fǎnyìng 反映	fǎnzhèng 反正	fǎnzhī 反之	fāngchéng 方程
fāngzhēn 方针	fāngshì 方式	fángzhǐ 防止	fángzhì 防治
fǎngzhī 纺织	fèi téng 沸腾	fēnmíng 分明	fēnqīng 分清
fènhèn 愤恨	fēngjǐng 风景	fēngzheng 风筝	fèngxíng 奉行
fǒurèn 否认	fù xīng 复兴	fù yìn 复印	fù qīn 父亲
fù jìn 附近	gǎi jìn 改进	gǎizhèng 改正	gǎnjǐn 赶紧
gāngqín 钢琴	gāoděng 高等	gāofēng 高峰	gāomíng 高明
gǎozhi 稿纸	gǎo zi 稿子	gào cí 告辞	gē xīng 歌星
gé xīn 革新	gé mìng 革命	gēng dì 耕地	gēngxīn 更新
gēngzhèng 更正	gōngchéng 工程	gōnglíng 工龄	gōngshì 工事
gōng zī 工资	gōngjìng 恭敬	gōngjīn 公斤	gōngmín 公民
gōngpíng 公平	gōngrèn 公认	gōngshì 公式	gōng sī 公司
gòngmíng 共鸣	gòu sī 构思	gù zhí 固执	guāng lín 光临
guìbīn 贵宾	guóqíng 国情	guóyíng 国营	guòshī 过失
hǎibīn 海滨	hánlěng 寒冷	hàochēng 号称	hé píng 和平

hé bìng 合并	hé chéng 合成	hé jīn 合金	hé shì 合适
hé zī 合资	hè cí 贺词	hén jì 痕迹	hěn dú 狠毒
héngxīng 恒星	héngxíng 横行	hónglǐngjīn 红领巾	hòuqín 后勤
hū shēng 呼声	hū shì 忽视	huàshí 化石	huānyíng 欢迎
huánjìng 环境	huáng jīn 黄金	huīchén 灰尘	huīxīn 灰心
huíxìn 回信	huǒshí 伙食	jī céng 基层	jī líng 机灵
jī zhì 机智	jí shì 集市	jí shí 及时	jí bìng 疾病
jì néng 技能	jì jìng 寂静	jì chéng 继承	jiātíng 家庭
jiā jǐn 加紧	jiǎdìng 假定	jiǎshǐ 假使	jiàzhí 价值
jiàshǐ 驾驶	jiānrèn 坚韧	jiānshí 坚实	jiānxìn 坚信
jiānyìng 坚硬	jiānrèn 兼任	jiǎnqīng 减轻	jiāngjìn 将近
jiàoshī 教师	jiàoshì 教室	jiē shì 揭示	jiē jìn 接近
jié zhǐ 截止	jié chí 劫持	jié jīng 结晶	jiě shì 解释
jīnshǔ 金属	jīn rì 今日	jīn tiē 津贴	jǐnjí 紧急
jǐnxiù 锦绣	jǐnguǎn 尽管	jǐnkuài 尽快	jǐnliàng 尽量
jǐnshèn 谨慎	jìnchéng 进程	jìnshēng 晋升	jìnzhǐ 禁止
jìnshì 近视	jìnsì 近似	jìn lì 尽力	jìntóu 劲头

jīng jù	jīng yà	jīng lì	jīngshén
京剧	惊讶	精力	精神
jīngzhì	jīngyíng	jǐng sè	jìng dì
精致	经营	景色	境地
jìng lǐ	jìng zi	jìngzhēng	jiùzhí
敬礼	镜子	竞争	就职
jū shì	jú shì	kāikěn	kāizhī
居室	局势	开垦	开支
kāndēng	kànbìng	kǎoshì	kàojìn
刊登	看病	考试	靠近
kěnéng	kè tīng	kè běn	kè chéng
可能	客厅	课本	课程
kěndìng	kěnqiè	kuángfēng	kuàngjǐng
肯定	恳切	狂风	矿井
kuàngshí	láibīn	lǎochéng	lěngquè
矿石	来宾	老成	冷却
lěngyǐn	límíng	lì zhī	lìzi
冷饮	黎明	荔枝	栗子
lìzi	lì qīng	liánméng	liánzhèng
例子	沥青	联盟	廉政
liǎnpén	línchǎng	lín jìn	línshí
脸盆	林场	临近	临时
línjū	língxīng	línglóng	líng lì
邻居	零星	玲珑	伶俐
língchén	língmǐn	lǐngshì	lǐngzi
凌晨	灵敏	领事	领子
lìngwài	lù yīn	lǚ cì	lǜ shī
另外	录音	屡次	律师
lùhuà	máojīn	màoshèng	màojìn
绿化	毛巾	茂盛	冒进
ménzhěn	méng yá	měngliè	mèngxiǎng
门诊	萌芽	猛烈	梦想
mì fēng	mì fēng	mínbīng	míngliàng
蜜蜂	密封	民兵	明亮

míngchēng	míngrén	míngshēng	míngshèng
名 称	名 人	名 声	名 胜
mìnglìng	mòshēng	nèizhèng	nénggàn
命 令	陌 生	内 政	能 干
nǐ men	níngméng	níng gù	níngjìng
你 们	柠 檬	凝 固	宁 静
nìngkěn	páichì	pēnshè	pén dì
宁 肯	排 斥	喷 射	盆 地
pēngrèn	péng bó	péngzhàng	péngyou
烹 饪	蓬 勃	膨 胀	朋 友
pèngjiàn	pī píng	pīnmìng	pínfán
碰 见	批 评	拼 命	频 繁
pínmín	pǐncháng	pǐn dé	pìnqǐng
贫 民	品 尝	品 德	聘 请
pìnrèn	píngguǒ	pínghéng	píngzhěng
聘 任	苹 果	平 衡	平 整
píngshěn	qí zhì	qí zi	qǐ jìn
评 审	旗 帜	旗 子	起 劲
qiānyǐn	qiāndìng	qiánjìn	qiánjǐng
牵 引	签 订	前 进	前 景
qīnpèi	qīnfàn	qīnlüè	qīnshí
钦 佩	侵 犯	侵 略	侵 蚀
qīn bǐ	qīn zì	qīngchén	qīngxīn
亲 笔	亲 自	清 晨	清 新
qīngxǐng	qínfèn	qínkěn	qíncài
清 醒	勤 奋	勤 恳	芹 菜
qīngcài	qīngbiàn	qīngtíng	qīngtīng
青 菜	轻 便	蜻 蜓	倾 听
qīngchá	qíngtiān	qíngjǐng	qǐngshì
清 查	晴 天	情 景	请 示
qǐngtiě	qìng hè	qiūlíng	qù shì
请 帖	庆 贺	丘 陵	去 世
rè qíng	rénzhì	réncí	rènzhēn
热 情	人 质	仁 慈	认 真

réngjiù	réngrán	róngxìng	róngrěn
仍旧	仍然	荣幸	容忍
rù jìng	rùqīn	sēnlín	shānlǐng
入境	入侵	森林	山岭
shànzì	shànzi	shānghén	shēchǐ
擅自	扇子	伤痕	奢侈
shēnbào	shēnshù	shēnyín	shēnzhǎn
申报	申述	呻吟	伸展
shēncái	shēnchén	shēnshì	shénjīng
身材	深沉	绅士	神经
shénshèng	shěnpàn	shěn zi	shènzhì
神圣	审判	婶子	甚至
shènyán	shènzhòng	shèntòu	shēngyīn
肾炎	慎重	渗透	声音
shēngchǎn	shēngcí	shēngchù	shēngxué
生产	生词	牲畜	升学
shěnglüè	shèngqíng	shèng yú	shèng lì
省略	盛情	剩余	胜利
shīfàn	shībài	shī zi	shīgōng
师范	失败	狮子	施工
shī dù	shī gē	shī tǐ	shífēn
湿度	诗歌	尸体	十分
shíyóu	shídài	shíwù	shíyàn
石油	时代	食物	实验
shízhì	shíbié	shǐliào	shǐmìng
实质	识别	史料	使命
shǐzhōng	shìyàng	shìbīng	shìhòu
始终	式样	士兵	侍候
shìjì	shìjì	shìyán	shìshì
世纪	事迹	誓言	逝世
shìlì	shì fēi	shìyí	shìmín
势力	是非	适宜	市民
shìyòng	sīwén	sīsuǒ	sīzì
试用	斯文	思索	私自

sīlìng 司令	sīháo 丝毫	sǐxíng 死刑	sìzhī 四肢
sìhū 似乎	sìliào 饲料	sū xǐng 苏醒	tè zhēng 特征
tí shēng 提升	tiānzhēn 天真	tiánjìng 田径	tiáozhěng 调整
tīngshuō 听说	tíngzhì 停滞	tíng zi 亭子	tǐng lì 挺立
tuī chí 推迟	tuīcí 推辞	wài zī 外资	wánzhěng 完整
wénpíng 文凭	wénzì 文字	wúchǐ 无耻	xī shēng 牺牲
xīnshǎng 欣赏	xīn kǔ 辛苦	xīn jìn 新近	xīnxīng 新兴
xīn sī 心思	xìnrèn 信任	xīngqī 星期	xīngbàn 兴办
xíng fǎ 刑法	xíngxiàng 形象	xíngzhèng 行政	xìng fú 幸福
xìngqíng 性情	xìngmíng 姓名	xiūzhèng 修正	xiūchǐ 羞耻
xū zhī 须知	yá chǐ 牙齿	yánshēn 延伸	yīncǐ 因此
yīnxiǎng 音响	yīnmóu 阴谋	yínháng 银行	yǐnshí 饮食
yǐnjìn 引进	yǐn bì 隐蔽	yìnrǎn 印染	yīngmíng 英明
yīng'ér 婴儿	yīnghuā 樱花	yīngdāng 应当	yíng yè 营业
yíng zi 蝇子	yíng jiē 迎接	yíng lì 盈利	yǐngxiǎng 影响
yìngyāo 应邀	yìngjiàn 硬件	zěnme 怎么	zēngjìn 增进
zhēnzhū 珍珠	zhēnchéng 真诚	zhēnduì 针对	zhēntàn 侦探

zhěntou	zhěnduàn	zhènjīng	zhènxīng
枕头	诊断	震惊	振兴
zhèndìng	zhènyíng	zhēngyuè	zhēng fā
镇定	阵营	正月	蒸发
zhēngzhá	zhēng fú	zhēnglùn	zhěngdùn
挣扎	征服	争论	整顿
zhèngjing	zhèngshì	zhèngdǎng	zhèngzhuàng
正经	正式	政党	症状
zhèngzhòng	zhèngshí	zhīma	zhīchēng
郑重	证实	芝麻	支撑
zhīdào	zhīzhū	zhīfáng	zhíchēng
知道	蜘蛛	脂肪	职称
zhíjìng	zhíwù	zhíqín	zhíbān
直径	植物	执勤	值班
zhízi	zhǐlìng	zhǐzhēn	zhǐnéng
侄子	指令	指针	只能
zhǐzhāng	zhìyuàn	zhì jīn	zhìcí
纸张	志愿	至今	致词
zhìjìng	zhìdìng	zhìdìng	zhìpǐn
致敬	制定	制订	制品
zhìnéng	zhìbiàn	zhì lǐ	zīxún
智能	质变	治理	咨询
zīběn	zīzhǎng	zǐxì	zǐsūn
资本	滋长	仔细	子孙
zìbēi	zìsī	zìdiǎn	
自卑	自私	字典	

(三)会话训练(为了便于练习"一、不"的声调是标变调后的符号)

第一则

Wánglín, yǒu shénme shì ma?
老师：王 林，有 什么 事 吗？

Wǒ tóuténg de lì hài, wǒ xiǎng qǐng gè jià, xíng ma?
学生：我 头 疼 得 历害，我 想 请 个 假，行 吗？

Dāngrán xíng, xūyào yígè tóngxué péi nǐ ma?
老师：当然行，需要一个同学陪你吗？

Bù, wǒ zìjǐ hái néng xíng, bù máfan tóngxué le.
学生：不，我自己还能行，不麻烦同学了。

Nǐ zǒu ba.
老师：你走吧。

Xièxiè lǎoshī!
学生：谢谢老师！

第二则

Lǐ zhēn, gāngcái wǒ méiyǒu nòngqīng shìfēi jiù pīpíng nǐ le,
老师：李贞，刚才我没有弄清是非就批评你了，

shízài duìbùqǐ. Qǐng nǐ yuánliàng!
实在对不起。请你原谅！

Chénlǎoshī, méi guānxì, yǒu nǐ zhè jù huà jiù xíng le.
学生：陈老师，没关系，有你这句话就行了。

Wǒ fēicháng gāoxìng néng dédào nǐ de liàngjiě.
老师：我非常高兴能得到你的谅解。

第三则

Zhōngwénxì de xīntóngxué Liúmíng shì zhù zài zhèjiān qǐnshì ma?
甲：中文系的新同学刘明是住在这间寝室吗？

Shì de, wǒ jiù shì. Nǐ guì xìng?
乙：是的，我就是。你贵姓？

Wǒ shì Shēngwù xì jiǔsì jí de Zēngqín, shì Níngxià Yínchuān rén.
甲：我是生物系94级的曾琴，是宁夏银川人。

Tīngshuō nǐ yě shì Yínchuān de, zánmen kě shì dìdao de lǎoxiāng
听说你也是银川的，咱们可是地道的老乡

a!
啊！

Wǒ chū lái zhà dào, hái qǐng lǎoxiāng duōduō guānzhào!
乙：我初来乍到，还请老乡多多关照！

Yǒu shénme shì xūyào wǒ bāngmáng de, qǐng gàosù wǒ, wǒ yídìng
甲：有什么事需要我帮忙的，请告诉我，我一定

jìnlìérwéi .
尽力而为。

Xièxiè! Yǒushì wǒ yídìng zhǎo nǐ .

乙：谢谢！有事 我 一定 找 你。

第四则

Wǒ de bǐ méi mòshuǐ le , nǐ kěyǐ gěi wǒ diǎn mòshuǐ ma?

甲：我 的 笔 没 墨水 了，你 可以 给 我 点 墨水 吗?

Dāngrán xíng , búguò , wǒ yòng de shì tànsù mòshuǐ.

乙：当 然 行，不过，我 用 的 是 炭素 墨水。

Wo, wǒ yòng de shì lánhēi mòshuǐ.

甲：哦，我 用 的 是 蓝黑 墨水。

Wǒ yě yǒu lánhēi mòshuǐ, qǐng yòng ba.

乙：我 也 有 蓝黑 墨水 , 请 用 吧。

Duōxiè!

甲：多谢!

第五则

Nǐ béng zǒu le , liúzài zhèr   chī wǎnfàn ba!

甲：你 甭 走 了，留在 这儿吃 晚饭 吧!

Bù , wǒ huíjiā chī , jiālǐ xiànchéng de.

乙：不，我 回家 吃，家里 现 成 的。

Jiācháng biànfàn , búyào kèqì !

甲：家常 便饭，不要 客气 !

Nà hǎo , gōngjìng bùrú cóngmìng.

乙：那 好 , 恭 敬 不如 从 命。

Chī ba , zhè shì   làzǐjī   , zhè shì yúxiāng ròusī …… méi shénme cài.

甲：吃吧，这 是 辣子鸡，这 是 鱼香 肉丝…… 没 什么 菜。

……

Chī hǎo le ma?

甲：吃 好 了吗?

乙：Chī hǎo le, tiān bù zǎo le, wǒ jiù gàocí le.
吃好了，天不早了，我就告辞了。

甲：Zài zuò huìr ba!
再坐会儿吧！

乙：Bù, wǒ dei zǒu le, xièxiè nǐ de zhāodài, zàijiàn!
不，我得走了，谢谢你的招待，再见！

第六则

甲：Tóngzhì, yǒu《Sānguó Yǎnyì》mài ma?
同志，有《三国演义》卖吗？

乙：Yǒu, nǐ yào jīngzhuāng de háishì píngzhuāng de?
有，你要精装的还是平装的？

甲：Jīngzhuāng de, duōshǎo qián?
精装的，多少钱？

乙：Yìbáisānshísìyuán.
一百三十四元。

甲：Píngzhuāng de ne?
平装的呢？

乙：Bāshíwǔyuán.
八十五元。

甲：Wǒ hái shì yào jīngzhuāng de ba, gěi nǐ qián.
我还是要精装的吧，给你钱。

乙：Nǐ zhè shì yì báiwǔshíyuán, zhǎo nǐ shíliùyuán, duì ma?
你这是一百伍十元，找你十六元，对吗？

甲：Méicuò.
没错。

乙：Huānyíng xiàcì zài lái, zàihuì.
欢迎下次再来，再会。

甲：Zàihuì!
再会！

第七则

甲：Zuótiān de zúqiú bǐsài nǐ kàn le ma?
昨天的足球比赛你看了吗？

Kàn le.

乙：看了。

Nǐ juéde Zhōngguóduì tī de rú hé?

甲：你 觉得 中 国队 踢得 如何？

Wǒ rènwéi shì Zhōngguóduì yǒu shǐ yǐ lái tī de zuìzāo de yìchǎng bǐ-

乙：我 认为 是 中 国队 有 史 以来 踢得 最糟 的 一场 比

sài, nǐ kàn ne?

赛，你 看 呢？

Wǒ yě yǒu tónggǎn. Kàn lái Zhōngguóduì yào qǔdé xiǎo zǔ chūxiàn

甲：我 也 有 同感。看来 中 国队 要 取得 小组 出线

quán yě hěn kùnnán.

权 也 很 困难。

Míngtiān Zhōngguóduì háiyǒu zuìhòu yìchǎng bǐsài.

乙：明 天 中 国队 还有 最后 一场 比赛。

Shì gēn nǎ gè duì jiāofēng?

甲：是 跟 哪 个队 交锋？

Hánguóduì.

乙：韩 国队。

Kàn lái yòushì bì sǐ wú yí.

甲：看 来 又是 必死无疑。

第八则

Dào dà sān le, kèchéng yídìng hěn zhòng ba.

甲：到 大三 了，课 程 一定 很 重 吧。

Jiùshì yǒu diǎnr zhòng, yì zhōu èrshísān xuéshí, píngjūn měi tiān

乙：就是 有 点儿 重，一周 二十三 学时，平 均 每 天

yuē wǔ xuéshí.

约 五 学时。

Xuéxí zěnme yàng?

甲：学习 怎么 样？

Hěn jǐnzhāng, gǎndào yǒu yālì.

乙：很 紧 张，感到 有 压力。

Yǒu yālì yě hǎo, zài jiā bǎ jìnr.

甲：有 压力也好，再 加 把 劲儿。

Xíng!

乙：行！

第九则

Jīntiān xiàwǔ nǐ qù cānjiā Zhōngwén xì fěnbǐ zì dàsài ma?

甲：今天 下午 你去 参加 中 文系 粉笔字 大赛 吗？

Qù!

乙：去！

Zhè cì guīdìng yǐ nǎ jǐ zhǒng zì tǐ cānsài?

甲：这次 规定 以 哪几种 字体 参赛？

Kǎishū hé xíngshū.

乙：楷书 和 行书。

He, zhè dōushì nǐ de qiángxiàng, zhù nǐ chénggōng!

甲：嗬，这 都是 你的 强 项，祝 你 成 功！

Xièxiè!

乙：谢谢！

第十则

Jīnwǎn nǐ yǒu shíjiān ma?

甲：今晚 你有 时间 吗？

Shénme shìr ?

乙：什 么 事儿？

Wǒmen yìqǐ qù kàn cháng diànyǐng, zěnme yàng?

甲：我 们 一起去 看 场 电 影，怎 么 样？

Xíng a! Shénme piānzi?

乙：行 啊！ 什么 片子？

Měiguó gùshìpiān《Yīnyuè zhī shēng》.

甲：美 国 故事片《音 乐 之 声》。

Shénme shíjiān?

乙：什么 时间？

Wǎnshàng bā diǎn.

甲：晚 上 八 点。

Zài shénme dìfang?

乙：在 什么 地方？

Xīsì diànyǐngyuàn.

甲：西四电 影 院。

Xíng, wǒ dào shíhòu yīdìng lái!

乙：行，我 到 时候 一定 来！

（四）朗读材料

XIANG ZOUBIAN QUANSHIJIE DE LÜZI

① 想 走遍 全世界 的 驴子

Yǒu yì tóu lú, lì dìng zhìxiàng yào zǒubiàn quánshìjiè.

有 一头 驴,立定 志 向 要 走 遍 全世界。

Tā bǎ zìjǐ de zhìxiàng gàosù le mǎ. Mǎ shuō:"Nǐ de zhìxiàng hěn

它 把 自己 的 志 向 告诉 了马。马 说:"你 的 志 向 很

hǎo, kěshì, zěnyàng shíxiàn zhè ge zhìxiàng ne? Nǐ xiǎng guò ma? Pìrú,

好,可是,怎样 实现 这个 志 向 呢? 你 想 过 吗? 譬如,

yào cháo shénme fāngxiàng zǒu, yòng shénme fāng fǎ……"

要 朝 什么 方 向 走,用 什么 方法……"

Lúzi shuō:"Zhè hái yòng xiǎng ma? Wǒ zhǐyào bùtíng de zǒu, zǒu, jiù

驴子说:"这 还 用 想 吗? 我 只要 不停 地 走,走,就

yídìng néng zǒubiàn quánshìjiè."

一定 能 走遍 全世界。"

Yǒu yì tiān, zhǔrén bǎ tā shuān zài shímò pángbiān, yòng yǎnzhào zhào-

有 一 天,主人 把 它 拴 在 石磨 旁 边, 用 眼罩 罩

zhù le tā de yǎnjīng, jiào tā bù tíng de zhuànmò.

住 了它 的 眼睛,叫 它 不停 地 转 磨。

Tā zǒuzhe zǒuzhe, bù tíng de zǒuzhe.

它 走着 走着,不停 地 走着。

Dào le wǎnshang, tā xiǎng:"Wǒ yǐ jīng zǒu le yì tiān, zǒng huì zǒu le

到 了 晚 上,它 想:"我 已经 走 了 一天,总 会 走了

jǐ bǎi lǐ ba. Zhào zhèyàng yì tiān yì tiān de zǒuxià qù, bú dào jǐ nián, zǒng

几百里 吧。照 这样 一天 一天 地 走下去, 不到 几 年, 总

huì zǒubiàn quánshìjiè le ba!"

会 走遍 全世界 了 吧!"

Bù duō yìhuǐr, zhǔrén tì tā zhāixià le yǎnzhào, tā cái dàchī yì jīng:
不多 一会儿,主人 替它 摘下了 眼罩,它才 大吃一惊:
Yuánlái tā suīrán zǒu le yì tiān, què yí bù yě méiyǒu qiánjìn, háishì zhàn zài
原来它虽然 走了 一天,却 一步 也 没有 前进,还是 站 在
shímò páng.
石磨 旁。

HOU ZI ZHAI YU MI
② 猴子 摘 玉米

Sìchuān éméishān shàng yǒu yìzhī hóuzi, yǒu yì tiān, tā xiàshān lái dào
四川 峨眉山 上 有 一只 猴子,有一天,它 下山 来 到
yí piàn nóngtián lǐ, kànjiàn zhǎngshú de yùmǐ, fēicháng gāoxìng, jiù zhāi le
一片 农田 里,看见 长熟 的 玉米,非常 高兴,就 摘了
yíge yùmǐ, lèzīzī de zǒu le.
一个 玉米,乐滋滋地 走了。

Tā zǒu dào yí piàn táolín lǐ, kànjiàn le mǎnshù de dàhóngtáo, jiù rēng
它走到 一片 桃林 里,看见 了满树 的 大红桃,就 扔
le yùmǐ qù zhāi táo.
了玉米去 摘 桃。

Zhāi le táo, yòu wǎng qián zǒu, dào le yí gè guāyuán lǐ, mǎnyuán de
摘了桃,又 往 前 走,到了 一个 瓜园 里,满园 的
xī guā yòu dà yòu yuán, tā jiù rēng le táozi, yòu zhāi xī guā. Tā bàozhe xī
西瓜 又 大 又 圆,它就 扔 了桃子,又 摘 西瓜。它抱着 西
guā wǎng jiā zǒu.
瓜 往 家 走。

Zǒuzhe zǒuzhe, yùjiàn yì zhī yětù, tā kàn nà tùzi guài kě'ài de, jiù
走着 走着,遇见 一只 野兔,它看那 兔子 怪 可爱 的,就
yòu rēng le xī guā, zhuī tùzi.
又 扔了 西瓜,追 兔子。

Jiéguǒ, tùzi zuānjìn shùlín, bú jiàn le, hóuzi zhǐhǎo kōngzhe liǎng zhī
结果,兔子 钻进 树林,不 见了,猴子 只好 空着 两只
shǒu huí jiā le.
手 回家了。

思考与练习

一、举例说明单元音韵母发音的三个条件。

二、朗读下列谚语或格言,并注出带点字的韵母:

1. 用珠宝装饰自己,不如用知识充实自己。

2. 决心攀登高峰,总能找到道路。

3. 要有一双是非分明的眼睛,先锤炼一颗正直无邪的心。

4. 人最宝贵的东西是生命。生命属于我们只有一次。一个人的生命应当这样度过,当他回首往事的时候,他不因虚度年华而悔恨,也不因碌碌无为而羞耻——这样,在临死的时候,他就能够说:"我的整个生命和全部精力都已献给世界上最壮丽的事业——为人类的解放而斗争。"

三、对比辨音练习:

赞颂——葬送　　燕子——样子　　脸盆——两盆
木船——木床　　搪瓷——弹词　　演进——引进
市政——市镇　　元宵——云霄　　亲生——轻声
深思——生丝　　人名——人民　　清蒸——清真
信服——幸福　　烂漫——浪漫

四、朗读下列绕口令:

1. 老彭家有一个大棚,大棚里有一个大盆,忽然一阵风,刮倒了大棚,砸坏了大盆,停了风,老彭赶紧修好了大棚,又买了大盆。

2. 大哥有大锅,二哥有二锅,大哥要换二哥的二锅。二哥不换大哥的大锅,大哥扯了二哥的二锅。二哥扯了大哥的大锅,二锅碰大锅,哥碰锅,锅碰哥,大哥和大锅,二哥和二锅,一起滚下坡。

3. 高高山上一根藤,青青藤条挂铜铃,风吹藤动铜铃动,风停藤停铜铃停。

· 141 ·

五、朗读下列短文:

1. 顺其自然

一位建筑师设计了位于中央绿地四周的办公楼群。楼群竣工后,园林管理局的人来请教他:"人行道应该修在哪里?""在大楼之间的空地上全种上草。"他回答。夏天过后,在大楼之间的草地上踩出了许多小道。这些踩出来的小道优雅自然,走的人多就宽,走的人少就窄。秋天,这位建筑师就让人们沿着这些踩出来的痕迹铺设人行道。这些道路的设计相当优美,同时完全满足了行人的需要。

2. 秋天里的生命

春天是个神奇的季节。因为在春天里,蓓蕾初展,新叶吐芽,显示出生命的持续。但是,九月却是个用比较微妙的方式显示生命的季节。这时,一年的生长已大功告成,另一年另一代的生长亦已作好准备。橡树已结籽,山核桃已成熟。植物把它的将来寄希望于种籽和根茎。昆虫把明天收藏在卵里和蛹里。生命的冲动即将结束,步调开始放慢。绿意盎然的盛年逐渐过去。树木开始露出变化。不久,树叶将会脱落,青草将会枯萎。但是生命依然存在,生长与复苏已经藏在种籽里。

附 录 三

韵母代表字类推表及认读举例

en—

[恩] ēn 恩   èn 摁

    ēn rén   ēn qíng   èn dǎo   èn dīngr
    恩人   恩情   摁倒   摁钉儿

[本] bēn 奔   běn 本   bèn 笨 奔

    bēn chí   bēn bō   bēn téng   běn fèn
    奔驰   奔波   奔腾   本分

    běn háng   běn sè   bèn zhòng   bèn zhuō
    本行   本色   笨重   笨拙

    bèn tóur
    奔头儿

[贲] pēn 喷   pèn 喷   fèn 愤

    pēn fā   pèn guàn   pēn quán   pèn xiāng
    喷发   喷灌   喷泉   喷香

    qì fèn   fèn nù
    气愤   愤怒

[门] mēn 闷   mén 门、扪   mèn 闷　焖

    mēn rè   mēn qì   mēn shēng mēn qì
    闷热   闷气   闷声闷气

    mén chǐ   mén dào   mén xīn zì wèn
    门齿   门道   扪心自问

    mèn léi   mèn mèn bù lè   mèn fàn
    闷雷   闷闷不乐   焖饭

[分] pén 盆   fēn 分、芬、吩、纷   fén 汾   fěn 粉   fèn 分、

份、忿

shuǐpén 水 盆	fēnxī 分析	kǎofēn 考分	fēnfāng 芬 芳
fēn fù 吩咐	fēnchéng 纷 呈	fēnzhēng 纷 争	fénjiǔ 汾酒
fěn bǐ 粉笔	fěnchén 粉 尘	chéngfèn 成 分	fènliàng 分 量
fèn'é 份额	fènfèn bù píng 忿忿不 平		

[艮] gēn 根、跟 gèn 艮、茛 kěn 恳、垦 hén 痕 hěn 很、
狠 hèn 恨

gēnběn 根本	gēndǐ 根底	gēnchāi 跟 差	gēnzōng 跟 踪
máogèn 毛 茛	kěnqiè 恳 切	chéngkěn 诚 恳	kāikěn 开 垦
kěnzhí 垦 殖	shānghén 伤 痕	bāhén 疤痕	hěnduō 很 多
xiōnghěn 凶 狠	chóuhèn 仇 恨		

[刃] rěn 忍 rèn 刃、仞、韧、轫

rěnnài 忍耐	róngrěn 容 忍	dāorèn 刀刃	rènjìn 韧劲	rèndài 轫带

[壬] rén 壬、任 rěn 荏 rèn 任、饪、妊

RénXiàn 任 县	rěnrǎn 荏苒	rènmìng 任 命	pēngrèn 烹 饪	rènshēn 妊 娠

[申] shēn 申、伸、呻、绅 shén 神 shěn 审、婶

shēnmíng 申 明	shēnsuō 伸 缩	shēnyín 呻 吟	shēnshì 绅 士
shénqì 神气	shénmì 神秘	shěnshì 审 视	shěnshèn 审 慎	shěnniáng 婶 娘

[诊] zhēn 珍 zhěn 诊、疹 chèn 趁

zhēnguì 珍贵	zhěnzhì 诊治	zhěnzi 疹子	chènjī 趁机

[贞] zhēn 贞、侦、祯、桢

　zhēncāo　　Zhēnguàn　　zhēnchá　　zhēngàn
　贞 操　　　贞 观　　　侦 察　　　桢 干

[辰] zhèn 振、赈、震　chén 辰、宸、晨　shēn 娠　shèn 蜃

　zhènxīng　　zhènbì　　zhènjì　　zhènzāi
　振 兴　　　振 臂　　赈 济　　　赈 灾

　dìzhèn　　dànchén　　chényuán　　zǎochén
　地 震　　　诞 辰　　　宸 垣　　　早 晨

　chénxīng　　rènshēn　　shènjǐng
　晨 星　　　妊 娠　　　蜃 景

[枕] zhěn 枕　chén 忱　shěn 沈

　zhěntou　　rèchén　　xièchén　　Shěnyáng
　枕 头　　　热 忱　　　谢 忱　　　沈 阳

[肯] kěn 肯、啃

　kěndìng　　kěnqīng
　肯 定　　　啃 青

[参] cēn 参　shēn 参　shèn 渗

　cēncī　　cēncuò　　rénshēn　　shèntòu
　参 差　　　参 错　　　人 参　　渗 透

[真] zhēn 真　zhěn 缜　chēn 嗔　shèn 慎

　rènzhēn　　zhěnmì　　chēnguài　　shènzhòng
　认 真　　　缜 密　　　嗔 怪　　　慎 重

[甚] zhēn 斟　shèn 甚

　zhēnzhuó　　shènzhì
　斟 酌　　　甚 至

eng—

[风] fēng 风、枫、疯　fěng 讽

　fēngbào　　kuángfēng　　fēngyè　　fēngzi
　风 暴　　　狂 风　　　枫 叶　　　疯 子

　fēngkuáng　　fěngcì
　疯 狂　　　讽 刺

[正] zhēng 正、怔、征、症　zhěng 整　zhèng 正、证、政、症

chéng 惩

zhēngyuè	zhēngchōng	chángzhēng	zhēngchéng
正月	怔忡	长征	征程

zhēngjiē	zhěngdùn	zhèngcān	zhèngjù
症结	整顿	正餐	证据

zhèngcè	zhèngzhuàng	chéngfá	chéngzhì
政策	症状	惩罚	惩治

[生] shēng 生、牲、甥、笙　shèng 胜

shēngmìng	shēngchù	wàishēng	shēnggē
生命	牲畜	外甥	笙歌

shènglì
胜利

[成] chéng 成、诚、城、盛　shèng 盛

chénggōng	zhēnchéng	shānchéng	chéngfàng
成功	真诚	山城	盛放

shènghuì
盛会

[争] zhēng 争、挣、峥、狰、筝　zhèng 净、挣

dòuzhēng	zhèngzhá	zhēngróng	zhēngníng
斗争	挣扎	峥嵘	狰狞

gǔzhēng	zhèngyán	zhèngyǒu	zhèngqián
古筝	诤言	诤友	挣钱

[丞] zhēng 蒸　zhěng 拯　chéng 丞

zhēngfā	zhēngliú	zhěngjiù	chéngxiàng
蒸发	蒸馏	拯救	丞相

[亨] pēng 烹　hēng 亨、哼

pēngrèn	pēngtiáo	hēngtōng	hēngchī
烹饪	烹调	亨通	哼哧

[更] gēng 更　gěng 埂、哽、梗、鲠　gèng 更

gēngmíng	gēngxīn	dīgěng	gěngyè
更名	更新	堤埂	哽咽

gěnggài	gěngzhí	gèngjiā
梗概	鲠直	更加

［呈］ chéng 呈、程　chěng 逞

chéngxiàn　chéngwén　chéngdù　chéngxù
呈现　呈文　程度　程序

chěngxiōng　chěngnéng
逞凶　逞能

［庚］ gēng 庚、赓

gēngchǐ　gēngxù
庚齿　赓续

［奉］ pěng 捧　fèng 奉、俸

pěngbēi　pěngchǎng　fènggào　fèngquàn　fènglù
捧杯　捧场　奉告　奉劝　俸禄

［朋］ péng 朋、棚、硼、鹏

péngyou　péngchē　péngchéngwàn lǐ
朋友　棚车　鹏程万里

［朋］ bēng 崩、绷　běng 绷　bèng 蹦

bēngkuì　bēngtā　bēngdài　běngjìn　běngliǎn
崩溃　崩塌　绷带　绷劲　绷脸

bènggāo　bèngtiào
蹦高　蹦跳

［蒙］ mēng 蒙　méng 蒙、檬、朦

mēngpiàn　méngbì　níngméng　ménglóng
蒙骗　蒙蔽　柠檬　朦胧

［孟］ měng 猛、mèng 孟

měngjìn　měngjiàng　mèngchūn
猛进　猛将　孟春

［峰］ fēng 峰、烽、蜂　féng 逢、缝　fèng 缝　péng 蓬、篷

fēngluán　fēnghuǒ　fēngfáng　fēngwáng
峰峦　烽火　蜂房　蜂王

féngyíng　fénghé　féngrèn　fèngxì
逢迎　缝合　缝纫　缝隙

ménfèng　péngbó　Pénglái　péngchē
门缝　蓬勃　蓬莱　篷车

［乘］ chéng 乘　shèng 剩

・147・

chéng fǎ　　chéng kè　　chéngzuò　　shèng yú　　shèng cí
乘 法　　乘 客　　乘 坐　　剩 余　　剩 磁

[曾]　zēng 曾、憎、增　zèng 赠　céng 曾　cèng 蹭
sēng 僧

zēngsūn　　zēng zǔ　　zēnghèn　　zēngwù
曾 孙　　曾 祖　　憎 恨　　憎 恶

zēngjìn　　zēng sè　　zēngzhǎng　　zèng lǐ
增 进　　增 色　　增 长　　赠 礼

zèngpǐn　　zèngyán　　céngjīng　　céngjīngcānghǎi
赠 品　　赠 言　　曾 经　　曾 经 沧 海

cèngdèng　　sēng lǚ　　sēng ní　　sēng tú
蹭 蹬　　僧 侣　　僧 尼　　僧 徒

[彭]　péng 彭、澎、膨

xìngPéng　　péngpài　　pénghuà　　péngzhàng
姓 彭　　澎 湃　　膨 化　　膨 胀

[楞]　léng 楞　lèng 愣

léngkǎn　　lèngzheng　　fā lèng
楞 坎　　愣 怔　　发 愣

[登]　dèng 凳、澄、瞪　chéng 橙、澄

dèng zi　　dèngqīng　　dèngshā　　dèngyǎn
凳 子　　澄 清　　澄 沙　　瞪 眼

chénghóng　　chéng zi　　chénghuáng　　chéngqīng
橙 红　　橙 子　　橙 黄　　澄 清

[誊]　téng 誊、滕、藤

téng lù　　téngxiě　　téngbiān　　téngluó
誊 录　　誊 写　　藤 编　　藤 萝

téngpái　　téngwàn
藤 牌　　藤 蔓

in—

[心]　xīn 心、芯　qìn 沁

xīncháng　　xīnfáng　　xīnfēi　　xīnjí
心 肠　　心 房　　心 扉　　心 急

xīn xì	xīnxiōng	dēngxīn	qìnrénxīn pí
心细	心胸	灯芯	沁人心脾

[今] jīn 今、衿、矜 qīn 衾 qín 琴 yín 吟

jīnhòu	jīnshēng	jīn xī	jīnzhāo
今后	今生	今昔	今朝

jīnchí	jīnkuā	qínshū	qínjiàn
矜持	矜夸	琴书	琴键

qín sè	qínshī	yínyǒng	yínfēngnòngyuè
琴瑟	琴师	吟咏	吟风弄月

[斤] jīn 斤 jìn 近、靳 qín 芹 xīn 忻、昕、欣、新、薪

jīndǒu	jīnliǎng	jìndào	jìn gǔ
斤斗	斤两	近道	近古

jìnhǎi	jìnjiāo	jìnkuàng	jìn qī
近海	近郊	近况	近期

xìngJìn	qíncài	qínxiàn	xīnrán
姓靳	芹菜	芹献	欣然

xīnwèi	xīn xǐ	xīnxìng	xīncháo
欣慰	欣喜	欣幸	新潮

xīnchūn	xīn jū	xīnláng	xīnnián
新春	新居	新郎	新年

xīnshēng	xīnwén	xīnxīng	xīnshuǐ
新生	新闻	新星	薪水

xīnjīn	xīnjìnhuǒchuán
薪金	薪尽火传

[民] mín 民、岷 mǐn 泯、抿

mínfēng	míngōng	mínháng	mínquán
民风	民工	民航	民权

mínzhǔ	MínJiāng	mǐnmiè	mǐnmò	mǐn zi
民主	岷江	泯灭	泯没	抿子

[因] yīn 因、茵、姻

yīn cǐ	yīnguǒ	yīnshì	lù yīn	yīnyuán
因此	因果	因式	绿茵	因缘

yīnqīn	yīnyuán	hūnyīn
姻亲	姻缘	婚姻

[阴]　yīn 阴、荫

yīn'àn　　yīnlěng　　yīnpíng　　yīnyáng
阴暗　　　阴冷　　　阴平　　　阴阳
yīnyǐng　　yīnyún　　yīnyǔ　　yīnsēn
阴影　　　阴云　　　阴雨　　　阴森
yīnbì　　yīnyì
荫蔽　　　荫翳

[尽]　jǐn 尽　jìn 尽、烬

jǐnguǎn　　jǐnkuài　　jǐnzǎo　　jǐnliàng
尽管　　　尽快　　　尽早　　　尽量
jìnlì　　jìnxīn　　jìnzhí　　jìntóu　　huījìn
尽力　　　尽心　　　尽职　　　尽头　　　灰烬

[辛]　qīn 亲　xīn 辛、锌　qìng 亲

qīn'ài　　qīnchuán　　qīnbǐ　　qīnjìn　　qīnlín
亲爱　　　亲传　　　亲笔　　　亲近　　　亲临
qīnqíng　　qīnshēng　　qīnshǔ　　qīnrén
亲情　　　亲生　　　亲属　　　亲人
xīnkǔ　　xīnláo　　xīnsuān　　xīnqín　　qìngjia
辛苦　　　辛劳　　　辛酸　　　辛勤　　　亲家

[林]　bīn 彬　lín 林、淋、琳、霖

bīnbīn　　línchǎn　　línchǎng　　línhǎi
彬彬　　　林产　　　林场　　　林海
línyè　　línmù　　línnóng　　línbā
林业　　　林木　　　林农　　　淋巴
línlíjìnzhì　　línyù　　línlángmǎnmù　　línyǔ
淋漓尽致　　　淋浴　　　琳琅满目　　　霖雨

[侵]　jìn 浸　qīn 侵　qǐn 寝

chénjìn　　jìnrǎn　　jìntòu　　jìnzì
沉浸　　　浸染　　　浸透　　　浸渍
qīnfàn　　qīnhài　　qīnlüè　　qīnzhàn
侵犯　　　侵害　　　侵略　　　侵占
qīnshí　　qīntūn　　qīnquán　　qīnrù
侵蚀　　　侵吞　　　侵权　　　侵入
qǐnshì　　qǐngōng　　qǐnchē
寝室　　　寝宫　　　寝车

［宾］ bīn 宾、滨、缤、槟、傧　bìn 殡、鬓

bīnkè　　bīnguǎn　　bīnyǔ　　bīnzhǔ
宾客　　宾馆　　宾语　　宾主

bīnpéng　　húbīn　　bīnfēn　　bīn zi
宾朋　　湖滨　　缤纷　　槟子

bīnxiàng　　bìnzàng　　bìn fà　　bìnjiǎo
傧相　　殡葬　　鬓发　　鬓角

［堇］ jǐn 谨、瑾、馑　qín 勤

jǐnfáng　　jǐnshèn　　jǐnxiǎoshènwēi
谨防　　谨慎　　谨小慎微

jī jǐn　　qínfèn　　qínláo　　qínwù　　qínjiǎn
饥馑　　勤奋　　勤劳　　勤务　　勤俭

［禁］ jīn 禁、襟　jìn 禁、噤

jīnshòu　　jīnhuái　　jìn bì　　jìnlìng
禁受　　襟怀　　禁闭　　禁令

jìn qū　　jìnshū　　jìnzhǐ　　jìnruòhánchán
禁区　　禁书　　禁止　　噤若寒蝉

［粦］ lín 粼、嶙、鳞

lín lín bì bō　　línxún　　línbō　　línpiàn
粼粼碧波　　嶙峋　　鳞波　　鳞片

［银］ yín 银、龈、垠

yínbái　　yín bì　　yíndìng　　yínhé
银白　　银币　　银锭　　银河

yínpíng　　chǐyín　　yīwàngwúyín
银屏　　齿龈　　一望无垠

［引］ yǐn 引、蚓

yǐnbào　　yǐnchǎn　　yǐndǎo　　yǐndù　　qiūyǐn
引爆　　引产　　引导　　引渡　　蚯蚓

ing—

［丁］ dīng 丁、仃、疔、盯、钉　dǐng 顶、酊　dìng 订、钉　tīng
厅、汀

dīngdāng	dīngdōng	dīngxiāng	dīnglíng
丁当	丁冬	丁香	丁零

língdīng	dīng dú	dīngshāo	dīngchuí
伶仃	疔毒	盯梢	钉锤

dīngxié	dīng zi	dǐngbān	dǐngfēng
钉鞋	钉子	顶班	顶风

dǐngjiān	dǐnglóu	dǐngtiān lì dì
顶尖	顶楼	顶天立地

mǐngdǐng	dìngdān	dìnghūn	dìnghuò
酩酊	订单	订婚	订货

dìnggòu	dìngyuè	tīngfáng	tīngtáng	tīngxiàn
订购	订阅	厅房	厅堂	汀线

[并] bǐng 饼 bìng 并、摒 píng 屏 bèng 迸 pīn 拼、姘

pián 骈

bǐngféi	bǐnggān	bìngcún	bìngfā
饼肥	饼干	并存	并发

bìngliè	bìngpái	bìngzhòng	bìngyòng
并列	并排	并重	并用

bìngchú	bìngjué	bìng qì	píngfēng
摒除	摒绝	摒弃	屏风

píngmù	píngzhàng	bèng fā	bèng liè
屏幕	屏障	迸发	迸裂

pīn bó	pīncòu	pīnmìng	pīnxiě
拼搏	拼凑	拼命	拼写

pīn jū	pīntou	pián lì	piánwén
姘居	姘头	骈俪	骈文

[宁] níng 宁、拧、咛、狞、柠 nǐng 拧 nìng 宁、泞、拧

níngjìng	níng rì	dīngníng	níngxiào
宁静	宁日	叮咛	狞笑

níngméng	níng shǒujīn	nǐngjǐn	nìng kě
柠檬	拧手巾	拧紧	宁可

nìngyuàn	ní nìng	nìng píqi
宁愿	泥泞	拧脾气

[丙] bǐng 丙、炳、柄 bìng 病

bǐngbù　　bǐnglún　　bǐngwèi　　bǐngyào
丙部　　丙纶　　炳蔚　　炳耀

bǐng zi　　dāobǐng　　bìngchuáng　　bìngdú
柄子　　刀柄　　病床　　病毒

bìngfáng　　bìngshǐ　　bìngzhèng
病房　　病史　　病症

［平］píng 平、苹、坪、枰、萍

píng'ān　　píngbèi　　píngchuān　　píngdì
平安　　平辈　　平川　　平地

píngguǒ　　píngbà　　qípíng　　píngshuǐxiāngféng
苹果　　坪坝　　棋枰　　萍水相逢

［令］líng 伶、苓、玲、铃、蛉、聆、翎、零、龄　lǐng 领、岭
lìng 令　lín 邻

língdīng　　línglì　　fúlíng　　línglóngtītòu
伶仃　　伶俐　　茯苓　　玲珑剔透

língdang　　mínglíng　　língqǔ　　língtīng
铃铛　　螟蛉　　聆取　　聆听

língmáo　　língdàn　　línggōng　　língqībāsuì
翎毛　　零担　　零工　　零七八碎

niánlíng　　lǐngbān　　lǐngdài　　lǐngkōng
年龄　　领班　　领带　　领空

lǐngwù　　lǐngnán　　QínLǐng　　lìngláng
领悟　　岭南　　秦岭　　令郎

lìngzūn　　línbāng　　lín jìn　　línshè
令尊　　邻邦　　邻近　　邻舍

［名］míng 名、茗、铭　mǐng 酩

míngjiā　　míngjiào　　míngchēng　　míngpiàn
名家　　名教　　名称　　名片

xiāngmíng　　mínggǎn　　míng jì　　míngxīn
香茗　　铭感　　铭记　　铭心

míng kè　　mǐngdǐng
铭刻　　酩酊

［廷］tíng 廷、庭、蜓、霆　tǐng 挺、艇

gōngtíng　　tíngyuàn　　tíngyuán　　qīngtíng
宫 廷　　　庭 院　　　庭 园　　　蜻 蜓

léitíng　　tǐngjìn　　tǐngjǔ　　tǐngshēn　　jiàntǐng
雷 霆　　挺 进　　挺 举　　挺 身　　舰 艇

[形] jīng 荆　xíng 刑、邢、形、型

jīngjí　　jīngtiáo　　xíngchǎng　　xíngfá
荆 棘　　荆 条　　　刑 场　　　刑 罚

xíngqī　　xíngshì　　xíngshì zérèn　　xìngXíng
刑 期　　刑 事　　刑 事 责 任　　姓 邢

xíngbiàn　　xíng'ér shàngxué　　xíngtài
形 变　　　形 而 上 学　　　形 态

xínghào　　xíngxīn
型 号　　型 心

[京] jīng 京、惊、鲸

jīngchéng　　jīnghú　　jīngjù　　jīnghuá　　jīngdòng
京 城　　京 胡　　京 剧　　京 华　　惊 动

jīnggōngzhīniǎo　　jīngxǐng　　jīngshā　　jīngtūn
惊 弓 之 鸟　　　惊 醒　　鲸 鲨　　鲸 吞

[定] dìng 定、锭

dìng'àn　　dìngdiǎn　　dìngjià　　dìngqīn
定 案　　定 点　　定 价　　定 亲

dìngxìng　　dìngjì　　jīndìng
定 性　　锭 剂　　金 锭

[茎] jīng 泾、茎、经　jǐng 刭、颈　jìng 劲、胫、径、痉
qīng 轻、氢　jìn 劲

jīngwèifēnmíng　　gēnjīng　　jīngdiǎn　　jīngdù
泾 渭 分 明　　　根 茎　　经 典　　经 度

jīngfèi　　jīngmào　　jīngxiāo　　jīngyíng
经 费　　经 贸　　经 销　　经 营

jǐnglián　　jǐngzhuī　　jìngdí　　jìnglǚ
颈 联　　颈 椎　　劲 敌　　劲 旅

jìnggǔ　　jìngliú　　jìngsài　　jìngzhí
胫 骨　　径 流　　径 赛　　径 直

jìngluán　　qīngbiàn　　qīngchēshúlù　　qīngdí
痉 挛　　轻 便　　轻 车 熟 路　　轻 敌

qīngzhònghuǎn jí　qīngdàn　qīng qì　jìntóu
轻 重 缓 急　氢 弹　氢 气　劲头

[青] jīng 菁、睛、精　jìng 靖、静　qīng 青、清、蜻　qíng 情、
晴 qǐng 请

jīnghuá　yǎnjīng　jīngling　jīngcǎi
菁 华　眼 睛　精 灵　精 彩

jīngshēn　jīngyìqiújīng　jīngyīng　Jìngkāng
精 深　精 益 求 精　精 英　靖 康

jìngdiàn　jìngwù　jìngmài qū zhāng　qīngcǎo
静 电　静 物　静 脉 曲 张　青 草

qīngguǒ　qīnghóngzàobái　qīngmiáo　qīngyúnzhíshàng
青 果　青 红 皂 白　青 苗　青 云 直 上

qīngbái　qīngchá　qīngdiǎn　qīngguī jiè lǜ
清 白　清 茶　清 点　清 规 戒 律

qīngtíngdiǎnshuǐ　qíng gē　qíng jié　qíngdiào
蜻 蜓 点 水　情 歌　情 节　情 调

qíngtóu yì hé　qíngwǎng　qínghǎo　qíngkōng
情 投 意 合　情 网　晴 好　晴 空

qíngtiānpīlì　qǐng 'ān　qǐnggōng　qǐngjià
晴 天 霹 雳　请 安　请 功　请 假

qǐngjiào
请 教

第四章　声调辨正及训练

一、声调的性质

　　声调就是指音节中具有区别意义作用的音高变化。任何语言都有音高的要素,但所起的作用不同,汉语利用音高的作用最充分,它和意义的联系非常密切,只要音高变了,意义也就跟着变,也就是说音高有区别意义的作用。如:tōngzhī（通知）yóudēng（油灯）,声调变了,意义跟着变 tóngzhì（同志）yōuděng（优等）。这种有区别意义作用的音高变化就叫声调。

　　记录声调的方法是五度标记法,即画一条竖线,分作四格五度表示声调的相对高度,再在竖线的左侧画出表示音高升降变化形式的线条,这个线条的形式就构成了五度标调的符号(参见下图)。

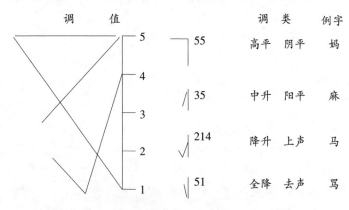

图 4-1　普通话声调五度标记图

二、调值与调类

声调可以从调值和调类两个方面进行分析。

调值就是指音节高低升降的变化形式，即一个音节的实际读法。调值主要由音高构成，所以在"五度标记法"里，调值的高低升降就得到了具体体现。

调类就是声调的种类。它是把相同的调值归在一起所建立的类，所以，有几种调值就可以分成几种调类。在"五度标记法"里同样也体现了声调的种类。见图 4-1。

三、普通话的声调

普通话的声调当然也是从调值与调类两个方面进行分析。

普通话有四种调值，所以也有四个调类，它们的情况如下：

1. 一声，阴平，调值是 55（高平），它的特点是"高"，比较平。如：

bā	cān	shān	lā	fā	fēng	gū	hū	jiā	shuā	bā shān
巴	参	山	拉	发	丰	姑	呼	佳	刷	巴 山

cānjiā	lā dīng	fā bāo	fēngshōu	hū xī	gāo shān pō	dōu cānjiā	fā
参加	拉 丁	发包	丰 收	呼吸	高 山 坡	都 参 加	发

huābāo	fēngshōu gē
花包	丰 收 歌

2. 二声，阳平，调值是 35（中升），它的特点是"升"。开始时既不高也不低，然后从中等的高度滑动着升到最高。如：

má	ná	bá	hái	hé	huá	liú	míng	márén	ná lái	bá hé
麻	拿	拔	孩	合	滑	流	名	麻 仁	拿来	拔河

hé gé	huá xiáng	liú lián	má rén yóu	ná lái cháng	hé gé jié
合格	滑 翔	流 连	麻 仁 油	拿 来 尝	合格结

huáxiáng shéng
滑 翔 绳

3. 三声，上声，调值是 214（降升），音高一开始就较低，然后降到最低，最后又升到较高，是个曲调，如：

shǒu   yǒng   tiě   zhǐ   měi   lǎo   shuǐ   chǎng   mǐn
手　勇　铁　纸　美　老　水　厂　敏

不过上声在语流中完全读 214 调值这样曲折的情况比较少，只是在单念或处于说话中停顿前最后一个字时如此，更多的时候是处于变调中，几个上声相连或处在其他声调前面，上声的调值都没有念 214（请参见变调）。

尤其是上声与阳平相比，阳平是升调，上声似乎后面也是升，但上声是降升，必须要掌握先降后升"曲"的特点。

四声，去声，调值是 51，一开始是最高，然后滑动着降到最低，它的特点是"降"。如：

dà   xiè   shì   bìng   kè   shèng   yì   shào   xiào   dà duì   xiè mù
大　谢　世　并　刻　胜　意　少　笑　大队　谢幕
kè dù   shèng lì   yì wài   shào xiào   dà duì bù   xiè mù hòu   yào shèng lì
刻度　胜利　意外　少校　大队部　谢幕后　要胜利
shì   yì wài
是 意外

普通话四种基本声调可以归结为一平、二升、三曲、四降。要注意的是声调的升降变化不是跳动，而是滑动连贯的，从一个音高滑向另一个音高，不能像弹钢琴一样从一个音高跳到另一个音高，中间不连贯。

普通话的四个基本声调，可以概括为表 4-1。

表 4-1

调类	调值	调号	例字
阴平	高平 55	-	江山多娇
阳平	中升 35	´	人民团结
上声	降升 214	ˇ	理想美好
去声	全降 51	`	日夜奋战

四、声调辨正

(一)普通话声调与方言声调的对应关系

学习声调,首先要把普通话四个声调的调值念准,在这基础上再明确自己方言的声调和普通话声调的对应关系。下面以重庆话为例谈谈声调辨正问题:

普通话的调类系统和重庆话的调类系统都是从古汉语继承下来的。古汉语有四个调类,即平、上、去、入。语音发展变化,又按声母的清浊分为阴调和阳调两类,清声母归阴调,浊声母归阳调。古汉语的调类发展到普通话的情况大致是:平分阴阳(古清声母的平声字演变为普通话的阴平调类,古浊声母的平声字演变为普通话的阳平调类);浊上变去(古清声母的上声字演变到普通话仍是上声调类,古浊声母的上声字演变到普通话的去声调类);入派四声(古去声字演变到普通话仍是去声,而古入声调类的字则分别派入普通话的阴平、阳平、上声、去声四个调类中)。重庆属于北方方言区,古汉语调类演变的情况与普通话差不多,也是平分阴阳、浊上变去,所以从调类的情况看(不是调值),与普通话基本一致,如"山河锦绣"都分别是阴平、阳平、上声、去声。但是重庆话四个调类的调值与普通话却不完全一样,它们是:阴平55、阳平21、上声42、去声214。阴平与普通话一样,阳平与普通话大相径庭,上声与普通话去声相当,都是全降,去声与普通话上声一样,都是214。如果重庆人念不准普通话的上声,可以改用重庆话的去声试着纠正,如果重庆人念不准普通话的去声,可以改用重庆话的上声试着纠正。如:

普通话调值(上声)——→相当于重庆话的调值(去声)

有 巧 陕 214　　又 俏 扇 214

远 指 景 214　　愿 志 近 214

普通话调值(去声)——→相当于重庆话的调值(上声)

爱 闭 造 51　　矮 比 找 42

了解这个对应关系,可以帮助体会普通话调值的升降情况,不过要掌握普通话四个调值的读音,一定要多读多练,才会熟能生巧。

（二）关于古入声字

1. 古入声字的演变情况

古代汉语语音发展到现代汉语语音,从北方方言区来看,大部分没有入声。从元朝开始入声就逐渐消失,所以入声消失是普通话很重要的一个现象。

古入声字演变的情况,重庆话与普通话不一样。古入声调类的字演变到普通话是"入派四声"（即古入声调类的字分别派入普通话的阴平、阳平、上声、去声四个调类中）,而演变到重庆话则是"入派阳平",全部归到阳平调类去了。因此这一部分字的调类,除了阳平（古入声演变到普通话的阳平字）外,其他的,重庆话与普通话都不一样,重庆人学普通话,一要注意哪些是古入声字,再就是掌握这些古入声字在普通话里的声调,见表4-2。

表4-2

例字	普通话声调		重庆话声调	
说 法	阴平	上声	阳平	阳平
百 尺	上声	上声	阳平	阳平
特 色	去声	去声	阳平	阳平
笔 墨	上声	去声	阳平	阳平
节 拍	阳平	阴平	阳平	阳平

记住一些辨别古入声字的规律,参考本章附录四:《古入声字的普通话声调及部分词语》帮助改读古入声字的声调。

2. 辨别古入声字的几条规律

（1）鼻音尾韵的字不是入声字。

古代有 m n ng p t k 六个韵尾,其中 p t k 是入声韵尾,发展到近现代,入声韵尾已消失了,而 m n ng 又合并为 n ng 两个韵尾,所以凡是鼻音尾韵的字就不是入声字。如 ān(安)hóng(红)xún(寻)jǐng(景)。

（2）舌尖前元音作韵母的字，er 作韵母的字也不是入声字。如 zī(资)cǐ(此)sī(斯)ér(而)。

以上两类字的声调就可以根据重庆话的声调类推出普通话的声调。见表4-3。

例字	重庆话调类		普通话音节
安全	阴平	阳平	ān quán
红缨	阳平	阴平	hóng yīng
四字	去声	去声	sì zì
自私	去声	阴平	zì sī
耳根	上声	阴平	ěr gēn
儿童	阳平	阳平	ér tóng

（3）声母 zh、ch、sh、r 与韵母 uo 相拼的字大都是入声字。如 zhuō(桌)chuò(绰)shuō(说)ruò(若)

（4）声母 f 与 a、o 相拼的字大都是入声字。如 fā(发)fá(罚)fǎ(法)(佛)fó

（5）üe 韵母的字，除"靴、瘸、嗟"外，大都是入声字。如 què(确)xué(学)lüè(略)

（6）声母是 b d g z zh j 的阳平字，大都是入声字。

以上几类字就要特别注意在普通话里的声调，它们大多与重庆话的声调不一样。如：

zhuōbèn	zhuōjiàn	zhuóyì	chuòbǐ	chuòhào	shuòfāng
拙笨	拙见	桌异	辍笔	绰号	朔方

shuōchàng	méishuò	shǎnshuò	ruòfēi	rú ruò	ruòsuān
说唱	媒妁	闪烁	若非	如若	弱酸

pífá	fǎxué	fǎmǎ	fójīng	fólǎo	juéjì
疲乏	法学	砝码	佛经	佛老	决计

juésài	biǎojué	duànjué	juèba	quē'é	quèbù
决赛	表决	断绝	倔巴	缺额	却步

shàngquè	qiuèbān	quèqiáo	xuéyǎng	quèzhī bù gōng
上阕	雀斑	鹊桥	学养	却之不恭

quècháo jiūzhàn	xuěmáng	xuěshàng jiā shuāng
鹊巢鸠占	雪盲	雪上加霜

（三）关于例外情况

前面谈到除了古入声字,其他汉字的调类重庆话与普通话都差不多,可以根据重庆话的调类推出在普通话的调类,但语言是复杂的,在发展演变过程中,普通话与重庆话都有少数字背离规律,这样在非入声字中,重庆话与普通话的调类也有不对应的现象,如"诊",普通话是上声调类,重庆话却是阴平调类,因此对这部分声调例外情况的字,必须逐个熟记它们在普通话的声调。如:

lián bō	bōfú	bō zhòng	chǐ mí	chúmò	zì cǔn
联播	播幅	播种	侈糜	刍秣	自忖

chádàng	fānbù	huànyī	jiū jié	piāoluè	zhuǎnshùn
查档	帆布	浣衣	究诘	剽掠	转瞬

wēi'ān	fā yán	yōng sè
微安	发炎	拥塞

为了帮助记忆,可以经常查阅本章附录五:《声调例外字举例及部分词语》。

五、普通话声调训练（注意念准每个音节的调值）

（一）双音节

阴平——阴平

biāobīng	biāodēng	dīgū	duānfāng	fānxiū	fēngyān
标兵	标灯	低估	端方	翻修	烽烟

bīngshuāng	bōfā	chābān	dānfāng	fēngyī	bīnfēn
冰霜	拨发	插班	单方	风衣	缤纷

gē dēng 咯噔	gōngkāi 公开	guāshā 刮痧	guīyuē 规约	hūxī 呼吸	huātuō 花托

阴平——阳平

huānténg 欢腾	huībái 灰白	jiācán 家蚕	dāndú 单独	hōngmíng 轰鸣	huāngwú 荒芜
cōngmíng 聪明	chāochá 抄查	bālí 笆篱	fēngfáng 蜂房	jījié 击节	pīlíng 批零
huānyíng 欢迎	huīhóng 恢宏	jiāyáo 佳肴	lā chuáng 拉床	pīn bó 拼搏	qīyí 期颐

阴平——上声

pī gǎi 批改	shūguǎn 书馆	qū gǎn 驱赶	shānjiǎo 山脚	tiāntǐ 天体	wēiwǔ 威武
sōujiǎo 搜缴	xīdiǎn 西点	xiāng tǔ 乡土	sīcǔn 思忖	shuāixiǔ 衰朽	shūniǔ 枢纽
shūjiǎn 书简	piāomiǎo 飘渺	qūbǐ 曲笔	shān yě 山野	tiānxiǎn 天险	wēi dǔ 危笃

阴平——去声

shuāiruò 衰弱	shuānsè 栓塞	shīfàn 师范	mēnrè 闷热	hānshuì 酣睡	jīnyào 津要
jiāshì 家世	huāhuì 花卉	gēnjì 根系	fāshè 发射	dī guàn 滴灌	shēngtài 生态
shīshì 施事	shānlüè 删略	huāshù 花束	gēnjù 根据	cū zhòng 粗重	bāncì 班次

阳平——阳平

báitóu 白头	fúyáo 扶摇	huáxiáng 滑翔	huáiyí 怀疑	páihuái 徘徊	báiyín 白银
báotián 薄田	féi cháng 肥肠	fúyóu 浮游	hángqíng 行情	hé miáo 禾苗	féngjí 逢集
fú pín 扶贫	huálún 滑轮	hánróng 涵容	hé chéng 合成	hóngniáng 红娘	fúhé 符合

阳平——阴平

pó suō 婆娑	cífēng 词锋	bié jiā 别家	bá gāo 拔高	hánchuāng 寒窗	jié jiāo 结交

báijīn 白金	géchū 革出	guóhuā 国花	hánbāo 含苞	hóngfēng 洪峰	huátī 滑梯
féichāi 肥差	cígēn 词根	báihuī 白灰	básī 拔丝	guóshū 国书	héngpī 横批

阳平——上声

jiézhǐ 截止	juédǐng 绝顶	láigǎo 来稿	máfǎng 麻纺	pízhǐ 皮纸	jiéqǔ 截取
lánwǎng 拦网	láobǎo 劳保	mínjǐng 民警	píngdǎn 瓶胆	púcǎo 蒲草	qiúchǎng 球场
juéxiǎng 绝响	kuíwěi 魁伟	láifǎng 来访	fénjiǔ 汾酒	lánzǔ 拦阻	púliǔ 蒲柳

阳平——去声

qiújì 球技	róngyù 荣誉	shéngmò 绳墨	wénhuà 文化	xiánhuì 贤慧	yíyì 移易
zhuózhù 卓著	rúshù 如数	shíkè 时刻	táosù 陶塑	wúwèi 无畏	róngxìng 荣幸
qiúlù 球路	róngnà 容纳	tuósè 驼色	wénjìng 文静	xuánmiào 玄妙	yángmiàn 阳面

上声——上声

bǎjiǔ 把酒	dǎgǔ 打鼓	diǎnlǐ 典礼	duǎnpǎo 短跑	fǎlǐ 法理	gǎnxiǎng 感想
bǎbǐng 把柄	bǎigǎn 百感	diǎnrǎn 点染	gǎnchǎng 赶场	gǎngjǐng 岗警	dǎpǔ 打谱
duǎndǎ 短打	fǎtǒng 法统	gǎnjǐn 赶紧	gǔgǔ 股骨	guǎnlǐ 管理	huǒzhǒng 火种

上声——阴平

huǒqī 火漆	jǐzhuī 脊椎	liǔsī 柳丝	qǐchū 起初	shǐshī 史诗	qǐfā 启发
jǐduō 几多	jiǎnchēng 简称	dǎdī 打的	jiěpōu 解剖	niǔqū 扭曲	rǔzhī 乳汁
huǒxīng 火星	jiǎzhuāng 假装	lǐhuā 礼花	mǐtāng 米汤	mǒshā 抹煞	qǐfēi 起飞

上声——阳平

qǐ'é 企鹅	shěngchéng 省城	shǔmíng 署名	wǎn cí 婉词	xiǎng léi 响雷	pǐdí 匹敌
wǎnxiá 晚霞	xiǎng fú 享福	yǎnqián 眼前	yǔ lín 雨林	zhǎo qí 找齐	pǔ shí 朴实
qǐ dí 启迪	shǐrán 使然	wěisuí 尾随	yǔ yán 语言	zhěnliáo 诊疗	qiǎo hé 巧合

上声——去声

shǐmò 始末	shǔrè 暑热	wǎnxiè 婉谢	wěishù 尾数	xiǎngyìng 响应	pǐ pèi 匹配
shǔxiù 蜀绣	yǔsù 语素	zhǎnchì 展翅	zhězhòu 褶皱	zhěnduàn 诊断	qǐ dòng 启动
zhǎng gù 掌故	yǎnbiàn 演变	zhǐdìng 指定	tiě hàn 铁汉	lǔdùn 鲁钝	pǔsù 朴素

去声——去声

sè sù 色素	shàngxiàn 上限	tànwàng 探望	wènhòu 问候	yùcè 预测	shìtài 事态
shàojiàng 少将	hù zhù 互助	yè huà 液化	zhàobì 照壁	jiànxiào 见效	zhìliàng 质量
shàowèi 哨位	tòuchè 透彻	wòlì 握力	yì shù 艺术	zhēngquè 正确	gòngzhèn 共振

去声——阴平

àixī 爱惜	bàxiū 罢休	bàngōng 办公	bìbō 碧波	chìjīn 赤金	cuòshī 措施
bèibāo 背包	cùnxīn 寸心	dàjiā 大家	dànxī 旦夕	hànjiē 焊接	hùfēng 护封
jìgōng 记功	jiànfāng 见方	jiàokān 校勘	jièbiāo 界标	hòuchē 候车	bù shuō 不说

去声——阳平

jiànxí 见习	gōngmíng 共鸣	ài guó 爱国	bànxué 办学	bìlán 碧蓝	chìchéng 赤诚
cùntóu 寸头	cuò cí 措辞	dàxíng 大型	dàn bó 淡泊	hànrán 憾然	jìshí 纪实
jiàocái 教材	jiè shí 界石	hòu bó 厚薄	gàojié 告捷	bùfá 步伐	cè mén 侧门

去声——上声

cè yǐng	jiànjiě	gòngmiǎn	chèdǐ	chìbǎng	còuqiǎo
侧影	见解	共勉	彻底	翅膀	凑巧

fànběn	dànshuǐ	dàdiǎn	cuòjǔ	cùntǔ	bèijǐng
范本	淡水	大典	措举	寸土	背景

huòjiǎng	jìzǎi	jiàoběn	jièchǐ	làobǐng	huànqǔ
获奖	记载	教本	界尺	烙饼	换取

综合对比

yǔyán	yùyán	yánsè	yǎnsè	shānxī	shǎnxī
语言—寓言		颜色—眼色		山西—陕西	

tícái	tǐcái	yóudēng	yōuděng	qiánxī	qiǎnxī
题材—体裁		油灯—优等		前夕—浅析	

xīfú	xīfù	táohóng	tàohóng	sīfǎng	sìfāng
西服—吸附		桃红—套红		私访—四方	

sōngdòng	sǒngdòng	qìguǎn	qìguān	qìzhì	qízhì
松动—耸动		气管—器官		气质—旗帜	

sānshí	sànshī	yīnxiǎng	yìnxiàng	zhēngzhí	zhěngzhì
三十—散失		音响—印象		争执—整治	

wēilì	wéilì	méihào	měihǎo	lóngzhòng	lóngzhōng
微利—违例		煤耗—美好		隆重—龙钟	

lǐjiě	lìjiè	kànfǎ	kǎnfá	huàxué	huáxuě
理解—力戒		看法—砍伐		化学—滑雪	

āilián	àiliàn	ānjìng	ànjǐng	bǎzhǎn	bàzhàn
哀怜—爱恋		安静—暗井		把盏—霸占	

bǎizhāng	bàizhàng	báishé	bǎishè	bāndǎo	bàndào
百张—败仗		白蛇—摆设		扳倒—办到	

bāowéi	bǎowèi	běidǒu	bèidōu	biānfú	biànfú
包围—保卫		北斗—背篼		蝙蝠—便服	

cáijué	cǎijué	chéngjì	chéngjī	chījǐn	chíjìn
裁决—采掘		成绩—乘积		吃紧—弛禁	

chúfǎ	chǔfá	chuǎnxī	chuànxì	chuāngzhǐ	chuàngzhì
除法—处罚		喘息—串戏		窗纸—创制	

cuīwéi	cuìwēi	dàjiā	dǎjià	dǎnzhuàng	dànzhuāng
崔嵬—翠微		大家—打架		胆壮—淡妆	

diān bǒ　diǎn bō　　　dǎ dòu　dà dòu　　　chújù　chǔjù
颠簸—点播　　　　打斗—大豆　　　厨具—楚剧

huá tī　huà tí　　　máoyī　màoyì　　　shēnglǐ　shènglì
滑梯—话题　　　　毛衣—贸易　　　生理—胜利

ān hǎo　àn hào　　　ān shì　àn shí　　　bānfā　bànfǎ
安好—暗号　　　　安适—按时　　　颁发—办法

bān jiā　bàn jià　　　bǎn tú　bàn tú　　　biānjiè　biànjiě
搬家—半价　　　　版图—半途　　　边界—辩解

bǔ fā　bù fá　　　cáiyuán　càiyuán　　　chídào　chìdào
补发—步伐　　　　财源—菜园　　　迟到—赤道

chū xí　chú xī　　　diǎnshí　diànshì　　　fā yuán　fǎ yuàn
出席—除夕　　　　点石—电视　　　发源—法院

gēnggǎi　gěnggài　　　fúzhù　fǔzhù　　　gǔ dōng　gǔ dòng
更改—梗概　　　　扶助—辅助　　　股东—鼓动

huānyíng　huànyǐng　　　gǔ wén　gù wèn　　　huíyì　huìyì
欢迎—幻影　　　　古文—顾问　　　回忆—会议

bǔ jiù　bù jiù　　　biānzhī　biǎnzhí　　　biānyì　biànyī
补救—不久　　　　编织—贬值　　　编译—便衣

bīnglì　bìnglǐ　　　bǎobiāo　bàobiǎo　　　chúfáng　chǔfāng
兵力—病理　　　　保镖—报表　　　厨房—处方

（二）四音节

1. 按四声顺序排列的同声同韵字

yī yí yǐ yì　　　wū wú wǔ wù　　　yū yú yǔ yù
依仪椅义　　　乌吾午务　　　迂余雨育

yā yá yǎ yà　　　wān wán wǎn wàn　　　yuānyuán yuǎn yuàn
鸭牙哑亚　　　弯玩晚万　　　渊元远愿

bā bá bǎ bà　　　pō pó pǒ pò　　　kē ké kě kè
巴拔把罢　　　坡婆叵破　　　苛咳可客

zhī zhí zhǐ zhì　　　cī cí cǐ cì　　　cāi cái cǎi cài
知直纸志　　　疵瓷此次　　　猜才采菜

tuī tuí tuǐ tuì　　　bāo báo bǎo bào　　　zhōu zhóu zhǒu zhòu
推颓腿退　　　包雹保报　　　周轴帚昼

fēn fén fěn fèn　　　chāng cháng chǎng chàng　　　tān tán tǎn tàn
分焚粉奋　　　昌尝厂唱　　　滩谈坦炭

pēng péng pěng pèng
抨 澎 捧 碰

tōng tóng tǒng tòng
通 同 桶 痛

qiāo qiáo qiǎo qiào
悄 瞧 巧 峭

huān huán huǎn huàn
欢 环 缓 换

jī jí jǐ jì
机 集 挤 寄

jiē jié jiě jiè
揭 洁 姐 介

kuī kuí kuǐ kuì
亏 奎 傀 溃

lī lí lǐ lì
哩 梨 礼 莉

liū liú liǔ liù
溜 刘 柳 六

mā má mǎ mà
妈 麻 马 骂

māo máo mǎo mào
猫 毛 卯 帽

wāng wáng wǎng wàng
汪 王 往 忘

mī mí mǐ mì
咪 迷 米 密

tiāo tiáo tiǎo tiào
佻 条 窕 跳

wēn wén wěn wèn
温 文 吻 问

mō mó mǒ mò
摸 馍 抹 磨

huī huí huǐ huì
挥 回 悔 会

tuō tuó tuǒ tuò
拖 沱 妥 唾

pāo páo pǎo pào
抛 袍 跑 泡

tū tú tǔ tù
突 图 土 兔

wā wá wǎ wà
蛙 娃 瓦 袜

2. 按同调排列的字

阴平

chūntiān huā kāi
春天 花 开

jiāngshān duōjiāo
江 山 多娇

chūngēng chāyāng
春 耕 插秧

zhēn xī guāngyīn
珍 惜 光 阴

fēngshōuguīcāng
丰 收 归 仓

xī xī xiāngguān
息息 相 关

bēigōngqūxī
卑 躬屈膝

jū'ān sī wēi
居 安 思危

shēngdōng jīxī
声 东 击西

yōuxīnchōngchōng
忧心 忡 忡

wākōngxīnsī
挖空 心思

xīxī xiāngtōng
息息 相通

阳平

rénmín tuánjié
人 民 团结

háoqíng'ángyáng
豪 情 昂 扬

xué xí zhéxué
学习哲学

niúyángchéngqún
牛羊 成 群

lí tiánchúmiáo
犁田 锄苗

yán gé zhíxíng
严 格 执行

hánhúqící
含糊其词

jié zé'éryú
竭泽而渔

míngcúnshíwáng
名 存实 亡

wénrú qírén
文如其人

shíyán'érféi
食言而肥

xúnmíng zé shí
循 名 责实

· 168 ·

上声

yuǎnjǐng měihǎo
远景 美好

dǎngwěi lǐngdǎo
党委 领导

guǎnlǐ xiǎozǔ
管理 小组

yǔsǎn chǎngzhǎng
雨伞 厂 长

yǎnjiǎng cǎogǎo
演讲 草稿

bǐcǐ yǒuhǎo
彼此 友好

yǒudǎnyǒuyǒng
有胆有勇

jǔ zhǐ jiǎndiǎn
举止 检点

yǒngyuǎn lǐ jiě
永 远 理解

qǐ yǒu cǐ lǐ
岂有此理

miǎnqiǎng yǐnjiǔ
勉 强 饮酒

xiǎoshǒu xiǎojiǎo
小手 小脚

去声

rìyè fènzhàn
日夜 奋战

shènglì dàhuì
胜利 大会

jìn bù gèngkuài
进步 更 快

chuàngzào jì lù
创 造纪录

ài hù bèizhì
爱护 备至

lì yòng fèi wù
利用 废物

biànhuànmò cè
变 幻 莫测

lì lì zàimù
历历在目

zìyuànzìyì
自怨自艾

wànshì jù bèi
万事俱备

tuì huàbiànzhì
蜕化 变质

duìzhèngxiàyào
对 症 下药

3. 按四声顺序排列,声韵不同的字

guāngmíng lěi luò
光 明 磊落

xiōnghuáiguǎngkuò
胸 怀 广 阔

xīnmíngyǎnliàng
心 明眼 亮

zuānyán mǎ liè
钻 研 马列

jiānchí nǔ lì
坚持 努力

shān hé jǐnxiù
山 河 锦绣

yīngxióinghǎohàn
英 雄 好汉

bīngqiángmǎzhuàng
兵 强 马 壮

shēnqiáng tǐ jiàn
身 强 体健

sāntóuliǎngmiàn
三头 两 面

qiānhuíbǎizhuàn
千 回百 转

gānmíngcǎi yù
干 名采誉

fēi chúwǎn sù
飞刍 挽粟

xīnzhíkǒukuài
心直口 快

sān zú dǐng lì
三 足 鼎立

xīnhuái pǒ cè
心 怀 叵测

fēngkuáng yǔ zhòu
风 狂 雨骤

shēngcáiyǒudào
生 财有 道

qiānchuíbǎiliàn
千 锤百 炼

fēi yánzǒu bì
飞檐走壁

jīnchóu gǔ hèn
今愁 古恨

qiānsuíbǎishùn 千随百顺	ānshíchǔshùn 安时处顺	yīnxúnshǒujiù 因循守旧
yōuróuguǎduàn 优柔寡断	huātuánjǐncù 花团锦簇	yīngmíngguǒduàn 英明果断
hūpéngyǐnlèi 呼朋引类	jīnmízhǐzuì 金迷纸醉	gūxíngjǐjiàn 孤行己见
jīngniánlěiyuè 经年累月	yīnróngwǎnzài 音容宛在	qīngqiúhuǎndài 轻裘缓带
xīngyídǒuzhuàn 星移斗转	sīqiánxiǎnghòu 思前想后	shēnmóuyuǎnlù 深谋远虑
xiōngwúdiǎnmò 胸无点墨	sīwénsǎodì 斯文扫地	xiūqiáobǔlù 修桥补路

4. 四声逆序排列的字

bèijǐnglíxiāng 背井离乡	bìhǎilántiān 碧海蓝天	dàxiǎnshéntōng 大显神通
dìguǎngrénxī 地广人稀	bùlǚwéijiān 步履维艰	diàohǔlíshān 调虎离山
duànjiǎncánpiān 断简残篇	fènqǐzhízhuī 奋起直追	fùshuǐnánshōu 覆水难收
fèifǎnyíngtiān 沸反盈天	jiàokǔliántiān 叫苦连天	kègǔmíngxīn 刻骨铭心
jiùsǐfúshāng 救死扶伤	miàoshǒuhuíchūn 妙手回春	liàngtǐcáiyī 量体裁衣
nìshuǐxíngzhōu 逆水行舟	pòfǔchénzhōu 破釜沉舟	nòngqiǎochéngzhuō 弄巧成拙
tònggǎiqiánfēi 痛改前非	qùwěicúnzhēn 去伪存真	rèhuǒcháotiān 热火朝天
mòshǒuchéngguī 墨守成规	shìsǐrúguī 视死如归	nòngjiǎchéngzhēn 弄假成真
diàohǔlíshān 调虎离山	shùnlǐchéngzhāng 顺理成章	sìhǎiwéijiā 四海为家
tùsǐhúbēi 兔死狐悲	xiàolǐcángdāo 笑里藏刀	wàngǔchángqīng 万古长青
wànlǐchángzhēng 万里长征	wànmǎqíyīn 万马齐喑	wòshǒuyánhuān 握手言欢

xiùshǒupángguān
袖手旁观

zìlǐhángjiān
字里行间

yàowǔyángwēi
耀武扬威

guòyǎnyúnyān
过眼云烟

wàngǔliúfāng
万古流芳

yìqǔtónggōng
异曲同工

wànlǐhéshān
万里河山

quànnǐláishuō
劝你来说

yìkǒutóngshēng
异口同声

sìmǎnánzhuī
驷马难追

mùyǐchéngzhōu
木已成舟

5. 按去去阳阳顺序排列的字

yìbùróngcí
义不容辞

cùnbùnánxíng
寸步难行

dǒuzhì'ángyáng
斗志昂扬

jiùdiàochóngtán
旧调重弹

zhuàngzhìlíngyún
壮志凌云

hòujìwúrén
后继无人

guòshènqící
过甚其词

qì'āntóumíng
弃暗投明

biànhuànwúcháng
变幻无常

fèifèiyángyáng
沸沸扬扬

fènshìjísú
愤世疾俗

liànglì'érxíng
量力而行

bàolùwúyí
暴露无遗

yìzhèngcíyán
义正辞严

dàfàngjuécí
大放厥词

qìguànchánghóng
气贯长虹

zhàngyìzhíyán
仗义执言

wèndàoyúmáng
问道于盲

hòuhuànwúqióng
后患无穷

fànfàn'értán
泛泛而谈

zhìshìrénrén
志士仁人

shìbùyíchí
事不宜迟

shìzàirénwéi
事在人为

jìngruòshénmíng
敬若神明

dànjìnliángjué
弹尽粮绝

mòmòwúwén
默默无闻

dàqìpángbó
大气磅礴

dàfùpiánpián
大腹便便

shìwàitáoyuán
世外桃源

xìngzhìbóbó
兴致勃勃

dìlìrénhé
地利人和

zhòngmùkuíkuí
众目睽睽

yìngduìrúliú
应对如流

bùbùwéiyíng
步步为营

pòzàiméijié
迫在眉睫

liàoshìrúshén
料事如神

chéngqìlíngrén
盛气凌人

lùbùshíyí
路不拾遗

jìnruòhánchán
噤若寒蝉

· 171 ·

jìn tuì wú mén
进退无门

lì bù néng jí
力不能及

lì dì chéng fó
立地成佛

mù qì chén chén
暮气沉沉

wù rù qí tú
误入歧途

bào tiào rú léi
暴跳如雷

6. 按阳阳去去顺序排列的字

shí nián shù mù
十年树木

mén tíng ruò shì
门庭若市

cóng cháng jì yì
从长计议

wén cóng zì shùn
文从字顺

tóu tóu shì dào
头头是道

tóng chuáng yì mèng
同床异梦

huí cháng dàng qì
回肠荡气

yán nián yì shòu
延年益寿

lái lóng qù mài
来龙去脉

huí tóu shì àn
回头是岸

qióng tú mò lù
穷途末路

xián qíng yì zhì
闲情逸致

chén cí làn diào
陈词滥调

hé yán yuè sè
和颜悦色

róng huá fù guì
荣华富贵

chá yú fàn hòu
茶余饭后

chuí tóu sàng qì
垂头丧气

jí yán lì sè
疾言厉色

yuán xíng bì lù
原形毕露

pí fú hàn shù
蚍蜉撼树

lín lí jìn zhì
淋漓尽致

rén wáng wù zài
人亡物在

háo wú èr zhì
毫无二致

xuán yá qiào bì
悬崖峭壁

wéi wéi nuò nuò
唯唯诺诺

tóng yán hè fà
童颜鹤发

xióng cái dà lüè
雄才大略

chéng qián bì hòu
惩前毖后

xún xún shàn yòu
循循善诱

xiá yú hù jiàn
瑕瑜互见

yáo yáo yù zhuì
摇摇欲坠

héng xíng bà dào
横行霸道

qián yí mò huà
潜移默化

7. 不按四声顺序排列的字

chūn huá qiū shí
春华秋实

cuò luò yǒu zhì
错落有致

dàng qì huí cháng
荡气回肠

dú dào zhī chù
独到之处

ěr wén mù dǔ
耳闻目睹

guā shú dì luò
瓜熟蒂落

guāng cǎi duó mù
光彩夺目

guī xíng jǔ bù
规行矩步

huàn nàn zhī jiāo
患难之交

jī bù kě shī
机不可失

láo kǔ gōng gāo
劳苦功高

mù yún chūn shù
暮云春树

· 172 ·

nányuánběizhé
南 辕 北 辙

qīn rú shǒu zú
亲 如 手 足

qín qí shūhuà
琴 棋 书 画

wēn gù zhīxīn
温 故 知 新

sàiwēngshīmǎ
塞 翁 失 马

wúbìngshēnyín
无 病 呻 吟

xúngēnjiū dǐ
寻 根 究 底

tōnglìhézuò
通力合作

suī sǐ yóushēng
虽死犹 生

niánqīnglìzhuàng
年轻力壮

liúliánwàngfǎn
流连 忘 返

néngwénnéngwǔ
能 文 能 武

qièzhòngshí bì
切 中 时弊

shén lái zhī bǐ
神 来 之 笔

xiāoyǒngshànzhàn
骁 勇 善 战

sāngchángliǎngduǎn
三 长 两 短

xuězhōngsòngtàn
雪 中 送 炭

yǐ fángwèirán
以 防 未 然

tiān yī wúfèng
天 衣 无 缝

wénguòshì fēi
文 过 饰非

miàoqù héngshēng
妙 趣 横 生

kǔ jìngānlái
苦 尽甘来

qí zhìxiānmíng
旗 帜 鲜 明

nánzhēngběizhàn
南 征 北 战

shēngchénbāzì
生 辰 八 字

shéntōngguǎngdà
神 通 广 大

ruòyǒusuǒ sī
若 有 所 思

xuèmàixiāngtōng
血 脉 相 通

zài jiē zài lì
再 接 再 励

suíjīyìngbiàn
随 机 应变

shānhuílùzhuǎn
山 回 路 转

miànmùquán fēi
面 目 全 非

huàzhōngyǒushī
画 中 有 诗

（三）古入声字的声调训练（为方便练习，"一、不"二字是按变调后的声调注音）

1. 含入声字的句子训练，注意入声字的声调

Xué xí pǔ tōnghuà yào duō dú qínliàn, kè fú fāngyīn zhǎodào shì hé zì jǐ de
学习普通话 要 多读勤练，克服方音 找 到 适合自己 的

fǎ zé lái xué·
法则 来 学。

Xiǎo lǐ dǎ qiú shuāijiāo gǔ zhé le, zhè jǐ tiān zài sùshè xiū xi, yī shēng yào
小李打球 摔 跤 骨折了，这几天 在 宿舍 休息，医生 要

·173·

tā cè tǎngzhe, hái shàng le gāoyào.
他 侧 躺着，还 上 了膏药。

Xiǎolíng xuéxiě máo bǐ zì, kāishǐ nòng le yì shǒu mò, hòu lái zhàozhe zì tiè
小 玲 学写 毛笔字，开始 弄了一手 墨，后来照着字帖

xiě, zhújiàn zhǎngwò le bǐfǎ.
写，逐渐 掌 握了笔法。

Yào chéngjiù yí jiàn dàshìyè, bìxū cóng xiǎoshì zuò qǐ.
要 成 就一件 大事业，必须从 小事 做起。

Yào zhòngshì dé yùjiàoyù.
要 重 视 德 育教育。

Chǎnpǐn yào jiǎngjiū zhìliàng, nà zhǒng zhǐ gù zhuànqián bú fù zérèn de
产品 要 讲究 质量，那种 只顾 赚 钱 不负责任的

zuò fǎ, zhǔguǎn bùmén yīng lìjí zhìzhǐ.
做法，主管 部门 应 立即制止。

Yí gè rén jiù hǎoxiàng yí gè fēnshù, tā de shíjì cáinéng hǎo bǐ
一个人 就 好 像 一个 分数，他 的实际才 能 好比

fēnzǐ, ér tā duì zìjǐ de gūjià hǎo bǐ fēnmǔ, fēnmǔ yù dà zé fēnshù
分子，而 他 对自己的 估价 好比 分母，分母 愈 大则 分数

zhí jiù yù xiǎo.
值 就 愈 小。

2. 含入声字的四字格训练

bówénqiángjì	pòbùdéyǐ	búsùzhīkè
博闻强记	迫不得已	不速之客
pījīngzhǎnjí	míngzhébǎoshēn	fū yǎn sè zé
披荆斩棘	明哲保身	敷衍塞责
fú guāng lüè yǐng	gùcǐshībǐ	nùfàchōngguān
浮 光 掠影	顾此失彼	怒发冲冠

guǎnkuīlícè	kōnggǔzúyīn	hèfà tóngyán
管窥蠡测	空谷足音	鹤发童颜

jūxīnpǒcè	jiāobīng bì bài	qiàrúqífèn
居心叵测	骄兵必败	恰如其分

quánlìyǐfù	chì bó shàngzhèn	chuòchuòyǒu yú
全力以赴	赤膊上阵	绰绰有余

shìdéqífǎn	zuòjiǎnzìfù	yíchùjífā
适得其反	作茧自缚	一触即发

ǒuxīnlìxuè	yáowěi qǐ lián	wēibù zú dào
呕心沥血	摇尾乞怜	微不足道

3. 含入声字的短文训练

YUE BO BO MAIMO
岳 伯伯 买墨

Yuè bó bo, tè yǒu dé, dú shūqiānbǎicè, zhāiyào xiě xīn dé, bó xué yuèlì
岳 伯伯,特 有 德,读书 千百册,摘要 写 心得,博学阅历

duō, gēn shéi yě wú géhé. Yǒu yìtiān, yuè bóbo shàng jiē qù mǎi bǐ hé mò
多, 跟 谁 也 无 隔阂。有 一天, 岳 伯伯 上 街 去 买笔 和 墨,

yùjiàn le hàokè de Zhái bóbo, Zhái bóbo lā Yuè bóbo jìn zháibǎ shuǐ hē, èr rén
遇见 了 好客的 翟 伯伯, 翟 伯伯 拉 岳 伯伯进 宅把 水 喝,二人

tán de hěn tóujī, huà jiù gé wài duō, zhí tán dào yè sè jiànglín cái fēnbié Yuè
谈得 很 投机,话 就 格外 多,直 谈 到 夜色 降临 才 分别,岳

bóbo yě méi mǎi chéng bǐ hé mò
伯伯 也 没 买 成 笔 和 墨。

（四）含声调例外字的词语训练,注意读准例外字的
声调

阴平—阴平

bō fā	cū cāo	chuāngshāng	fēngfān	zhuī jiū	shēn jiū
播发	粗糙	创 伤	风帆	追究	深究

jūnsī	kānqīng	lāotāng	mēnshēng	xiāmēng	zhēnbiān
菌丝	看青	捞汤	闷声	瞎蒙	针砭

piānzhōu	pō jiā	piān pō	bō tāo	wēiguān	yōngjūn
扁舟	颇佳	偏颇	波涛	微观	拥军

去声—阳平

bìnchú	zhàn fú	fànwén	hèngcái	jià jié	kuàngtú
摈除	战俘	梵文	横财	假节	框图

nìqiáng	tànqiú	xùnqíng	yìnliáng	zhètáng	zhènjí
泥墙	探求	徇情	荫凉	蔗糖	震级

zhènyuán	zhèn fú	zì qíng
震源	振幅	恣情

上声—阳平

zuǎn jí	zhěnliáo	yǔnshí	wěi zú	rǒngcháng	rǒng zá
纂辑	诊疗	陨石	伪足	冗长	冗杂

qiǎorán	qǐtú	qǐ'é	zǔ náo	mǐ rán	měng zú
悄然	企图	企鹅	阻挠	靡然	蒙族

ěrlóng	kǎirán	jǔjiué	dǎoyán	dǎoyóu	cǔnduó
耳聋	慨然	咀嚼	导言	导游	忖度

chǎng hé	gǎnglóu
场合	岗楼

阳平—上声

lún yǔ	kuíwěi	qiáoshǒu	rú rǎn	rúzǐ	fúlǔ
论语	魁伟	翘首	濡染	孺子	俘虏

yánshǔ	yántǎo	yóuyǒng	shízǎi	ménzhěn	jízhěn
炎暑	研讨	游泳	十载	门诊	急诊

去声—去声

zhènfèn	zhènzuò	hòu yì	xuànyào	xiàoxiàng	wànlì
振奋	振作	后裔	炫耀	肖像	腕力

shìtàn	tànwàng	rèn jù	nìngyuàn	làohài	liàokào
试探	探望	刃具	宁愿	涝害	镣铐

kuàngjià	jìng dì	jià rì
框架	境地	假日

（五）声调综合练习

1. 诗词

CHUN RI OU CHENG　　Zhōu Ēnlái

春日偶成　　　周恩来

Jí mù qīng jiāo wài,

极目青郊外，

Yān mái bù zhèng nóng.

烟霾布正浓。

Zhōngyuán fāng zhú lù,

中原方逐鹿，

Bó làng zhǒng xiāng zōng.

博浪踵相踪。

Yīnghuā hóng mò shàng,

樱花红陌上，

Liǔ yè lù chí biān.

柳叶绿池边。

Yànzǐshēng shēng lǐ,

燕子声声里，

Xiāngsīyòu yìnián.

相思又一年。

QINYUANCHUN　　Máo Zédōng

沁园春　　毛泽东

Chángshā

长沙

Dú lì hánqiū,

独立寒秋，

xiāngjiāng běiqù,

湘　江　北去，

júzǐ zhōu tóu.

橘子洲　头。

kān wànshān hóng biàn,

看　万　山　红　遍，

céng lín jìn rǎn;

层　林　尽染；

mànjiāng bì tòu,

漫　江　碧透，

bǎigě zhēng liú.

百舸　争　流。

Yīng jī chángkōng,

鹰击　长　空，

yúxiáng qiǎndǐ,

鱼　翔　浅底，

wàn lèi shuāngtiān jìngzìyóu.

万　类　霜　天　竞自由。

Chàng liáokuò,

怅　寥　廓

wèn cāngmáng dàdì,

问　苍　茫　大地，

shéi zhǔ chén fú?

谁　主　沉　浮？

Xié lái bǎi lǚ céng yóu.

携来　百侣　曾　游。

Yì wǎngxīzhēngróng suìyuè chóu.

忆　往昔　峥　嵘　岁月　稠。

Qià tóngxué shàonián,

恰　同　学　少　年，

fēnghuá zhèng mào;

风　华　正　茂；

Shūshēng yìqì,

书　生　意气，

huīchì fāngqiú.

挥斥 方遒。

Zhǐdiǎn jiāngshān,

指点 江山,

jīyáng wénzì,

激扬 文字,

fèntǔ dāngnián wànhùhóu.

粪土 当 年 万户侯。

Céng jì fǒu

曾 记否

dào zhōngliú jī shuǐ

到 中 流 击水

làng è fēi zhōu?

浪 遏 飞 舟?

YI QIN E　　Máo　Zédōng

忆秦娥　　毛　泽东

Lóushānguān

娄 山 关

Xī fēng liè,

西 风 烈,

Chángkōng yàn jiào shuāngchényuè.

长 空 雁 叫 霜 晨 月。

Shuāngchényuè,

霜 晨 月,

mǎtí shēng suì, lǎ bā shēng yè.

马蹄 声 碎,喇叭 声 咽。

Xióngguān màndào zhēn rú tiě,

雄 关 漫 道 真 如铁,

ér jīn màibù cóng tóu yuè.

而今 迈步 从 头 越。

Cóng tóu yuè

从 头 越,

Cāngshān rú hǎi, cányáng rú xuè.

苍 山 如海,残 阳 如血。

梅岭三章（之一）   陈 毅

Duàn tóu jīn rì yì rú hé?

断头今日意如何？

Chuàng yè jiānnán bǎi zhàn duō.

创业艰难百战多。

Cǐ qù quántái zhāo jiù bù,

此去泉台招旧部,

Jīng qí shíwàn zhǎn yánluó.

旌旗十万斩阎罗。

CHILE GE   Běicháo Mín gē
敕勒歌   北朝 民歌

Chìlèchuān,

敕勒川,

Yīnshān xià.

阴山下。

Tiān sì qióng lú,

天似穹庐,

Lónggài sìyǎ.

笼盖四野。

Tiān cāngcāng,

天苍苍,

Yě mángmáng,

野茫茫,

Fēng chuī cǎo dī xiàn niú yáng.

风吹草低见牛羊。

QIUPUGE   Lǐ Bái
秋浦歌　李白

Bái fà sānqiān zhàng,
白发三千丈，

Yuán chóu sì gè cháng.
缘愁似个长。

Bù zhī míngjìng lǐ,
不知明镜里，

Hé chù dé qiūshuāng.
何处得秋霜。

WANG LUSHAN PUBU   Lǐ Bái
望庐山瀑布　李白

Rì zhào xiāng lú shēng zǐ yān,
日照香炉生紫烟，

Yáo kàn pùbù guà qián chuān.
遥看瀑布挂前川。

Fēi liú zhí xià sān qiān chǐ,
飞流直下三千尺，

Yí shì yínhé luò jiǔtiān.
疑是银河落九天。

NIANNUJIAO CHI BI HUAI GU   Sū Shì
念奴娇赤壁怀古　苏轼

Dàjiāng dōng qù,
大江东去，

làng táo jìn、Qiāngǔ fēngliú rénwù.
浪淘尽、千古风流人物。

Gù lěi xī biān,
故垒西边，

rén dào shì、Sānguó Zhōuláng chì bì.
人道是、三国周郎赤壁。

Luànshí chuānkōng,
乱石穿空，

jīngtāo pāi'àn,
惊涛 拍岸,

juǎn qǐ qiānduī xuě.
卷 起 千 堆 雪。

Jiāngshān rú huà,
江 山 如 画,

yì shí duōshǎo háojié!
一时 多少 豪杰!

Yáoxiǎng Gōngjǐn dāngnián,
遥 想 公 瑾 当 年,

XiǎoQiáo chūjià liǎo,
小 乔 初 嫁 了,

xióng zī yīng fā.
雄 姿 英 发。

Yǔshàn guānjīn,
羽 扇 纶 巾,

tánxiào jiān、qiáng lǔ huī fēi yānmiè.
谈 笑 间、强 虏 灰 飞 烟 灭。

Gùguó shényóu,
故国 神游,

duōqíng yīng xiào wǒ、zǎo shēng huá fà.
多 情 应 笑 我、早 生 华 发。

Rénjiān rú mèng,
人 间 如 梦,

yì zūn huán lèi jiāng yuè!
一 尊 还 酹 江 月!

ZHI XIANGSHU   Shū   Tíng
致 橡 树   舒 婷

Wǒ rú guǒ ài nǐ
我 如果 爱 你——

jué bú xiàng pānyuán de língxiāohuā
绝 不 像 攀 援 的 凌霄花

jiè nǐ de gāozhī xuànyào zìjǐ；
借 你 的 高枝 炫耀 自己；

Wǒ rúguǒ ài nǐ
我 如果 爱 你——

jué bù xué chīqíng de niǎo'ér
绝 不 学 痴情 的 鸟儿

wéi lùyīn chóngfùdānchún de gēqǔ；
为 绿阴 重复 单纯 的 歌曲；

Yě bù zhǐ xiàng quányuán
也 不止 像 泉源

chángnián sòng lái qīngliáng de wèijiè；
长 年 送 来 清 凉 的 慰藉；

Yě bù zhǐ xiàng xiǎnfēng
也 不止 像 险峰

zēngjiā nǐ de gāodù，chèntuō nǐ de wēiyí.
增加 你 的 高度，衬 托 你 的 威仪。

Shènzhì rìguāng。
甚 至 日光。

Shènzhì chūnyǔ.
甚 至 春雨。

Bù，zhèxiē dōu hái bú gòu！
不，这些 都 还 不 够！

Wǒ bìxū shì nǐ jìnpáng de yìzhū mùmián，
我 必须 是 你 近旁 的 一株 木棉，

zuòwéi shù de xíngxiàng hé nǐ zhàn zài yìqǐ.
作为 树 的 形 象 和 你 站 在 一起。

Gēn，jǐn wò zài dì xià
根，紧握 在 地下

yè，Xiāngchù zài yún lǐ.
叶，相 触 在 云里。

Měi yí zhèn fēng guò
每 一 阵 风 过

wǒmen dōu hù xiāng zhìyì，
我们 都 互相 致意，

dàn méiyǒu rén
但 没有 人

tīng dǒng wǒmen de yán yǔ.
听 懂 我们 的 言语。

Nǐ yǒu nǐ de tóngzhī tiě gàn
你 有 你 的 铜枝 铁干

xiàng dāo、xiàng jiàn
像 刀、像 剑

yě xiàng jǐ;
也 像 戟;

Wǒ yǒu wǒ hóngshuò de huā duǒ
我 有 我 红 硕 的 花朵

xiàng chénzhòng de tàn xī,
像 沉 重 的 叹息,

yòu xiàng yīngyǒng de huǒ jù.
又 像 英 勇 的 火炬。

Wǒmen fēn dān háncháo、fēng léi、pī lì;
我们 分担 寒 潮、风 雷、霹雳;

Wǒmen gòngxiǎng wù'ǎi、liú lán、hóngní.
我们 共 享 雾霭、流岚、虹霓。

Fǎngfú yǒngyuǎn fēn lí,
仿佛 永 远 分离,

què yòu zhōngshēn xiāng yī.
却 又 终 身 相 依。

Zhè cái shì wěi dà de àiqíng
这 才 是 伟大 的 爱情

jiānzhēn jiù zài zhè lǐ:
坚 贞 就 在 这里:

ài
爱——

bù jǐn ài nǐ wěi'àn de shēnqū,
不仅 爱你 伟岸 的 身躯,

yě ài nǐ jiānchí de wèi zhì, zú xià de tǔdì.
也 爱 你 坚持 的 位置,足下 的 土地。

2. 句子

Xūxīn shǐ rén jìn bù, jiāo'ào shǐ rén luòhòu.
虚心 使人 进步, 骄傲 使人 落后。

学 如 逆水 行 舟，不 进 则 退。

"做 学 问 要 于 不 疑 处 有 疑；待 人 要 于 有 疑 处 不疑"。若 不 如此，必 致 视 朋 友 为 仇 雠，视 世 界 为 荆 天棘地。

语言 文字 都 是 人类 达意 表 情 的 工具，达意 达 得 好，表 情 表 得 妙，便 是 文学。

不 学习 的 人，像 不 产 谷物 的 荒地。

用 珠宝 装 饰 自己，不 如 用 知识 充 实 自己。

书 山 有 路 勤 为 径，学海 无边 韧 作 舟。

决心 攀登 高峰，总 能 找 到 道路。

鸟 靠 翅膀 兽 靠 腿，人 靠 智慧 鱼 靠 尾！

时 常 揭 你 的 短 处 的 人，不 一定 是 仇 人；时 常 说你 长 处 的 人；不 一定 是 朋 友。

在 风雨 里 飞 翔 的 鸟；才 是 勇 敢 的 鸟；顶 着 困-难 往 前 跑 的 人，才 是 有 出 息 的 人。

3. 文章

《YECAO》HUN　　Wáng Xiǎohuá
《野草》魂　　王 晓 华

Měinián de yóuchūn zǒng shǐ wǒ xīnxǐ. Lántiān xià, dàdì yípiàn nènlǜ,
每年 的 游春 总 使 我 欣喜。蓝天 下，大地 一片 嫩绿，

kōngqì zhōng mímàn zhe qīngxiāng, líng rén xīn zuì. Tǎng zài róuruǎn de
空气 中 弥漫 着 清香，令 人 心醉。躺 在 柔软 的

cǎodì shàng, wànniàn jù méng, què yòu mò kě míngzhuàng. Zuìjìn dú Lǔ Xùn de
草地 上，万念 俱 萌，却 又 莫可 名 状 。最近 读鲁迅 的

sǎnwén jí 《Yěcǎo》 shí, wǒ cái jīngxǐ de fāxiàn yuánlái shì Lǔ Xùn kèhuà de
散文集《野草》时，我 才 惊喜地 发现 原来 是 鲁迅 刻画 的

《Yěcǎo》hún, zài liáobō rénxīn.
《野草》魂，在 撩拨 人心。

Yěcǎo, nǐ yǒu duōme wánqiáng de shēngmìnglì. Zài gānhàn de shāmò zhōng,
野草，你 有 多么 顽强 的 生命力。在 干旱 的 沙漠 中，

zhuórè de yángguāng xià, nǐ pīnmìng de shēncháng le gēn, xī qǔ shēn dì zhōng
灼热的 阳 光 下，你 拼命 地 伸 长 了根，吸取深地 中

de shuǐquán, zàochéng bìlǜ de cǎo dì; zài jùshí de zhòngyā xià, nǐ wānwān qūqū
的 水泉，造 成 碧绿的 草 地;在 巨石 的 重 压 下，你 弯弯曲曲

de zuānchū shífèng, tǐng qǐ yāozhī; yìbǎ shānhuǒ kě yǐ shǐ nǐ zàngshēn huǒhǎi,
的 钻出 石缝，挺 起 腰肢;一把 山火 可 以 使 你 葬 身 火海

dànshì yí dào láinián què yòu shì cóngcóng cùcù, bìlǜ de kě'ài, xiǎnshì le " yě huǒ
但是 一 到 来年 却 又 是 丛 丛 簇簇，碧绿 得 可爱，显示 了"野火

shāo bú jìn, chūnfēng chuī yòu shēng" de shēngmìnglì. chēdàobiān bèi chē yā duàn
烧 不 尽，春 风 吹 又 生"的 生命力 。车道 边 被 车 轧断

de niúbàng "jīng le jǐ hū zhìmìng de cuīzhé", yìng shì zhēngzhá zhe zhàn qǐlái,
的 牛蒡"经 了 几乎 致命 的 摧折"，硬 是 挣扎 着 站 起来，

"hái yào kāi chū yì duǒ xiǎohuā". Zài rén yì mǎ tà、shítou yā de dìyù biānyán,
"还 要 开出 一朵 小花"。在 人 刘马踏、石头 压 的地狱 边沿，

màntuóluó yě gǎnyú fā yá kāihuā, suīrán huāzhī xì xiǎo, yòu cǎnbái kě lián. Dàn
曼陀罗 也 敢于 发芽 开花，虽然 花枝 细小，又 惨白 可怜。但

zhèngshì zhèxiē yěcǎo záhuā, dài zhe lěi lei shānghén, zì háo de xuānbù: Zuìhòu de
正 是 这些 野草 杂花，带着 累累 伤 痕，自豪 地 宣布:最后 的

胜利是在地狱门上也树了生命的旌旗！面对你韧性的苦斗，俄罗斯大作家列夫·托尔斯泰也不禁赞叹道："好大的精力！"

古诗中有"春到人间草木知"的名句，在鲁迅笔下，知春、报春、不争春，正是崇高的野草魂。严冬刚过，残雪犹存，但在雪下面就已出现"冷绿的野草"，在初春的寒风中，向人们报告"隐约着的青春"的消息。待到春满人间，姹紫嫣红开遍，你却不居功，不争俏。为使百花更艳，春色更娇，你甘当陪衬，默默无闻，在花丛中深情微笑。更可贵的是，你虽自知花叶不美，却也不自弃，有一分热，发一分光，在珍花宝树不到的背阴处，你也扎根、发芽、开花，散发一点无名野香，给那里带去春色和生机。(节选)

一、什么是调值？什么是调类？普通话的调值与调类的情况是怎样的？

二、把下面一段话的声调用符号表示出来，并按普通话的调值、调类进行归类。

语言是社会的产物，它随着社会的产生而产生，随着社会的发展而发展。世界各民族的语言，在它的历史发展过程中，时而分化，时而统一，方言就是在分化和统一的复杂历程中形成的。

三、读准下列音节，并注上汉字。

zhōng yán nì'ěr　shēn tǐ lì xíng　jí sī guǎng yì

shēn qiáng tǐ zhuàng　chuàng zào shì jiè　bǎi liàn chéng gāng

wàn mǎ bēn téng　yǔ zhòng xīn cháng　xiōng yǒu chéng zhú

rèn láo rèn yuàn　kāng zhuāng dà dào　huáng liáng yī mèng

四、按普通话四声，给下列拼音注出汉字。

jiā(　　)　　jiá(　　)　　jiǎ(　　)　　jià(　　)

qīng(　　)　　qíng(　　)　　qǐng(　　)　　qìng(　　)

fēng(　　)　　féng(　　)　　fěng(　　)　　fèng(　　)

chū(　　)　　chú(　　)　　chǔ(　　)　　chù(　　)

五、给下面带点的多音字标上声调。

请帖 tie　　跌倒 dao　　时间 jian　　发达 fa

字帖 tie　　倒茶 dao　　间断 jian　　理发 fa

看书 kan　　放假 jia　　创造 chuang

看管 kan　　真假 jia　　创伤 chuang

六、用汉字写出下面的谜语。

Huì chī méiyǒu zuǐ, huì zǒu méiyǒu tuǐ, guòhé méiyǒu shuǐ。
Shènglì bù jiāo'ào, bài le bù qìněi。

［mí dǐ(谜底):xiàngqí(象棋)］

附 录 四

古入声字的普通话声调及部分词语

B

bā
八

bā fāng	bā gǔ	bā lù jūn	bā yuè jié	bā yīn hé
八 方	八 股	八 路 军	八 月 节	八 音 盒

bā xiānzhuō	bā xiānguòhǎi	Bā Yī jiànjūn jié
八 仙 桌	八 仙 过 海	八 一 建 军 节

bā
捌

bá
拔

bá chú	bá gāo	bá hé	bá jié	bá sī	bá yíng
拔 除	拔 高	拔 河	拔 节	拔 丝	拔 营

bá huǒguànr	hǎi bá
拔 火 罐 儿	海 拔

bá
跋

bá shè	bá hù	bá wén
跋 涉	跋 扈	跋 文

bái
白

bái xuě	bái huà	bái miáo	bái jìng	bái cài	bái lǐng
白 雪	白 话	白 描	白 净	白 菜	白 领

bǎi
百

yì bǎi	bǎi bān	bǎi huò	bǎi hé	bǎi fā bǎizhòng
一 百	百 般	百 货	百 合	百 发 百 中

bǎi fèi jù xīng	bǎi fēndiǎn	bǎi huā qí fàng	bǎi jiāzhēngmíng
百 废 具 兴	百 分 点	百 花 齐 放	百 家 争 鸣

bǎi kē quánshū	bǎi liànchénggāng	bǎi língniǎo
百 科 全 书	百 炼 成 钢	百 灵 鸟

bǎi
佰

bǎi	bǎiyóu	bǎishù
柏	柏油	柏树

bāo	bāo pí	bāohuāshēng mǐ
剥	剥皮	剥花生米

báo	báobǐng	báocuì	báobǎn	báopiànr
薄	薄饼	薄脆	薄板	薄片儿

báo	bīngbáo
雹	冰雹

běi	běifāng	běiguó	běijīng	běijí	běi'ōu
北	北方	北国	北京	北极	北欧

bī	bī zhēn	bī jìn	bī shì	bīpò
逼	逼真	逼近	逼视	逼迫

bí	bí qiāng	bí dòu	bíxī	bí kǒng	bízǔ	bí yīn
鼻	鼻腔	鼻窦	鼻息	鼻孔	鼻祖	鼻音

bí	bíqí
荸	荸荠

bǐ	bǐdá	bǐfá	bǐfǎ	bǐ gēng	bǐ chù	bǐjì
笔	笔答	笔伐	笔法	笔耕	笔触	笔迹
	bǐ jià	bǐ jiān	bǐ míng	bǐlù	bǐ huà	bǐ shì
	笔架	笔尖	笔名	笔录	笔画	笔试
	bǐ mò	bǐ shùn	bǐ tán	bǐ tǐng	bǐ fēng	
	笔墨	笔顺	笔谈	笔挺	笔锋	

bì	bìdìng	bì rán	bì yào	bìxū	bì xiū	bì dé
必	必定	必然	必要	必须	必修	必得

bì	bìkōng	bìlán	bìlǜ	bìyù	bìbō
碧	碧空	碧蓝	碧绿	碧玉	碧波

bì	bìjìng	bìyè	bì shēng
毕	毕竟	毕业	毕生

bì	bì huán	bì xiè	wán bì guī Zhào	bái bì wúxiá
璧	璧还	璧谢	完璧归赵	白璧无瑕

bì	bì bào	bì dēng	bì chú	bìlú	bì tǎn	bìlì
壁	壁报	壁灯	壁橱	壁炉	壁毯	壁立
	bìhǔ	bìlěi	bìhuà	qiángbì	qiàobì	jué bì
	壁虎	壁垒	壁画	墙壁	峭壁	绝壁

bì	bìxié	bìgǔ	bìyì
辟	辟邪	辟谷	辟易

bì	gāng bì zì yòng
愎	刚 愎 自 用

bì	fú bì
弼	辅弼

bì	bì jī
哔	哔叽

biē	biēmen	biē qì
憋	憋闷	憋气

biē	biēqún	wèngzhōngzhuōbiē
鳖	鳖裙	瓮 中 捉鳖

biē	biēsān
瘪	瘪三

bié	biérén	biémíng	biéchēng	biéhào	biézhì	biéshù
别	别人	别名	别称	别号	别致	别墅
	zhíbié	fēnbié	biànbié	jí bié	xìngbié	jiànbié
	职别	分别	辨别	级别	性别	鉴别
	biéyǒudòngtiān		bié jù yì gé			
	别有洞天		别具一格			

biě	gānbiě
瘪	干瘪

biè	bièniu
别	别扭

bō	bōxuē	bōduó	bōluò	bō lí
剥	剥削	剥夺	剥落	剥离

bō	bō fā	bō fù	bō hào	bō kuǎn	bō nong
拨	拨发	拨付	拨号	拨款	拨弄

bō	bōtóu	bō yú	bō zi
钵	钵头	钵盂	钵子

bó	bó fù	bó mǔ	bó zhòng	bó zhòngshū jì
伯	伯父	伯母	伯仲	伯仲叔季

bó	chuán bó	bó láipǐn
舶	船舶	舶来品

bó	bó fā	bó rán	péng bó			
勃	勃发	勃然	蓬勃			

bó	Bó hǎi
渤	渤海

bó	bó'ài	bó dà	bó lǎn	bó qǔ	bó dé	bó wù
博	博爱	博大	博览	博取	博得	博物
	bó gǔ tōng jīn					
	博古通今					

bó	bó dòu	bó dòng	bó jī	pīn bó	
搏	搏斗	搏动	搏击	拼搏	

bó	chì bó
膊	赤膊

bó	bó huà	bó shū
帛	帛画	帛书

bó	bó ruò	bó mù	hòu bó
薄	薄弱	薄暮	厚薄

bó	bó chì	bó dǎo	bó chuán	bó yùn	bó zá
驳	驳斥	驳倒	驳船	驳运	驳杂

bó	bó wèi	piāo bó
泊	泊位	飘泊

bó	jīn bó	xiāng bó	tóng bó	xī bó
箔	金箔	镶箔	铜箔	锡箔

bǔ	zhān bǔ	bǔ cí
卜	占卜	卜辞

bù	bù'ān	bù bǐ	bù céng	bù chéng	bù chěng	bú cuò
不	不安	不比	不曾	不成	不逞	不错
	bú dàn	bú dàng	bú chì	bú guò	bú huò	bù kě
	不但	不当	不啻	不过	不惑	不可
	bù jǐn	bù jiǔ	bù kān zhī lùn		bù jū yì gé	
	不仅	不久	不刊之论		不拘一格	

běi	běi fāng	běi biān	běi guó	Běi jīng	běi jí	běi'ōu
北	北方	北边	北国	北京	北极	北欧
	běi dǒu xīng					
	北斗星					

· 192 ·

C

cā 擦	cā shì 擦拭	cā xǐ 擦洗	cā yīn 擦音	cā fěn 擦粉	mó cā 摩擦	
	cā jiān'érguò 擦肩而过					
cè 策	cè huà 策划	cè dòng 策动	cè lüè 策略	cè lùn 策论	jìcè 计策	guó cè 国策
cè 侧	cè miàn 侧面	cè mén 侧门	cè mù 侧目	cè yǒng 侧泳	cè gēn 侧根	cèjì 侧记
	cè zhòng 侧重	cè yǐng 侧影				
cè 测	cè dìng 测定	cè duó 测度	cè huì 测绘	cè shì 测试	cè yàn 测验	cāi cè 猜测
	mù cè 目测					
cè 厕	cè suǒ 厕所					
cè 恻	cè yǐn 恻隐	cè rán 恻然	qīcè 凄恻			
cè 册	cè yè 册页	cèzi 册子	míng cè 名册	huà cè 画册	jì niàn cè 纪念册	
chā 插	chā yāng 插秧	chā bō 插播	chā huā 插花	chā duì 插队	chā shǒu 插手	chā tú 插图
	chā yè 插页	chā xù 插叙	chā zuò 插座	chā qǔ 插曲		
chá 察	chá fǎng 察访	chá jué 察觉	chá kàn 察看	chá yàn 察验	guān chá 观察	kǎo chá 考察
chāi 拆	chāi chú 拆除	chāi huǐ 拆毁	chāi jiè 拆借	chāi qiān 拆迁	chāi sàn 拆散	chāi xǐ 拆洗
	chāi xiè 拆卸	chāi líng 拆零				
chè 彻	chè dǐ 彻底	chè yè 彻夜	chè wù 彻悟	xiǎng chè yún xiāo 响彻云霄		

chè 澈	qīngchè 清澈	chéngchè 澄澈			
chè 撤	chèchú 撤除	chèxiāo 撤消	chèhuàn 撤换	chètuì 撤退	chèlí 撤离
chè 掣	chèdiàn 掣电	fēngchídiànchè 风驰电掣			
chī 吃	chījīng 吃惊	chīkǔ 吃苦	chī lì 吃力	chī yí qiàn，zhǎng yí zhì 吃一堑，长一智	
chǐ 尺	chǐcùn 尺寸	chǐdù 尺度	chǐgǔ 尺骨	chǐmǎ 尺码	chǐ yè 尺页	píchǐ 皮尺

	juǎnchǐ 卷尺	chǐduǎncùncháng 尺短寸长

chì 赤	chìjīn 赤金	chìxīn 赤心	chìchéng 赤诚	chìchén 赤忱	chìdào 赤道	chìméi 赤眉

	chìhóng 赤红	chìzǐ 赤子	chìdǎnzhōngxīn 赤胆忠心

chì 叱	chì hē 叱呵	chì hè 叱喝	chì zé 叱责	nù chì 怒叱	chìzhàfēngyún 叱咤风云
chì 饬	chìlìng 饬令	jǐnchì 谨饬			
chì 斥	chìtuì 斥退	chì zé 斥责	chìmà 斥骂	hē chì 呵斥	
chū 出	chūbǎn 出版	chū fā 出发	chūdòng 出动	chūháng 出航	chūpǐn 出品	chū lù 出路
	chū jú 出局	chūkǒu 出口	chū sè 出色	chūshǐ 出使	chūtíng 出庭	chūxiàn 出线
	chūyǎn 出演	chūzhǎn 出展	chū zī 出资	chūzhěn 出诊	chū zū 出租	chūrèn 出任

	chū qí bú yì 出其不意	chū qí zhìshèng 出奇制胜	chūlèi bácuì 出类拔萃

chù 畜	chùféi 畜肥	chùlèi 畜类	chù lì 畜力	chù yì 畜疫	shēngchù 牲畜
chù 黜	chùmiǎn 黜免	chùtuì 黜退	bà chù 罢黜		

chù 绌	xiāngxíngjiànchù 相形见绌	zuǒzhīyòuchù 左支右绌			
chù 触	chùdiàn 触电	chùfàn 触犯	chùdòng 触动	chù jí 触及	chùjiāo 触礁	chùjué 触觉
	chùmō 触摸	chùjǐngshēngqíng 触景生情	chùlèipángtōng 触类旁通		
chù 矗	chù lì 矗立				
chuō 戳	chuōchuān 戳穿	chuō jì 戳记			
chuò 辍	chuò bǐ 辍笔	chuòxué 辍学			
chuò 啜	chuò qì 啜泣	chuòmíng 啜茗			
chuò 绰	kuānchuò 宽绰	kuòchuò 阔绰	chuòhào 绰号	chuòchuòyǒu yú 绰绰有余	
chuò 龊	wòchuò 龌龊				
cù 促	cù jìn 促进	cùchéng 促成	cùshǐ 促使	cù xī 促膝	cùxiāo 促销	cùzhī 促织
cù 簇	cùxīn 簇新	cùyōng 簇拥	cùshēng 簇生		
cù 蹙	cù'é 蹙额	cùméitou 蹙眉头			
cù 蹴	yí cù'érjiù 一蹴而就				
cù 猝	cù fā 猝发	cùrán 猝然	cù bù jí fáng 猝不及防		
cuō 撮	cuō tǔ 撮土				

D

| dā
搭 | dābān
搭班 | dā jiù
搭救 | dālǐ
搭理 | dāpèi
搭配 | dāqiáo
搭桥 | dādàng
搭档 |

	dā bàn	dā jiè	dā qiāng			
dā 搭	搭伴	搭界	搭腔			
dā 答	dā yán 答言	dā lǐ 答理	dā ying 答应			
dá 答	dá'àn 答案	dá biàn 答辩	dá fù 答复	dá juàn 答卷	dá xiè 答谢	dá cí 答词
	wèn dá 问答	huí dá 回答	duì dá 对答	bào dá 报答		
dá 达	dá biāo 达标	dá dào 达到	dá guān 达观	dá dàn 达旦	sì tōng bā dá 四通八达	
	tōng qíng dá lǐ 通情达理					
dá 瘩	dá bèi 瘩背					
dé 得	dé dào 得到	dé biàn 得便	dé dàng 得当	dé fǎ 得法	dé fēn 得分	dé jiù 得救
	dé kòng 得空	dé lì 得力	dé liǎo 得了	dé tǐ 得体	dé yì 得意	dé zhì 得志
	dé tiān dú hòu 得天独厚		dé xīn yìng shǒu 得心应手		dé lǒng wàng shǔ 得陇望蜀	
dé 德	dé yù 德育	dé zhèng 德政	dào dé 道德	pǐn dé 品德	gōng dé 公德	yì dé 艺德
	dé cái jiān bèi 德才兼备		dé gāo wàng zhòng 德高望重			
dī 滴	dī shuǐ 滴水	dī guàn 滴灌	dī lì 滴沥	dī shuǐ bú lòu 滴水不漏		
	dī shuǐ chéng bīng 滴水成冰		dī shuǐ chuān shí 滴水穿石			
dí 的	dí què 的确	dí shì 的士	dí zhèng 的证	dí kuǎn 的款		
dí 迪	qǐ dí 启迪					
dí 荻						

dí 笛	dízi 笛子	dí mó 笛膜	chuī dí 吹笛	jǐng dí 警笛	qì dí 汽笛	héng dí 横笛
dí 嫡	dí chuán 嫡传	dí xì 嫡系	dí táng 嫡堂	dí qīn 嫡亲		
dí 镝	fēng dí 锋镝	míng dí 鸣镝				
dí 涤	dí chú 涤除	dí dàng 涤荡	díkǎ 涤卡	dílún 涤纶	dímián 涤棉	xǐdí 洗涤
dí 敌	dí duì 敌对	dí hòu 敌后	díkòu 敌寇	díshǒu 敌手	díqíng 敌情	díkài 敌忾
	suǒxiàngwú dí 所向无敌		shìjūnlìdí 势均力敌			
dì 的	mùdì 目的	wú dì fàngshǐ 无的放矢				
diē 跌	diējiāo 跌跤	diēdǎo 跌倒	diēdàng 跌宕	diēluò 跌落	diē zú 跌足	
dié 迭	diéchū 迭出	dié cì 迭次	gēngdié 更迭	gāocháodié qǐ 高潮迭起		
dié 谍	diébào 谍报	jiàndié 间谍	fángdié 防谍			
dié 叠	diécuì 叠翠	diéyùn 叠韵	chóngdié 重叠	diéchuángjiàwū 叠床架屋	diézhàng 叠嶂	
dié 碟	diézi 碟子	fēi dié 飞碟				
dié 蝶	diégǔ 蝶骨	diéyǒng 蝶泳	húdié 蝴蝶			
dié 牒	tōngdié 通牒	pǔdié 谱牒	shǐdié 史牒			
dié 堞	chéngdié 城堞	diéqiáng 堞墙				
dū 督	dū cù 督促	dū bàn 督办	dū chá 督察	dū dǎo 督导	jiān dū 监督	
dú 毒	dú cǎo 毒草	dú hài 毒害	dúpǐn 毒品	dú sù 毒素	dú'ěr 毒饵	bìng dú 病毒

zhòng dú
中 毒

| dú 独 | dú chàng 独唱 | dú bái 独白 | dú chuàng 独创 | dú dào 独到 | dú jiā 独家 | dú lì 独立 |

dú miáo dú tè dú zòu dú mù bù chéng lín
独苗 独特 独奏 独木不成林

dú pì xī jìng dú lì zì zhǔ
独辟蹊径 独立自主

| dú 读 | dú shū 读书 | dú yīn 读音 | dú zhě 读者 | dú wù 读物 | lǎng dú 朗读 | xuān dú 宣读 |

sòng dú mò dú
诵读 默读

| dú 渎 | dú zhí 渎职 |

| dú 犊 | niú dú 牛犊 |

| dú 牍 | wén dú 文牍 | àn dú 案牍 | chǐ dú 尺牍 |

| dǔ 笃 | dǔ dìng 笃定 | dǔ hòu 笃厚 | dǔ xìn 笃信 | dǔ'ài 笃爱 | dǔ chéng 笃诚 | dǔ shí 笃实 |

dǔ zhì
笃志

| duō 咄 | duō duō chēng qí 咄咄称奇 | duō duō guài shì 咄咄怪事 |

| duō 掇 | duō nòng 掇弄 | duō shí 掇拾 |

| duó 夺 | duó biāo 夺标 | duó guàn 夺冠 | duó kuí 夺魁 | duó qǔ 夺取 | duó mù 夺目 | zhēng duó 争夺 |

qiǎo duó tiān gōng
巧夺天工

| duó 度 | chuǎi duó 揣度 | cè duó 测度 | cāi duó 猜度 |

| duó 铎 | mù duó 木铎 | líng duó 铃铎 | zhèn duó 振铎 |

· 198 ·

duó　　duó fāngbù
踱　　踱 方步

E

é　　éjiǎo　　étóu　　édìng　　éshù　　éwài　　míng'é
额　　额角　　额头　　额定　　额数　　额外　　名 额
　　dìng'é　　zǒng'é　　yú'é　　kòng'é　　chāo'é
　　定 额　　总 额　　余额　　空 额　　超 额

ě　　ěxīn
恶　　恶心

è　　èjìng　　ènàn　　èyùn　　kùn'è
厄　　厄境　　厄难　　厄运　　困 厄

è　　èshā　　èwàn　　èyào　　èzhì　　èshǒu
扼　　扼杀　　扼腕　　扼要　　扼制　　扼守

è　　èbiàn　　èdòu　　ègǎn　　èhuà　　èlàng　　èliè
恶　　恶变　　恶斗　　恶感　　恶化　　恶浪　　恶劣
　　èxí　　èzhàn　　xiōng'è　　jí'è rúchóu
　　恶习　　恶战　　凶 恶　　疾恶如仇

è　　èbó　　È lúnchūnzú　　È wēnkèzú
鄂　　鄂博　　鄂伦春族　　鄂温克族

è
谔

è　　èrán　　jīng'è
愕　　愕然　　惊 愕

è　　èyì　　èzhǐ　　èzhì　　xiǎng'èxíngyún
遏　　遏抑　　遏止　　遏制　　响 遏 行 云

è　　yìng'è　　ruǎn'è
腭　　硬 腭　　软 腭

è　　èhào　　èyùn
噩　　噩耗　　噩运

è　　èyú
鳄　　鳄鱼

F

fā 发	fāzhǎn 发展	fābù 发布	fāshēng 发生	fādá 发达	fābiǎo 发动	fādòng 发动
	fāfàng 发放	fāhuī 发挥	fāmíng 发明	fāpiào 发票	fāxiàn 发现	fāxíng 发行
	fāyán 发言	fāyáng 发扬	fāfèn 发愤	yìnfā 印发	fēnfā 分发	chūfā 出发
	fènfā xiàngshàng 奋发 向 上					
fá 乏	fáwèi 乏味	fáqì 乏气	pínfá 贫乏	pífá 疲乏	jiěfá 解乏	
fá 伐	fámù 伐木	zhēngfá 征伐	běifá 北伐			
fá 罚	fákuǎn 罚款	fáqiú 罚球	chéngfá 惩罚	zéfá 责罚	chǔfá 处罚	
fá 阀	jūnfá 军阀	cáifá 财阀				
fá 筏	zhúfá 竹筏	pífá 皮筏	mùfá 木筏	fázi 筏子		
fǎ 法	fǎbàn 法办	fǎbǎo 法宝	fǎdìng 法定	fǎdiǎn 法典	fǎguān 法官	fǎjì 法纪
	fǎlǜ 法律	fǎlìng 法令	fǎrén 法人	fǎtíng 法庭	fǎxué 法学	fǎyuàn 法院
	fǎzhì 法治	bànfǎ 办法	yòngfǎ 用法	jiāfǎ 加法	tǔfǎ 土法	
fǎ 砝	fǎmǎ 砝码					
fà 发	lǐfà 理发	fàláng 发廊	fàshì 发式	fàxíng 发型	fàlà 发蜡	fàjiāo 发胶
fó 佛	fódiǎn 佛典	fójiào 佛教	fómén 佛门	fósì 佛寺	fóxué 佛学	
fú 弗	zì kuì fú rú 自愧弗如					

fú 伏	fúbǐ 伏笔	fú'àn 伏案	fú bīng 伏兵	fútiē 伏贴	fújī 伏击	fútiān 伏天
	rùfú 入伏	chūfú 初伏	sānfú 三伏	máifú 埋伏		
fú 佛	fǎngfú 仿佛					
fú 拂	fúchén 拂尘	fúxiǎo 拂晓	fúxù 拂煦	fúxiù 拂袖	chūnfēng fú miàn 春风拂面	
fú 茯	fúlíng 茯苓					
fú 怫	fúrán 怫然					
fú 服	fúcóng 服从	fúwù 服务	fúshū 服输	fúyì 服役	fúyào 服药	fúshì 服饰
	biànfú 便服	zhìfú 制服	xīnfú 心服	kǒufú 口服		
fú 幅	fúdù 幅度	fúmiàn 幅面	fúyuán 幅员	dānfú 单幅	shuāngfú 双幅	kuānfú 宽幅
fú 辐	fúshè 辐射	fútiáo 辐条				
fú 福	fúlì 福利	fúqì 福气	fúyīn 福音	fúfen 福分	zàofú 造福	
fú 匐	púfú 匍匐					
fù 复	fùchá 复查	fùhé 复核	fùhuó 复活	fùsài 复赛	fùshì 复试	fùsū 复苏
	fùxí 复习	fùyuán 复原	fùzá 复杂	fùzhěn 复诊	fùyìn 复印	huīfù 恢复
	chóngfù 重复	fánfù 繁复	fǎnfù 反复	wǎngfù 往复		
fù 腹	fù dì 腹地	fù miàn 腹面	fù mó 腹膜	fù qiāng 腹腔	fù gǎo 腹稿	
fù 缚	shù fù 束缚					

fù	fù gài	fù mò	fù miè	fù zhé	tiān fān dì fù
覆	覆盖	覆没	覆灭	覆辙	天翻地覆

fù	fù yù
馥	馥郁

fù	fù shé
蝮	蝮蛇

G

gē	gē da
疙	疙瘩

gē	gē bei	gē bo
胳	胳臂	胳膊

gē	hé píng gē	xìn gē
鸽	和平鸽	信鸽

gē	gē'ài	gē chú	gē duàn	gē liè	gē ràng	fēn gē
割	割爱	割除	割断	割裂	割让	分割
	qiē gē					
	切割					

gē	gē bǐ	gē qiǎn	gē zhì
搁	搁笔	搁浅	搁置

gé	gé mìng	gé xīn	gé chú	gǎi gé	biàn gé	pí gé
革	革命	革新	革除	改革	变革	皮革
	zhì gé	gé gù dǐng xīn				
	制革	革故鼎新				

gé	gé lóu	lóu gé	gé xià
阁	阁楼	楼阁	阁下

gé	gé diào	gé lù	gé jú	gé shì	gé yán	gé wài
格	格调	格律	格局	格式	格言	格外
	fēng gé	pǐn gé	hé gé	bié jù yì gé		
	风格	品格	合格	别具一格		

gé	gé jiè
蛤	蛤蚧

gé	gé bì	gé duàn	gé hé	gé jué	gé lí	gé mó
隔	隔壁	隔断	隔阂	隔绝	隔离	隔膜

	géxuēsāoyǎng 隔靴搔痒	gésānchàwǔ 隔三差五			
gé 嗝	dǎ gér 打嗝儿				
gé 膈	héng gé mó 横膈膜				
gé 葛	gébù 葛布	géténg 葛藤			
gě 葛	xìngGě 姓葛				
gè 各	gèbié 各别	gèwèi 各位	gèsè 各色	gèzì 各自	gèdéqísuǒ 各得其所
gū 骨	gū lu 骨碌	gū duōr 骨朵儿			
gǔ 谷	gǔcǎo 谷草	gǔlèi 谷类	gǔwù 谷物	gǔyǔ 谷雨	gǔdì 谷地	shāngǔ 山谷
	hégǔ 河谷	xiágǔ 峡谷				
gǔ 骨	gǔròu 骨肉	gǔgé 骨胳	gǔjià 骨架	gǔjié 骨节	gǔmó 骨膜	gǔpén 骨盆
	gǔqì 骨气	àogǔ 傲骨	xiágǔ 侠骨			
gù 梏	zhìgù 桎梏				
guā 刮	guādāo 刮刀	guāfēng 刮风	guāxiāo 刮削	guāmùxiāngkàn 刮目相看	
guō 郭	chéngguō 城郭	dōngguō 东郭	ěrguō 耳郭		
guō 聒	guō'ér 聒耳	guōzào 聒噪			
guō 蝈	guō guor 蝈蝈儿				
guó 国	guójiā 国家	guóqí 国旗	guódiǎn 国典	guóqìng 国庆	guócè 国策	guóchǎn 国产

	guófáng	guóhuī	guóhún	guó jì	guóshǒu	zǔ guó
	国防	国徽	国魂	国际	国手	祖国
	wàiguó	línguó	guótàimín'ān			
	外国	邻国	国泰民安			

guó	jīnguó
帼	巾帼

hǎo	xìngHǎo
郝	姓郝

hē	hē shuǐ	hē chá
喝	喝水	喝茶

hé	hé lǐ	hé lì	héhuǒ r	hézuò	héyǐng	héyíng
合	合理	合力	合伙儿	合作	合影	合营
	héshì	hé gé	hé zī	hézhé	hépāi	hé jiāhuān
	合适	合格	合资	合辙	合拍	合家欢
	jié hé	fú hé				
	结合	符合				

hé	gé hé
阂	隔阂

hé	héshí	hédìng	héchá	héduì	hé jì	héxīn
核	核实	核定	核查	核对	核计	核心
	hénéng	hétáo	hédiànzhàn	táohé	xìnghé	shěnhé
	核能	核桃	核电站	桃核	杏核	审核
	fù hé					
	复核					

hé	hédài	héfàn	fànhé	tánghé	huǒcháihé r
盒	盒带	盒饭	饭盒	糖盒	火柴盒儿

hé	gānhé
涸	干涸

hé	yì qiūzhī hé
貉	一丘之貉

hé	shànghé	xiàhé
颌	上颌	下颌

hé	hé jiāhuān lè
阖	阖家欢乐

hè **吓**	dòng hè 恫吓	kǒng hè 恐吓			
hè **喝**	hè cǎi 喝彩	hè lìng 喝令	hè wèn 喝问	yāo hè 吆喝	
hè **赫**	hè rán 赫然	hè zī 赫兹	xiǎn hè 显赫	hè hè yǒu míng 赫赫有名	
hè **褐**	hè sè 褐色	hè méi 褐煤	hè tiě kuàng 褐铁矿		
hè **鹤**	xiān hè 仙鹤	hè lì jī qún 鹤立鸡群		hè fà tóng yán 鹤发童颜	
hè **壑**	qiū hè 丘壑	gōu hè 沟壑	qiān shān wàn hè 千山万壑		
hēi **黑**	hēi bái 黑白	hēi bǎn 黑板	hēi dòu 黑豆	hēi mǎ 黑马	hēi tǔ 黑土	hēi mài 黑麦
	hēi táo 黑陶	hēi zǎo 黑枣	hēi yè 黑夜	hēi sè jīn shǔ 黑色金属	
hū **忽**	hū rán 忽然	hū shì 忽视	hū lüè 忽略	hū shǎn 忽闪	
hū **惚**	huǎng hū 恍惚				
hú **囫**	hú lún tūn zǎo 囫囵吞枣				
hú **斛**	wǔ dǒu wéi yì hú 五斗为一斛				
huá **猾**	jiǎo huá 狡猾	jiān huá 奸猾			
huá **滑**	huá bīng 滑冰	huá dòng 滑动	huá lún 滑轮	huá pō 滑坡	huá nì 滑腻	huá xuě 滑雪
	guāng huá 光滑	huá xiáng jī 滑翔机			
huà **划**	huà bō 划拨	huà fēn 划分	huà jià 划价	huà jiè 划界	huà dìng 划定	cè huà 策划
	chóu huà 筹划	jì huà 计划			

huō	huōkǒu				
豁	豁口				
huó	huódòng	huósāi	huó yè	huópo	huó zì yìnshuā
活	活动	活塞	活页	活泼	活字印刷
	shēnghuó	gànhuó	zhònghuó	xì huó	
	生活	干活	重活	细活	
huò	huòrán	huò xǔ	huòzhě		
或	或然	或许	或者		
huò	huò dé	huò qǔ	huò xī	huòzhī	huòzhǔn	huòjiǎng
获	获得	获取	获悉	获知	获准	获奖
	shōuhuò				
	收获				
huò	yí huò	huánghuò			
惑	疑惑	惶惑			
huò	huòrán	huòluàn			
霍	霍然	霍乱			
huò	huò dá	huòlǎng	huòliàng	huòmiǎn	huòránkāilǎng
豁	豁达	豁朗	豁亮	豁免	豁然开朗

J

jī	jībài	jīhuǐ	jīfā	jīshuǐ	jīzhǎng	dǎjī
击	击败	击毁	击发	击水	击掌	打击
	gōngjī	xíjī	chōngjī	yóujī	mùjī	
	攻击	袭击	冲击	游击	目击	
jī	jījí	jīcún	jīféi	jīfēn	jījù	jīlěi
积	积极	积存	积肥	积分	积聚	积累
	jīmù	jīxù	duījī			
	积木	积蓄	堆积			
jī	jībǔ	jīchá	jīná	jīhuò	zhēnjī	tōngjī
缉	缉捕	缉查	缉拿	缉获	侦缉	通缉
jī	jī'áng	jīdàng	jīdòng	jīfā	jīguāng	jījìn
激	激昂	激荡	激动	激发	激光	激进
	jīliú	jīyáng	jīliè	gǎnjī	piānjī	
	激流	激扬	激烈	感激	偏激	

jī	lājī				
圾	垃圾				

jí	jígé	jíshí	jízǎo	pǔjí	bōjí	gùjí
及	及格	及时	及早	普及	波及	顾及
	yóubiǎo jílǐ		lìsuǒnéngjí			
	由 表 及 里		力 所 能 及			

jí	jí diǎn	jídù	jíduān	jípǐn	jíquān	jíxiàn
极	极点	极度	极端	极品	极圈	极限
	nán jí	běi jí	yīn jí	yáng jí	dēngfēngzào jí	
	南极	北极	阴极	阳极	登 峰 造 极	

jí	jí bié	jí chā	jí rèn	gāo jí	shàng jí	tèjí
级	级别	级差	级任	高级	上级	特级
	xiàn jí	tóng jí	nián jí	děng jí		
	县级	同级	年级	等级		

jí	jí biàn	jí jiāng	jí jǐng	jíkè	jírì	jí shí
即	即便	即将	即景	即刻	即日	即时
	jí shǐ	jíxí	jíxìng	lìjí	dāng jí	suí jí
	即使	即席	即兴	立即	当即	随即
	jí jǐngshēngqíng		kě wàng 'ér bù kě jí			
	即景 生 情		可 望 而不可即			

jí	jí dài jiě jué		jí xū jiūzhèng			
亟	亟待解决		亟须纠 正			

jí	jícù	jí máng	jí liú	jípò	jíjiàn	jíqiè
急	急促	急 忙	急流	急迫	急件	急切
	jíxìng	jísù	jí zhěn	jíjù	jíxū	jízào
	急性	急速	急诊	急剧	急需	急躁
	zháojí	jǐnjí	jízhōngshēngzhì		jí zhuǎnzhíxià	
	着急	紧急	急中生智		急 转 直下	

jí	jíbìng	jíbù	jífēng	jíkǔ	xùnjí	
疾	疾病	疾步	疾风	疾苦	迅疾	
	jí'è rú chóu		jíyánlìsè			
	疾恶如 仇		疾言厉色			

jí	jíhé	jíhuì	jítǐ	jíyóu	jílù	jíxùn
集	集合	集会	集体	集邮	集录	集训

	jítuán	jízhèn	jízī	shījí	wénjí	quánjí
	集团	集镇	集资	诗集	文集	全集
	sōu jí	jísī guǎngyì		jítǐzhǔyì		
	搜集	集思 广益		集体主义		

jí	jícì	jíshǒu	pījīngzhǎnjí			
棘	棘刺	棘手	披荆斩棘			

jí	jídù	jíhèn				
嫉	嫉妒	嫉恨				

jí	jílù	biānjí				
辑	辑录	编辑				

jí	jíbó	jí tián	pínjí			
瘠	瘠薄	瘠田	贫瘠			

jí	bēipánláng jí					
藉	杯盘 狼 藉					

jí	jíguàn	shūjí	xuéjí	dǎngjí	gǔjí	
籍	籍贯	书籍	学籍	党籍	古籍	

jí	jíqìng	jírì	jíxiáng	jízhào	jílì	jítā
吉	吉庆	吉日	吉祥	吉兆	吉利	吉他
	xiōngjí	wànshìdàjí				
	凶吉	万事大吉				

jí	jíqǔ	jíyǐn				
汲	汲取	汲引				

jǐ	jǐ yǎng	jǐyǔ	gōngjǐ	bǔjǐ	zìjǐzìzú	
给	给 养	给予	供给	补给	自给自足	

jǐ	jǐbèi	jǐsuǐ	jǐzhù	jǐzhuī	shānjǐ	wūjǐ
脊	脊背	脊髓	脊柱	脊椎	山脊	屋脊

jì	jìxiàng	zújì	bǐjì	zōngjì	gǔjì	shìjì
迹	迹象	足迹	笔迹	踪迹	古迹	事迹
	shǐjì	chénjì	yíjì			
	史迹	陈迹	遗迹			

jì	jìjìng	jìliáo	jìmò	jìrán	chénjì	yōujì
寂	寂静	寂寥	寂寞	寂然	沉寂	幽寂
	wànlàijùjì					
	万籁俱寂					

jì 绩	chéngjì 成绩	gōngjì 功绩	zhànjì 战绩	láojì 劳绩	fǎngjì 纺绩	jìmá 绩麻

jì 鲫	jìyú 鲫鱼

jì 稷	shèjì 社稷

jiā 夹	jiābǎn 夹板	jiācéng 夹层	jiāfèng 夹缝	jiāgōng 夹攻	jiā jī 夹击	jiā jù 夹具
	jiāshēng 夹生	jiāxīn 夹心	jiā zá 夹杂	pí jiā 皮夹	wénjiànjiā 文件夹	

jiā 浃	hánliú jiābèi 汗流浃背

jiá 荚	dòujiá 豆荚	zàojiá 皂荚	jiáguǒ 荚果

jiá 颊	miànjiá 面颊

jiǎ 甲	jiǎbǎn 甲板	jiǎchóng 甲虫	jiǎqiào 甲壳	jiǎ yú 甲鱼	jiǎ zǐ 甲子	guī jiǎ 龟甲
	kǎijiǎ 铠甲	Guìlínshān shuǐ jiǎ tiānxià 桂林山水甲天下				

jiǎ 胛	jiānjiǎ 肩胛

jiǎ 钾	jiǎféi 钾肥	lǜ huājiǎ 氯化钾	liúsuānjiǎ 硫酸钾

jiǎ 岬	jiǎjiǎo 岬角

jiáo 嚼	jiáoshé 嚼舌	jiáozi 嚼子	jiáosuì 嚼碎

jiǎo 角	jiǎodù 角度	jiǎoluò 角落	jiǎolóu 角楼	jiǎomén 角门	jiǎomó 角膜	niújiǎo 牛角
	yángjiǎo 羊角	shìjiǎo 视角	zhíjiǎo 直角	ruìjiǎo 锐角	qiáng jiǎor 墙角儿	

jiǎo 脚	jiǎoběn 脚本	jiǎobù 脚步	jiǎogēn 脚跟	jiǎoyìn 脚印	jiǎo jì 脚迹	jiǎo lì 脚力

	jiǎojìn	shǒujiǎo	qiángjiǎo	shānjiǎo		
	脚劲	手脚	墙脚	山脚		

疖 jiē　jiēzi
疖子

结 jiē　jiēshi
结实

接 jiē	jiējìn	jiējiàn	jiēdài	jiēbān	jiēguǐ	jiēchù
	接近	接见	接待	接班	接轨	接触
	jiēhé	jiēlì	jiērǎng	jiēshòu	jiētì	jiētóu
	接合	接力	接壤	接受	接替	接头
	liánjiē	yíngjiē	línjiē			
	连接	迎接	邻接			

揭 jiē	jiēlù	jiēchuān	jiēdǐ	jiēfā	jiēmù	jiēshì
	揭露	揭穿	揭底	揭发	揭幕	揭示
	jiēxiǎo					
	揭晓					

孑 jié	jiéjué	jiérán				
	孑孓	孑然				

节 jié	jiéjiǎn	jiélíng	jiélù	jiélǜ	jiémù	jiépāi
	节俭	节令	节录	节律	节目	节拍
	jiérì	jiéshěng	jiéxuǎn	jiéyú	jiéyuē	jiéqì
	节日	节省	节选	节余	节约	节气
	jiézhì	jiézòu	zhújié	guānjié	yīnjié	chūnjié
	节制	节奏	竹节	关节	音节	春节
	guòjié	wǎnjié	gāofēngliàngjié			
	过节	晚节	高风亮节			

杰 jié	jiéchū	jiézuò	jùnjié	háojié		
	杰出	杰作	俊杰	豪杰		

诘 jié	jiénàn	jiéwèn				
	诘难	诘问				

洁 jié	jiébái	jiéjìng	zhěngjié	chúnjié	liánjié	gāojié
	洁白	洁净	整洁	纯洁	廉洁	高洁
	qīngjié	jié shēn zì hào				
	清洁	洁身自好				

jié	jié guǒ	jié shù	jié jú	jié gòu	jié jīng	jié hé
结	结果	结束	结局	结构	结晶	结合
	jié jí	jié jiāo	jié lùn	jié suàn	lián jié	dòng jié
	结集	结交	结论	结算	联结	冻结
	liǎo jié	huó jié	hú dié jié			
	了结	活结	蝴蝶结			

jié	jié bào	jié jìng	mǐn jié	kuài jié	jié zú xiān dēng	
捷	捷报	捷径	敏捷	快捷	捷足先登	

jié	jié máo					
睫	睫毛					

jié	jié duàn	jié huò	jié jī	jié liú	jié miàn	jié qǔ
截	截断	截获	截击	截流	截面	截取
	jié rán	jié cháng bǔ duǎn				
	截然	截长补短				

jié	jié chéng	jié lì	jié jìn			
竭	竭诚	竭力	竭尽			

jié	jié chí	jié duó	jié nàn	qiāng jié	dǎ jié	
劫	劫持	劫夺	劫难	抢劫	打劫	

jū	hān tài kě jū					
掬	憨态可掬					

jū	jū gōng	jū gōng jìn cuì				
鞠	鞠躬	鞠躬尽瘁				

jú	jú bù	jú cù	jú miàn	jú shì	jú xiàn	jú wài
局	局部	局促	局面	局势	局限	局外
	jié jú	gé jú	dà jú			
	结局	格局	大局			

jú	jú huā					
菊	菊花					

jú	jú gān	jú hóng	jú huáng	jú luò	hóng jú	mì jú
橘	橘柑	橘红	橘黄	橘络	红橘	蜜橘

jù	jù běn	jù liè				
剧	剧本	剧烈				

juē	juē zuǐ					
撅	撅嘴					

jué	juédìng	jué cè	juérán	juésài	juéshèng	juésuàn
决	决定	决策	决然	决赛	决胜	决算
	juéxīn	jué yì	biǎojué	pànjué	fǒujué	cáijué
	决心	决议	表决	判决	否决	裁决
jué	juébié	juéqiào	kǒujué	mì jué	miàojué	
诀	诀别	诀窍	口诀	秘诀	妙诀	
jué	juédòu	jué sè	juézhú	zhǔjué	pèijué	chǒujué
角	角斗	角色	角逐	主角	配角	丑角
jué						
珏						
jué	juéde	juéchá	juéwù	juéxǐng	chájué	fā jué
觉	觉得	觉察	觉悟	觉醒	察觉	发觉
	tīngjué	zhījué	wèijué	shìjué		
	听觉	知觉	味觉	视觉		
jué	juéduì	jué bì	juéchàng	juédǐng	juédài	juéhuó
绝	绝对	绝壁	绝唱	绝顶	绝代	绝活
	jué jù	juémiào	juéyuán	jué jì	gé jué	jù jué
	绝句	绝妙	绝缘	绝技	隔绝	拒绝
	luòyìbùjué					
	络绎不绝					
jué	juéjiàng					
倔	倔强					
jué	jué tǔ	wājué	fā jué			
掘	掘土	挖掘	发掘			
jué	jué qǐ					
崛	崛起					
jué	hūnjué					
厥	昏厥					
jué	jué lù	juéshì	juéwèi	gōngjué	bó jué	nánjué
爵	爵禄	爵士	爵位	公爵	伯爵	男爵
jué	jǔ jué					
嚼	咀嚼					
jué	jué qǔ					
攫	攫取					

jué 抉	*jué zé* 抉择	*jué zhāi* 抉摘			
juè 倔	*juè pí qì* 倔脾气				

K

kē 磕	*kē dǎ* 磕打	*kē pèng* 磕碰	*kē tóu* 磕头		
kē 瞌	*dǎ kē shuì* 打瞌睡				
ké 咳	*késou* 咳嗽				
ké 壳	*zǐdànkér* 子弹壳儿	*jīdànkér* 鸡蛋壳儿	*bèi ké* 贝壳		
kě 渴	*kǒu kě* 口渴	*jiě kě* 解渴	*kě mù* 渴慕	*kě niàn* 渴念	*kě qiú* 渴求	*kě pàn* 渴盼
	kě wàng 渴望				
kè 克	*kè fú* 克服	*kè jǐ* 克己	*kè kòu* 克扣	*kè zhì* 克制	*gōng kè* 攻克	*xiū kè* 休克
	yǐróukègāng 以柔克刚				
kè 刻	*kè bǎn* 刻板	*kè běn* 刻本	*kè dù* 刻度	*kè xiě* 刻写	*kè yì* 刻意	*shí kè* 时刻
	shēn kè 深刻	*lì kè* 立刻	*jí kè* 即刻	*cǐ kè* 此刻	*qǐng kè* 顷刻	*diāo kè* 雕刻
	kè gǔ míng xīn 刻骨铭心	*kè bù róng huǎn* 刻不容缓			
kè 恪	*kè shǒu* 恪守	*kè zūn* 恪遵	*kè jìn zhí shǒu* 恪尽职守		
kè 客	*kè diàn* 客店	*kè chē* 客车	*kè chuàn* 客串	*kè guān* 客观	*kè hù* 客户	*kè jū* 客居
	kè shāng 客商	*kè tīng* 客厅	*kè rén* 客人	*kè yùn* 客运	*kè zuò* 客座	*kè zhàn* 客栈

	kè tǐ	qǐng kè	lái kè	bīn kè	lǚ kè	chéng kè
	客体	请客	来客	宾客	旅客	乘客

kū	kū xué	kūlong	jiǎotùsānkū		
窟	窟穴	窟窿	狡兔三窟		

kū	kū qì	kū sù	kū qiāng		
哭	哭泣	哭诉	哭腔		

kù	kù rè	kù'ài			
酷	酷热	酷爱			

kuò	kuòdà	kuòzhǎn	kuòsàn	kuòjiàn	kuòchōng	kuòyìn
扩	扩大	扩展	扩散	扩建	扩充	扩印

kuò	kuòhào	kuòhú	bāokuò	zǒngkuò	gàikuò	
括	括号	括弧	包括	总括	概括	

kuò	kuòbù	kuòchuò	kuòbié	kuò yě	guǎngkuò	liáokuò
阔	阔步	阔绰	阔别	阔野	广阔	辽阔
	kuānkuò	hǎikuòtiānkōng				
	宽阔	海阔天空				

kuò	kuòluò	kuòqīng	liáokuò	lúnkuò	
廓	廓落	廓清	寥廓	轮廓	

L

là	là yuè	là bā	là méi	là cháng	là wèi	
腊	腊月	腊八	腊梅	腊肠	腊味	

là	là bǎn	là bǐ	là rǎn	là xiàng	là zhǐ	là zhú
蜡	蜡版	蜡笔	蜡染	蜡像	蜡纸	蜡烛
	bái là	shí là	fēng là			
	白蜡	石蜡	蜂蜡			

là	là jiāo	là jiàng	làzi			
辣	辣椒	辣酱	辣子			

là	là lì					
瘌	瘌痢					

lào	làobǐng	lào tiě	làoyìn			
烙	烙饼	烙铁	烙印			

lào	nǎilào	xìngrénlào		hé táolào		
酪	奶酪	杏仁酪		核桃酪		

lào 落	làozhěn 落枕	làoshǎi 落色			
lè 乐	lèguān 乐观	lèqù 乐趣	lèyì 乐意	lèyuán 乐园	kuàilè 快乐	huānlè 欢乐
lè 勒	lè lìng 勒令	lè suǒ 勒索	lèyì 勒抑			
lēi 勒	lēi jǐn 勒紧					
lèi 肋	lèigǔ 肋骨					
lì 力	lìcù 力促	lìdù 力度	lìjiàn 力荐	lìcuò 力挫	lìliàng 力量	lìqì 力气
	lìqiú 力求	lìtú 力图	lìxué 力学	lìzhēng 力争	lìzuò 力作	wùlì 物力
	rénlì 人力	tuīlì 推力	lālì 拉力	nǎolì 脑力	lǐjiělì 理解力	
	lìsuǒ néngjí 力所能及		lì zhēng shàngyóu 力 争 上 游			
lì 历	xuélì 学历	jīnglì 经历	láilì 来历	rìlì 日历	yánglì 阳历	yīnlì 阴历
	nónglì 农历	lìshǐ 历史	lìběn 历本	lìdài 历代	lìfǎ 历法	lìcì 历次
	lìchéng 历程	lìcháo 历朝	lìlái 历来	lìjiè 历届		
lì 立	lì'àn 立案	lìbiāo 立标	lìchǎng 立场	lìchūn 立春	lìdōng 立冬	lìdìng 立定
	lìgōng 立功	lìjí 立即	lìkè 立刻	lìtǐ 立体	lìzhì 立志	lìzhèng 立正
	zhànlì 站立	zhílì 直立	dúlì 独立	zìlì 自立		
lì 沥	lìqīng 沥青	lìlào 沥涝	yúlì 余沥	zhúlì 竹沥		
lì 栗	lìzi 栗子	lìsè 栗色	zhànlì 战栗	bùhán'érlì 不寒而栗		

lì	lìféi	lìzǐ	kēlì	dòulìr	mǐlìr
粒	粒肥	粒子	颗粒	豆粒儿	米粒儿

lì	cǎolì	zhúlì	dǒulì		
笠	草笠	竹笠	斗笠		

lì	shālì	wǎlì	lìshí	lìyán	
砾	砂砾	瓦砾	砾石	砾岩	

lì	pīlì				
雳	霹雳				

liè	lièxí	lièchē	lièduì	lièjǔ	lièdǎo	lièzhuàn
列	列席	列车	列队	列举	列岛	列传
	duìliè	hángliè	páiliè	luóliè		
	队列	行列	排列	罗列		

liè	lièděng	lièshì	lièjì	lièzhì	èliè	dīliè
劣	劣等	劣势	劣迹	劣质	恶劣	低劣
	yōuliè					
	优劣					

liè	lǐnliè				
冽	凛冽				

liè	lièhuǒ	lièrì	lièfēng	lièxìng	lièshì	qiángliè
烈	烈火	烈日	烈风	烈性	烈士	强烈
	měngliè	jùliè	gāngliè	xìnggāocǎiliè		
	猛烈	剧烈	刚烈	兴高采烈		

liè	lièɡǒu	lièhù	lièqiāng	lièshǒu	lièrén	lièqí
猎	猎狗	猎户	猎枪	猎手	猎人	猎奇
	lièqǔ	dǎliè	yúliè	shòuliè		
	猎取	打猎	渔猎	狩猎		

liè	lièbiàn	lièfèng	lièhén	lièhuà	lièkǒu	lièwén
裂	裂变	裂缝	裂痕	裂化	裂口	裂纹
	lièxì	fēnliè	pòliè	juéliè	shānbēngdìliè	
	裂隙	分裂	破裂	决裂	山崩地裂	

liù	liùshū	liùjiǎ			
六	六书	六甲			

lù	lùdì	lùjūn	lùlù	lùxù	lùyùn	dàlù
陆	陆地	陆军	陆路	陆续	陆运	大陆

	dēnglù	shuǐlù				
	登陆	水陆				
lù	lùfàng	lùqǔ	lùxiàng	lùyīn	lùyǐng	lùzhì
录	录放	录取	录像	录音	录影	录制
	lùyòng	jìlù	chāolù	zhāilù	shōulù	yǔlù
	录用	记录	抄录	摘录	收录	语录
	tóngxuélù		huíyìlù			
	同学录		回忆录			
lù	lù jiǎo	lù róng	méihuā lù	zhú lù zhōngyuán		
鹿	鹿角	鹿茸	梅花鹿	逐鹿中原		
lù	lù lín	lù yíng				
绿	绿林	绿营				
lù	lù wèi	fèng lù				
禄	禄位	俸禄				
lù	mánglù	láolù				
碌	忙碌	劳碌				
lù	lùwǎng	lùjiǔ				
漉	漉网	漉酒				
lù	lùlú	jī cháng lù lù				
辘	辘轳	肌肠辘辘				
lù	shā lù	tú lù				
戮	杀戮	屠戮				
lù	shān lù	Tàishānnán lù				
麓	山麓	泰山南麓				
lǜ	lǜ shī	lǜ jǐ	lǜ lìng	dìng lǜ	guī lǜ	jìlǜ
律	律诗	律己	律令	定律	规律	纪律
lǜ	xiào lǜ	bǎifēn lǜ	chūqín lǜ	yuánzhōu lǜ		
率	效率	百分率	出勤率	圆周率		
lǜ	lǜ chá	lǜ dēng	lǜ dòu	lǜ huà	lǜ kǎ	lǜféi
绿	绿茶	绿灯	绿豆	绿化	绿卡	绿肥
	nèn lǜ	nóng lǜ	lǜ yóuyóu	qīngshān lǜ shuǐ		
	嫩绿	浓绿	绿油油	青山绿水		
lǜ	lǜ lún	lǜqì				
氯	氯纶	氯气				

lüè	lüèduó	lüèměi	lüèyǐng	lüèqǔ	liángfēnglüèmiàn
掠	掠夺	掠美	掠影	掠取	凉风掠面

lüè	lüètú	lüèwēi	móulüè	zhànlüè	fānglüè	cèlüè
略	略图	略微	谋略	战略	方略	策略
	cūlüè	dàlüè	qīnlüè			
	粗略	大略	侵略			

luō	luō qi xiù zi
捋	捋起袖子

luò	Luòhé	Luòyáng	Luòyángzhǐguì
洛	洛河	洛阳	洛阳纸贵

luò	wǎngluò	màiluò	jīngluò	luòshā	luòsī
络	网络	脉络	经络	络纱	络丝
	luò yì bù jué				
	络绎不绝				

luò	luòtuo
骆	骆驼

luò	luòchā	luòcháo	luòdì	luòdì	luòhòu	luòhù
落	落差	落潮	落地	落第	落后	落户
	luòkōng	luòkuǎn	luòmò	luòshí	xiàluò	zhuóluò
	落空	落款	落寞	落实	下落	着落
	cūnluò					
	村落					

M

mā	mābù	māzhuō zi
抹	抹布	抹桌子

mài	màizi	màichá	màidōng	màilàng	màishōu	màimáng
麦	麦子	麦茬	麦冬	麦浪	麦收	麦芒
	màijiē	màimiáo	màipiàn	xiǎomài	dàmài	hēimài
	麦秸	麦苗	麦片	小麦	大麦	黑麦
	yànmài					
	燕麦					

mài	màibó	màichōng	màidòng	màiluò	shānmài	kuàngmài
脉	脉搏	脉冲	脉动	脉络	山脉	矿脉

	dòngmài	jìngmài	xuèmài		
	动脉	静脉	血脉		

méi	méiyǒu	méishāngliáng	méizhǔnr		
没	没有	没商量	没准儿		

mì	mìqiú	mìqǔ	xúnmì		
觅	觅求	觅取	寻觅		

mì
宓

mì	mìjiàn	mìmǎ	mìlìng	mìfēng	chóumì	jǐnmì
密	密件	密码	密令	密封	稠密	紧密
	yánmì	xìmì	jīngmì	zhōumì	jīmì	
	严密	细密	精密	周密	机密	

mì	mìfēng	mìtáng	mìjiàn	mìzǎo	mìgān	mìyuè
蜜	蜜蜂	蜜糖	蜜饯	蜜枣	蜜柑	蜜月
	niànmì	tiányánmìyǔ				
	酿蜜	甜言蜜语				

miè	mièhuǒ	mièjué	mièwáng	xiāomiè	xīmiè	miècǐzhāoshí
灭	灭火	灭绝	灭亡	消灭	熄灭	灭此朝食

miè	mièchēng	mièshì	qīngmiè	wūmiè		
蔑	蔑称	蔑视	轻蔑	诬蔑		

miè	miètiáo	mièhuáng	mièqīng	mièxí	zhúmiè	
篾	篾条	篾黄	篾青	篾席	竹篾	

mō	mōdǐ	mōménr	mōsuǒ			
摸	摸底	摸门儿	摸索			

mó	móbài	lèimó	ěrmó	hénggémó		
膜	膜拜	肋膜	耳膜	横隔膜		

mǒ	mǒfěn	mǒhēi	mǒshā	mǒxīní	túmǒ	
抹	抹粉	抹黑	抹煞	抹稀泥	涂抹	

mò	mòdài	mòliǎo	mòwěi	mòjié	mòyè	mòshāo
末	末代	末了	末尾	末节	末叶	末梢
	chūnmò	běnmò				
	春末	本末				

mò	mòshōu	mòluò	mònàihé	yǐnmò	yānmò	
没	没收	没落	没奈何	隐没	淹没	

mòchǐ bú wàng
没齿不忘

mò　féi zàomò　　tuòmò
沫　肥皂沫　　唾沫

mò　zhuǎnwānmòjiǎo
抹　转弯抹角

mò　mòshēng　mò lù　　qiānmò
陌　陌生　　陌路　　阡陌

mò　mòmòhánqíng
脉　脉脉含情

mò　mò fēi　　mò rú　　mòruò　　mò nì　　mòzhōng yí shì
莫　莫非　　莫如　　莫若　　莫逆　　莫衷一是
　　mòmíng qí miào　　ài mònéngzhù
　　莫名其妙　　爱莫能助

mò　mòrán　　mòshì　　shāmò　　dà mò
漠　漠然　　漠视　　沙漠　　大漠

mò　jì mò　　luòmò
寞　寂寞　　落寞

mò　mòbǎo　　mòdǒu　　mò hé　　mòshuǐ　　mòzhī　　mò lǜ
墨　墨宝　　墨斗　　墨盒　　墨水　　墨汁　　墨绿
　　mòxiàn　　Mòjiā　　mòjìng　　mò jú　　bǐ mò　　shéngmò
　　墨线　　墨家　　墨镜　　墨菊　　笔墨　　绳墨
　　jǔ mò　　Mò xī gē　　mòshǒuchéngguī
　　矩墨　　墨西哥　　墨守成规

mò　mò dú　　mòxiě　　mò qì　　mòrèn　　mò xǔ　　mòrán
默　默读　　默写　　默契　　默认　　默许　　默然
　　mò' āi　　chénmò
　　默哀　　沉默

mò　bìngmò
殁　病殁

mò　mò lì
茉　茉莉

mù　mùbǎn　　mùběn　　mùchái　　mùcái　　mùchuán　　mùdiāo
木　木版　　木本　　木柴　　木材　　木船　　木雕

· 220 ·

	mù'ěr	mùfá	mùgōng	mùtàn	mù nè	mùxīng
	木耳	木筏	木工	木炭	木讷	木星
	guǒmù	mámù	fá mù	zǎomù		
	果木	麻木	伐木	枣木		
mù 目	mùbiāo 目标	mù cè 目测	mùguāng 目光	mù dì 目的	mù dǔ 目睹	mùlù 目录
	mùqián 目前	mùsòng 目送	jié mù 节目	jù mù 剧目	shūmù 书目	xiàngmù 项目
	xì mù 细目	mù bù xiá jiē 目不暇接		mù bù zhuǎnjīng 目不转睛		
mù 沐	mù yù 沐浴	zhìfēngmù yǔ 栉风沐雨				
mù 苜	mùxu 苜蓿					
mù 牧	mù gē 牧歌	mùmín 牧民	mù qū 牧区	mùchǎng 牧场	mùtóng 牧童	xù mù 畜牧
	yóumù 游牧	fàngmù 放牧				
mù 幕	mù bù 幕布	mùqián 幕前	mùhòu 幕后	kāimù 开幕	bì mù 闭幕	xièmù 谢幕
	yínmù 银幕	yè mù 夜幕				
mù 睦	mùlín 睦邻	hé mù 和睦				
mù 穆	jìngmù 静穆	sù mù 肃穆				

N

nà 呐	nàhǎn 呐喊				
nà 纳	nàliáng 纳凉	nà rù 纳入	nàshuì 纳税	nà mènr 纳闷儿	nàxié dǐ 纳鞋底
	chū nà 出纳	cǎi nà 采纳			

钠 nà	jīn yín tóng tiě nà 金 银 铜 铁 钠				
捺 nà	yì piě yí nà 一 撇 一 捺				
讷 nè	mù nè 木 讷	kǒu nè 口 讷			
逆 nì	nì chā 逆 差	nì fǎn 逆 反	nì zhuǎn 逆 转	nì guāng 逆 光	nì fēng 逆 风	nì jìng 逆 境
	nì'ěr 逆 耳	nì shuǐ 逆 水	nì dìng lǐ 逆 定 理	nì shuǐ xíng zhōu 逆 水 行 舟	
匿 nì	nì cáng 匿 藏	nì jì 匿 迹	nì míng 匿 名	yǐn nì 隐 匿	
溺 nì	nì'ài 溺 爱	nì shuǐ 溺 水			
捏 niē	niē hé 捏 合	niē zào 捏 造	niē le yì bǎ hàn 捏 了 一 把 汗		
聂 niè	Niè'ěr 聂 耳				
嗫 niè	niè rú 嗫 嚅				
镊 niè	niè zi 镊 子				
镍 niè	niè bì 镍 币				
蹑 niè	niè zōng 蹑 踪	niè zú 蹑 足	niè shǒu niè jiǎo 蹑 手 蹑 脚		
孽 niè	niè gēn 孽 根	niè zhàng 孽 障	zuì niè 罪 孽	yú niè 余 孽	zào niè 造 孽
蘖 niè	niè zhī 蘖 枝				
疟 nüè	nüè ji 疟 疾	nüè wén 疟 蚊			
虐 nüè	nüè dài 虐 待	nüè shā 虐 杀	bào nüè 暴 虐	kù nüè 酷 虐	

nuò	nuòyán	yǔnnuò	xǔnuò
诺	诺言	允诺	许诺

P

pāi	pāidǎ	pāimài	pāishǒu	pāishè	pāizhào	pāidàng
拍	拍打	拍卖	拍手	拍摄	拍照	拍档

	pāidiànyǐng	jīngtāopāi'àn				
	拍电影	惊涛拍岸				

pī	pīdāo	pīkāi	pīmiàn	pīshān	pīcì
劈	劈刀	劈开	劈面	劈山	劈刺

	pībōzhǎnlàng		
	劈波斩浪		

pī	pīléi	pīlì	pīlìwǔ
霹	霹雷	霹雳	霹雳舞

pǐ	pǐdí	pǐfū	pǐpèi
匹	匹敌	匹夫	匹配

pǐ	pǐhào	pǐxí	pǐxìng
癖	癖好	癖习	癖性

pì	pìyáo	kāipì	tòupì	jīngpì
辟	辟谣	开辟	透辟	精辟

pì	pìjìng	pìlòu	pìrǎng	gūpì	shēngpì	lěngpì
僻	僻静	僻陋	僻壤	孤僻	生僻	冷僻

piē	piēkāi	piēqì
撇	撇开	撇弃

piē	piējiàn	piēyìyǎn
瞥	瞥见	瞥一眼

piě	yìpiěyínà
撇	一撇一捺

pō	pōdāo
朴	朴刀

pō	húpō
泊	湖泊

pō	pōlà	pōmò	pōshuǐjié	huópō
泼	泼辣	泼墨	泼水节	活泼

pò	pò jìn	pò qiè	pò shǐ	jí pò	jiǒng pò	bī pò
迫	迫近	迫切	迫使	急迫	窘迫	逼迫

pò zài méi jié　　cóng róng bú pò
迫在眉睫　　从容不迫

pò	hǔ pò
珀	琥珀

pò	pò lì	qì pò	tǐ pò	hún pò
魄	魄力	气魄	体魄	魂魄

pò	zāo pò
粕	糟粕

pū	qián pū hòu jì
仆	前仆后继

pū	pū dǎ	pū jiù	pū kōng	pū miè	pū shuò mí lí
扑	扑打	扑救	扑空	扑灭	扑朔迷离

pú	pú cóng	pú yì
仆	仆从	仆役

pú	pú yù hún jīn
璞	璞玉浑金

pú	Pú yáng
濮	濮阳

pǔ	pǔ shí	pǔ sù	pǔ zhí	jiǎn pǔ	chéng pǔ
朴	朴实	朴素	朴直	俭朴	诚朴

pǔ	yā pǔ
蹼	鸭蹼

pù	pù bù
瀑	瀑布

pù	pù shài	pù lù	yí pù shí hán
曝	曝晒	曝露	一曝十寒

Q

qī	qī jué	qī lù	qī qiǎo bǎn	qī xián qín
七	七绝	七律	七巧板	七弦琴

qī	xìng Qī
柒	姓柒

qī 戚	qī yǒu 戚友	qīnqi 亲戚	āi qī 哀戚	xiū qī xiāngguān 休戚相关
qī 缉	qī biānr 缉边儿		qī xiékǒu 缉鞋口	
qī 漆	qī diāo 漆雕	qī bù 漆布	qī shù 漆树	qī hēi 漆黑	yóu qī 油漆
qǐ 乞	qǐ qiú 乞求	qǐ lián 乞怜	qǐ tǎo 乞讨	
qì 讫	shōu qì 收讫	fù qì 付讫	yàn qì 验讫	
qì 迄	qì jīn 迄今			
qì 泣	kū qì 哭泣	yǐn qì 饮泣	qì bù chéngshēng 泣不成声	
qiā 掐	qiājué 掐诀	qiāsuàn 掐算	qiātóu qù wěi 掐头去尾	
qià 洽	qiàtán 洽谈	qiàshāng 洽商	qiàjiè 洽借	róngqià 融洽	jiē qià 接洽
qià 恰	qiàdàng 恰当	qiàhǎo 恰好	qiàqiǎo 恰巧	qià sì 恰似	qià rú 恰如
qiē 切	qiēkāi 切开	qiēchú 切除	qiē gē 切割	qiēxiāo 切削	qiēdiǎn 切点	qiēcuō 切磋
qiè 切	qièhé 切合	qiè jì 切记	qièmài 切脉	qiètí 切题	qièzhòng 切中	qièshēn 切身
	yí qiè 一切	qīnqiè 亲切	kěnqiè 恳切	tiē qiè 贴切	
qiè 怯	qiènuò 怯懦	qièshēng 怯生	qièchǎng 怯场	dǎnqiè 胆怯	qièshēngqiè qì 怯声怯气
qiè 窃	qièduó 窃夺	qièqǔ 窃取	qiètīng 窃听	qiè jù 窃据	tōuqiè 偷窃
qiè 挈	qièdài 挈带	tí gāngqièlǐng 提纲挈领			
qiè 妾					

qiè **惬**	qiè yì 惬意				
qū **曲**	qū chǐ 曲尺	qū jiě 曲解	qū xiàn 曲线	qū zhé 曲折	qū gùnqiú 曲棍球
	wān qū 弯曲	shānhuíshuǐqū 山回水曲	qūjìngtōngyōu 曲径通幽		
qū **屈**	qū cóng 屈从	qū fú 屈服	qū jià 屈驾	qū zūn 屈尊	
	shǒu qū yì zhǐ 首屈一指	lǐ qū cí qióng 理屈词穷			
qǔ **曲**	qǔ diào 曲调	qǔ mù 曲目	qǔ pái 曲牌	qǔ pǔ 曲谱	qǔ yì 曲艺	gē qǔ 歌曲
	xì qǔ 戏曲	yuán qǔ 元曲			
quē **缺**	quēdiǎn 缺点	quēhàn 缺憾	quēkǒu 缺口	quē fá 缺乏	quēqiàn 缺欠	quēshǎo 缺少
	quēlòu 缺漏	duǎnquē 短缺	bǔquē 补缺	cánquē 残缺	wánměiwúquē 完美无缺
quē **阙**	quē rú 阙如	quē yí 阙疑			
què **却**	quèbù 却步	quèbìng 却病	tuìquè 退却	tuīquè 推却	wàngquè 忘却	lěngquè 冷却
què **确**	quèbǎo 确保	quèdìng 确定	què lì 确立	quèrèn 确认	quèshí 确实	quèzáo 确凿
	quèzhěn 确诊	dí què 的确	zhèngquè 正确		
què **雀**	quèbān 雀斑	yànquè 燕雀	huānhūquèyuè 欢呼雀跃		
què **鹊**	quèqiáo 鹊桥	xǐ què 喜鹊			
què **阙**	gōngquè 宫阙				
què **榷**	shāngquè 商榷				

R

热 rè	rè'ài 热爱	rè chéng 热诚	rè chén 热忱	rè cháo 热潮	rè liè 热烈	rè qiè 热切
	rè qíng 热情	rè xīn 热心	rè diǎn 热点	rè gǒu 热狗	yán rè 炎热	kù rè 酷热
	zú qiú rè 足球热	wài yǔ rè 外语热				

日 rì	rìcháng 日常	rìguāng 日光	rìjì 日记	rìlì 日历	rìshí 日食	rìyè 日夜
	jiàrì 假日	jiérì 节日	shēngrì 生日	wǎngrì 往日	xīrì 昔日	

辱 rǔ	rǔ mò 辱没	qūrǔ 屈辱	xiū rǔ 羞辱			

入 rù	rù gǔ 入股	rù jìng 入境	rù xué 入学	rù wǔ 入伍		
	shēn rù qiǎnchū 深入浅出		rù xiāngsuí sú 入乡随俗			

褥 rù	rù dān 褥单	rù tào 褥套	bèi rù 被褥			

若 ruò	ruò fēi 若非	ruò hé 若何	ruògān 若干	ruòshì 若是	rú ruò 如若	

弱 ruò	ruòdiǎn 弱点	ruòxiǎo 弱小	ruòshì 弱视	ruǎnruò 软弱	shuāiruò 衰弱	
	bù gān shì ruò 不干示弱					

S

撒 sā	sā jiāo 撒娇	sā shǒu 撒手	sā yě 撒野

撒 sǎ	sǎ zhǒng 撒种	sǎ bō 撒播	

卅 sà	Wǔ Sà yùndòng 五卅运动		

sà	sà shuǎng	qiū fēng sà sà				
飒	飒 爽	秋 风 飒 飒				

sà	sà kè guǎn					
萨	萨 克 管					

sāi	sāi chē	píng sāi	ruǎn mù sāi			
塞	塞 车	瓶 塞	软 木 塞			

sè	sè cǎi	sè zé	sè diào	sè sù	yán sè	jǐng sè
色	色 彩	色 泽	色 调	色 素	颜 色	景 色
	yè sè	shén sè	wǔ yán liù sè			
	夜 色	神 色	五 颜 六 色			

sè	kǔ sè	huì sè	zhì sè			
涩	苦 涩	晦 涩	滞 涩			

sè	lìn sè					
啬	吝 啬					

sè	sè suō	sè sè fā dǒu				
瑟	瑟 缩	瑟 瑟 发 抖				

sè	sè zé	sè yīn				
塞	塞 责	塞 音				

sè	jià sè					
穑	稼 穑					

shā	shā hài	shā lù	shā dí	shā jià		
杀	杀 害	杀 戮	杀 敌	杀 价		

shā	shā chē					
刹	刹 车					

shā	shā bǐ	shā wěi	shā chē	shā fēng jǐng		
煞	煞 笔	煞 尾	煞 车	煞 风 景		

shà	shà bái	shà fèi kǔ xīn	shà yǒu jiè shì			
煞	煞 白	煞 费 苦 心	煞 有 介 事			

shà	shà shí					
霎	霎 时					

shǎi	diào shǎi	tào shǎi	shǎi zi			
色	掉 色	套 色	色 子			

sháo	sháo zi	sháo zhuàng ruǎn gǔ				
勺	勺 子	勺 状 软 骨				

sháo 芍	sháoyao 芍药				
shé 舌	shétou 舌头	shéjiān 舌尖	shémiàn 舌面	huǒshé 火舌	màoshé 帽舌
shé 折	shéběn 折本	shéhào 折耗	shéchèng 折秤	tuǐ shé le 腿折了	
shè 设	shè lì 设立	shèbèi 设备	shè jì 设计	shèshī 设施	shèxiǎng 设想	shèyàn 设宴
	xiǎngfāngshè fǎ 想方设法		shèshēnchǔ dì 设身处地			
shè 涉	shè jí 涉及	shèwài 涉外	shè zú 涉足	shè bǐ 涉笔	gānshè 干涉	qiānshè 牵涉
	bá shān shè shuǐ 跋山涉水		yuǎn shè chóng yáng 远涉重洋			
shè 摄	shè qǔ 摄取	shè lǐ 摄理	shèxiàng 摄像	shèyǐng 摄影	
shè 慑	shè fú 慑服	wēishè 威慑			
shī 失	shībài 失败	shī cè 失策	shīchuán 失传	shīsàn 失散	shīwàng 失望	shīwù 失误
	shīxiào 失效	diūshī 丢失	guòshī 过失	sàngshī 丧失	shīzhīháo lí 失之毫厘	
shī 虱	shī zi 虱子				
shī 湿	shī dù 湿度	shīrùn 湿润	shī rè 湿热	cháoshī 潮湿	fēngshī 风湿
shí 十	shí zú 十足	shí ná jiǔ wěn 十拿九稳	shíquánshíměi 十全十美	shízhǐliánxīn 十指连心	
	shíniánshùmù 十年树木				
shí 什	shí jǐn 什锦	shíwù 什物			
shí 石	shíbǎn 石板	shí bǐ 石笔	shí kè 石刻	shímò 石墨	shíyìn 石印	shíyóu 石油

	yánshí	yàoshí	shí gǔ wén		shí pò tiān jīng
	岩石	药石	石鼓文		石破天惊
shí 识	shíbié 识别	shí zì 识字	rènshi 认识	jiànshí 见识	zhuóshí 卓识
shí 实	shí jì 实际	shíjiàn 实践	shíqíng 实情	shí lì 实例	shí lù 实录	shíxíng 实行
	shí xí 实习	shíxiàn 实现	shízài 实在	zhēnshí 真实	shìshí 事实	shíshìqiúshì 实事求是
shí 拾	shí qǔ 拾取	shíwù 拾物	shí yí 拾遗	shōushi 收拾	shí jīn bú mèi 拾金不昧
shí 食	shípǐn 食品	shí pǔ 食谱	shítáng 食堂	shíliáng 食粮	shíyóu 食油	zhǔshí 主食
	fù shí 副食	fèi qǐn wàng shí 废寝忘食
shí 蚀	qīnshí 侵蚀	fǔ shí 腐蚀
shì 式	shìyàng 式样	shìzi 式子	gōngshì 公式	chéngshì 程式	xīnshì 新式	xī shì 西式
shì 拭	cā shì 擦拭	shìmù yǐ dài 拭目以待
shì 弑		
shì 释	shìdiǎn 释典	shìfàng 释放	shìhuái 释怀	shì yì 释义	jiě shì 解释	zhùshì 注释
	shǒu bú shì juàn 手不释卷
shì 饰	shìpǐn 饰品	shìwù 饰物	yǎnshì 掩饰	zhuāngshì 装饰	xiūshì 修饰	shǒushì 首饰
shì 适	shìdàng 适当	shì hé 适合	shìshí 适时	shì yí 适宜	shìyòng 适用	shìzhōng 适中
	shūshì 舒适	hé shì 合适
shì 室	shìnèi 室内	shìwài 室外	jiàoshì 教室	wòshì 卧室	tú shūshì 图书室

shū 叔	shūshu 叔叔	shū fù 叔父				
shū 淑	shūjìng 淑静	shū nǚ 淑女				
shú 孰						
shú 赎	shújīn 赎金	shúzuì 赎罪				
shú 塾	shúshī 塾师	sī shú 私塾				
shú 熟	shúliàn 熟练	shúshí 熟识	shú xī 熟悉	shú yǔ 熟语	shúzhī 熟知	chéngshú 成熟
	shēn sī shú lù 深思熟虑	shúnéngshēngqiǎo 熟能生巧				
shǔ 属	shǔxìng 属性	shǔ yú 属于	qīnshǔ 亲属	zhíshǔ 直属	fù shǔ 附属	jīnshǔ 金属
shǔ 蜀	shǔhàn 蜀汉	shǔjǐn 蜀锦	shǔshǔ 蜀黍	shǔxiù 蜀绣	bā shān shǔ shuǐ 巴山蜀水	
shù 术	shù yǔ 术语	měishù 美术	wǔshù 武术	yī shù 医术	zhànshù 战术	
shù 束	shù fù 束缚	jié shù 结束	yuēshù 约束	jū shù 拘束	shùshǒuwú cè 束手无策	
shù 述	shùhuái 述怀	shùpíng 述评	shùshuō 述说	shùzhí 述职	chénshù 陈述	xù shù 叙述
	kǒushù 口述	fù shù 复述				
shuā 刷	shuā xǐ 刷洗	shuāxīn 刷新	yá shuā 牙刷	xiéshuā 鞋刷		
shuà 刷	shuàbái 刷白					
shuō 说	shuōbái 说白	shuō fú 说服	shuōmíng 说明	shuōhuà 说话	shuō fǎ 说法	jiě shuō 解说
	xuéshuō 学说	shuōchángdàoduǎn 说长道短				

shuò	shǎnshuò				
烁	闪烁				
shuò	liú jīn shuò shí				
铄	流金铄石				
shuò	méishuò				
妁	媒妁				
shuò	shuòfāng	shuòfēng	shuòwàng	shuò rì	
朔	朔方	朔风	朔望	朔日	
shuò	shuòdà	shuòguǒ	shuòshì	fēngshuò	
硕	硕大	硕果	硕士	丰硕	
sú	sú yǔ	sú shàng	tōng sú	fēng sú	yōng sú	yǎ sú
俗	俗语	俗尚	通俗	风俗	庸俗	雅俗
sù	sù nuò	sù yuàn			
夙	夙诺	夙愿			
sù	sù dù	sù xiě	sù jué	sù chéng	xùn sù	huǒ sù
速	速度	速写	速决	速成	迅速	火速
	fēi sù	shí sù			
	飞速	时速			
sù	sù gēn	sù jí	sù tǔ	sù jiàng	sù shè	zhù sù
宿	宿根	宿疾	宿土	宿将	宿舍	住宿
sù	sù jìng	sù mù	sù qīng	sù rán	yán sù	qiū qì sù shā
肃	肃静	肃穆	肃清	肃然	严肃	秋气肃杀
sù	sù mǐ	sùzi			
粟	粟米	粟子			
suō	suōbiān	suōchǐ	suō hé	suōxiǎo	suōyìn	suōyǐng
缩	缩编	缩尺	缩合	缩小	缩印	缩影
	jǐnsuō	yā suō	tuì suō	wèisuō	
	紧缩	压缩	退缩	畏缩	
suǒ	suǒpéi	suǒ qǔ	suǒmò	suǒyǐn	másuǒ	jiǎosuǒ
索	索赔	索取	索寞	索引	麻索	绞索
	tiě suǒ	shéngsuǒ	sōusuǒ		
	铁索	绳索	搜索		

T

tā 塌	tāshi 塌实	tā fāng 塌方	tā tái 塌台	tā jià 塌架	dǎo tā 倒塌	tān tā 坍塌
tǎ 塔	tǎ lóu 塔楼	tǎ huī 塔灰	tǎ diào 塔吊	tǎ zhōng 塔钟	dēng tǎ 灯塔	shuǐ tǎ 水塔
	jīn zì tǎ 金字塔					
tǎ 獭	tǎ jì 獭祭	shuǐ tǎ 水獭	hàn tǎ 旱獭	hǎi tǎ 海獭		
tà 拓	tà běn 拓本	tà piàn 拓片				
tà 沓	zá tà 杂沓	fēnzhì tà lái 纷至沓来				
tà 榻	tà chē 榻车	zhú tà 竹榻	téng tà 藤榻			
tà 踏	tà bǎn 踏板	tà bù 踏步	tà chūn 踏春	tà qīng 踏青	tà zú 踏足	jiàn tà 践踏
	jiǎo tà shí dì 脚踏实地					
tè 忑	tǎn tè 忐忑					
tè 忒	chā tè 差忒					
tè 特	tè bié 特别	tè chǎn 特产	tè chū 特出	tè děng 特等	tè sè 特色	tè yuē 特约
	tè qū 特区	tè xiě 特写	tè xìng 特性	qí tè 奇特		
tī 踢	tī deng 踢蹬	tī qiú 踢球	tī tà wǔ 踢踏舞	tī jiǎobǎn 踢脚板		
tì 惕	tì lì 惕厉	jǐng tì 警惕				
tiē 帖	fú tiē 服帖	tuǒ tiē 妥帖				

tiē 贴	tiēbǔ 贴补	tiējǐ 贴己	tiēqiè 贴切	tiēxī 贴息	tiējìn 贴近	jiǎntiē 剪贴
	jīntiē 津贴	bǔtiē 补贴				

tiě 帖	tiězi 帖子	qǐngtiě 请帖				

tiě 铁	tiěbǐng 铁饼	tiědào 铁道	tiěhuī 铁灰	tiěpí 铁皮	tiěquán 铁拳	tiětǎ 铁塔
	tiěxuè 铁血	tiězhèng 铁证	gāngtiě 钢铁	tóngqiángtiěbì 铜墙铁壁		
	tiěchǔmóchéngzhēn 铁杵磨成针					

tiè 帖	bēitiè 碑帖	zìtiè 字帖	huàtiè 画帖			

tū 凸	tūbǎn 凸版	tūlún 凸轮	tūtòujìng 凸透镜			

tū 秃	tūbǐ 秃笔	tūjiù 秃鹫	tūdǐng 秃顶			

tū 突	tūbiàn 突变	tūrán 突然	tūjī 突击	tūchū 突出	tūwù 突兀	tūpò 突破
	tūfēiměngjìn 突飞猛进					

tuō 托	tuōcí 托词	tuōfù 托付	tuōguǎn 托管	tuōgù 托故	tuōyùn 托运	tuōfú 托福
	wěituō 委托	jìtuō 寄托	chèntuō 衬托	hóngyúntuōyuè 烘云托月		

tuō 脱	tuōchǎn 脱产	tuōdàng 脱档	tuōgǎo 脱稿	tuōgōu 脱钩	tuōjiù 脱臼	tuōluò 脱落
	tuōpín 脱贫	tuōsú 脱俗	bǎituō 摆脱	táotuō 逃脱	tuōyǐng'érchū 脱颖而出	

tuò 拓	tuòhuāng 拓荒	tuòkuān 拓宽	kāituò 开拓			

W

wā 挖	wāqián 挖潜	wājué 挖掘			
wà 袜	wàtào 袜套	wàtǒng 袜筒	wàzi 袜子	xiéwà 鞋袜	sī wà 丝袜
wò 沃	wò tǔ 沃土	wò yě 沃野	wòtián 沃田	féi wò 肥沃	
wò 握	wòbié 握别	wòshǒu 握手	wòquán 握拳	zhǎngwò 掌握	bǎ wò 把握
wò 幄	yùnchóuwéiwò 运筹帷幄				
wò 龌	wòchuò 龌龊				

wū 屋	wū jǐ 屋脊	wū jià 屋架	wūyán 屋檐	wū yǔ 屋宇	wūzi 屋子	fángwū 房屋
	lǐ wū 里屋	wàiwū 外屋				

wù 勿	qiè wù shàng dàng 切勿上当		qǐng wù rù nèi 请勿入内		
wù 物	wùchǎn 物产	wùjià 物价	wù lǐ 物理	wùzhì 物质	wùzī 物资	wùtàn 物探
	dòngwù 动物	zhíwù 植物	huòwù 货物	shìwù 事物		
	xīng yí wù huàn 星移物换		dài rén jiē wù 待人接物		yán zhī yǒu wù 言之有物	

X

xī 夕	xī yān 夕烟	xī yáng 夕阳	xī zhào 夕照	chú xī 除夕	qián xī 前夕	
xī 吸	xī fù 吸附	xī yǐn 吸引	xī qǔ 吸取	xī shōu 吸收	xī shǔn 吸吮	hū xī 呼吸
xī 汐	cháo xī 潮汐					

xī	xī rì	xī nián	jīn shèng yú xī
昔	昔日	昔年	今 胜 于昔

xī	xī chū	xī yí	fēn xī	pōu xī	tiáo fēn lǚ xī
析	析出	析疑	分析	剖析	条分缕析

xī	xī fèi	xī gāng
矽	矽肺	矽钢

xī	xī nù	xī yǐng	xī zhǐ	chuǎn xī	bí xī
息	息怒	息影	息止	喘 息	鼻息
	xìn xī	lì xī	shēng mìng bù xī		
	信息	利息	生 命 不息		

xī	xī bié	xī yīn	kě xī	ài xī	zhēn xī	wǎn xī
惜	惜别	惜阴	可惜	爱惜	珍 惜	惋惜
	xī mò rú jīn					
	惜墨如金					

xī	xī bó	xī jù	xī zhǐ
锡	锡箔	锡剧	锡纸

xī	xī lì
淅	淅沥

xī	míng xī	qīng xī
晰	明 晰	清 晰

xī	xī shù	xī xīn	shú xī
悉	悉数	悉心	熟悉

xī	xī yì
蜥	蜥蜴

xī	xī miè	xī dēng	xī huǒ
熄	熄灭	熄灯	熄火

xī	xī gài	xī xià
膝	膝盖	膝下

xī	xī shuài
蟋	蟋 蟀

xí	xí guàn	xí qì	xí sú	xí shàng	xí xìng	xí tí
习	习惯	习气	习俗	习尚	习性	习题
	fù xí	zì xí	shí xí	jiàn xí		
	复习	自习	实习	见习		

xí	xící	xíjuǎn	xíwèi	xídì	chūxí	rùxí
席	席次	席卷	席位	席地	出席	入席
	liáng xí	ruǎn xí	xí mèng sī			
	凉席	软席	席梦思			
xí	xíjī	xíqǔ	xíyòng	kōngxí	yèxí	
袭	袭击	袭取	袭用	空袭	夜袭	
xí	xífù	póxí				
媳	媳妇	婆媳				
xí	xí wén	xíshū				
檄	檄文	檄书				
xì	xì fèng	xìdì	kòngxì	qiángxì	ménxì	yúnxì
隙	隙缝	隙地	空隙	墙隙	门隙	云隙
xiā	xiāchě	xiāchuī	xiāshuō	xiānào		
瞎	瞎扯	瞎吹	瞎说	瞎闹		
xiā	xiā le	yìkǒuchá				
呷	呷了	一口茶				
xiá	xiázi	mùxiá				
匣	匣子	木匣				
xiá	xiákè	xiá yì	xiágān yì dǎn			
侠	侠客	侠义	侠肝义胆			
xiá	xiá nì					
狎	狎呢					
xiá	xiá gǔ	chángjiāng sānxiá				
峡	峡谷	长江三峡				
xiá	xiácháng	xiáxiǎo	xiázhǎi	xiá'ài		
狭	狭长	狭小	狭窄	狭隘		
xiá	xiá qū	zhíxiá	tǒngxiá			
辖	辖区	直辖	统辖			
xiāo	qiēxiāo	xiāoqiān bǐ				
削	切削	削铅笔				
xiē	xiēzi	xiēxíng wén zì				
楔	楔子	楔形文字				
xiē	xiējiǎo	xiēliáng	xiē qì	xiēgōng	xiēhòu yǔ
歇	歇脚	歇凉	歇气	歇工	歇后语

xiē 蝎	xiē hǔ 蝎虎	xiēzi 蝎子				
xié 协	xiébàn 协办	xiézhù 协助	xiéhuì 协会	xiéshāng 协商	xié yì 协议	xiézuò 协作
	xiézòuqǔ 协奏曲					
xié 胁	xiéchí 胁持	xiécóng 胁从	xié pò 胁迫	wēixié 威胁	guǒxié 裹胁	
xié 挟	xiézhì 挟制	yāoxié 要挟				
xiě 血	liúxiě 流血					
xiè 泄	xièhóng 泄洪	xièlòu 泄漏	xiè dǐ 泄底	xiè mì 泄密	páixiè 排泄	fā xiè 发泄
xiè 屑	tiě xiè 铁屑	mùxiè 木屑	suǒxiè 琐屑			
xiè 亵	xiè dú 亵渎	xièmàn 亵慢				
xiè 燮	tiáoxiè 调燮					
xiǔ 宿	zhù le yì xiǔ 住了一宿					
xū 戌	xū shí 戌时	Wùxūbiànfǎ 戊戌变法				
xù 旭	xù rì 旭日					
xù 恤	liánxù 怜恤	tǐxù 体恤	fǔxù 抚恤			
xù 畜	xùchǎn 畜产	xùmù 畜牧	xùyǎng 畜养			
xù 续	xùpiān 续篇	xùpìn 续聘	xùjià 续假	jìxù 继续	liánxù 连续	
xù 蓄	xùyì 蓄意	xùjī 蓄积	xùdiànchí 蓄电池			

xuē	xuējià	xuējiǎn	xuēpíng	xuē zú shì lǚ		
削	削价	削减	削平	削足适履		
xué	xuéwèi	xué bō	dòngxué	kǒngxué	cháoxué	
穴	穴位	穴播	洞穴	孔穴	巢穴	
xué	xuébào	xuéfēn	xué fǔ	xuéhuì	xué kē	xuéshēng
学	学报	学分	学府	学会	学科	学生
	xuéshù	xuéshí	xuézhě	kē xué	zhìxué	bó xué
	学术	学识	学者	科学	治学	博学
	shùxué	qíngōngjiǎnxué				
	数学	勤工俭学				
xuě	xuěbái	xuěbào	xuěbēng	xuěliàng	xuěyuán	xuěchǐ
雪	雪白	雪豹	雪崩	雪亮	雪原	雪耻
	báixuě	zhāoxuě	xǐ xuě			
	白雪	昭雪	洗雪			
xuè	xuèguǎn	xuèhán	xuèběn	xuèxíng	xuè yā	xuèzhī
血	血管	血汗	血本	血型	血压	血脂
	xuèyuán					
	血缘					
xuè	xì xuè	xiéxuè				
谑	戏谑	谐谑				

Y

yā	yā chǎng	yā dī	yā jīng	yālì	yāpò	yāyì
压	压场	压低	压惊	压力	压迫	压抑
	yā zhòu xì					
	压轴戏					
yā	yā jīn	yā yùn	yā jiè			
押	押金	押韵	押解			
yā	yā lí	yā róng	yā zuǐ bǐ			
鸭	鸭梨	鸭绒	鸭嘴笔			
yà	yà cháng	yà miánhuā	yà dàochē			
轧	轧场	轧棉花	轧道车			
yà	yà miáozhùzhǎng					
揠	揠苗助长					

yào	yàocái	yàodiǎn	yàofāng	yào jì	yàomián	yàoxiè
药	药材	药典	药方	药剂	药棉	药械
	yàozào	huǒyào	zhàyào	gāoyào		
	药皂	火药	炸药	膏药		

yào	yàoshi
钥	钥匙

yē	yīn yē fèi shí
噎	因噎废食

yè	yè jì	yè wù	yè yú	gōng yè	lín yè	jiù yè
业	业绩	业务	业余	工业	林业	就业
	jié yè	chuàng yè		gè háng gè yè		
	结业	创业		各行各业		

yè	yè mài	yè zhī	yè qiào	yè lù sù	bǎi yè chuāng
叶	叶脉	叶枝	叶鞘	叶绿素	百叶窗

yè	yè mǎ	yè xīn	cè yè	huó yè
页	页码	页心	册页	活页

yè	gěng yè
咽	哽咽

yè	yè jiàn	bài yè
谒	谒见	拜谒

yè	fú yè	jiǎng yè	Yè Xiàn
掖	扶掖	奖掖	掖县

yè	yè tǐ	yè huà	yè tài	zhī yè	róng yè
液	液体	液化	液态	汁液	溶液

yè	yè wō
腋	腋窝

yè	jiǔ yè	xiào yè
靥	酒靥	笑靥

yī	yídìng	yígòng	yíguàn	yìshēng	yìtǐ
一	一定	一共	一贯	一生	一体
	yìgǔzuòqì		yìsībùgǒu		
	一鼓作气		一丝不苟		

yī
壹

yī 揖	yī ràng 揖 让			
yǐ 乙	jiǎ yǐ bǐng dīng 甲乙丙 丁			
yì 亿	yìwàn 亿万			
yì 忆	yì xiǎng 忆 想	huí yì 回忆	jìyì 记忆	
yì 屹	yìlì 屹立	yìrán 屹然		
yì 亦	yì zhuāng yì xié 亦 庄 亦谐			
yì 抑	yìyáng 抑扬	yìyù 抑郁	yìzhì 抑制	yì'è yángshàn 抑恶扬 善
yì 邑	chéng yì 城 邑			
yì 佚				
yì 役	yìshǐ 役使	fúyì 服役	xiànyì 现役	bīngyì 兵役	zhànyì 战役
yì 译	yìwén 译文	yìběn 译本	yìyīn 译音	yìzuò 译作	fānyì 翻译	bǐyì 笔译
	biānyì 编译	zhíyì 直译			
yì 驿	yì dào 驿道	yì zhàn 驿 站			
yì 绎	xún yì 寻绎	yǎn yì 演绎	luòyìbùjué 络绎不绝		
yì 轶	yìwén 轶文	yìshì 轶事			
yì 疫	yìmiáo 疫苗	yìqíng 疫情	fángyì 防疫	miǎnyì 免疫	
yì 弈	duìyì 对弈				

益 yì	yìchu 益处	yì niǎo 益鸟	yìfā 益发	shōuyì 收益	quányì 权益	lìyì 利益

jīng yì qiújīng 精益求精　　　yán nián yì shòu 延年益寿　　　duōduō yì shàn 多多益善

浥 yì

悒 yì	yōuyì 忧悒	yùyì 郁悒

逸 yì	ān yì 安逸	yì lè 逸乐	yǐ yì dài láo 以逸待劳

溢 yì	yì měi 溢美	chōng yì 充溢	yáng yì 洋溢

翼 yì	yìcè 翼侧	yìchì 翼翅

玉 yù	yù dài 玉带	yù lán 玉兰	yù pèi 玉佩	yù shí 玉石	yù zān 玉簪	yù mǐ 玉米

bīngqīng yù jié 冰清玉洁

郁 yù	yùfèn 郁愤	yùmèn 郁闷	yù jī 郁积	yōu yù 忧郁	cōng yù 葱郁	yù jīnxiāng 郁金香

育 yù	yùcái 育才	yù lín 育林	yù zhǒng 育种	yù miáo 育苗	dé yù 德育	zhì yù 智育

tǐ yù 体育

狱 yù	yù jǐng 狱警	jiān yù 监狱	láo yù 牢狱

峪 yù	Jiā yù guān 嘉峪关

浴 yù	yù chǎng 浴场	yù chí 浴池	yù shì 浴室	mù yù 沐浴	lín yù 淋浴

域 yù	qū yù 区域	jìng yù 境域	yīn yù 音域

欲 yù	yù niàn 欲念	yù wàng 欲望	shí yù 食欲	qiúzhī yù 求知欲	chàngsuǒ yù yán 畅所欲言

yù 毓	zhōnglíng yù xiù 钟 灵毓秀				
yù 蜮	guǐ yù 鬼蜮				
yuē 曰	zǐ yuē shī yún 子曰 诗 云				
yuē 约	yuēdìng 约定	yuēhuì 约会	yuēqǐng 约请	yuēfēn 约分	yuēshǔ 约数	yù yuē 预约
	hé yuē 和约	zhìyuē 制约				
yuè 月	yuèliàng 月亮	yuèbào 月报	yuèkān 月刊	yuèhuá 月华	yuèshí 月食	yuèjì 月季
	míngyuè 明 月	hàoyuè 皓月				
yuè 乐	yuèchí 乐池	yuèduì 乐队	yuè lǐ 乐理	yuè qì 乐器	yuè qǔ 乐曲	yuèzhāng 乐 章
	yīnyuè 音乐	zòuyuè 奏乐				
yuè 岳	yuè fù 岳父	yuèmǔ 岳母				
yuè 钺						
yuè 钥	běiménsuǒyuè 北门锁钥					
yuè 阅	yuèdú 阅读	yuèjuǎn 阅卷	yuèlǎn 阅览	yuèlì 阅历	dìngyuè 订阅	fānyuè 翻阅
yuè 悦	yuè'ěr 悦耳	yuè fú 悦服	xǐ yuè 喜悦	shǎngxīnyuèmù 赏 心悦目	hé yányuè sè 和颜悦色	
yuè 越	yuè fā 越发	yuèguò 越过	yuè jí 越级	yuèwèi 越位	yuè yě 越野	chāoyuè 超 越
	jī yuè 激越	yuè zǔ dàipáo 越俎代庖				
yuè 粤	yuècài 粤菜	yuè jù 粤剧				

yuè **跃**	yuèjìn **跃进**	yuèrán **跃然**	tiàoyuè **跳跃**	fēiyuè **飞跃**

Z

zā **扎**	zā cǎi **扎彩**	zā yāodài **扎腰带**	bāo zā **包扎**

zā **匝**	zā dì **匝地**	zā yuè **匝月**

zā **咂**	zā zuǐ **咂嘴**

zá **杂**	zá gǎn **杂感**	zá huò **杂货**	zájì **杂记**	zá liáng **杂粮**	zá shuǎ **杂耍**	zá wén **杂文**
	zá zhì **杂志**	fù zá **复杂**			

zá **砸**	zá guō **砸锅**	zá le jiǎo **砸了脚**

záo **凿**	záokōng **凿空**	záoruì **凿枘**	kāizáo **开凿**	quèzáo **确凿**

zé **则**	zǒng zé **总则**	xìzé **细则**	yuán zé **原则**	zhǔn zé **准则**	fǎzé **法则**

zé **责**	zé bèi **责备**	zé chéng **责成**	zé biān **责编**	zé rèn **责任**	fùzé **负责**	zhí zé **职责**
	jìn zé **尽责**	zhuān zé **专责**	zé wúpángdài **责无旁贷**		

zé **择**	zé yōu **择优**	zé qī **择期**	xuǎn zé **选择**

zé **泽**	zé guó **泽国**	zhǎo zé **沼泽**	hú zé **湖泽**

zè **仄**	zè shēng **仄声**	píng zè **平仄**

zéi **贼**	zéikòu **贼寇**	zéizāng **贼赃**	zhuāzéi **抓贼**

zhā **扎**	zhāgēn **扎根**	zhāzhēn **扎针**	zhāshǒu **扎手**	zhāshi **扎实**	zhāhuā **扎花**	zhāyíng **扎营**

	zhùzhā	zhāměng zi		
	驻扎	扎猛子		
zhá	zhēngzhá			
扎	挣扎			
zhá	zhá jì	shūzhá	xìnzhá	
札	札记	书札	信札	
zhá	zhágāng	zhágǔn		
轧	轧钢	轧辊		
zhá	zhákǒu	zhámén	kāizhá	diànzhá
闸	闸口	闸门	开闸	电闸
zhá	zhádāo	zhácǎo		
铡	铡刀	铡草		
zhǎ	zhǎyǎn	zhǎba		
眨	眨眼	眨巴		
zhà	zhànlán	tiězhà	mùzhà	
栅	栅栏	铁栅	木栅	
zhāi	zhāibiān	zhāi lù	zhāiyào	zhāiyǐn	zhāihuā
摘	摘编	摘录	摘要	摘引	摘花
zhái	zhái dì	zháimén	zháiyuàn	zhùzhái	jiāzhái
宅	宅第	宅门	宅院	住宅	家宅
zhái	xìngZhái			
翟	姓翟			
zhǎi	xiázhǎi	zhǎiba		
窄	狭窄	窄巴		
zhāo	zhāoshù	gāozhāor	shuǎhuāzhāor	
着	着数	高着儿	耍花着儿	
zháo	zháo jí	zháohuāng	zháoliáng	zháomí	shuìzháo le
着	着急	着慌	着凉	着迷	睡着了
	diǎnzháo le	cāizháo le	dǎzháo le		
	点着了	猜着了	打着了		
zhé	zhébàn	zhédié	zhéduì	zhé fú	zhé hé	zhékòu
折	折半	折叠	折兑	折服	折合	折扣
	zhéshè	zhézhōng	gǔzhé	cúnzhé	bǎizhé bù náo	
	折射	折中	骨折	存折	百折不挠	

zhé 哲	zhérén 哲人	zhé lǐ 哲理	zhéxué 哲学		
zhé 蛰	zhé fú 蛰伏	zhé jū 蛰居	jīngzhé 惊蛰		
zhé 谪	zhé jū 谪居	biǎnzhé 贬谪			
zhé 辄	qiǎncháng 浅尝	zhé zhǐ 辄止			
zhé 辙	chēzhé 车辙	hé zhé 合辙	xiǎngzhé 想辙		
zhě 褶	zhězhòu 褶皱	zhězi 褶子	bǎizhěqún 百褶裙		
zhè 这	zhège 这个	zhème 这么	zhèlǐ 这里	zhèxiē 这些	zhèyàng 这样
zhè 浙	Zhèjiāng 浙江				
zhī 汁	zhī yè 汁液	zhīshuǐ 汁水	rǔ zhī 乳汁	mòzhī 墨汁	guǒzhīr 果汁儿
zhī 只	zhīshēn 只身	zhīyánpiān yǔ 只言片语	zhī zì wèi tí 只字未提		
zhī 织	zhī bǔ 织补	zhī jǐn 织锦	zhīzào 织造	fǎngzhī 纺织	biānzhī 编织	zǔ zhī 组织
zhí 执	zhí bǐ 执笔	zhíjiào 执教	zhí fǎ 执法	zhíqín 执勤	zhíyǒu 执友	zhízhuó 执著
	zhíxíng 执行					
zhí 直	zhí bō 直播	zhí dá 直达	zhíguān 直观	zhíjiǎo 直角	zhíjìng 直径	zhíshǔ 直属
	zhíshuǎng 直爽	zhíxìng 直性	bǐ zhí 笔直	tǐngzhí 挺直	jiǎnzhí 简直	
zhí 侄	zhí nǚ 侄女	zhísūn 侄孙			
zhí 值	zhí dé 值得	zhí rì 值日	zhíbān 值班	zhí yè 值夜	bǐ zhí 比值	jiàzhí 价值

zhí 职	zhíchēng 职称	zhígōng 职工	zhínéng 职能	zhíshǒu 职守	zhí yè 职业	zhí zé 职责
	jìn zhí 尽职	tiān zhí 天职	zài zhí 在职	cí zhí 辞职		
zhí 植	zhímiáo 植苗	zhíwù 植物	zhòngzhí 种植	yí zhí 移植		
zhí 殖	shēngzhí 生殖	fánzhí 繁殖				
zhì 质	zhì dì 质地	zhìgǎn 质感	zhìliàng 质量	zhì pǔ 质朴	zhìxún 质询	zhì yí 质疑
	xìngzhì 性质	shízhì 实质	wùzhì 物质			
zhì 炙	zhì rè 炙热					
zhì 秩	zhì xù 秩序					
zhì 掷	tóuzhì 投掷	qì zhì 弃掷	zhìyuǎn 掷远			
zhì 窒	zhì xī 窒息	zhì'ài 窒碍				
zhì 蛭	shuǐzhì 水蛭					
zhōu 粥	dà mǐ zhōu 大米粥	bā bǎozhōu 八宝粥				
zhóu 妯	zhóu lǐ 妯娌					
zhóu 轴	zhóuchéng 轴承	zhóuwǎ 轴瓦	zhóuxiàn 轴线	chēzhóu 车轴	lúnzhóu 轮轴	
zhú 术	báizhú 白术	cāngzhú 苍术				
zhú 竹	zhúbiān 竹编	zhú bó 竹帛	zhújiǎn 竹简	zhú kè 竹刻	zhúsǔn 竹笋	
zhú 竺	xìngZhú 姓竺					

zhú 逐	zhúbù 逐步	zhúnián 逐年	zhújiān 逐渐	zhuīzhú 追逐	qūzhú 驱逐	
zhú 烛	zhúhuā 烛花	zhúguāng 烛光	zhútái 烛台	zhúlèi 烛泪	huǒzhú 火烛	làzhú 蜡烛
zhǔ 嘱	zhǔfù 嘱咐	zhǔtuō 嘱托	dīngzhǔ 叮嘱	yīzhǔ 医嘱		
zhǔ 瞩	zhǔmù 瞩目	zhǔwàng 瞩望	gāozhānyuǎnzhǔ 高瞻远瞩			
zhù 祝	zhùcí 祝词	zhùfú 祝福	zhùhè 祝贺	zhùsòng 祝颂	zhùjiǔ 祝酒	
zhù 筑	zhùlù 筑路	zhùdī 筑堤	xiūzhù 修筑	gòuzhù 构筑		
zhuō 拙	zhuōjiàn 拙见	zhuōliè 拙劣	zhuōsè 拙涩	bènzhuō 笨拙	nòngqiǎochéngzhuō 弄巧成拙	
zhuō 捉	zhuōdāo 捉刀	zhuōmō 捉摸	zhuōná 捉拿	bǔzhuō 捕捉	huózhuō 活捉	
zhuō 桌	zhuōbù 桌布	zhuōmiàn 桌面	zhuōyǐ 桌椅	shūzhuō 书桌	cānzhuō 餐桌	
zhuō 涿	Zhuōzhōu 涿州					
zhuó 灼	zhuójiàn 灼见	zhuórè 灼热				
zhuó 茁	zhuóshí 茁实	zhuózhuàng 茁壮				
zhuó 卓	zhuójiàn 卓见	zhuójué 卓绝	zhuóshí 卓识	zhuóyuè 卓越	zhuózhù 卓著	
zhuó 浊	zhuóliú 浊流	zhuóyīn 浊音	wūzhuó 污浊	húnzhuó 浑浊		
zhuó 酌	zhuóbàn 酌办	zhuóqíng 酌情	duìzhuó 对酌	zìzhuó 自酌		
zhuó 着	zhuólì 着力	zhuólù 着陆	zhuóluò 着落	zhuóshí 着实	zhuóyǎn 着眼	
	zhuózhòng 着重	chuānzhuó 穿着	fùzhuó 附着			

zhuó 啄	zhuómùniǎo 啄木鸟				
zhuó 琢	jīng diāo xì zhuó 精 雕 细 琢				
zhuó 擢	zhuóshēng 擢 升	zhuóyòng 擢 用			
zhuó 濯	zhuó zú 濯 足				
zhuó 镯	zhuózi 镯 子	shǒuzhuó 手 镯	yù zhuó 玉 镯		
zú 足	zú gòu 足够	zú chì 足赤	zú qiú 足球	zú suì 足岁	shí zú 十足
					fùzú 富足
zú 卒	zú suì 卒岁	zú yè 卒业	shì zú 士卒	mǎqián zú 马 前 卒	
zú 族	zú quán 族权	zú zhǎng 族 长	mín zú 民族	jiā zú 家族	zōng zú 宗 族
					hàn zú 汉族
zuō 作	zuōfang 作坊				
zuó 昨	zuótiān 昨天	zuó yè 昨夜			
zuó 琢	zuómo 琢 磨				
zuò 作	zuòbǎo 作保	zuòbié 作别	zuò fǎ 作法	zuòjiā 作家	zuò lè 作乐
					zuòpǐn 作品
	zuòsuì 作祟	gòngzuò 工 作	jié zuò 杰作	zhùzuò 著作	

附录五

声调例外字举例及部分词语

B

bà 爸	bà ba 爸爸		
bàng 傍	bàngwǔ 傍午	bàngwǎn 傍晚	yī shānbàngshuǐ 依 山 傍 水
bì 痹	fēng bì 风 痹	hán bì 寒 痹	bì zhèng 痹 症
biān 蝙	biān fú 蝙 蝠		
biān 砭	zhēnbiān 针 砭	hánfēngbiān gǔ 寒 风 砭 骨	
biào 鳔	yú biào 鱼 鳔	biàojiāo 鳔 胶	
bìn 摈	bìnchì 摈 斥	bìnchú 摈 除	bìn qì 摈 弃
bō 播	bō fā 播 发	bō sòng 播 送	guǎng bō 广 播 xià bō 夏 播

C

cāo 糙	cāoliáng 糙 粮	cāo mǐ 糙 米	cū cāo 粗 糙		
cháng 偿	cháng fù 偿 付	chánghuán 偿 还	dé bù chángshī 得 不 偿 失		
chǎng 场	huìchǎng 会 场	cāochǎng 操 场	jù chǎng 剧 场	chǎngmiàn 场 面 chǎng cì 场 次 chǎng hé 场 合	
chéng 惩	chéngbàn 惩 办	chéngchǔ 惩 处	chéng fá 惩 罚	chéng qián bì hòu 惩 前 毖 后	

chěng	chíchěng	chěnghuáitòngyǐn	pínglánchěngmù
骋	驰骋	骋怀痛饮	凭栏骋目

chǐ	shēchǐ	chǐtán	
侈	奢侈	侈谈	

chú	chú yì	fǎnchú	
刍	刍议	反刍	

chú	chúyàn	chúxíng	
雏	雏燕	雏形	

chǔ	chǔbèi	chǔcún	chǔcáng	wángchǔ
储	储备	储存	储藏	王储

chuāng	chuāngshāng	chuānghén	chuāngtòng	zhòngchuāng
创	创伤	创痕	创痛	重创

cǔn	cǔnduó	cǔnliàng	
忖	忖度	忖量	

D

dàng	dàng'àn	dàng cì	dī dàng	gāodàng
档	档案	档次	低档	高档

dǎo	wǔdǎo	fù tāngdǎohuǒ	xúnguīdǎo jǔ	
蹈	舞蹈	赴汤蹈火	循规蹈矩	

dǎo	dǎodàn	dǎodiàn	dǎoxiàn	dǎoyán	dǎoyóu	lǐngdǎo
导	导弹	导电	导线	导言	导游	领导
	chàngdǎo	zhǐdǎo	xùndǎo			
	倡导	指导	训导			

dī	dī bà	dī yàn	hé dī	hǎi dī
堤	堤坝	堤堰	河堤	海堤

dī	dī fang		
提	提防		

dūn	dūngōng lǐ	dūnhǎi lǐ	
吨	吨公里	吨海里	

F

fān	fānchuán	fānqiáng	fēngfān	yángfānyuǎnháng
帆	帆船	帆樯	风帆	扬帆远航

fān　　fān lí
藩　　藩篱

fàn　　fànwén　　fàn yǔ　　fàngōng
梵　　梵文　　梵语　　梵宫

fáng　　zhīfáng
肪　　脂肪

fú　　fú huò　　zhàn fú
俘　　俘获　　战俘

G

gǎng　　gǎngwèi　　gǎng dì　　zhàngǎng　　ménggǎng
岗　　岗位　　岗地　　站岗　　门岗

gèn　　hénggèn　　miángèn　　gèn gǔ wèiyǒu
亘　　横亘　　绵亘　　亘古未有

gōng　　gōngxiāo　　gōng xū　　jǐngōngcānkǎo
供　　供销　　供需　　仅供参考

guǎng　　cū guǎng　　guǎnghàn
犷　　粗犷　　犷悍

H

hèng　　mánhèng　　qiánghèng　　hèngcái　　fēi zāi hènghuò
横　　蛮横　　强横　　横财　　飞灾横祸

huà　　báihuà　　hēihuà
桦　　白桦　　黑桦

huàn　　huànshā
浣　　浣纱

J

jià　　jià qī　　fàngjià　　hánjià　　shǔjià
假　　假期　　放假　　寒假　　暑假

jīng　　jīngdào　　jīngmǐ
粳　　粳稻　　粳米

jìng	jìng dì	jìngkuàng	jìng yù	huánjìng	guójìng	biānjìng
境	境地	境况	境遇	环境	国境	边境

jiū	yánjiū	zhuījiū	shēnjiū	jiūjìng	jiūbàn	jiūwèn
究	研究	追究	深究	究竟	究办	究问

jiǔ	zhēnjiǔ
灸	针灸

jǔ	jǔ jué
咀	咀嚼

jù	bǎifèijùxīng	miànmiàn jù dào	jùlèbù
俱	百废俱兴	面 面 俱到	俱乐部

jūn	jūn sī	jūnluò	xì jūn
菌	菌丝	菌落	细菌

K

kǎi	kǎirán	kǎitàn	kǎiyǔn	fènkǎi	gǎnkǎi	kāngkǎi
慨	慨然	慨叹	慨允	愤慨	感慨	慷慨

kān	kānguǎn	kānshǒu	kān hù	kānqīng
看	看管	看守	看护	看清

kuàng	kuàngjià	kuàng tú	ménkuàng	chuāngkuàng	kuàngkuang
框	框架	框图	门框	窗框	框框

kuàng	yǎnkuàng
眶	眼眶

kuí	kuíwú	kuíxīng	duókuí	huākuí
魁	魁梧	魁星	夺魁	花魁

L

lán	lányán
谰	谰言

lāo	lāoqǔ	dǎlāo
捞	捞取	打捞

lào	shuǐlào	fánglào	páilào
涝	水涝	防涝	排涝

léi	léi zhui	guǒshíléiléi
累	累赘	果实累累

liáng	liángbēi	liáng jù	liáng tǐwēn	gū liáng	sīliáng
量	量杯	量具	量体温	估量	思量

liàng	chēliàng	sānliàng zì xíngchē
辆	车辆	三辆自行车

liào	liàokào	jiǎoliào
镣	镣铐	脚镣

lóng	ěr lóng yǎn huā
聋	耳聋眼花

lǔ	lǔ huò	fúlǔ	dílǔ
虏	虏获	俘虏	敌虏

lǔ	lǔ lüè
掳	掳掠

lún	lún yǔ
论	论语

M

mēn	mēn rè	mēn qì	mēnchénchén	mēnshēng bù xiǎng
闷	闷热	闷气	闷沉沉	闷声不响

mēng	mēngpiàn	mēngtóuzhuànxiàng	xiāmēng
蒙	蒙骗	蒙头转向	瞎蒙

měng	Měng zú
蒙	蒙族

mǐ	mǐlì	mǐ rán	fēng mǐ shì jiè	suǒxiàngpīmǐ
靡	靡丽	靡然	风靡世界	所向披靡

mǐng	mǐngdǐngdàzuì
酩	酩酊大醉

N

náo	zǔ náo	bǎizhé bù náo
挠	阻挠	百折不挠

nì	jūnì	nì qiáng
泥	拘泥	泥墙

niàng	niàng mì	niàng jiǔ	jiā niàng
酿	酿蜜	酿酒	佳酿

nìng	nìngkě	nìngkěn	nìngyuàn	nìng quē wú làn
宁	宁可	宁肯	宁愿	宁 缺 毋 滥

nìng	ní nìng
泞	泥泞

P

pāng	pāngtuó dà yǔ
滂	滂沱大雨

pí	pí pá
枇	枇杷

pì	pì měi
媲	媲美

piān	piānzhōu
扁	扁舟

piān	yǐngpiān	chàngpiānr
片	影片	唱 片儿

piāo	piāohàn	piāoqiè
剽	剽悍	剽窃

piǎo	piǎobái	piǎorǎn
漂	漂白	漂染

pō	pō jiā	piān pō
颇	颇佳	偏颇

pú	xiōngpú	jī pú
脯	胸脯	鸡脯

Q

qǐ	qǐlì
绮	绮丽

qǐ	qǐyè	qǐ tú	qǐ pàn	qǐ mù	qǐ'é
企	企业	企图	企盼	企慕	企鹅

qián	qián kè
掮	掮客

qiāng	qiāngshuǐ
锵	锵水

qiáo	qiáo qǐ	qiáowàng	qiáo shǒu xīng kōng
翘	翘企	翘望	翘首星空

qiǎo	qiǎo jì	qiǎorán	qiǎowúshēng xī
悄	悄寂	悄然	悄无声息

qīn	qīnhài	qīnlüè	qīnfàn	qīnquán	qīnshí	rù qīn
侵	侵害	侵略	侵犯	侵权	侵蚀	入侵

qǐng	qǐng kè	bì bō wànqǐng
顷	顷刻	碧波万顷

qìng	qìngjia
亲	亲家

R

rào	wéirào	chánrào	ràokǒulíng	rào wānzi
绕	围绕	缠绕	绕口令	绕弯子

rèn	dāorèn	lìrèn	rèn jù
刃	刀刃	利刃	刃具

rèn	rèndài	rènjìn	rènxìng
韧	韧带	韧劲	韧性

rèn	féngrèn	rènpèi
纫	缝纫	纫佩

rǒng	rǒngcháng	rǒng bǐ	rǒngfán	rǒng zá
冗	冗长	冗笔	冗繁	冗杂

rú	rú shī	ěr rú mùrǎn
濡	濡湿	耳濡目染

rú	rú dòng	rú xíngdòngwù
蠕	蠕动	蠕形动物

rú	rúzǐ	fùrú
孺	孺子	妇孺

S

shǔ	shǔzi	yù shǔshǔ
黍	黍子	玉蜀黍

shùn	shùnjiān	shùn xī
瞬	瞬间	瞬息

suí	suíjìng				
绥	绥靖				

T

tàn	tànfǎng	tàntǎo	tàn gē	shìtàn	zhēntàn
探	探访	探讨	探戈	试探	侦探
tāo	bō tāo	jīngtāohàilàng			
涛	波涛	惊涛骇浪			
tǒng	tǒng lóuzi	tǒngmǎfēngwō			
捅	捅娄子	捅马蜂窝			
tòng	hú tòng				
同	胡同				
tī	tī jǐ				
体	体己				
tì	chōutì	lóngtì			
屉	抽屉	笼屉			
tiǎo	tiǎo bō	tiǎosuō	tiǎoxìng	tiǎozhàn	tiǎodòu
挑	挑拨	挑唆	挑衅	挑战	挑逗
tù	ǒu tù	tùmo			
吐	呕吐	吐沫			

U

wàn	wàngǔ	wàn lì	shǒuwàn	jiǎowàn	
腕	腕骨	腕力	手腕	脚腕	
wēi	wēixiǎn	wēi jī	wēihài	wēinàn	
危	危险	危机	危害	危难	
wēi	wēi bō	wēi cí	wēifēng	wēidiànnǎo	wēishēngwù
微	微波	微词	微风	微电脑	微生物
	wēiguānshìjiè		wēiliàngyuánsù		
	微观世界		微量元素		
wěi	wěichāo	wěishàn	wěizhuāng	wěizào	wěizhèng
伪	伪钞	伪善	伪装	伪造	伪证
wěn	wěnluàn				
紊	紊乱				

X

肖	肖像	惟妙惟肖
xiào	xiàoxiàng	wéimiàowéixiào

炫	炫耀
xuàn	xuànyào

眩	眩晕
xuàn	xuànyùn

徇	徇情	徇私
xùn	xùnqíng	xùn sī

Y

炎	炎帝	炎黄	炎凉	炎夏	炎暑
yán	yándì	yánhuáng	yánliáng	yánxià	yánshǔ

研	研读	研制	研讨	研究生
yán	yándú	yánzhì	yántǎo	yánjiūshēng

蚁	蚂蚁
yǐ	mǎ yǐ

裔	华裔	后裔
yì	huá yì	hòu yì

荫	荫凉	荫庇
yìn	yìnliáng	yìn bì

饮	饮牲口
yìn	yìnshēngkou

蝇	灭蝇	蝇头
yíng	mièyíng	yíngtóu

拥	拥抱	拥戴	拥挤	拥军优属
yōng	yōngbào	yōngdài	yōngjǐ	yōngjūn yōushǔ

庸	庸俗	平庸
yōng	yōng sú	píngyōng

泳	游泳	泳道	泳程
yǒng	yóuyǒng	yǒngdào	yǒngchéng

陨	陨落	陨石	陨星
yǔn	yǔnluò	yǔnshí	yǔnxīng

Z

zǎi	dēngzǎi	kānzǎi	qiānzǎinánféng		
载	登载	刊载	千载难逢		

zhè	zhètáng	gānzhè			
蔗	蔗糖	甘蔗			

zhěn	ménzhěn	jízhěn	zhěnmài	zhěnduàn	zhěnliáo
诊	门诊	急诊	诊脉	诊断	诊疗

zhěn	mǎzhěn	zhěnzi			
疹	麻疹	疹子			

zhèn	zhèndòng	zhènhàn	zhèn bō	dì zhèn	zhèn'ěr yù lóng
震	震动	震撼	震波	地震	震耳欲聋

zhèn	zhènfèn	zhènxīng	zhènzuò	zhèn bì gāo hū	
振	振奋	振兴	振作	振臂高呼	

zì	zìsì	zìsuī	zìyì		
恣	恣肆	姿睢	恣意		

zuǎn	zuǎnxiū	zuǎn jí	biānzuǎn		
纂	纂修	纂辑	编纂		

第五章　普通话的音变及训练

普通话的音节,在单念或单说时,都有自己相对固定的声、韵、调。但进入语流以后,有些音节的声、韵、调可能因相互影响而发生一些变化以适应连贯和流畅的需要。这种语流中的语音变化就是音变。普通话中常见的音变现象有:变调、轻声、儿化和语气词"啊"的变化,等等。

一、变调

变调指音节在语流中,声调发生变化的现象。这种变化是有规律的,分述如下。

（一）"一"的变调

（1）单念或用在词句末尾,或表示基数、序数时,读原调阴平。例如:

一、二、三　　第一　　万一　　统一

数一数二　　一九九一年　　五十一

惟一　　说一是一（说二是二）　　一楼

一年级（一）班

（2）在去声音节前,变阳平。例如:

一定　　一会儿　　一念之差　　一切

一步到位　　一蹴而就　　一个　　一遍

（3）在非去声音节前变去声。例如:

一般　　一天　　一年　　一连　　一组　　一亩

一脸的不高兴　　一伙　　一丘之貉

（4）位于相同的动词中间时，变轻声。例如：

说一说　　看一看　　走一走　　聊一聊

（二）"不"的变调

（1）单念或用在词语末尾以及位于非去声音节前时，读原去声调。例如：

不，我偏不！　　不听　　不说　　不来　　不行

不巧　　不理　　临渊羡鱼，不如退而结网

（2）在去声音节前变阳平。例如：

不认　　不会　　不去　　不干(gàn)　　不用　　不必

不念旧情

（3）位于词语中间变轻声。例如：

吃不消　　受不了　　了不起　　去不去

会不会　　愿意不愿意？

（三）"七八"的变调

"七八"在去声音节前可以变阳平，其余场合念原调阴平。例如：

七个　　八个　　七岁　　八岁　　七担　　八担

七副　　八副(可念阴平，可变阳平)

七天　　八天　　七年　　八年　　七亩　　八亩

（仍念阴平）

（四）上声的变调

上声在阴平、阳平、上声、去声前都会产生变调，读完的上声原调的机会很少，只有在单念或处在词语、句子末尾才有可能读原调。

（1）上声在阴平、阳平、去声前，丢掉后半段"14"上升的尾巴，调值由214变为半上声211(有人认为是21)。例如：

（上声加阴平）

好心　　海边　　保温　　火车　　顶峰　　党纲

（上声加阳平）

傣族　　丑角　　走廊　　祖国　　晚年　　往来

（上声加去声）

丑化　　走路　　海燕　　顶替　　党务　　祖父

（2）两个上声相连，前一上声变为35（有人认为是34）。即上声相连，前者变为阳平（或像阳平）。例如：

手指　　领导　　减少　　小组　　广场　　好友

野草　　简短　　语法　　舞蹈　　反省　　古典

（3）上声字位于轻声音节前，变调的情况相对复杂，一般要根据轻声音节本来的调值来确定。这种变化的大致情况如下：

上声＋轻声（原为非上声字），上声音节变半上；后面的轻声音节的实际调值相对较高。例如：

老实　　好的　　我们　　晚上　　喜欢　　牡丹

纸上　　眼睛　　早上　　你的　　嘴上　　你们

上声＋轻声（原为上声字），则有两种不同的变调，有的变阳平，有的变半上声。后面的轻声音节的实际调值，位于变阳平音节后较低，位于变半上音节之后较高。例如：

早起　　等等　　讲讲　　想起　　晌午　　老虎

洗洗　　把手　　打点（变阳平）

姐姐　　奶奶　　姥姥　　矮子　　耳朵　　马虎

椅子　　斧子　　板子　　婶婶

（变半上）

（4）三个上声相连，变调的情况取决于词语的内部结构和表达需要。当词语的结构是双单格时，开头、当中的上声音节调值变为35，跟阳平的调值一样。当词语的结构是单双格，开头的音节处在被强调的逻辑重音时，读作半上，当中音节则变为阳平。所谓双单格或单双格，是根据词语内部结构划分出来的词语的音节组合类型，如"洗脸水"为"洗脸"（双音节）＋"水"（单音节），就是双单格，"小拇指"为"小"（单音节）＋"拇指"（双音节），就是单双格。例如：

展览馆　　水彩笔　　打靶场　　选举法

管理组	厂长好	手写体	勇敢者

（双单格）

党小组	小两口	纸老虎	老保守
小拇指	冷处理	老总管	好厂长

（单双格）

（5）如果连念的上声字不止三个，则可以根据词语含意适当分组按上述办法变调。快读时，也可以只保留最后一个字音读上声，前面的一律变为阳平。例如：

彼此友好　　两把雨伞　　我只有五百桶米

（加点者变阳平，余者读半上或原调上声）

彼此友好　　两把雨伞　　我只有五百桶米

（加点者变阳平，只保留最后一音节读原调上声，亦可读半上）

（6）上声音节处于词语末尾时，如果是逻辑重音，读原调，如果是非逻辑重音，常常只读半上。例如：

你好！（一般问候语，读半上）

你好！谁不知道你好呀，好得朋友们都不再和你打交道。（逻辑重音，读全调）

（五）形容词重叠的变调

形容词重叠有以下三种情况：

一是单音节形容词重叠后要儿化，如"高"，重叠后就成为"高高儿的"。

二是单音节形容词有重叠的后缀，如"白"，重叠后就成为"白生生"或"白花花"、"白乎乎"、"白茫茫"。

三是双音形容词 AABB 的重叠形式，如"认真"，重叠后就成为"认认真真"。

以上三种重叠形式在语音上都有变调情况，下面分别说明：

1. 单音节形容词重叠儿化时的变调

单音节形容词重叠后，如果儿化，那么第二个音节儿化声调变阴平，不管原来是什么声调，一律儿化变阴平，如：

àn ànānr de	cǎo cǎocāor de
暗——暗暗儿的	草——草草儿的
dàn dàndānr de	guāi guāiguāir de
淡——淡淡儿的	乖——乖乖儿的
kuài kuàikuāir de	hǎo hǎohāor de
快——快快儿的	好——好好儿的
mǎn mǎnmānr de	xiǎo xiǎoxiāor de
满——满满儿的	小——小小儿的
huó huóhuōr de	yán yányānr de
活——活活儿的	严——严严儿的

2. 单音节形容词有重叠后缀的变调

单音节形容词,如果有重叠式的后缀,这后缀不论是什么声调,都变为阴平,如:

xiào yínyín xiàoyīnyīn	shī lín lín shīlīn līn
笑 + 吟吟——笑吟吟	湿 + 淋淋——湿淋淋
tián mì mì tiánmī mī	rè téngténg rè tēngtēng
甜 + 蜜蜜——甜蜜蜜	热 + 腾腾——热腾腾
zhí tǒngtǒng zhítōngtōng	xiào mī mī xiào mī mī
直 + 统统——直统统	笑 + 眯眯——笑眯眯

3. 双音节形容词 AABB 重叠形式的变调

双音节形容词重叠为 AABB 的形式,第二个音节变为轻声,后两个音节声调变阴平,如:

lǎoshí lǎolao shīshī	kuānchǎng kuānkuan chāngchāng
老实——老老实实	宽敞 —— 宽宽敞敞
huàngdàng huànghuang dāngdāng	
晃荡 —— 晃晃荡荡	
liángkuài liángliang kuāngkuāng	jiē bā jiē jie bā bā
凉快 —— 凉凉快快	结巴——结结巴巴

二、轻声

(一)什么叫轻声

轻声是一种特殊的音变现象。有些音节,由于长期处于口语轻读音的地位,失去了原有声调的调值,变得又轻又短,模糊不清,这就是轻声。

　　轻声并不是普通话四声之外的第五种声调,这是因为:第一,所谓轻声的调值模糊而不统一,其具体读法是由它前面音节的调值来确定的;第二,轻声音节都是由阴平、阳平、上声、去声四种音节变化而来。也就是说,所谓轻声只是某些音节在一定条件下的临时现象,一旦脱离这种特殊条件,仍旧读原调。

　　(二)轻声的读法

　　轻声在物理属性上主要表现为音长变短,音强变弱。它的音高受前一音节调值的影响而不固定。一般地说,上声字后面的轻声字的音高比较高,阴平、阳平字后头的轻声字偏低,去声字后面的轻声字最低。用五度标调符号表示,大致情况如下:

阴平字+轻声字　⌐妈妈　　说吧　　天上
桌子　　玻璃　　休息　　庄稼　　清楚　　他的
阳平字+轻声字　⌐棉花　　云彩　　房子
头发　　行李　　萝卜　　婆婆　　石头　　桃子
上声字+轻声字　⌐耳朵　　点心　　躺下
口袋　　使唤　　我的　　老实　　李子　　里头
去声字+轻声字　⌐地方　　坐下　　柿子
豆腐　　漂亮　　丈夫　　意思　　坏的　　爱上

　　(三)哪些音节读轻声

　　(1)结构助词"的、地、得"。例如:

我的书　　他们的领导　　努力地工作
认真地研究　　说得真好　　看得清楚

　　(2)动态助词"着、了、过"。例如:

说着话　　红着脸　　说了话　　红了脸　　说过话
红过脸

　　(3)语气词"啊、呢、吧、嘛"等。例如:

是你去呢,还是他去呢?别再说了吧!
这是明摆着的嘛,还有什么可说的呢?

你呀,你倒是说话呀!天哪!这都什么时候了哇?!是你吗?

(4)趋向动词"来、去、起来、下去、出去"等。例如:

飞来　　看去　　站起来　　滚出去　　看来　　走下去
说出来就好受了　　让他们说去　　好起来　　坏下去

(5)名词后缀"子、头、者、们"。例如:

房子　　桌子　　石头　　木头　　记者　　学者
同志们　　战友们

(6)叠音名词、动词的第二个音节。例如:

叔叔　　伯伯　　妈妈　　想想　　看看　　瞧瞧
姐姐　　弟弟　　哥哥　　说说　　听听　　走走

(7)名词、代词后面表示方位的词。例如:

屋里　　路上　　前面　　北边　　里头　　前头
后边　　地下　　这边　　里面　　桌上　　家里

(8)动词后面的某些结果补语。例如:

打开　　站住　　关上　　锁上　　绊住　　解开

(9)量词"个"常读轻声。例如:

三个五个的,也不能算多　　这个　　那个

(10)口语中常用的老资格双音节词,第二个音节习惯上读轻声。例如:

朋友　　厚道　　姑爷　　糊涂　　晃悠　　活泼
亲戚　　皮肤　　男人　　名堂　　南瓜　　舌头
体面　　软和　　徒弟　　石榴　　岁数　　痛快
素净　　时候　　事情　　目的　　明白　　公道

　　(四)轻声的作用

　　在说明轻声的作用之前,我们要明确两个问题。首先,轻声和非轻声语音上对立,但从词汇角度看,轻声词和非轻声词并不完全对应。也就是说,有些轻声词语没有相应的非轻声词语,而非轻声词语也不一定都有相应的轻声词语。例如"包袱"(bāo fu)没有相对应的非轻声词语(bāofū, bāofú, bāofǔ,或 bāofù),"伟大"

266

（wěidà）也没有相对应的轻声词语（wěida）。因此，构成轻声和非轻声对立的词语只占整个词汇的少数。其次，轻声词语和非轻声词语，在书写形式上可以相同，也可以不同。例如"瞎子"和"虾子"词形不同，"孙子（sūnzi，儿子的儿子）"和"孙子（Sūnzǐ，古代军事家姓名）"词形相同。即轻声词语与非轻声词语的考察不考虑语言的书写符号——文字。

轻声有区别词语意义和区别词性两种作用。举例如下：

包子：bāozi　　用发面蒸出来的带馅的面食。
孢子：bāozǐ　　低等动植物的细胞。

笼头：lóngtou　　套在骡马等头上的御具。
龙头：lóngtóu　　龙的头。

人家：rénjia　　指自己或某人以外的人，等等。代词。
人家：rénjiā　　住户或家庭。名词

大爷：dàye　　伯父或尊称年老的男子。
大爷：dàyé　　不好劳动、傲慢任性的男子。

地道：dìdao　　真正的；纯粹。形容词。
地道：dìdào　　在地面下掘成的交通坑道。名词。

买卖：mǎimai　　生意或商店。名词。
买卖：mǎimài　　买和卖。联合短语。

东西：dōngxi　　泛指事物。名词。
东西：dōngxī　　东边和西边。

大方：dàfang　　不吝啬；不俗气。形容词。
大方：dàfāng　　专家；内行。名词。

比画：bǐhua　　用手或拿着东西做出姿势来帮助说话
　　　　　　　　或代替说话。动词。
笔画：bǐhuà　　组成汉字的点、横、撇、捺等。名词。

被卧：bèiwo　　被子。
被窝：bèiwō　　为睡觉叠成的长筒形的被子。

$$\begin{cases} 苍蝇:cāngying & 昆虫的一种。 \\ 苍鹰:cāngyīng & 雄劲的鹰。 \end{cases}$$
$$\begin{cases} 包涵:bāohan & 客套话,请人原谅。 \\ 包含:bāohán & 里边含有。 \end{cases}$$

三、儿化

(一)什么是儿化

"儿化"指的是后缀"儿"与它前一个音节的韵母结合成一个音节,并使这个韵母带上卷舌音色的一种特殊音变现象,这种卷舌化了的韵母就叫作"儿化韵"。

由于"儿化",该音节的韵母带卷舌色彩,使得该韵母中某些音素的音色发生一定的变化,有的造成韵尾的脱落。儿化后韵母的具体变化取决于发音时舌位的便利。有人概括儿化音变的原则为"可共存发音的共时性",即如果词根语素的韵母跟卷舌音不能同时共存,则必须改变原韵母的结构使之适于卷舌。

儿化韵的书写形式是增加"儿"字,用汉语拼音表示,只需在原音节后加"r"符号即可。例如:

鸟儿	那儿	老头儿	这儿
niǎor	nàr	lǎotóur	zhèr

值得注意的是,少数情况下,字面上无"儿"标志,该词也儿化。例如:

坐着,躺着,打两个滚(gǔnr),踢几脚球,赛儿趟跑,捉几回迷藏。

随着这一声惊叫,我和其他游客一块(yíkuàir)涌上前去,看个究竟。

山尖(shānjiānr)全白了,给蓝天镶上一道银边(yǐnbiānr)。

(二)儿化韵的发音

(1)音节末尾是 ɑ、o、e、ê、u 的,韵母直接卷舌。例如:

huǎnghuàr	zàinǎr	dòuyár	shānpōr
谎 话儿	在哪儿	豆芽儿	山 坡儿

fěnmòr	huāgér	xiǎohér	xiǎoxiér
粉末儿	花格儿	小河儿	小鞋儿

xiǎoxuěr	xiǎomàor	mián'ǎor
小雪儿	小帽儿	棉袄儿

(2)韵尾是 i、n 的(除 in、ün 外),丢掉韵尾,主要元音卷舌。例如:

xiǎocàir	xiǎoháir	yī kuàir	xiǎomèir
小菜儿	小孩儿	一块儿	小妹儿

wǎnbèir	yānjuǎnr	yú sǎnr	xiǎochuánr
晚辈儿	烟卷儿	雨伞儿	小船儿

shǒujuànr	méiménr	dǎ dǔnr	shūqiānr
手绢儿	没门儿	打盹儿	书签儿

(3)韵母是 in、ün 的,丢掉韵尾,加 er。例如:

kǒuxìnr	huāqúnr	jiǎoyìnr	hé qúnr
口信儿	花裙儿	脚印儿	合群儿

jùnr
菌儿

(4)韵母是 i、ü 的,加 er。例如:

wányìr	mǐ lìr	jīnyúr	yǒuqùr
玩意儿	米粒儿	金鱼儿	有趣儿

gāngjūr	gēnxūr	xiǎoyǔr	xiǎoqūr
钢锯儿	根须儿	小雨儿	小曲儿

(5)韵母是 -i[ɿ]、-i[ʅ]的,韵母变作 er。例如:

guā zǐr	lóng zǐr	méicír	xiǎoshìr
瓜子儿	笼子儿	没词儿	小事儿

shùzhīr	xiǎozhír	yú shír	tāngchír
树枝儿	小侄儿	鱼食儿	汤匙儿

(6)韵尾是 ng 的,丢掉韵尾,韵腹鼻化,即发音时口腔和鼻腔同时共鸣,并卷舌。例如:

piānfāngr	bànshǎngr	miányángr	dànhuángr
偏方儿	半晌儿	绵羊儿	蛋黄儿

tiānchuāngr	ménfèngr	duǎnshéngr	dàngōngr
天窗儿	门缝儿	短绳儿	弹弓儿

jī lóngr

鸡 笼 儿

（7）韵母是 ing 的，丢掉韵尾，加上鼻化的 er。例如：

huāpíngr	*dǎmíngr*	*gǎnmíngr*	*huángyīngr*
花 瓶 儿	打 鸣 儿	赶 明 儿	黄 莺 儿

luó bo yīngr	*rénqíngr*	*yìngjǐngr*	*diànyǐngr*
萝卜缨儿	人 情 儿	应 景 儿	电 影 儿

儿化韵发音的难点是掌握卷舌的时间。儿化对声母和韵头没有影响，儿化主要影响韵腹和韵尾，因此卷舌的时间应选择与韵腹发音的同时，如果等原音节读完再卷舌，就会发成单独的"儿"音节，把"niǎor"读成"niǎo'ér"。

（三）儿化的作用

儿化在普通话里，不仅仅是一种语音现象，还跟词汇和语法有密切的关系，它具有区别词义、区分词性和表示感情色彩的作用。

（1）区别意义　例如：

头　　　tóu　　　脑袋
头儿　　tóur　　　带头的

眼　　　yǎn　　　眼睛
眼儿　　yǎnr　　　小窟窿

信　　　xìn　　　书信
信儿　　xìnr　　　消息

花　　　huā　　　意思丰富，义项较多。
花儿　　huār　　　意义单一，只指"花"的一个义项。

（2）区别词性　例如：

盖　　　gài　　　名词；动词。
盖儿　　gàir　　　名词。

黄　　　huáng　　　形容词。
黄儿　　huángr　　　名词。

尖　　　jiān　　　形容词。
尖儿　　jiānr　　　名词。

$\begin{cases} 画 & huà & 动词;名词。 \\ 画儿 & huàr & 名词。 \end{cases}$

$\begin{cases} 圈 & quān & 名词。 \\ 圈儿 & quānr & 量词 \end{cases}$

从以上例子可以得出这样的结论:部分兼动、名两类的词,儿化后固定为名词;有的名词、动词儿化后借用为量词。此外,有些代词、副词、动词和重叠的形容词也有儿化现象。如:

那儿 nàr 玩儿 wánr 顺便儿 shùnbiànr

慢慢儿 mànmānr

(3)表示细小、亲切或喜爱的感情色彩。例如:

$\begin{cases} 小孩子 & xiǎoháizi & 带不满或厌恶色彩 \\ 小孩儿 & xiǎoháir & 带亲切喜爱色彩 \end{cases}$

$\begin{cases} 勺子 & sháozi & 不带感情色彩 \\ 勺儿 & sháor & 表细小的意思 \end{cases}$

$\begin{cases} 盆 & pén & 不带感情色彩 \\ 盆儿 & pénr & 表细小或喜爱色彩 \end{cases}$

$\begin{cases} 鱼 & yú & 可指大鱼也可指小鱼 \\ 鱼儿 & yúr & 只指小鱼 \end{cases}$

$\begin{cases} 花裙子 & huāqúnzi & 不带感情色彩 \\ 花裙儿 & huāqúnr & 带有喜爱色彩 \end{cases}$

四、语气词"啊"的音变

"啊"有两种词性。作为叹词的"啊"有阴平、阳平、去声、上声四个声调,用来区别不同的意义,不属于音变范畴;作为语气词的"啊",常用于语句末尾,一般读轻声,受其前面音素的影响,发生相应的变化。

(1)位于 i、ü、a、o、e、ê 之后,变读为"ia",写作"呀"。例如:

你呀,为什么不早说呀?

怎么天天吃鱼呀?

这些花呀,一天不浇水,它们就渴呀。

好大的雪呀,可我没合适的冰鞋呀!

(2)位于 u、ao[au]之后,变读为"ua"写作"哇"。例如:

瓜子皮儿可不能乱吐哇!

好哇,你这家伙可真会取巧哇!

(3)位于韵尾 n 之后,变读为"na",写作"哪"。例如:

这事难哪,可叫人怎么办哪!

(4)位于韵尾 ng 之后,变读为"nga",仍写作"啊"。例如:

冲啊!

你怎么这么荒唐啊?

(5)位于"zhi、chi、shi、ri、er"等音节之后,变读为"[zA]",仍写作"啊"。例如:

噢,这就是"地方志"啊。

你写的这也叫诗啊?叫顺口溜还差不多。

今天咱可不能去迟啊!

(6)位于"zi、ci、si"音节之后,变读为"[zA]",仍写作"啊"。例如:

原来,你真不认识字啊!

这可是真丝啊!

说话不许带刺啊!

五、音变训练

(一)"一、不"变调训练

阴平前

yì zhuān	yì tiān	yìbān	yìbiān
一砖	一天	一般	一边
yì qiān	yì quān	yìdūn	yìbāo
一千	一圈	一吨	一包
yì duān	yìfā	yìshēng	yìjīng
一端	一发	一生	一经

yì shēn	yì xīn	yì xiē	yì sī
一身	一心	一些	一丝

yì zhī	yì shuō	bù zhōng	bù dān
一只	一说	不忠	不单

bù duān	bù gān	bù xiānggān	bù jīng
不端	不甘	不相干	不惊

bù jū	bù xīng	bù yī	bù guāng
不拘	不兴	不依	不光

bù gōng	bù fēng	bù jīn	bù kān
不公	不疯	不禁	不堪

bù xī	bù shuō	bù xiān	bù xīn
不惜	不说	不鲜	不新

bù tīng	bù huāng	bù jiān	bù tiāo
不听	不慌	不坚	不挑

bù guī
不归

阳平前

yì zhí	yì nián	yì rén	yì tuán
一直	一年	一人	一团

yì shí	yì xíng	yì pái	yì lián
一时	一行	一排	一连

yì chéng	yì xí	yì xí	yì tóng
一成	一袭	一席	一同

yì tiáo	yì wén	yì tóu
一条	一文	一头

bù lái	bù cái	bù chéng	bù dié
不来	不才	不成	不迭

bù fá	bù fán	bù míng	bù suí
不乏	不凡	不明	不遂

bù rén	bù xiáng	bù fú	bù zú
不仁	不详	不符	不足

bù céng	bù yóu	bù yí	bù dé
不曾	不由	不宜	不得

bù jué	bù liáng	bù rán	bù róng
不觉	不良	不然	不容

bù rú	bù shí	bù tíng	bù tóng
不如	不时	不停	不同

bù néng	bù xíng
不能	不行

上声前

yì diǎnr	yì kǒu qì	yì qǐ	yì zhǔn
一点儿	一口气	一起	一准

yì mǐ	yì lǐ	yì tǒng	yì zǎo
一米	一里	一统	一早

yì shǒu	yì lǎn	yì jǔ	yì tǐ
一手	一览	一举	一体

yì mǔ	yì zǔ	bù jiǎng	bù děng
一亩	一组	不讲	不等

bù gǎn	bù lǐng	bù shuǎng	bù zhǐ
不敢	不领	不爽	不只

bù xǔ	bù zhǔn	bù bǐ	bù jǐn
不许	不准	不比	不仅

bù jiǔ	bù shǎo	bù miǎn	bù guǎn
不久	不少	不免	不管

bù lǐ	bù jiě	bù guǐ	bù fǎ
不理	不解	不轨	不法

去声前

yí bàn	yí dìng	yíqiè	yígè
一半	一定	一切	一个

yílì	yí xiàng	yílù	yílù
一例	一向	一律	一路

yí yàng	yí guàn	yí duìr	yí dàn
一样	一贯	一对儿	一旦

yí bìng	yí zài	yí zhì	yí zhèn
一并	一再	一致	一阵

yí gài	yí gòng		
一概	一共		

bú cè	bú cuò	bú dài	bú shàn
不测	不错	不待	不善

bú wài	bú xiè	bú yàn	bú zài
不外	不屑	不厌	不在

bú zhèn	bú lìn	bú gù	bú bì
不振	不吝	不顾	不必

bú dàn	bú dàng	bú kuì	bú xìng
不但	不当	不愧	不幸

bú yòng	bú yì	bú duì	bú zhù
不用	不义	不对	不住

bú qù	bú lèi	bú wèi	
不去	不累	不畏	

（二）上声变调训练（变调音节注实际读法，半上仍标
原调）

上声加上声

bá bǐng	yóng yuǎn	báo guǎn	báo xiǎn
把柄	永远	保管	保险

báo shǒu	báo mǔ	báo lěi	báo mǎn
保守	保姆	堡垒	饱满

biáo yǎn	cái fǎng	cái qǔ	chán pǐn
表演	采访	采取	产品

cháng zhǎng	chú lǐ	dá dǎo	dáng wěi
厂长	处理	打倒	党委

dáo yǔ	dáo yǎn	dián lǐ	dián huǒ
岛屿	导演	典礼	点火

yú fǎ	fáng gǎn	fán huǐ	fán xǐng
语法	反感	反悔	反省

fénbǐ 粉笔	fúyǎng 抚养	fú dǎo 辅导	gǎi zǔ 改组
gǎnrǎn 感染	gǎnkǎi 感慨	gǎngkǒu 港口	gǎozhǐ 稿纸
gǔ wǔ 鼓舞	gǔdiǎn 古典	gǔ lǎo 古老	guǎn lǐ 管理
hǎigǎng 海港	hǎogǎn 好感	hǎozhuǎn 好转	huǐgǎi 悔改
jǐyǔ 给予	jiǎbǎn 甲板	jiǎn jǔ 检举	jiǎntǎo 检讨
jiǎncǎi 剪彩	jiǎnchǎn 减产	jiǎnshǎo 减少	jiǎngjiě 讲解
jiǎngyǎn 讲演	jiě yǔ 解语	jǐnguǎn 尽管	kǎogǔ 考古
kǎoqǔ 考取	kěkǎo 可考	kěqiǎo 可巧	kě yǐ 可以
kě xǐ 可喜	kóuyǔ 口语	kúnǎo 苦恼	lǎohǔ 老虎
lǎobǎn 老板	líjiě 理解	lǐ cǎi 理睬	lǐ xiǎng 理想
lǐ pǐn 礼品	liǎojiě 了解	língdǎo 领导	líng tǔ 领土
lǚ guǎn 旅馆	měihǎo 美好	měimǎn 美满	miǎnqiǎng 勉强
nǎifěn 奶粉	niúzhuǎn 扭转	óu'ěr 偶尔	pǐnzhǒng 品种
pǔ qǔ 谱曲	qǐ cǎo 起草	qǐ mǎ 起码	qiǎoshǒu 巧手
qǐngjiǎn 请柬	shóuzhǐ 手指	shóulǐng 首领	shóunǎo 首脑
shóuzhǎng 首长	shuǐbiǎo 水表	shuíguǒ 水果	shuí tǔ 水土
suóshǔ 所属			

上声加非上声(上声变半上,仍标原调)

bǎ guān	bǎituō	bǎowēn	běijīng
把关	摆脱	保温	北京

běifāng	běnshēn	bǐ fāng	biǎozhāng
北方	本身	比方	表彰

chǎn qū	chǎngshāng	chǎngjiā	chǎngkāi
产区	厂商	厂家	敞开

chǔfāng	chuǎn xī	dǎ zhēn	dǎzhāo hu
处方	喘息	打针	打招呼

diǎnxīn	fǎ guī	fǎ guān	fǎn bō
点心	法规	法官	反驳

gǎibiān	gǎn jī	gǔ dōng	guǎng bō
改编	感激	股东	广播

hǎibīn	huǒchē	jiǎzhuāng	jiǎnxiū
海滨	火车	假装	检修

jiǎnchēng	jiǎndān	jiǎn dī	jiě pōu
简称	简单	减低	解剖

jǐnsuō	kě guān	nǎ xiē	qǐ chū
紧缩	可观	哪些	起初

shěn pī	shuǐzāi		
审批	水灾		

bǎochí	bǎocún	bǎoliú	bǎo hé
保持	保存	保留	饱和

bǎoshí	běnnéng	bǐ zhí	biǎnzhí
宝石	本能	笔直	贬值

liǎnpén	lǚ xíng	mǎn zú	měngrán
脸盆	旅行	满足	猛然

ǒu rán	qǐ tú	qiǎn zé	sǎnwén
偶然	企图	谴责	散文

sǎochú	shuǐyuán	yǔ wén	jiǎnchá
扫除	水源	语文	检查

yǐnmán	jǔxíng	zhǔchí	qǐchuáng
隐瞒	举行	主持	起床
yǎnyuán	jiějué	liǎngjí	lǐngrán
演员	解决	两极	凛然
qǐdí	qiǎngduó	biǎobái	lǔinián
启迪	抢夺	表白	累年
guǒrán	huǒchái	gǔwén	
果然	火柴	古文	

bǎwò	bǎxì	bǎibèi	bǎihuò
把握	把戏	百倍	百货
bǎishù	bǎidòng	bǎngyàng	bǎngjià
柏树	摆动	榜样	绑架
bǎohù	bǎojiàn	bǎomì	bǎowèi
保护	保健	保密	保卫
bǎozhàng	bǎozhèng	bǎozhòng	bǎoguì
保障	保证	保重	宝贵
bǎojiàn	bǎokù	běibù	běimiàn
宝剑	宝库	北部	北面
běnzhì	bǐjià	bǐjiào	bǐlì
本质	比价	比较	比例
bǐngxìng	cǎigòu	lǐwù	liǎnsè
秉性	采购	礼物	脸色
lǐngxiù	lǒngduàn	lǒngzhào	lǔkè
领袖	垄断	笼罩	旅客
mǎlù	mǎxì	mǐfàn	měishù
马路	马戏	米饭	美术
miǎnlì	niǔkòu	pǎodào	pǐnzhì
勉励	纽扣	跑道	品质
qǐshì	qǐyè	qiǎngjiù	qiǎomiào
启示	企业	抢救	巧妙

qǐngyuàn	qǔdài	rěnshòu	rěnnài
请 愿	取代	忍 受	忍耐
shǎnshuò	shǎoshù	shǐmìng	shǐyòng
闪 烁	少 数	使 命	使 用
shǒushù			
手 术			

上声加轻声

ǎnmen	běibian	běnzi	běnshi
俺们	北 边	本子	本事
dǎfa	dǎnzi	dǎoteng	dǐxia
打发	胆子	倒 腾	底下
lǐngzi	sǎozi	tǎn zi	jiě jie
领子	嫂子	毯子	姐姐
záo qi	jiǎngjiang	xiǎngtou	xíxi
早起	讲 讲	想 头	洗洗
dá dian	bá shou		
打点	把手		

上声 + 上声 + 上声

hén yǒnggǎn	hěn yǒnggǎn	méng gú yǔ
很 勇 敢	很 勇 敢	蒙 古语
dǎngxiáo zǔ	dǎngxiáo zǔ	xiáo liángkǒu
党 小组	党 小组	小 两 口
xiǎo liángkǒu	léng chúlǐ	lěng chúlǐ
小 两 口	冷 处理	冷 处理
háo chángzhǎng	hǎo chángzhǎng	láo zóngguǎn
好 厂 长	好 厂 长	老 总 管
lǎozóngguǎn	xiáomúzhǐ	xiǎomúzhǐ
老 总 管	小 拇指	小 拇指
zhíláo hǔ	zhǐláo hǔ	yóngyuǎn méihǎo
纸老虎	纸老虎	永 远 美 好
yóngyuán méihǎo	Lí chángzhǎng géiwǒ wúpí mǎ	
永 远 美 好	李 场 长 给我五匹马	
Lǐ chángzhǎng géiwǒ wǔpí mǎ	bící yóuhǎo	
李 场 长 给我五匹马	彼此友好	

bǐcǐ yóuhǎo	mái bǎ yúsǎn	mái bǎ yúsǎn
彼此友好	买 把 雨伞	买 把 雨伞
zhánlánguǎn	qí yóu cí lǐ	qí yǒu cí lǐ
展览馆	岂有此理	岂有此理

（三）形容词重叠变调训练

单音节重叠儿化

báibāir de	bàngbāngr de	bǎobāor de
白白儿的	棒 棒儿的	饱饱儿的
biǎnbiānr de	chángchāngr de	cuìcuīr de
扁扁儿的	长 长儿的	脆脆儿的
duōduōr de	fāngfāngr de	gāngānr de
多多儿的	方 方儿的	干干儿的
gāogāor de	gǔgūr de	guāiguāir de
高高儿的	鼓鼓儿的	乖 乖儿的
hǎohāor de	hónghōngr de	hòuhōur de
好好儿的	红 红儿的	厚厚儿的
duǎnduānr de	jiānjiānr de	jǐnjīnr de
短 短儿的	尖 尖儿的	紧紧儿的
kuàikuāir de	mànmānr de	nuǎnnuānr de
快快儿的	慢 慢儿的	暖 暖儿的
pàngpāngr de	ruǎnruānr de	xìxīr de
胖 胖儿的	软 软儿的	细细儿的
zǎozāor de	yuányuānr de	yuǎnyuānr de
早早儿的	圆 圆儿的	远 远儿的
qiāoqiāor de	qīngqīngr de	rèrēr de
悄 悄儿的	轻 轻儿的	热热儿的
dà dār de	wàngwāngr de	shòushōur de
大大儿的	旺 旺儿的	瘦 瘦儿的
ǎi āir de	báobāor de	huóhuōr de
矮矮儿的	薄 薄儿的	活 活儿的
kōngkōngr de	jìngjīngr de	zhòngzhōngr de
空 空儿的	静 静儿的	重 重儿的

单音节＋重叠后缀

mànténgtēng
慢 腾 腾

mǎndāngdāng
满 当 当

nù chōngchōng
怒 冲 冲

nuǎnyāngyāng
暖 洋 洋

nuǎnhūhū
暖 乎 乎

máorōngrōng
毛 茸 茸

měi zī zī
美 滋 滋

nàorāngrāng
闹 嚷 嚷

nàohōnghōng
闹 哄 哄

pàngdūndūn
胖 墩 墩

pànghūhū
胖 乎 乎

mínghuānghuāng
明 晃 晃

míngguāngguāng
明 光 光

qì gū gū
气 鼓 鼓

qì xū xū
气 吁 吁

qì hū hū
气 乎 乎

lěngqīngqīng
冷 清 清

lěng sī sī
冷 丝 丝

lěngsōusōu
冷 飕 飕

liàngguāngguāng
亮 光 光

liàngjīngjīng
亮 晶 晶

liàngtāngtāng
亮 堂 堂

lù rōngrōng
绿 茸 茸

lù yōuyōu
绿 油 油

lù yīngyīng
绿 莹 莹

luànfēnfēn
乱 纷 纷

luànhōnghōng
乱 哄 哄

luànpēngpēng
乱 蓬 蓬

mì māmā
密 麻 麻

qièshēngshēng
怯 生 生

qīngpiāopiāo
轻 飘 飘

rè lā lā
热 辣 辣

shǎ hē hē
傻 呵 呵

shǎ hū hū
傻 乎 乎

shuǐlínglíng
水 灵 灵

shuǐwāngwāng
水 汪 汪

shùndāngdāng
顺 当 当

shùnliū liū
顺 溜 溜

tián mī mī
甜 蜜 蜜

wān qū qū
弯 曲 曲

wùmēngmēng
雾 蒙 蒙

wénzhōuzhōu
文 绉 绉

xiào hā hā
笑 哈 哈

xiào hē hē
笑 呵 呵

xiào mī mī
笑 眯 眯

xiào xī xī
笑 嘻 嘻

xiàoyīnyīn
笑 吟 吟

xuèlín lín
血 淋 淋

xiūdādā
羞答答

xióngjiūjiū
雄纠纠

yìngbāngbāng
硬梆梆

yìnglānglāng
硬朗朗

yóunīnī
油腻腻

yūnhūhū
晕乎乎

xiūdàdā
羞答答

双音节 AABB 式

ānānjīngjīng
安安静静

báibaijīngjīng
白白净净

bièbieniūniū
别别扭扭

chànchanyōuyōu
颤颤悠悠

chǎochaonāonāo
吵吵闹闹

chǎochaorāngrāng
吵吵嚷嚷

cūculālā
粗粗拉拉

cuìcuishēngshēng
脆脆生生

dàdafāngfāng
大大方方

dìdi dāodāo
地地道道

dūndunshīshī
墩墩实实

duōduosuōsuō
哆哆嗦嗦

fùfutāitāi
富富泰泰

gōugoudādā
勾勾搭搭

gūgudāndān
孤孤单单

guīguijūjū
规规矩矩

huāhuashāoshāo
花花梢梢

huànghuangdāngdāng
晃晃荡荡

jiējieshīshī
结结实实

jiējiebābā
结结巴巴

kèkeqīqī
客客气气

kuàikuailēlē
快快乐乐

kuānkuanchāngchāng
宽宽敞敞

lìliluōluō
利利落落

lìlisuōsuō
利利索索

liángliangkuāikuāi
凉凉快快

liàngliangtāngtāng
亮 亮 堂 堂

luōluosuōsuō
啰啰唆唆

māma hū hū
马马虎虎

màomaoshīshī
冒冒失失

mēngmengdōngdōng
懵 懵 懂 懂

mí mi hū hū
迷迷糊糊

mómocēngcēng
磨磨蹭蹭

piàopiaoliāngliāng
漂漂亮亮

pǔ putōngtōng
普普通通

qīnqin rē rē
亲亲热热

shāngshangliāngliāng
商商量量

shùnshundāngdāng
顺顺当当

tā ta shīshī
踏踏实实

tòngtongkuāikuāi
痛痛快快

yányanshīshī
严严实实

zhīzhiwūwū
支支吾吾

（四）轻声词语训练（变调处按变调标注）

bàochou 报 酬	bièniu 别扭	chōu ti 抽 屉	dēnglong 灯 笼
dì fang 地 方	ěr duo 耳朵	bèntou 奔头	bù zhi 布 置
cì wei 刺猬	dī fang 提 防	dòngjing 动 静	bàngchui 棒 槌
bèifen 辈分	bí ti 鼻涕	biān ji 编辑	chēng hu 称 呼
chū xi 出 息	dā la 耷拉	dāolao 叨唠	dī gu 嘀咕
dòngtan 动 弹	duìwu 队伍	féi shi 肥实	bāo fu 包袱
bǐ fang 比 方	biǎndan 扁担	bō li 玻璃	cōngming 聪 明
dǎ ting 打听	diǎnxin 点 心	dòu fu 豆腐	duōme 多么

fèi wu	báijing	bèi wo	bǐ hua
废物	白净	被卧	比画
biàndang	bò he	cán ji	chéngfen
便当	薄荷	残疾	成分
chùsheng	còu he	dàfang	dǎ ban
畜生	凑合	大方	打扮
dāndai	dàoli	dǐ xia	dìngqian
担待	道理	底下	定钱
duōsuo	fèi yong	bāohan	běnfen
哆嗦	费用	包涵	本分
cāngying	chuāng hu	cuō he	dōnggua
苍蝇	窗户	撮合	冬瓜
dān ge	dàoshi	dì xiong	bā jie
耽搁	道士	弟兄	巴结
duì fu	fànren	fēncun	bǐ shi
对付	犯人	分寸	比试
bǎishe	bǎobei	běnqian	chōng tu
摆设	宝贝	本钱	冲突
biéren	bǔ ding	chāishi	dé zui
别人	补丁	差事	得罪
cì hou	dǎ liang	dānwu	fāngbian
伺侯	打量	耽误	方便
dì dao	dōng jia	ě xin	gé shi
地道	东家	恶心	格式
fēn fu	fēn xi	fù qin	háng jia
吩咐	分析	父亲	行家
gōngwei	guān si	guō ba	huá ji
恭维	官司	锅巴	滑稽
hé tong	hú tong	huǎng hu	jiē ba
合同	胡同	恍惚	结巴
huǒhou	jǐ liang	jià shi	kùnnan
火候	脊梁	架势	困难
jìnbian	kǎojiu	kè ren	
近便	考究	客人	

láitou 来头	lì suo 利索	liànxi 练习	fènliang 分量
fú fen 福分	gàoshi 告示	gēntou 跟头	gōu da 勾搭
guāncai 棺材	hòudao 厚道	hú lu 葫芦	huáliu 滑溜
huàngdang 晃荡	huǒ ji 伙计	jiāodai 交代	jiē fang 街坊
kǎo lü 考虑	kǒudai 口袋	léi zhui 累赘	lìji 痢疾
liángkuai 凉快	fú qi 福气	gānjing 干净	gào su 告诉
gōngdao 公道	gǔ tou 骨头	guān xi 关系	hā qian 哈欠
hǎochu 好处	hòushi 厚实	hū nong 糊弄	huàichu 坏处
huàngyou 晃悠	huòhai 祸害	jì xing 记性	jiāodao 交道
jiē shi 结实	kàoshan 靠山	jīngshen 精神	kǒu qi 口气
kuò qi 阔气	lāodao 唠叨	líba 篱笆	lì liang 力量
liángshi 粮食	fēngzheng 风筝	fú shi 服侍	gānliang 干粮
gē men 哥们	gōng fu 工夫	gū du 咕嘟	gū ye 姑爷
guàntou 罐头	héji 合计	hòutou 后头	hú tu 胡涂
huāngzhang 慌张	huódong 活动	huì lu 贿赂	jì du 忌妒
jiān xi 奸细	jiāoqi 娇气	kē shui 瞌睡	kū long 窟窿
láosao 牢骚	lǐtou 里头	lìqi 力气	liángxin 良心

fèngcheng 奉 承	fǔ tou 斧头	gānzhe 甘 蔗	gē bei 胳臂
gē bo 胳膊	gōng fu 功 夫	gūfu 姑父	guǎ fu 寡妇
guī ju 规矩	hán hu 含糊	hé shang 和 尚	húli 狐狸
huā fei 花 费	huánggua 黄 瓜	jī ling 机灵	jiā ju 家具
jiāng jiu 将 就	jiǎohuo 搅和	jiè zhi 戒指	kāituo 开脱
kè bo 刻薄	kuàihuo 快 活	lǎba 喇叭	lǎoshi 老实
lì luo 利落	liánpeng 莲 蓬	fū ren 夫 人	fùyu 富裕
gāoliang 高 粱	gē da 疙瘩	gōngqian 工 钱	gū niang 姑 娘
guài wu 怪 物	guī nü 闺女	hángdang 行 当	hé tao 核桃
hú qin 胡琴	huāxiao 花 消	huángshang 皇 上	huó po 活 泼
jī qi 机器	jiàzhuang 嫁 妆	jiǎng jiu 讲 究	jiàohuan 叫 唤
jiè mo 芥末	kānjian 看 见	kèqi 客 气	kuàiji 会 计
lǎma 喇嘛	lì qian 利 钱	lián xi 联 系	língdang 铃 铛
língli 伶俐	luó si 螺蛳	màzha 蚂蚱	méigui 玫瑰
miánhua 棉 花	míng zi 名 字	mù di 目 的	nǎli 哪里
nàoteng 闹 腾	nú cai 奴 才	pàntou 盼 头	pōla 泼辣
qíngxing 情 形	rè nao 热 闹	róng yi 容 易	shāobing 烧 饼

shén qi 神气	shíchen 时辰	shìqing 事情	shǒu xu 手续
súqi 俗气	tāmen 它们	tiānqi 天气	tuòmo 唾沫
liū da 溜达	luòtuo 骆驼	máiyuan 埋怨	méimao 眉毛
miáotiao 苗条	mó gu 蘑菇	mùjiang 木匠	nà ge 那个
néngnai 能耐	nǚ ren 女人	pèi fu 佩服	pí pa 琵琶
pū teng 扑腾	qī fu 欺负	rénjia 人家	shāomai 烧麦
shénxian 神仙	shíhou 时候	shì li 势力	shǒu yi 手艺
shǔxiang 属相	sù jing 素净	tā shi 踏实	tiántou 甜头
lóngtou 龙头	mǎimai 买卖	méiren 媒人	miáotou 苗头
mó hu 模糊	mùtou 木头	nǐ men 你们	nǚ xu 女婿
pēn ti 喷嚏	pián yi 便宜	pū ke 扑克	qì shu 气数
rénmen 人们	sǎ tuo 洒脱	sháoyao 芍药	shénme 什么
shí liu 石榴	shū hu 疏忽	shùmu 数目	suàn ji 算计
tài du 态度	tiāo ti 挑剔	wàisheng 外甥	lóngtou 笼头
máfan 麻烦	mántou 馒头	mèi fu 妹夫	míngbai 明白
mò li 茉莉	niáncheng 年成	nuǎnhuo 暖和	péngyou 朋友
piàoliang 漂亮	pū gai 铺盖	qiántou 前头	quántou 拳头

rénwu 人物	sàozhou 扫帚	shào ye 少爷	shēngri 生日
shítou 石头	shōucheng 收成	shū fu 舒服	shuǐling 水灵
suìshu 岁数	tè wu 特务	tiě jiang 铁匠	wàitou 外头
luōsuo 啰嗦	má li 麻利	máobing 毛病	mén lu 门路
míngfen 名分	múyang 模样	nángua 南瓜	pí qi 脾气
pú sa 菩萨	qīn qi 亲戚	rènshi 认识	shétou 舌头
shēng yi 生意	shǐhuan 使唤	shōushi 收拾	tòngkuai 痛快
wǎnshang 晚上	mǎ hu 马虎	ménmian 门面	míng qi 名气
mǔdan 牡丹	nánren 男人	nián ji 年纪	pánchan 盘缠
pīntou 姘头	pú tao 葡萄	qínkuai 勤快	rè hu 热乎
shāngliang 商量	shēngkou 牲口	shǒushi 首饰	sī wen 斯文
tǐ mian 体面	tóu fa 头发	luó bo 萝卜	mǎtou 码头
màoshi 冒失	mí hu 迷糊	míngtang 名堂	mǔqin 母亲
nǎodai 脑袋	niàndao 念叨	pánsuan 盘算	pó jia 婆家
qīngchu 清楚	rè huo 热火	ruǎnhuo 软和	shēnfen 身分
shī fu 师傅	sī liang 思量	tìhuan 替换	túdi 徒弟
wàng ji 忘记	wōnang 窝囊	xì zhi 细致	xiànggong 相公

xiēxi 歇息	xiōng di 兄弟	xuéwen 学问	yánwang 阎王
yāojing 妖精	yì jian 意见	yìnglang 硬朗	yùn qi 运气
zàohua 造化	zhàngren 丈人	zhè ge 这个	zhémo 折磨
zhuàntou 赚头	zuōfang 作坊	wěi ba 尾巴	xiā mi 虾米
xiàngsheng 相声	xīn si 心思	xiū xi 休息	yánshi 严实
yàoshi 钥匙	yì si 意思	zěnme 怎么	zhàngpeng 帐篷
zhème 这么	zhīma 芝麻	zhuāngjia 庄稼	zuòliao 作料
wěi qu 委屈	wùhui 误会	xià ba 下巴	xiāo xi 消息
xīnxian 新鲜	xiùcai 秀才	yā tou 丫头	yǎnjing 眼睛
yī fu 衣服	yì shi 意识	yuān jia 冤家	zá sui 杂碎
zhāshi 扎实	zhāo hu 招呼	zhěntou 枕头	zhì qi 志气
zhuàngshi 壮实	zuómo 琢磨	wèidao 味道	xià hu 吓唬
xiǎo jie 小姐	xún si 寻思	xiù qi 秀气	yá men 衙门
yàn tai 砚台	yī shang 衣裳	yì wu 义务	yuānwang 冤枉
zài hu 在乎	zhàlan 栅栏	zhāopai 招牌	zhīwu 支吾
zhì du 制度	zhuàngyuan 状元	wèikou 胃口	xī gua 西瓜
xiānsheng 先生	xiǎo qi 小气	xíngli 行李	xù dao 絮叨

yǎ ba	yāng ge	yífu	yīnwei
哑巴	秧歌	姨夫	因为
yuānyang	zánmen	zhāngluo	zhàotou
鸳鸯	咱们	张罗	兆头
zhīshi	zhì xu	zìzai	wèizhi
知识	秩序	自在	位置
xī han	xiǎngdong	xiàohua	xíngtou
希罕	响动	笑话	行头
xuán hu	xié hu	yāntong	yǎnghuo
玄乎	邪乎	烟筒	养活
yǐjing	yìngchou	yuèliang	zāo ta
已经	应酬	月亮	糟蹋
zhàngfu	zhàoying	zhǐjia	zhú yi
丈夫	照应	指甲	主意
zǔ zong	wěndang	xǐ huan	xiǎngtou
祖宗	稳当	喜欢	想头
xiàoshun	xìngzhi	xuésheng	yānzhi
孝顺	兴致	学生	胭脂
yāo he	yì chu	yìng fu	yúnchen
吆喝	益处	应付	匀称
zǎochen	zhàngmu	zhēteng	zhǐtou
早晨	丈母	折腾	指头
zhuànyou	zuǐ ba	gē ge	jiě jie
转悠	嘴巴	哥哥	姐姐
lǎolao	yúncai	fēng zi	báicai
姥姥	云彩	疯子	白菜
yǎngyang	qù ya	shuō ya	qù ma
痒痒	去呀	说呀	去吗
qù guo	kān zhe	lái le	wǒ de
去过	看着	来了	我的
háo qi lai	lěngxia qu	dǎkai	guānshang
好起来	冷下去	打开	关上
zhè ge	zhīdao		
这个	知道		

（五）儿化词语训练（变调处按变调标注）

bāogānr	bīnggùnr	chàdiǎnr
包干儿	冰棍儿	差点儿
dàir	gànhuór	gèr
带儿	干活儿	个儿
guānggùnr	hǎohāor	hǎowánr
光棍儿	好好儿	好玩儿
huār	huàr	lǎotóur
花儿	画儿	老头儿
liáotiānr	méishìr	miàntiáor
聊天儿	没事儿	面条儿
mòshuǐr	nà mènr	nàozhewánr
墨水儿	纳闷儿	闹着玩儿
niántóur	wányìr	xiǎoháir
年头儿	玩意儿	小孩儿
xiàohuar	xīnyǎnr	xìnr
笑话儿	心眼儿	信儿
yānjuǎnr	yánr	yí huìr
烟卷儿	沿儿	一会儿
yí xiàr	yì diǎnr	yí gè jìnr
一下儿	一点儿	一个劲儿
yóudiǎnr	zhèhuìr	zhōngjiànr
有点儿	这会儿	中间儿
miànr	āi gèr	bá jiānr
面儿	挨个儿	拔尖儿
báibānr	báibúr	báigānr
白班儿	白醭儿	白干儿
bǎitānr	bài jiā zǐr	bǎncār
摆摊儿	败家子儿	板擦儿
bǎogér	bàodǔr	bèiwōr
饱嗝儿	爆肚儿	被窝儿
bèntour	bí liángr	bù dé jìnr
奔头儿	鼻梁儿	不得劲儿

chàdàor	chàngpiānr	chūquānr
岔 道儿	唱 片儿	出 圈儿

chuànménr	fēngr	dāchár
串 门儿	风儿	答 茬儿

dádǔnr	dǎgér	dǎmíngr
打盹儿	打嗝儿	打鸣儿

dǎzár	dānxiánr	dànjuér
打杂儿	单 弦儿	旦 角儿

dāobàr	dāopiànr	dòujiǎor
刀把儿	刀 片儿	豆 角儿

dòu fu gānr	dòu fu nǎor	dòuyár
豆腐 干儿	豆腐 脑儿	豆牙儿

diàoménr	dǐngniúr	dǐngshìr
调 门儿	顶 牛儿	顶 事儿

gè tóur	gòuběnr	gòujìnr
个头儿	够 本儿	够 劲儿

guōguor	guōtiēr	huǒhuār
蝈 蝈儿	锅 贴儿	火 花儿

kāirènr	kǒushàor	kù chǎr
开 刃儿	口 哨儿	裤 衩儿

kù dōur	kuàibǎnr	liǎndànr
裤 兜儿	快 板儿	脸 蛋儿

piànr	nà mènr	nà huìr
片儿	纳 闷儿	那 会儿

nà mediǎnr	ní tāir	niānjiūr
那么 点儿	泥 胎儿	拈 阄儿

niǎor	ǒu jiér	bǎnr
鸟儿	藕 节儿	板儿

gǎnmíngr	qǐ míngr	qiāng zǐr
赶 明儿	起 名儿	枪 子儿

qiǎojìnr	qiúr	ràoyuǎnr
巧 劲儿	球儿	绕 远儿

rénr	rényǐngr	rényuánr
人儿	人 影儿	人 缘儿

sǎngménr	shǎjìngr	shānmiànr
嗓门儿	傻劲儿	扇面儿
shàngzuòr	shōutānr	yīnliàngr
上座儿	收摊儿	阴凉儿
yǎnr	tóur	sǐ kòur
眼儿	头儿	死扣儿
sòngxìnr	suànbànr	suìbùr
送信儿	蒜瓣儿	碎步儿
táohǎor	tìr	tóngzǐr
讨好儿	屉儿	铜子儿
tòuliàngr	wéibór	běnr
透亮儿	围脖儿	本儿
xiǎngr	xiàngpiānr	xiǎobiànr
响儿	相片儿	小辫儿
xiáoqǔr	xīnyǎnr	xiéménr
小曲儿	心眼儿	邪门儿
huājuǎnr	yānzuǐr	biānr
花卷儿	烟嘴儿	边儿
yāobǎnr	yǎozìr	yé menr
腰板儿	咬字儿	爷们儿
yérmen	kǒur	yí liùr
爷儿们	口儿	一溜儿
yí shùnr	yì dīngdiǎnr	yì gǔnǎor
一顺儿	一丁点儿	一股脑儿
yí gèjìnr	yīngmíngr	yǐngpiānr
一个劲儿	应名儿	影片儿
yǒupànr	zǎor	zhā zir
有盼儿	枣儿	渣子儿
zhǎngsháo	zhǎochár	zhàomiànr
掌勺儿	找茬儿	照面儿
zhèr	zhēnbír	zhōng bu liūr
这儿	针鼻儿	中不溜儿
zhōngjiànr	zhuìr	zǒudàor
中间儿	坠儿	走道儿

zǒudiàor
走调儿

zǒushénr
走神儿

zǒuwèir
走味儿

zuòhuór
做活儿

yáshuār
牙刷儿

jūmòr
锯末儿

jiǔwōr
酒窝儿

xiǎochēr
小车儿

huǒr
火儿

tāijiēr
台阶儿

xiǎoxiér
小鞋儿

mùjuér
木橛儿

miànhúr
面糊儿

dēngr
灯儿

bǐmàor
笔帽儿

màimiáor
麦苗儿

zhǐtiáor
纸条儿

niǔkòur
纽扣儿

jǐngr
井儿

méiqiúr
煤球儿

xiǎoniúr
小牛儿

guōgàir
锅盖儿

xiǎocàir
小菜儿

lír
梨儿

wǎnbèir
晚辈儿

zásuìr
杂碎儿

ěrzhuìr
耳坠儿

shūqiānr
书签儿

niānr
蔫儿

cháguǎnr
茶馆儿

yuánquānr
圆圈儿

nǎoménr
脑门儿

shūběnr
书本儿

guār
瓜儿

dádǔnr
打盹儿

bèixīnr
背心儿

jiǎoyìnr
脚印儿

héqúnr
合群儿

míngr
名儿

gǔlìr
谷粒儿

yǒuqùr
有趣儿

xiǎoyúr
小鱼儿

méicír
没词儿

màor
帽儿

méikòngr
没空儿

dǎmíngr
打鸣儿

tiānchuāngr
天窗儿

shùzhuāngr
树桩儿

xìngr
杏儿

（六）综合训练

1. 绕口令

Shēn pī yí kuài bù
身 披一 块 布，

Shǒu tí yì píng cù
手 提 一 瓶 醋，

Zǒu le yì lǐ lù
走 了一里 路，

Kànjiàn yì zhī tù
看 见 一 只 兔。

Chěxia bù fàngxia cù qù zhuō tù
扯下 布 放下醋 去 捉兔，

Pǎo le tù diū le bù sǎ le cù
跑 了兔 丢 了布 洒 了 醋。

Yī ér sān sì wǔ liù qī ,
一二 三 四 五六七，

Qī liù wǔ sì sān èr yī.
七六五四三二一。

Qī gè āyí lái zhāi guǒ,
七个阿姨来 摘 果，

Qī gè huālán shǒuzhōng tí .
七个 花篮 手 中 提。

Qīgè guǒzi bǎi qīyàng ,
七个果子摆 七样，

Xiāngjiāo píngguǒ táor ,
香 蕉 苹果 桃儿，

Shìzi lǐzi lìzi lír .
柿子李子栗子梨儿。

2. 谜语

Shuǐ chōng bù zǒu
水 冲 不 走,

huǒ shāo bú diào
火 烧 不 掉,

Chī le bú huì bǎo
吃 了 不 会 饱,

Yí kè bù néng shǎo
一 刻 不 能 少。

3. 句子

Zhāng lǎoshī cóng lóushang zǒu xia lai, shóu li bàozhe yí dà luò zuò yè
① 张 老师 从 楼上 走 下来,手 里 抱着 一 大 摞 作业

běn hé jiào jù。
本 和 教具。

Gōngyuán li shén me huār dōu yǒu: mǔ dan、yuè ji、méi gui、sháo yào,
② 公 园 里 什么 花儿 都 有:牡 丹、月 季、玫 瑰、芍 药,

hōng de、bái de、zǐ de、huáng de、piào liang jí le!
红 的、白 的、紫 的、黄 的、漂 亮 极 了!

Tiānshang fēngzheng jiànjiàn duō le, dì shang háizǐ yě duō le。 chéng
③ 天 上 风 筝 渐渐 多 了,地 上 孩子 也 多 了。 城

li xiāngxià, jiā jiā-hù hù láolǎo-xiǎoxiǎo, yé gǎntàngr shì de, yì gè gè
里 乡 下,家家-户户老老-小 小,也 赶 趟儿似的,一 个个

dōuchūlai le。……" Yī nián zhī jì zài yú chūn", gāng qǐ tóur yǒu de
都 出 来 了。……"一 年 之计 在于 春",刚 起 头儿,有 的

shì gōng fu, yǒu de shì xī wàng。
是 工 夫,有的 是 希望。

Xiǎoshānzhěng bǎ Jǐ Nán wéi le ge quān r, zhǐyǒubèibiānr quēzhediǎn
④ 小 山 整 把 济南 围了个 圈 儿,只有北 边儿缺 着点

kǒur。
口儿。

Cóng shāngōugou li kuà jìn dà xué nà nián, wǒ cái 16 suì, húnshēn shàng-
⑤ 从 山 沟沟里 跨进 大学 那年,我 才 16岁,浑身 上

xià fēiyáng zhe tǔqì。 Méi yǒu xué guo yīng yǔ, bù zhī dao Ān nà · kǎ-
下 飞扬 着土气。没 有 学 过 英语,不 知道 安娜·卡

liè ní nà shì shéi；bú huì shuō pǔtōnghuà,bù gǎn zài gōngkāichǎng hé jiǎng
列尼娜 是 谁；不会 说 普通话,不敢 在 公开 场合 讲

yí jù huà；bù dǒng dé tàng fà néng zēng jiā nǔ xìng de wǔ mèi；dì yí cì
一句话;不 懂得 烫发 能 增加 女性 的 妩媚;第一次

kàndào bānshang nántóngxué lǒuzhe nǔtóngxué tiàowǔ,xià de xīntiàoliǎn
看到 班上 男同学 搂着 女同学 跳舞,吓得 心跳脸

hóng.
红。

Táoshù、xìngshù、lí shù,nǐ bú ràng wǒ,wǒ bú ràng nǐ,dōu kāimǎn le huā
⑥桃树、杏树、梨树,你 不让 我,我 不让 你,都 开满 了花

gǎntàngr. Hóng de xiàng huǒ,fěn de xiàng xiá,bái de xiàng xuě. Huā
赶趟儿。红 的 像 火,粉 的 像 霞,白 的 像 雪。花

li dàizhe tián wèir;bì le yǎn,shùshang fǎng fú yǐ jīng mǎnshì táo'er、
里带着 甜 味儿;闭了 眼,树上 仿佛 已经 满是桃儿、

xìng'er、lí'er.
杏儿、梨儿。

Méiyǒu yí piàn lǜ yè,méiyǒu yì lǔ chuīyān,méiyǒu yí lì ní tǔ,méiyǒu yì sī
⑦没有 一 片 绿叶,没有 一缕炊 烟,没有 一粒泥土,没有 一丝

huāxiāng,zhǐyǒu shuǐ de shìjiè,yún de hǎiyáng.
花 香,只有 水 的 世界,云 的 海洋。

Yí zhèn táifēng xí guò,yì zhī gūdān de xiǎoniǎo wújiā kě guī,luòdao
一阵 台风 袭过,一只 孤单 的 小鸟 无家可归,落到

bèi juǎn dao yáng lǐ de mùbǎn shang,chéngliú'er xià,shānshān'er lái,jìn
被 卷 到 洋里的 木板 上 ,乘 流而下,姗 姗而来,近

'le,jìn le!
了,近 了!

Xiǎoshíhòu,wǒ xǐ huān zhànzài xiǎo hé biān kàn gē ge、jiě jie zài hé li
⑧小时候,我喜欢 站在 小河边 看 哥哥、姐姐 在 河里

yóuyǒng,tā men yí huìr yóu rù shuǐ dǐ,zài shuǐ zhōng zhuō mí cang,yí huìr
游 泳,他们 一会儿游入水底,在 水 中 捉迷藏,一会儿

fú chū shuǐmiàn,pō shuǐ dǎ zhàng.
浮出 水 面,泼水 打仗 。

4. 朗读材料(为了配合本章内容,变调处按变调标注,为便于诵
读,音节的分合,未严格按《汉语拼音正词法基本规则》书写)

1. HAISHANG DE RICHU

海 上 的 日 出

Zài chuán shang, wèi le kàn rì chū, wǒ tè dì qǐ ge dà zǎo　Nà shí tiān hái
在 船 上，为了看 日 出，我 特地 起个 大早。那时 天 还

méiyǒu liàng, zhōuwéi shì hěn jì jìng de, zhíyǒu jī qì fáng de shēngyīn.
没有 亮，周 围 是 很 寂静的，只有 机器房 的 声音。

Tiānkōng biànchéng le qiǎnlán sè, hěnqiǎn hěnqiǎn de; zhuányǎnjiān tiān-
天 空 变 成 了 浅蓝色，很 浅 很 浅 的；转 眼间 天

biān chūxiàn le yí dào hóngxiá, mànmānr kuòdà le tā de fànwéi, jiāqiáng le
边 出 现 了 一 道 红 霞，慢 慢儿 扩 大 了 它的 范围，加 强 了

tā de guāngliàng.　Wǒ zhīdao tàiyǎng yào cóng nà tiānjì shēng qi lai le, biàn
它的 光 亮。我 知道 太 阳 要 从 那 天际 升 起来了，便

mù bù zhuǎnjīng de wàngzhe nā li.
目 不 转 睛 地 望 着 那里。

Guǒrán, guò le yí huìr, zài nàli jiù chūxiàn le tàiyang de yì xiǎobàn,
果 然，过了 一会儿，在 那里 就 出 现 了 太 阳 的 一小半，

hóng shì hóng de hěn, què méiyǒu guāngliàng.　Zhè tàiyang xiàng fù zhe
红 是 红 得 很，却 没有 光 亮 。这 太 阳 像 负着

shénme zhòngdàn shì de, mànmānr yí bù yí bù de nǔ lì xiàng shàngmian
什么 重 担 似的，慢 慢儿 一 步 一 步 地，努力 向 上 面

shēng qǐ lai, dào le zuìhòu, zhōngyú chōngpò le yúnxiá, wánquán tiàochū le hǎi-
升 起来，到 了 最后，终 于 冲 破了 云 霞，完 全 跳出了 海-

miàn.　Nà yán sè zhēn hóng de kě'ài. Yí chà nà jiān, zhè shēnhóng de dōng xi,
面 。那 颜 色 真 红 得可爱。一刹那间，这 深红 的 东 西，

hūrán fā chū duómù de guāngliàng, shè de rén yǎnjīng fā tòng, tóngshí fù jìn
忽然 发 出 夺目 的 光 亮，射得人 眼睛 发 痛，同时 附近

de yún yě tiān le guāngcǎi.
的 云 也 添了 光 彩。

yǒushí tàiyang zǒu rù yún li, tā de guāngxiàn què réng cóng yún li tòu-
有时 太阳 走入 云里，它的 光 线 却 仍 从 云里 透-

shè xialai, zhí shèdao shuǐmiàn shang.　Zhè shíhou, rén yào fēnbiàn chū hé chù
射 下来，直 射到 水 面 上 。这 时候，人 要 分辨 出 何处

shì shuǐ, hé chù shì tiān hěn bù róng yi, yīnwèi zhǐ nénggòu kànjian guāngliàng
是 水，何 处 是 天，很 不 容 易，因为 只 能够 看 见 光 亮

de yípiàn.
的 一片。

Yǒushí tiānbiān yǒu hēiyún, er qiě yúnpiàn hěnhòu. Tàiyang chūlai le, rén
有时 天边 有 黑云，而且 云片 很厚。太阳 出来了，人
què bù néng gòu kànjiàn tā. Rán'ér tài yang zài hēi yún li fàng shè chū
却 不 能够 看见它。然而 太阳 在 黑云里 放射出
guāngmáng, tòuguo hēiyún de zhōuwéi, tì hēiyún xiāng le yí dào guāngliàng
光芒，透过黑云的 周围，替黑云 镶了 一道 光 亮
de jīnbiān, dào hòulái cái mànmānr tòuchū chóngwéi, chūxiàn zài tiānkōng,
的金边，到后来才 慢慢儿透出 重围，出现 在 天空，
bǎ yí piànpiàn hēiyún biànchéng le zǐ yun huò hóngxiá. zhè shíhòu, guāng
把 一片片黑云 变 成 了 紫云 或 红霞。这时候，光
liàng de bù jǐn shì tàiyang、yún hé hǎishuǐ, lián wǒ zìjǐ yě chéng le guāng
亮 的不仅是太阳、云 和 海水，连 我 自己也 成了 光
liàngde le.
亮 的了。

Zhè bú shì hěn wěidà de qí guān me?
这 不是 很 伟大的奇观 么？

2. KE' AI DE XIAONIAO
可爱 的 小鸟

méiyǒu yípiàn lǜyè, méiyǒu yìlǚ chuīyān, méiyǒu yílì nítǔ, méiyǒu yì
没有 一片绿叶，没有 一缕炊 烟，没有 一粒泥土，没有 一
sī huāxiāng, zhǐyǒu shuǐ de shìjiè yún de hǎiyáng.
丝花 香，只有 水 的世界，云 的海洋。

Yí zhèn táifēng xí guò, yì zhī gū dān de xiǎoliǎo wú jiā kě guī, luòdào bèi
一阵 台风 袭过，一只孤单的小鸟 无家可归，落到 被
juǎn dao yáng li de mùbǎn shang, chéng liú ér xià, shānshān ér lái, jìn le, jìn
卷 到 洋里的木板 上，乘 流而下，姗姗 而来，近了，近
le! ……
了! ……

Hūrán, xiǎoniǎo zhāngkāi chìbǎng, zài rénmen tóudǐng shang pánxuán le jǐ
忽然，小鸟 张开翅膀，在 人们 头顶 上 盘旋 了几
quān, "pū lā" yì shēng luòdào le chuánshang. Xǔ shì léi le? Háishì fā xiàn le
圈，"噗啦"一声 落到了 船 上。许是累了？还是 发现了

"新大陆"?水手撵它它不走,抓它,它乖乖地落在掌心。可爱的小鸟和水手结成了朋友。瞧,它多美丽,娇巧的小嘴,啄理着绿色的羽毛,鸭子样的扁脚,呈现出春草的鹅黄。水手们把它带到舱里,给"搭铺"让它在船上安家落户,每天,把分到的一塑料桶淡水匀给它喝,把从祖国带来的鲜美的鱼肉分给它吃,天长日久,小鸟和水手的感情日趋笃厚。清晨,当第一束阳光射进舷窗时,它便敞开美丽的歌喉,唱啊唱,嘤嘤有韵,婉如春水淙淙。人类给它以生命,它毫不悭吝地把自己的艺术青春奉献给了哺育它的人。可能都是这样?艺术家们的青春只会献给尊敬他们的人。

小鸟给远航生活蒙上了一层浪漫色调,返航时,人们爱不释手,恋恋不舍地想把它带到异乡。可小鸟憔悴了,给水,不喝!喂肉,不吃!油亮的羽毛失去了光泽。

是啊,我们有自己的祖国,小鸟也有它的归宿,人和动物都是一样啊,哪儿也不如故乡好!

Cí 'ài de shuǐshǒu juédìng fàngkai tā, ràng tā huídào dàhǎi de yáolán
慈爱的 水手 决定 放开 它，让 它 回到 大海 的 摇篮

qu, huídào lánsè de gùxiāng qu. Líbié qián, zhè ge dàzìrán de péngyou yǔ
去，回到 蓝色 的 故乡 去。离别 前，这个 大自然 的 朋友 与

shuíshǒumen liúyǐng jìniàn, Tā zhàn zai xǔduō rén de tóushang, jiānshang, zhǎng
水 手 们 留影 纪念，它 站 在 许多 人 的 头 上，肩 上，掌

shang, gēboshang, yǔ wèiyàng guo tā de rénmen, yìqǐ róngjìn na lánsè de
上，胳膊上，与 喂养 过它 的 人们，一起 融进 那 蓝色 的

huàmiàn......
画 面......

3. HUOSHAOYUN

火 烧 云

Wǎnfàn guòhòu, huǒshāoyún shànglai le. Xiáguāng zhào de xiǎohái zi de
晚饭 过后，火烧云 上 来了。霞光 照 得 小孩子 的

liǎn hónghóng de. Dàbáigǒu biànchéng le hóng de le, hóng gōngjī biànchéng
脸 红红的。大白狗 变 成 了 红 的了，红 公鸡 变 成

jīn de le, hēi mǔjī biànchéng zǐtánsè de le. Wèizhū de lǎotóur zài qiánggēn
金 的了，黑母鸡 变 成 紫檀色的了。喂猪 的 老头儿 在 墙根

kàozhe, xiàoyíngyíng de kànzhe tā de liǎngtóu xiǎo báizhū biànchéng xiǎojīnzhū
靠着，笑盈盈 地 看着 他 的 两头 小 白 猪 变 成 小金猪

le. Tā gāng xiǎng shuō:"nǐ men yě biàn le......" Pángbiān zǒu lai yí gè
了。他 刚 想 说："你们 也 变 了......" 旁边 走来 一个

chéngliáng de rén, duì tā shuō:"nín lǎorénjia bì yào gāoshòu, nínlǎo shì jīn hú
乘 凉 的 人，对他 说："您 老人家 必 要 高寿，您老 是 金 胡

zi le.
子 了。"

Tiānkōng de yún cóng xī biānr yì zhí shāodao dōngbiānr hóngtōngtōng de,
天空 的 云 从 西边 一直 烧到 东边 红 彤 彤 的，

hǎoxiàng shì tiānkōng zháo le huǒ.
好 像 是 天空 着了 火。

Zhè dìfang de huǒshāoyún biànhuà jí duō, yí huìr hóngtōngtōng de, yí
这 地方 的 火烧云 变化 极多，一会儿 红 彤 彤 的，一

huìr jīncàncàn de, yí huìr bàn zǐ bànhuáng, yí huìr bànhuī bàn bǎihésè.
会儿 金灿灿 的，一会儿 半紫 半 黄，一会儿 半灰 半百合花。

葡萄灰，梨黄，茄子紫，这些颜色天空都有，还有些说也说不出来、见也没见过的颜色。

一会儿，天空出现一匹马，马头向南，马尾向西。马是跪着的，像是在等着有人骑到它背上，它才站起来似的。过了两三秒钟，那匹马大起来了，马腿伸开了，一条马尾巴可不见了。看的人正在寻找马尾巴，那匹马就变模糊了。

忽然又来了一条大狗。那条狗十分凶猛，它在前面跑着，后边似乎还跟着好几条小狗。跑着跑着，小狗不知跑到哪里去了，大狗也不见了。

接着又来了一条大狮子，跟庙门前的大石头狮子一模一样，也是那么大，也是那样蹲着，很威武很镇静地蹲着。可是一转眼就变了。要想再看到那头大狮子，怎么也看不到了。

一时恍恍忽忽地，天空里又像这个，又像那个，其实什么也不像，什么也看不清了。可是天空偏偏不等待那些爱好它的孩子。一会儿工夫，火烧云下去了。

4. DI YICHANG XUE

第一场雪

Zhèshì rùdōng yǐlái, jiāodōng bàndǎo shang dì yīcháng xuě.

这是入冬以来,胶东半岛上第一场雪。

Xuě fēnfēn-yángyáng, xià de hěn dà. Kāishǐ hái bànzhe yí zhènr xiǎo

雪纷纷扬扬,下得很大。开始还伴着一阵儿小

yǔ, bùjiǔ jiù zhǐjiàn dàpiàn-dàpiànde xuěhuā, cóng tóngyún mì bù de tiānkōng

雨,不久就只见大片大片的雪花,从彤云密布的天空

zhong piāoluò xialái, Dìmiànshang yíhuìr jiù bái le. Dōngtian de shāncūn,

中飘落下来,地面上一会儿就白了。冬天的山村,

dào le yè li jiù wàn làijùjì, zhǐ tīng de xuěhuā sùsù de búduàn wǎng xià luò,

到了夜里就万籁俱寂,只听得雪花簌簌地不断往下落,

shùmù de kūzhī bèi xuě yāduàn le, ǒu'ěr gēzhī yì shēng xiǎng.

树木的枯枝被雪压断了,偶尔咯吱一声响。

Dàxuě zhéngzhěng xià le yíyè. Jīntiān zǎochén, tiān fàngqíng le, tàiyáng

大雪整整下了一夜。今天早晨,天放睛了,太阳

chūlai le. Tuīkāi mén yí kàn, hē! Hǎo dà de xuě ya! Shānchuān、hé liú、shù-

出来了。推开门一看,嗬!好大的雪啊!山川、河流、树

mù、fángwū, quán dōu zhào shang le yì céng hòuhòu de xuě, wàn lǐ jiāngshān,

木、房屋,全都罩上了一层厚厚的雪,万里江山,

biànchéng le fěnzhuāng-yù qì de shìjiè. Luò guāng le yè zi de liǔshù shang

变成了粉妆玉砌的世界。落光了叶子的柳树上

guàmǎn le máorōngrōng-liàngjīngjīng de yíntiáor; ér nàxiē dōng xià cháng

挂满了毛茸茸亮晶晶的银条儿;而那些冬夏常

qīng de sōngshù hé bǎishùshang, zé guà mǎn le péngsōngsōng-chéndiāndiān

青的松树和柏树上,则挂满了蓬松松沉甸甸

de xuěqiúr. Yízhèn fēng chuīlái, shùzhī qīngqīng de yáohuàng, měi lì de yín

的雪球儿。一阵风吹来,树枝轻轻地摇晃,美丽的银

tiáor sù sù de luò xialai, yù xiè shì de xuěmòr suífēng piāoyáng, yìngzhe

条儿簌簌地落下来,玉屑似的雪末儿随风飘扬,映着

qīngchén de yángguāng, xiǎnchū yí dàodao wǔguāngshísè de cǎihóng.

清晨的阳光,显出一道道五光十色的彩虹。

Dàjiē shang de jīxuě zú yǒu yì chǐ duō shēn, rén cǎi shāng qù, jiǎodǐ xia

大街上的积雪足有一尺多深,人踩上去,脚底下

fā chū gē zhī gē zhī de xiǎngshēng. Yì qúnqún háizi zài xuědì li duī xuěrén, zhì
发出 咯吱咯吱 的 响 声。一群群 孩子在 雪地里 堆 雪人,掷

xuěqiú. Nà huānlè de jiàohǎnshēng, bǎ shùzhī shang de xuě dōu zhènluò xiàlai
雪球。那 欢乐 的 叫喊 声,把 树枝 上 的 雪 都 振落 下来

le.
了。

Súhuà shuō: "ruìxuě zhào fēngnián". Zhè ge huà yǒu chòngfèn de kēxué
俗话 说:"瑞雪 兆 丰年"。这 个 话 有 充分 的 科学

gēnjù, bìng búshì yí jù míxìn de chéngyǔ. Hándōng dàxuě, kéyǐ dòngsǐ yí
根 据,并 不是 一 句 迷信 的 成 语。寒冬 大雪,可以 冻死 一

bùfen yuè dōng de hàichóng; rónghuà le de shuǐ shènjìn tǔ céng shēnchù, yòu
部分 越 冬 的 害虫;融 化了 的 水 渗进 土层 深处,又

néng gōngyìng zhuāngjia de xūyào. Wǒ xiāngxìn zhè yì cháng shífēn jíshí de
能 供应 庄 稼的 需要。我 相信 这 一 场 十分 及时的

dàxuě, yí dìng huì cù jìn míngnián chūnjì zuòwù, yóu qí shì xiǎomài de fēng
大雪,一 定 会 促进 明 年 春季 作物,尤 其 是 小麦 的 丰

shōu. Yǒu jīngyàn de lǎonóng bā xuě bǐ zuò shì "màizi de miánbèi". Dōngtiān
收。有 经验 的 老农 把 雪 比作 是 "麦子 的 棉被"。冬 天 "

miánbèi" gài de yuè hòu, míng chūn màizi jiù zhǎng de yuè hǎo, suóyǐ yòu yǒu zhè
棉被"盖得越 厚,明 春 麦子就 长 得越 好,所以 又 有 这

yang yíjù yànyǔ, dōngtiān mài gāi sāncéng bèi, lái nián zhěnzhe mántou shuì."
样 一句 谚语,冬 天 麦盖 三层 被,来 年 枕着 馒头 睡。"

Wóxiǎng, zhè jiù shì rénmen wèi shén me bǎ jí shí de da xuě chēngwéi
我 想,这 就是 人们 为 什么 把 及时 的 大雪 称 为

"ruìxuě" de dào li ba.
"瑞雪"的 道理吧。

5. CONG CONG
匆 匆

Yàn zi qù le, yǒu zài lái de shíhou; yáng liǔ kū le, yǒu zài qīng de shí-
燕子 去了,有 再来 的 时候;杨柳 枯了,有 再 青 的 时

hou; táohuā xiè le, yǒu zài kāi de shíhou. Dànshì cōngming de, nǐ gào sù wǒ
候;桃花 谢了,有 再 开 的 时候。但是 聪明 的,你 告诉 我

wǒmen de rìzi wèi shénme yí qù bú fùfǎn ne? ——Shì yǒu rén tōu le tā
我们 的 日子为 什么 一去 不复返 呢? ——是 有 人 偷了 它

men ba：nà shì shuí？ yòu cángzài héchù ne？ Shì tā men zìjǐ táozǒu le ba：
们 罢：那是 谁？ 又 藏 在 何处 呢？ 是 它们 自己 逃走 了 罢：

xiànzài yòu dào le nǎli ne？
现在 又 到 了 哪里 呢？

Qù de jínguǎn qù le，lái de jínguǎn lái zhe，qù lái de zhōngjiān，yòu zěn-
去 的 尽管 去了，来 的 尽管 来 着，去来 的 中 间，又 怎

yàng de cōngcōng ne？ Zǎoshang wǒ qǐlái de shíhou，xiǎowū lǐ shèjìn liǎng
样 地 匆 匆 呢？ 早 上 我 起来 的时候，小屋 里 射进 两

sān fāng xiéxié de tàiyang。 Tàiyang tā yóu jiǎo ua qīngqīng-qiāoqiāo de nuó
三 方 斜斜 的 太阳。 太阳 它 有 脚 啊 轻轻 悄 悄 地 挪

yí le；wó yě mángmángrán gēnzhe xuánzhuǎn。 Yúshì—— xí shǒu de shí
移 了；我 也 茫 茫 然 跟着 旋 转。 于是—— 洗 手 的 时

hòu，rìzi cóng shuǐ pén li guòqu；chī fàn de shíhou，rìzi cóng fànwǎn li
候，日子 从 水 盆 里 过去；吃饭 的 时候，日子 从 饭 碗 里

guòqu；mòmò shí，biàn cóng níngrán de shuāngyǎn qián guòqu。 Wǒ juéchá tā qù
过去；默默 时，便 从 凝然 的 双 眼 前 过去。我 觉察 他 去

de cōngcōng le，shēn chū shǒu zhēwǎn shí，tā yòu cóng zhēwǎn zhe de shǒu biān guò
的 匆匆 了，伸 出 手 遮挽 时，他 又 从 遮挽 着 的 手 边 过

qù；tiān hēi shí，wǒ tǎngzai chuángshang，tā biàn línglíng-lì lì de cóng wǒ shēn
去；天 黑 时，我 躺在 床 上，他 便 伶 伶 -俐俐 地 从 我 身

shang kuàguo，cóng wǒ jiǎobiān fēi qù le。 Déng wǒ zhēngkāi yǎn hé tàiyáng zàijiàn，
上 跨过，从 我 脚边 飞 去了。 等 我 睁 开眼 和 太阳 再见，

zhè suàn yòu liūzǒu le yí rì。 Wǒ yǎnzhe miàn tàn xī。 Dànshì xīnlái de rìzi
这 算 又 溜走 了 一日。我 掩着 面 叹息。但是 新来 的 日子

de yǐngr yòu kāishǐ zài tànxī li shǎnguò le。
的 影儿 又 开始 在 叹息 里 闪 过了。

Zài táoqù rú fēi de rìzi li，zài qiānménwànhù de shìjiè li de wǒ néng
在 逃去 如 飞 的 日子 里，在 千 门 万户 的 世界 里 的 我 能

zuò xiē shénme ne？ Zhíyǒu páihuái bà le，zhíyǒu cōngcōng bà le；zài bā qiān duō
做 些 什么 呢？ 只有 徘徊 罢了，只有 匆 匆 罢了；在 八 千 多

rì de cōngcōng li，chú páihuái wài，yòu shèng xiē shénme ne？ Guòqù de rìzi
日 的 匆 匆 里，除 徘徊 外，又 剩 些 什么 呢？ 过去 的 日子

rú qīngyān，bèi wēifēng chuīsàn le，rú báowù，bèi chū yáng zhēngróng le；wǒ liú
如 轻烟，被 微风 吹散 了，如 薄雾，被 初 阳 蒸 融 了；我 留

zhe xiē shénme hén jì ne？ Wǒ hé céng liúzhe xiàng yóusī yàng de hénjì ne？ Wǒ
着 些 什么 痕迹 呢？ 我 何 曾 留着 像 游丝 样 的 痕迹 呢？ 我

chìluóluǒ láidào zhè shìjiè , zhǎnyǎnjiān yě jiāng chìluóluǒ de huíqù ba? Dàn bù

赤裸裸 来到 这 世界，转眼间 也 将 赤裸裸 的 回去 罢？但 不

néng píng de , wéishénme piān báibái zǒu zhè yì zāo a?

能 平 的，为什么 偏 白白 走 这 一遭 啊？

Nǐ cōngming de , gào su wǒ , wǒ men de rìzi wèi shénme yí qù bú fù fǎn

你 聪 明 的，告诉我，我们 的 日子为 什么 一去不复返

ne?

呢？

6. JINAN DE DONGTIAN
济南 的 冬 天

Duìyú yígè zài běipíng zhùguàn de rén , xiàng wǒ , dōngtiān yào shì bù guā

对于 一个 在 北平 住惯 的 人，像 我，冬 天 要 是 不 刮

fēng , biàn juéde shì qíjì ; Jǐ Nán de dōngtian shì méiyǒu fēngshēng de. Duìyú yí

风，便 觉得 是 奇迹；济南 的 冬天 是 没有 风 声 的。对于 一

gè gāng yóu LúnDūn huílai de rén , xiàngwǒ , dōngtian yào néng kàn de jiàn rì

个 刚 由 伦敦 回来 的 人，像我，冬 天 要 能 看 得 见 日

guāng , biàn juéde shì guàishì , Jǐ Nán de dōngtian shì xiǎngqíng de. Zìrán , zài

光，便 觉得 是 怪事，济南 的 冬 天 是 响 晴 的。自然，在

rè dài de dì fang , rìguāngshì yóngyuǎn nà me dú , xiǎngliàng de tiān qì , fán yǒu

热带 的 地方，日光 是 永 远 那么 毒，响 亮 的 天 气，反 有

diǎnr jiào rén hàipà. Kěshì , zài běi ZhōngGuó de dōngtian , ěr néng yǒu wēn

点 儿 叫 人 害怕。可是，在 北 中 国 的 冬天，而 能 有 温

qíng de tiān qì , Jǐ Nán zhēn děi suàn ge bǎodì.

晴 的 天气，济南 真 得 算 个 宝地。

Shè ruò dāndān shì yǒu yáng guāng , nà yě suàn bù liǎo chūqí. Qǐng bì

设若 单单 是 有 阳 光，那 也 算 不 了 出奇。请 闭

shang yǎnjing xiǎng : yí ge lǎochéng ; yǒu shān yóu shuǐ , quán zài tiān dǐ xia shài

上 眼睛 想：一个 老城；有 山 有 水，全 在 天底 下 晒

zhe yángguāng , nuǎnhuo ānshì de shuìzhe , zhí děng chūnfēng lái bǎ tā men huàn

着 阳 光，暖和 安适 地 睡着，只 等 春 风 来 把 它们 唤

xǐng , zhè shì bú shìlíxiǎng de jìngjiè? xiǎoshān zhéng bǎ Jǐ Nán wéi le ge quānr

醒，这 是 不是 理想 的 境界？小 山 整 把 济南 围 了 个 圈

, zhíyǒu běibiān quēzhe diǎn kǒur. zhè yìquānxiǎoshān zài dōngtian tè bié kě'

儿，只有 北边 缺着 点 口儿。这 一圈 小山 在 冬 天 特别 可

· 306 ·

爱，好象 是把 济南 放在 一个 小 摇篮 里,它们 安静 不动 地 低声 说:"你们 放心 吧 ,这儿 准保 暖和。"真的,济 南 的 人们 在 冬天 是 面 上 含 笑 的。他们 一看 那些 小山 ,心中 便 觉得 有了 着落 ,有了 依靠。他们 由 天 上 看到 山 上 ,便 不知不觉 地 想起 :" 明 天 也许 就是 春 天 了吧? 这样 的 温暖 ,今天 夜里 山草 也许 就 绿 起来了 吧?" 就是 这点 幻 想 不能 一时 实现 ,他们 也 并 不 着急 ,因为 这样 慈善 的 冬天 ,干 什么 还 希望 别 的 呢?

　　最妙 的 是 下点 小雪 呀。看 吧 ,山 上 的 矮松 越 发 的 青黑 ,树 尖 上 顶着 一髻儿 白花 ,好 像 日本 看护妇。 山尖 全 白了 ,给 蓝天 镶 上 一道 银边。 山坡 上 ,有 的 地方 雪 厚 点 ,有的 地方 草色 还 露着 ,这样 ,一道儿 白一 道儿 暗 黄 给 山 们 穿 一件 带 水纹 的 花衣 ;看 着看着 ,这件 花衣 好 像 被 风 儿 吹 动 ,叫 你 希望 看 见 一点 更 美 的 山 的 肌肤。 等到 快 日落 的 时候 ,微 黄 的 阳光 斜射 在 山腰 上 ,那点 薄雪 好 像 忽然 害羞 , 微微 露出 点 粉色。 就是 下 小雪 吧,济南 是 受 不 住 大雪

de, nàxiē xiǎoshān tài xiùqi.
的，那些 小 山 太 秀气。

7. WODE KONGZHONGLOUGE (JIEXUAN)
我的 空 中 楼 阁（节 选）

Shān rú méidài, xiǎowū qià sì méishāo de zhì yìdiǎn.
山 如 眉黛，小屋 恰似 眉梢 的 痣 一点。

Shífēn qīngxīn, shífēn zìrán, wǒ de xiǎowū línglóng de lì yú shān jǐ yíge
十分 清新，十分 自然，我 的 小屋 玲珑 地立于 山脊 一个
róuhé de jiǎodù shang.
柔和 的 角度 上 。

Shìjiè shang yǒu hěnduo yǐ jīng hénměi de dōng xi, hái xū yào yì xiē diǎn-
世界 上 有 很多 已经 很美 的 东西，还 需要 一些 点
zhuì, shān yě shì. Xiǎowū de chūxiàn diǎnpò le shān de jìmò, zēngjiā le
缀，山 也 是。小屋 的 出现 点破 了 山 的 寂寞，增加 了
fēngjǐng de nèirong. Shānshang yǒu le xiǎowū, háobǐ yíwàng wújì de shuǐmiàn
风景 的 内容 。山 上 有了 小屋，好比 一望无际 的 水 面
piāoguò yí piàn fēngfān, liáokuòwúbiān de tiānkōng lüèguò yì zhī fēiyàn, shì dān-
飘过 一片 风帆，辽阔无边 的 天空 掠过 一只 飞雁，是 单
chún de dǐsè shang yì diǎn língdong de sècǎi, shì shānchuān méijǐng zhong de
纯 的 底色 上 一点 灵动 的 色彩，是 山 川 美 景 中 的
yì diǎn shēng qi, yì dian qíngdiào.
一点 生气，一点 情调。

Xiǎowū diǎnzhuì le shān, shénme lái diǎnzhuì xiǎowū ne? Nàshì shù!
小屋 点缀 了 山，什么 来 点缀 小屋 呢? 那是 树!

Shānshang yǒu yí piàn chún lǜsè de wú huā shù; huā shi měilì de, shù de
山 上 有 一片 纯 绿色的 无 花 树；花 是 美丽的，树 的
měi lì yě xùn yú huā. Huā háobǐ rén de miànpáng, shù háobǐ rén de zītài.
美丽 也 逊 于 花。花 好比 人的 面 庞，树 好比 人的 姿态。

Shù de měi zài yu zītài de qīngjiàn huò tǐngbá, miáotiao huò ēnuǒ, zài yu huó lì,
树 的 美在于 姿态 的 清健 或 挺拔，苗条 或 婀娜，在于 活力，
zài yu jīngshen!
在于 精 神!

Yǒu le zhè xǔduō shù, xiǎowū jiù yǒu le xǔduō tèdiǎn. Shù zǒngshì qīng-
有 了 这许多 树，小屋 就 有了 许多 特点。树 总是 轻

qīng yáodòng zhe. Shù de dòng, xiǎnchū xiǎowū de jìng; shù de gāodà, xiǎnchū
轻 摇 动 着。树 的 动，显 出 小 屋 的 静；树 的 高 大，显 出

xiǎowū de xiǎoqiǎo; ér xiǎowū de biézhì chū sè, nǎishì yóuyú mǎnshān jiē shù, wài
小 屋 的 小 巧；而 小 屋 的 别致 出色，乃是 由于 满 山 皆树，为

xiǎowū bùzhì le yí ge měimiào de lǜ de bèijǐng.
小 屋 布置 了 一个 美妙 的 绿的 背景。

Xiǎowū hòumian yǒu yì kē gāoguò wūdǐng de dàshù, xì ér mì de zhī yè
小 屋 后 面 有 一棵 高过 屋顶 的 大树，细而 密 的 枝叶

shēnzhǎn zài xiǎowū de shàngmian, měi ér nóng de shùyīn bǎ xiǎowū lǒngzhào qi-
伸 展 在 小 屋 的 上 面，美而 浓 的 树荫 把 小 屋 笼罩 起

lai. Zhè kē shù shǐ xiǎowū yǔ rén lìng yì zhǒng yìnxiàng, shǐ xiǎowū xiǎnde hán-
来。这 棵 树 使 小 屋 予人 另 一 种 印象，使 小 屋 显 得 含

xù ér yǒu fēngdù.
蓄而 有 风度。

Huàn ge jiǎodù, jìn kàn gǎiwéi yuǎnguān, xiǎowū què yòu biànhuàn wèizhi,
换 个 角度，近 看 改为 远 观，小 屋 却 又 变 换 位置，

chūxiàn zài lìng yì xiē shù de shàngmiàn. Zhè ge jiǎodù shì yuányuǎn de zhànzài
出 现 在 另一些 树 的 上 面。这 个 角度 是 远 远 地 站 在

shānxia kàn. Shǒuxiān kàndào de shì xiǎowū qiánmian de shù, nàxiē shù bǎ xiǎo-
山 下 看。首 先 看 到 的 是 小 屋 前 面 的 树，那些 树 把 小

wū zhēyǎn le, zhǐzài shù yú shù zhī jiān lòuchū yì xiē jiànzhù de xiàntiáo, yì jiǎo
屋 遮 掩 了，只在 树 与 树 之间 露出 一些 建 筑 的 线条。一角

huópō qiào qi de wūyán, yì pái zhěng qí de tú'àn shì de wūwǎ. Yí piàn lán, nà
活泼 翘 起 的 屋 檐，一排 整 齐 的 图案式 的 屋瓦。一片 蓝，那

shì qiáng; yí piàn bái, nà shì chuāng. Wǒde xiǎowū zài shù yú shù zhī jiān
是 墙；一 片 白，那 是 窗 。我的 小 屋 在 树 与 树 之间

ruòyǐnruòxiàn, língkōng' ér qǐ, zītài piānrán. Běnzhì shang, tā shì yí zhuàng fáng
若隐若现，凌 空 而起，姿态 翩然。本质 上 ，它是 一 幢 房

wū; xíngshì shang, què xiàng niǎo yíyàng, dié yíyàng qì yú zhītóu, qīnglíng ér
屋；形式 上 ，却 像 鸟 一样，蝶 一样 憩于 枝头，轻 灵 而

zì yóu!
自由!

思考与练习

一、什么是音变? 请举例说明。

二、现代汉语音变有哪几种主要情况?

三、上声有几种不同的实际读法? 它们的出现条件是什么?

四、轻声的调值是如何确定的? 举例说明。

五、轻声是不是独立于四声之外的第五种声调? 请谈谈你的看法。

六、举例说明"一"和"不"变调的相同点。

七、"八、七"变调有什么规律,举例说明。

八、试以下列词语为例说明词语的内部结构对上声变调的影响。

　　厂党委　　好产品　　碾米厂　　草稿纸

九、举例说明逻辑重音对上声变调的影响。

十、儿化就是音节后加"儿"音节,这种说法正确吗? 为什么?

十一、书面语中,儿化是不是必须体现在字面上? 请举例说明。

十二、举例说明语气词"啊"音变后相应的文字形式。

第六章 普通话音节与语音规范化

一、普通话的音节

（一）普通话音节的特点

音节是语音结构的基本单位，也是自然感到的最小语音片段。普通话音节很重要的一个特点，是元音占优势，没有复辅音，无论在音节的开头、末尾都没有两个或三个辅音相连的情况，因此音节界线很分明。由于元音占优势，并且复元音构成的音节比较多，再加上声调的高低升降，使普通话语音具有音乐美的特点。

普通话音节最多可以有四个音素构成，如 zhuàng(壮)。也有一个音素构成的音节，如 i—yī(衣)，除极个别情况外，一个音素构成的音节都是元音构成的。一般情况，一个汉字的读音就是一个音节，只有儿化词是两个汉字读一个音节，如 huār(花儿)。

（二）普通话音节的结构

按照汉语传统的分析方法，音节可以分析成声母、韵母、声调三部分，声调是贯通整个音节的。

声母是指音节开头的辅音，如"壮"zhuàng，zh 就是声母。音节开头如果没有辅音，那就是零声母音节，如"爱"ài。

韵母是指声母后面的部分。一个韵母可以分为韵头(介音)、韵腹、韵尾三部分(韵腹与韵尾合起来叫韵身)。但不是所有的韵母都具备这三部分，这当中只有韵腹是不能缺少的，所有的韵母都必须有韵腹。有的韵母只有韵腹，没有韵头、韵尾(单元音韵母)；有的韵母只有韵腹与韵头，没有韵尾(后响复韵母)；有的韵母只有韵腹与韵尾，没有韵头(前响复韵母和部分鼻韵母)。当然，也有韵腹、韵头、韵尾都齐全的，如 iao iou(中响复韵母) ian uang(部分鼻韵母）。

十个单元音都可以充当韵母的韵腹,韵头只能由高元音 i u ü 充当,韵尾只有 i u 及鼻辅音 n ng 可以充当。

声调在普通话音节里也是不能缺少的,它有独特的区别意义的作用。如果音节的声母韵母相同,而声调不同,则意义也就不同。如 ānhǎo(安好),声调变了则意义跟着变 ànhào(暗号)。普通话声调有阴平、阳平、上声、去声四个调类,调值分别是 55、35、214、51。

下面用表 6-1 表示普通话音节结构的情况。

表 6-1　普通话音节结构表

音节 结构方式	声母	韵母			声调
		韵头	韵腹	韵尾	
雪 xuě	x	ü	ê		上声
实 shí	sh		-i(后)		阳平
字 zì	z		-i(前)		去声
好 hǎo	h		a	o(u)	上声
小 xiǎo	x	i	a	o(u)	上声
远 yuǎn		ü	a	n	上声
问 wèn		u	e	n	去声
久 jiǔ	j	i	o	u	上声
音 yīng			i	ng	阴平
爱 ài			a	i	去声

分析音节结构时要注意以下几点:

(1)元音 ê 在分析音节结构时要恢复上面"^"符号,如雪 xuě 节 jié。

（2）舌尖元音在充当韵腹时,不能按音节里出现的"i"形式的写法,必须写成"-i",并注明"前"或"后",或用国际音标表明。

（3）韵母 ao,iao 的韵尾,实际是 u,必须注明。

（4）不要把 y,w 看成声母。

（5）ü 行韵母自成音节,分析音节结构时要恢复上面两点,在分析与 j q x 相拼的音节时也要恢复上面两点。

（6）iou uei uen 三韵母与声母相拼时,省略中间的元音不写,如"久"jiǔ。在分析这些音节结构时,一定要恢复省略的元音,实际它们都是不可缺少的韵腹。

（三）音节的拼音问题

音节虽然分声、韵、调三部分,但读出来的音节应该是一个整体,声韵之间不能有停顿,尤其要注意不能把声母念得过长过响。有人把拼音的经验总结为:"前音轻短后音重,两音相连猛一碰"。"前音轻短"是指声母念得轻而短,大多数声母都是清音,不振动声带的,应该念它的本音。拼音时,可以使发音器官先做好发某个声母本音的姿势,然后在发这个声母本音的同时,把要相拼的韵母一起念出来。如拼 jīn（金）,先使舌面上抬与硬腭接触,做发 j 本音的姿势,在发 j 本音的同时,气流冲破阻碍连 in 一起念出来。

对于有韵头的音节,注意把韵头念准,让口张得慢一些把韵头引出来,否则会造成丢失韵头的现象。

拼音的方法可以采用声母和韵母两部分进行的两拼法,如 sh—uō→shuó（说） b—ān→bān（班）。或者采用声母、韵头、韵身进行连读的三拼法,如 j—i—ā→jiā（家） g—u—āng→guāng（光）。还有一种方法是先把声母和韵头（介音）合成一部分,然后再与韵身结合拼读,如 ji—āng→（将） hu—ān→huān（欢）。

（四）普通话声韵配合规律

除了零声母音节,其他音节都是由声母和韵母相拼合而成,但不是所有的声母与所有的韵母都能拼合,声母与韵母的拼合是有规律的。掌握了声韵拼合规律,可以避免拼音和拼写时出现差错,了解哪些声母能跟哪些韵母相拼,不能跟哪些韵母相拼,从而提高拼读及给汉字注音的能力。

普通话声韵配合的主要规律有：

（1）双唇音和舌尖中音 d、t 能跟开口呼、齐齿呼、合口呼韵母相拼，不能跟撮口呼韵母相拼。双唇音拼合口呼只限于 u。

（2）唇齿音、舌根音（舌面后音）、舌尖前音和舌尖后音等声母能跟开口呼、合口呼韵母相拼，不能跟齐齿呼、撮口呼韵母相拼，唇齿音拼合口呼只限于 u。

（3）舌面音（舌面前音）同上述四组声母相反，只能跟齐齿呼、撮口呼韵母相拼，不能跟开口呼、合口呼韵母相拼。

（4）舌尖中音 n、l 拼合比较自由，能跟开、齐、合、撮四呼韵母相拼。

（5）零声母音节在四呼中都有。

从韵母的角度看，还可以得出普通话声韵配合的另一些规律：

①"o"韵母只拼 b p m f 四个声母，而 uo 却不能与 b p m f 相拼。

②舌尖前韵母-i（前）只与 z c s 相拼，舌尖后韵母-i（后）只与 zh ch sh r 相拼。

③"ueng"韵母只有零声母音节，而"ong"韵母没有零声母音节。

④"ong"韵母不拼 b p m f，"eng"韵母能拼 b p m f。

⑤"er"韵母只有零声母音节。

下面用表 6-2 说明普通话声韵配合情况

表 6-2　普通话声韵配合简表

能否配合 韵母＼声母	双唇音 b p m	唇齿音 f	舌尖中音 d t	n l	舌面音 j q x	舌根音（舌面后） g k h	舌尖后音 zh ch sh r	舌尖前音 z c s	零声母
开口呼	√	√	√	√		√	√	√	√
齐齿呼	√			√	√				√
合口呼	只限u相拼	只限u相拼	√	√		√	√	√	√
撮口呼				√	√				√

314

以上是声韵配合的一些概略规律,要全面细致地掌握普通话声韵配合的规律,还必须熟悉普通话音节的拼写规则,多查看详细的声韵配合表。(表6-3)

(五)普通话音节的拼写规则

(1)y、W 的用法

①韵母表中 i 行的韵母,自成音节时(零声母音节)要用 y 开头。i in ing 三个韵母自成音节在前加 y,如:

i—yi(衣)　in—yin(因)　ing—ying(英)其余的 i 行韵母自成音节时,一律改 i 为 y,如:iou—you(优)　ian—yan(烟)

②韵母表 ü 行韵母自成音节时,一律加 y 去点,如:ü→yu(于)　üan—yuan(元)

③韵母表 u 行韵母自成音节时,要用 w 开头,单韵母 u 自成音节时,在前加 w,如:u—wu(乌)。其余的 u 行韵母自成音节时,一律改 u 为 w,如:uan—wan(弯)　uei—wei(威)

(2)隔音符号"'"的用法

a,o,e 开头的音节,自成音节时如果连接在其他音节后面,就在左上角标上隔音符号"'",用以和前面的音节隔开,以免音节界线不分明,如:

hǎi'àn(海岸)　xī'ōu(西欧)

(3)省写

韵母 iou uei uen 与声母相拼时,省略中间的元音不写,如:

久 jiǔ　辉 huī　昆 kūn

注意,如果这三个韵母没有与声母相拼,中间的元音仍要保留,并遵循 i 行 u 行韵母自成音节用 y、w 的规则。

(4)关于 ü 上的两点

ü 行韵母,自成音节时加 y 去点;与声母 j、q、x 相拼去点,如元 yuán、居 jū、区 qū、宣 xuān。

ü 行韵母与 n、l 声母相拼,保留两点,如:女 nǚ　吕 lǚ

(5)关于标调

标声调符号要注意下面几点

①声调符号一定标在韵腹上,如:

家 jiā　壮 zhuàng　周 zhōu

②iou uei 两韵母与声母相拼省写时,声调符号标在后面,如:

久 jiǔ　留 liú　回 huí　贵 guì

uen 如果与声母相拼省写了中间的元音,声调符号就标在 u 上,如:昆 kūn

③声调符号如果在 i 上,省略 i 上的点,如:

一 yī　音 yīn　英 yīng

④轻声音节不标调,如:

桌子 zhuōzi　妈妈 māma

下面用一口诀帮助大家记住调号的位置:

看见 a 不放过,没有 a 找 o e。

i u 并列标在后,i 上标调把点抹。

(六)普通话音节的连写

(1)句子开头第一个字母要大写,同一个词的音节要连写,词与词要分写。如:

shíxiàn sì gè xiàndàihuà.

实现 四个 现代化。

为了醒目,标题可以每一个字母都大写,可以不标调。如:

SHIXIAN SI GE XIANDAIHUA

诗的每一句开头第一个字母要大写,古诗词可以一个音节与一个音节隔开。如:

Bái rì yī shān jìn,

白日依山尽,

Huáng hé rù hǎi liú.

黄　河入海流。

Yù qióng qiān lǐ mù,

欲　穷　千里目,

Gèng shàng yì céng lóu.

更　上一层楼。

Dēng Guànquèlóu　　　Wáng Zhīhuàn

登　鹳雀楼　　王 之涣

(2)人名、地名、专用短语,每个词开头第一个字母要大写,姓名的姓与名要分写。如:

Lǐ	Bái	Léi	Fēng	Zhōu	ÉnLái

李　白　　雷　锋　　周　恩来

Chóngqìng　Shì　Sìchuān　Shěng

重庆　市　四川　省

Zhōngguó　Gòngchǎndǎng

中国　共产党

Běijīng　Wǎnbào

北京　晚报

二、语音规范问题

语言学家指出：语言的规范指的是某一语言在语音、词汇、语法各方面的标准。共同的语言和规范化的语言是不可分割的，没有一定的规范就不可能做到真正的共同。语言文字的规范化、标准化程度是文化发达程度的标志之一。汉语的规范就是普通话的规范。在很大程度上，它取决于普通话语音的规范。

语音的规范化，主要是根据语音发展的规律来确立和推广标准音。这主要有两个方面的内容：一是确立普通话的语音标准；二是大力推广以北京语音为标准音的普通话。

（一）确立普通话的正音标准

普通话的语音是以北京语音为标准音的。这里所说的标准音是就北京话的语音系统而言，不是指北京话里的每一个词的发音。事实上，在北京语音内部，还存在一些读音分歧的现象，这对树立北京语音的标准性，对学习和推广普通话是很不利的。

（1）北京话里的土音成分不能作为普通话的语音标准。例如：

不知道	bùrdao	太好了	tuī hǎo le
淋湿了	lún shī le	不言语	bù yuán yi
逮耗子	děi hàozi	蝴蝶	hùtiěr
觉得	juě de	暖和	nǎng he
明白	míng bei		

这一类土音只能看作北京话中特殊的发音习惯，缺乏普遍性。显然它们不能进入普通话。

(2)儿化和轻声的规范。

北京语音的一个显著特点是儿化、轻声的使用相当广泛。虽然这在语言的表达上有一定的作用,但太多的儿化和轻声对人们学习普通话是一种额外的负担。因此,对儿化、轻声的规范也很必要。

一般说来,能区别词义和词性的可认为是普通话成分。例如:

盖——动词	盖儿——名词
画——动词	画儿——名词
尖——形容词	尖儿——名词
眼——名词,眼睛	眼儿——名词,小孔
头——名词,脑袋	头儿——名词,为首的
大意——名词	大意——形容词
运气——动词	运气——名词
东西——名词,东方和西方	东西——名词,物品
地下——名词,地面之下	地下——名词,地面上
地道——名词,地下的通道	地道——形容词,好,真

有些一定要儿化的词,如:"小孩儿"、"好玩儿"、"大腕儿"和规律性较强的语法轻声词,如:"我们"、"桌子"、"两个"也应该进入普通话。

这些儿化轻声词,可以使语言更加丰富多彩,普通话应该吸收。至于儿化不儿化、轻声不轻声两可和不起上述作用的则不必吸收。如:"有事(儿)"、"小鸡(儿)"、"伙伴(儿)",普通话就应该念"有事"、"小鸡"、"伙伴";"明天(轻)"、"顽固(轻)"、"牢骚(轻)",在普通话中就不必念轻声。

(3)北京话里的多音字和异读词应该统一规范,明确标准。

第一,多音字读音的审定。

多音字是指一个汉字在不同的词或语境里的不同读音,它往往代表着词语不同的意义和用法,它是记录汉语的一种正常现象,普通话可以保留。但是大量的多音字和一字多读也容易使人误读,因

此,新修订的《普通话异读词审音表》采取了两种处理办法:一是全部合并,统一读音,使该字不论用于任何词语中只读一音。如:

呆	统读 dāi	绕	统读 rào	凿	统读 záo
从	统读 cóng	庇	统读 bì	橙	统读 chéng

二是部分归并,缩小其偶用读音使用范围。如:

秘　除"秘鲁"读 bì 外,　　　　　都读 mì;
脉　除"脉脉"读 mòmò 外,　　　　都读 mài;
擂　除"擂台、打擂"读 lèi 外,　　　都读 léi;
结　除"开花结果、结巴、结实"读 jiē 外, 都读 jié。

这样的整理和统一,有利于避免和减少误读。

第二,异读词读音的审定。

一个汉字在同一个词内有不同的读音,这就是同词异读现象,它是语言中的一种累赘,应该严格规范整理。从来源看,异读词主要由这样几个因素形成:

读书音和口语音的不同。如:"谁"读书音为 shuí,口语音为 shéi;"熟"读书音为 shú,口语音为 shóu。

方音遗留。如:"揩油"(kā yóu)来自吴方言,同普通话的 kāi yóu 读法并存。

讹读影响。有些字被读错后,影响扩大,形成异读。如:"嫉妒(jí)"被人误读为"嫉妒(jì)";"呱呱落地(gūgū,小儿哭声)"被人误读为"呱呱落地(guāguā,鸭子、青蛙等叫声)"

背离规律。这是指按语音变化规律应读某音的词,却出现了不合规律的读法。如:"危"字是古浊平声字,按规律应读阳平 wéi,但又出现阴平的读法 wēi,造成异读。"帆"读 fán 和 fān、"诊"读 zhēn 和 zhěn,都属于这种情况。

造成异读词的原因虽然无法避免,但是对异读词进行规范却十分必要。

针对上述情况,普通话审音委员会于 1957 年 10 月、1959 年 7 月和 1962 年 12 月分三次发表了《普通话异读词审音表初稿》,

1963 年将这三表的内容汇辑成《普通话异读词三次审音总表初稿》。1982 年 6 月,普通话审音委员会又对《总表》进行了修订。1985 年 12 月 27 日,《普通话异读词审音表》正式公布,普通话异读词的读音、标音,从此以此表为准。

（二）推广普通话标准音

制定了普通话的标准音,就应该进一步推广,这样才能充分发挥普通话标准音的作用。这是语音规范化的另一方面的任务。

学习普通话的标准音,使我们的发音符合规范,这是对所有人的共同要求。即使北京人或者北京话说得比较好的人,为避免土音土调的影响,也要努力学习和掌握标准音。播音员、教师、公务员及窗口行业的服务人员,应该严格要求自己,掌握好普通话规范语音。因为这些人的工作语言,广泛而深刻地影响着群众、尤其是青少年的语言学习。至于一般方言区的人学习普通话,则应从实际出发,认真学习,逐步从认识标准,接近标准到达到标准。既不能要求他们一下子说得很标准,也不能只满足、停留于"差不多"的现状。

思考与练习

一、普通话音节有什么特点?

二、请列表分析下列音节的结构方式。

壮 zhuàng　　师 shī　　回 huí　　好 hǎo

衣 yī　　元 yuán　　问 wèn　　欧 ōu

三、改正下列拼写错误的音节。

虐待 yuèdài　　鸟瞰 niǎugǎn　　傣族 dàizú

纤维 qiānwēi　　求学 qióuxué　　圆桌 üánzhuō

无论 úluèn　　音乐 īnüè　　游泳 ióuiǒng

四、给下面一段文字注音。

我国有 90% 以上的人说汉语。汉语是世界上使用人数最多的语言,同时也是世界上最发达的语言之一。但是由于历史的原因,汉语今天还没有达到完全统一。汉语中有严重的方言分歧,特别表现在语音上。不仅是这个地区和那个地区之间,甚至在同一个省的这个县和那个县之间,人们的语言都有很大分歧。这种分歧和混乱的现象,不仅削弱了汉语作为交际工具的作用,阻碍了汉语本身的顺利发展,而且对社会主义的建设事业和我国文字的进一步改革也不利。因此,必须推广以北京语音为标准音、以北方话为基础方言、以典范的现代白话文为语法规范的普通话,并且在文化、教育、新闻、出版系统中加强汉语规范的工作。

摘自 1956 年 2 月 12 日《人民日报》社论

五、请根据声韵配合规律说明并改正下列音节的错误。

muō(摸)　xà(下)　bōng(绷)　tō(拖)

òng(瓮)　fóng(逢)　duēng(东)　jāo(骄)

cǐng(请)　sīn(新)　buō(玻)　póng(朋)

第七章　普通话与方言的词汇、语法对照

一、词汇对照

词汇是语言的建筑材料,是语言三要素之一。而一个人掌握的材料越丰富,思想的表达就越精确。因此,学习普通话不能只学语音,还必须学习和掌握普通话的词汇。重庆话虽属北方方言区,但重庆话却有自己的词汇系统。重庆话词汇与普通话词汇比较,在一般词汇、基本词汇上,大多是相同的。例如:大、小、天、地、好、坏、甜、苦、山、水、云、火、个、十、百、千、妈妈、哥哥、作业、考试等等。但是,还有相当一部分词汇,尤其是口语词汇与普通话词汇有着较大的差异。有学者统计,重庆话词汇与普通话词汇不同的常用口语词就有三千多个。例如,重庆话词汇中的家家(ga^1ga^1)、包谷(bao^1gu^2)、踏屑(ta^2xue^2)、哈浊浊($ha^3co^2co^2$)、发痧(fa^2sa^1)、冲壳子($cong^4ko^2zi^3$),普通话里则分别说成姥姥($l\check{a}olao$)、玉米($y\grave{u}m\check{i}$)、贬低($bi\check{a}nd\bar{i}$)、傻呼呼($sh\check{a}h\bar{u}hu$)、中暑($zh\grave{o}ngsh\acute{u}$)、吹牛皮($chu\bar{i}ni\acute{u}p\acute{i}$)等。有的甚至很难找到与之对应的普通话词汇。例如重庆人说的"杂皮"、"打滚匠",就既不好说是普通话中的地痞、流氓,也不完全是无赖、瘪三的意思。

在普通话教学或学习中,我们过去往往只重视语音,而不大注意词汇,这就使方言区的人说普通话形成一个通病:用方言的词汇冠上普通话语音。这是因为不了解方言与普通话词汇的对应,或者说不知道普通话的说法,说来十分好笑,不伦不类。因此我们会

常常听到有人戏称一些四川人说的普通话是"川汤普通话",或讥之为"贵州骡子学马叫"。例如：

"快把瓶瓶揍倒起。"

"你把我的叫叫儿落倒哪个咔咔（ka¹ka¹）头去了？"

"我的手遭居居居啰一下。"

上面这些话用标准的普通话语音说出来都会令人发笑,原因就是它们不是普通话词汇。普通话分别说成：

"快把瓶子塞住。"

"你把我的哨子掉在哪个角落了？"

"我的手被小刺儿扎了一下。"

词汇和词义是语言交际中的核心,普通话与方言词汇词义的差异有的大相径庭,甚至会引起人际交往中的麻烦。下面两个例子就十分典型。其一,一四川女生在天津南开大学念书,一日有一老太太来探望她。同学问这女生："老太太是谁?"她回答说："是我婆婆。"同学们非常吃惊,疑惑不解地问："怎么会是你婆婆呢?"这女生也十分奇怪地反问道："嘿! 凭什么说不是我婆婆呢?"原来她们的对话中存在着方言词义的差别。四川女生说的婆婆,是指她爸爸的妈妈,即祖母,而北方则指自己丈夫的母亲,也就是重庆人说的婆子妈、婆婆娘。其二,有一北方人到四川乐山住旅馆,他正接热水洗脸时,服务员走过来问道："滚不滚?"这位北方人一听怒不可遏。原来四川一些地方把较烫的水说成滚水,"滚不滚?"就是问水烫不烫、热不热。（在对话语言中,由于语言环境所提供的信息,因此对话中常常省略掉主语。）而北方人不知此说,他认为这是骂人话,所以生气。可见,方言词与普通话词汇即使同一语音形式和书写形式,但语义出入却很大。

有一些方言区的人能听普通话,还能用普通话阅读报刊,但如果用普通话进行交际交流则比较困难,原因就在于不懂得方言词汇和普通话词汇的转换,不懂得说普通话就必须用普通话词汇。由此可见,方言区的人学习普通话,不管语音学得如何标准,假若不能掌握和运用普通话词汇,也是不可能学到家的。

另外,我们还得指出一点:词汇系统是开放的,而不是封闭的,它不断地从方言词汇中吸收养料。随着社会发展,南北沟通,词汇的相互影响越来越明显。一些方言词汇正在被普通话词汇所吸收,或者将来可能被吸收。例如:"搞"是四川方言,在本世纪20年代才造了这个字,而到50年代初就被广泛使用,很快吸收到了普通话词汇中。所以我们必须知道这个道理。

（一）方言与普通话有对应规律的词

学习掌握普通话词汇,重点是掌握方言与普通话之间相异部分的对应转换,下面以重庆话为代表谈谈词汇转换问题。

重庆话与普通话词汇的对应转换,在总体上不像语音系统那样有着比较整齐的对应规律,只有部分词汇具有对应规律,更多的还得靠单个记忆,勤查字典,在长期的实践运用中掌握熟悉。

1. 表事物性的名词,重庆话大量叠用,普通话则少有

对于重庆话这些叠用的词语,普通话或只用单音节词或儿化或加词缀"子",或者用双音节词来表达。

（1）重庆话叠用,普通话只用一个单音节词。

重庆话	普通话
粑粑 $ba^1 ba^1$	饼
钵钵 $bo^3 bo^3$	钵
槽槽 $cao^2 cao^1$	槽
草草 $cao^3 cao^2$	草
齿齿 $ci^3 ci^2$	齿
凼凼 $dang^4 dang^1$	坑
猴猴儿 $hou^2 hour^1$	猴
棚棚 $pong^2 pong^1$	棚
筐筐 $kuang^1 kuang^1$	筐
粉粉 $fen^3 fen^2$	粉
毛毛 $mao^2 mao^1$	毛

霉霉 mei² mei² 　　　　　　霉

泡泡 pao⁴ pao¹ 　　　　　　泡

筒筒 tong² tong¹ 　　　　　筒

桶桶 tong³ tong² 　　　　　桶

　（2）重庆话叠用,普通话用单音加儿化或加词缀"子"。

重庆话	普通话
须须 xu¹ xu¹	须子
板板 ban³ ban²	板子
把把 ba⁴ ba¹	（口语多用）把儿
蒂蒂 di⁴ di¹	（书面语多用）柄
踫踫儿 bai¹ ber¹	跛子、瘸子
帮帮 bang¹ bang¹	帮子
棒棒 bang⁴ bang¹	棍子、棒子
杯杯 bei¹ bei¹	杯子、茶杯
饼饼 bin³ bin³	饼子、饼儿
叉叉 ca¹ ca¹	叉儿、叉子
撑撑儿 cen⁴ cenr¹	棍儿
串串 cuan⁴ cuan⁴	串儿
单单 dan¹ dan¹	单儿、纸片儿
道道 dao⁴ dao¹	道儿、横杠
颠颠 dian¹ dian¹	尖儿
碟碟儿 die² dier¹	碟儿、碟子
钉钉儿 din¹ dinr¹	钉子
顶顶 din³ din²	顶儿
豆豆儿 dou⁴ dour¹	豆子
盖盖儿 gai⁴ gair¹	盖子、盖儿
格格儿 gê² gêr¹	格子
果果儿 go³ gor³	果子
钩钩儿 gou¹ gour¹	钩子

褂褂儿 gua⁴guar¹   褂子

管管儿 guan³guanr³   管子

罐罐儿 guan⁴guanr¹   罐儿、罐子

柜柜 gui⁴gui¹   柜子

滚滚 gun³gun²   轮子

棍棍 gun⁴gun¹   棍子

憨憨 han¹han¹   傻子

盒盒 ho²ho¹   盒盒、盒儿

夹夹 jia²jia¹   夹子

卷卷儿 juan¹juanr¹   卷儿

坑坑 ken¹ken¹   坑儿

壳壳 ko²ko¹   壳儿

块块 kuai³kuai²   块儿

米米 mi³mi²   籽儿

篮篮 lan²lan¹   篮子

（纸）溜溜儿 liu¹liur¹   （纸）条儿

笼笼 long²long¹   笼子

盘盘 pan²pan¹   盘子、盘儿

盆盆 pen²pen¹   盆子

皮皮 pi²pi¹   皮儿

瓢瓢 piao²piao¹   ①勺儿②匙子

瓶瓶儿 pin²pinr¹   瓶子

铺铺儿 pu⁴pur¹   铺子、铺儿

谱谱儿 pu³pur²   谱儿

筛筛 sai¹sai¹   筛子

气气 qi⁴qi¹   味儿

瓤瓤 rang²rang¹   瓤子、瓤儿

索索 so²so¹   绳子

刷刷 sua²sua¹   刷子

摊摊儿 tan¹tanr¹	摊子、小摊儿
坛坛 tan²tan¹	坛子、坛儿
提提 ti²ti¹	舀子
⎰挑挑儿 tiao¹tiaor¹ ⎱担担儿 dan⁴danr¹	担子
箱箱 xiang¹xiang¹	箱子
芽芽 ya²ya¹	芽儿
眼眼 yan³yan³	眼儿
影影儿 yin³yinr²	影儿、影子
盅盅儿 zong¹zongr¹	杯子
珠珠儿 zu¹zur¹	珠儿

（3）重庆话叠用，普通话用双音节。

重庆话	**普通话**
疤疤 ba¹ba¹	①瘢痕、伤疤 ②补丁③疤瘌(la)
屙屙 ba³ba³	①粪便②脏东西
坝坝 ba⁴ba¹	平地
斑斑 ban¹ban¹	斑点
背背 bei⁴bei¹	背面
壁壁 bi²bi¹	墙壁
敞敞 cang³cang²	漏斗
抽抽 cou¹cou¹	抽屉
趱趱 cuan¹cuan¹	翘翘
洞洞 dong⁴dong¹	窟窿
兜兜 dou¹dou¹	口袋(衣裤上的包)
缝缝 fong⁴fong¹	缝隙
竿竿 gan¹gan¹	竹竿
角角 go²go¹	角落
巷巷儿 hang⁴hangr¹	胡同

巾巾 jin^{1}jin^1	布条
脚脚 jio^{2}jio^1	残渣、沉淀物
空空 kong^{4}kong^1	空隙、空当儿
面面 mian^{4}mian^1	粉末
奶奶 lai^{1}lai^1	①乳房②乳汁
铃铃 lin^{2}lin^1	铃铛
帕帕 pa^{4}pa^1	手绢
片片 pian^{3}pian^1	尿布
撇撇 pie^{2}pie^1	插销
缺缺 que^{2}que^1	缺嘴、缺口
塌塌 ta^{2}ta^2	地方
皱皱 zong^{4}zong^1	皱纹

2. 在形容词的生动形式中，重庆话常用的叠音词缀，普通话则不用

重庆话和普通话中都有许多形容词的生动形式，例如：胖都都、硬梆梆、气冲冲、喜洋洋，但重庆话中有一部分形容词生动形式的表现形式与普通话不同，具体说就是一些构成形容词生动形式的叠音词缀不同。它们丰富、生动、富于表现力。这种叠音词缀，最常用，构词能力最强的是："兮兮"、"浊浊"、"扎扎"几个。普通话没有这种叠音词缀。

（1）"兮兮"构成的形容词生动形式，表示的是稍微有一点的意思。

重庆话	**普通话**
哭兮兮的	哭了呱叽的
病兮兮的	病歪歪的
瘟兮兮的	病殃殃的
扯兮兮的	①吊儿郎当的②真逗
懒兮兮的	懒洋洋的
臭兮兮的	臭哄哄的

水兮兮的	马马虎虎、吊儿郎当
流兮兮的	流里流气的
花兮兮的	花里胡哨的
瓜兮兮的	傻乎乎的
乖兮兮的	乖不叽的
薄兮兮的	薄里巴叽的
冷兮兮的	冷丝丝的
红兮兮的	红乎乎的
烂兮兮的	烂乎乎的
苦兮兮的	苦英英的
辣兮兮的	辣丝丝的
假兮兮的	假惺惺的
甜兮兮的	甜丝丝的
凉兮兮的	凉丝丝的
可怜兮兮	可怜巴巴

（2）"浊浊"构成的形容词生动形式，带贬意色彩。

重庆话	**普通话**
笨浊浊	笨了呱叽
哈（ha³）浊浊	傻里巴叽、傻乎乎
矮浊浊	矮墩墩
宝浊浊	傻乎乎
昏浊浊	稀里糊涂
神浊浊	有点神经质
浑浊浊	浑浊、不清澈
木（mu⁴）浊浊	①反应迟钝②不光滑
霉浊浊	①无精打彩②倒霉
疯浊浊	疯疯颠颠

（3）"扎扎"（za³za³）构成的形容词生动形式，带有消极意义。

重庆话	普通话
汗扎扎	汗涔涔
湿扎扎	湿漉漉
蔫扎扎	蔫不溜秋
烂扎扎	烂不叽儿
麻扎扎	不清不楚
苦扎扎	苦不叽儿
乌扎扎	乌了呱叽

除此之外,重庆话还有一些叠音词缀和单音节词构成形容词的生动形式,普通话也没有。常见的如"扯扯"、"叽叽"、"纠纠"、"崭崭"、"耸耸"、"瓦瓦"等。例如:

笑扯扯　肉扯扯　绵扯扯　疯扯扯　红扯扯　炮扯扯
沙叽叽　肉叽叽　炮叽叽　湿叽叽　酸叽叽　汗叽叽
糯叽叽　软叽叽

圆纠纠　蔫纠纠　乌纠纠　酸纠纠　干耸耸　高耸耸
黑耸耸　脏瓦瓦　稀瓦瓦　白瓦瓦　蓝瓦瓦　新崭崭　齐崭崭

在形容词的生动形式中,重庆话里还常用"A头A脑"的格式,表示含有贬意的某种神情状态。这种格式有的可以转换成普通话的"A里A气"。例如:

笨头笨脑　　宝头宝脑　　呆头呆脑
狗头狗脑　　哈头哈脑　　怪头怪脑
憨头憨脑　　土头土脑　　流头流脑

3. 重庆话用而普通话不用的名词词缀"子"、"头"

词缀"子"与"头"在普通话和重庆话中都大量使用,但有一些名词后,普通话不用"子"。

重庆话	普通话
锅子	锅
树子	树
蜂子	蜂

心子	心
舌子	舌
磨子	磨
梨子	梨
鞋子	鞋
庙子	庙
烟子	烟
葱子	葱
虾子	虾
羊子	羊
蚕子	蚕
瘟猪子	瘟猪
臂膀子	臂膀
嘴巴子	嘴巴
水管子	水管
一伙子	一伙
猪蹄子	猪爪、猎蹄儿
今年子	今年
明年子	明年

表示方位的名词后,重庆话常用词缀"头",普通话往往用"里"、"面"、"里面"。例如:

重庆话	普通话
前头	前面
后头	后面
里头	里面
上头	上面
下头	下面
屋头	屋里
锅头	锅里

包包头	包里
柜子头	柜子里
书里头	书里面
心里头	心里面

4. 重庆话与普通话个别词语的语序相反

重庆话	**普通话**
鸡母	母鸡
鸡公	公鸡
鸭母	母鸭
鸭公	公鸭
气力	力气
齐整	整齐
人客	客人
闹热	热闹
花菜	菜花
道地	地道

5. 普通话的形容词生动形式常用的词缀和格式

第一,普通话常用"乎乎"、"溜溜"、"巴巴"等叠音词缀。例如:

黄乎乎	面乎乎	灰乎乎	辣乎乎
潮乎乎	湿乎乎	粘乎乎	毛乎乎
软乎乎	红乎乎	白乎乎	

直溜溜	细溜溜	酸溜溜	光溜溜
滑溜溜	圆溜溜	顺溜溜	甜溜溜
贼溜溜	光溜溜	稀溜溜	

淡巴巴	短巴巴	紧巴巴	死巴巴
眼巴巴	皱巴巴	可怜巴巴	
眼泪巴巴	老实巴巴		

除此外,还用"洋洋"、"生生"、"墩墩"等词缀来构成形容词的生动形式。例如:

喜洋洋　　懒洋洋　　暖洋洋

怯生生　　活生生　　好生生　　脆生生

肥墩墩　　矮墩墩　　胖墩墩　　厚墩墩

第二,普通话常用"了呱叽"作词缀,这个词缀的构词能力很强,许多单音节形容词都可与之结合。例如:

暗了呱叽　　白了呱叽　　臭了呱叽

呆了呱叽　　淡了呱叽　　苦了呱叽

冷了呱叽　　亮了呱叽　　慢了呱叽

穷了呱叽　　热了呱叽　　水了呱叽

松了呱叽　　甜了呱叽　　咸了呱叽

油了呱叽　　脏了呱叽　　贼了呱叽

皱了呱叽　　瘦了呱叽　　傻了呱叽

此外,还有"不溜秋"、"不伦墩"等词缀也与单音节形容词构成生动形式。例如:

黑不溜秋　　灰不溜秋　　胖不伦墩

短不伦墩

6. 词汇对应转换训练

重庆话	普通话
①我喜欢吃包谷粑粑。	我喜欢吃玉米饼。
②他颈子上有个疤疤。	他脖子有个疤瘌。
③衣裳烂了补个疤疤。	衣服破了补个补丁。
④包谷米米好多钱一斤?	玉米粒儿多少钱一斤?
⑤快把你的爪爪洗干净。	快把你的手洗干净。
⑥是他䞍倒入到包包头的。	是他硬塞进口袋里的。
⑦水头的渣渣太多。	水里的沉渣太多。
⑧快把那根竿竿拿过来顶到起。	快把那根竹竿拿过来支撑着。

⑨不要把西瓜籽籽吐到地上,要吐到盆盆头。

不要把西瓜籽儿吐到地上,要吐在盆儿里。

⑩我抄东西的本本到那点去啰?

我抄东西的本子到哪儿去了?

⑪你把杯杯拿过来洗干净。

你把杯子拿过来洗干净。

⑫他话音刚落,巴巴掌就响起来了。

他话音刚落,掌声就响起来了。

⑬那个平坝坝上搭了一个高台台。

那个平坝上搭了一个高高的台子。

⑭把盒盒拿过来,看看它的背背是啥子。

把盒子拿过来,看看它的背面是什么?

⑮他把桌子边边的灰灰都擦干净了。

他把桌子边儿的灰尘都擦干净了。

⑯剥出来的花生壳壳比米米还多。

剥出来的花生壳比花生仁儿还多。

⑰证明写好后拿到办公室盖个戳戳。

证明写好后拿到办公室盖个公章。

⑱我的药瓶瓶放到抽抽里头的。

我的药瓶儿放在抽屉里面的。

⑲他的小儿子太娇气子,吃包子只吃心心不吃皮皮。

他的小儿子太娇气了,吃包子只吃馅,不吃皮儿。

⑳他热得鼻子尖尖都冒出了汗珠珠儿。

他热得鼻子尖儿都冒出了汗珠儿。

㉑你们揎过来点儿,那根柱柱挡到我的镜头啰。

你们挪过来点儿,那根柱子挡住了我的镜头。

㉒你看个哭兮兮的样子,好造孽!

你瞧人家哭的样子,好可怜!

㉓这女娃子很诧生,一看到生人就诧兮兮的,眼睛只盯到墙角角。

这女孩子很腼腆,一见陌生人就不自在,眼睛只看墙角。

㉔我这身打扮是不是有点宝筛筛

我这身打扮是不是有点土里土

的？ | 气？

㉕未必我今天就这样白痴痴遭他洗刷一顿？ | 难道我今天就这样平白无故地被他辱骂一顿？

㉖这件灰褂褂已经洗得白普普的了。 | 这件灰褂子已经洗得泛白了。

㉗他说话做事活甩甩的。 | 他说话做事都没定准儿。

㉘你要弄醒豁，不要麻麻咋咋过日子。 | 你要清醒点，别稀里糊涂地过日子。

㉙今天的猪蹄子炖得炣噜噜的，hê¹好吃。 | 今天的猪蹄儿炖得烂乎乎的，很好吃。

㉚你莫要一天到黑疯扯扯的。 | 你别整天疯疯癫癫的。

㉛他就是 nen⁴go¹哈浊浊的不盯着（zao²）头。 | 他就是这样傻乎乎的不识相。

㉜衣服穿得汗扎扎的还不换嗦？ | 衣服穿得汗腻腻的还不换吗？

㉝莫看这自行车烂朽朽的，骑起来还 hê¹轻巧。 | 别看这自行车破破烂烂的，骑起来还轻便。

㉞你们班松松垮垮的，该整顿一下了。 | 你们班松散得很，该整顿一下了。

㉟成都的菜好相因啊，嫩闪闪的豌豆尖才三角钱一斤。 | 成都的菜好便宜，嫩嫩的豌豆尖才三毛钱一斤。

㊱他气力好大哟，那么粗的索索一扯就断。 | 他劲儿真大哟，那么粗的绳子一扯就断。

㊲满屋子都是他的同学，闹热得很。 | 满屋子都是他的同学，热闹极了。

㊳现在鸡公比鸡母贵。 | 现在公鸡比母鸡价钱还贵。

㊴你不注意要成鸭公嗓子了。 | 你不注意要成公鸭嗓子了。

㊵今天的人来得最齐整。 | 今天的人来得最整齐。

（二）方言与普通话无对应规律的词
仍然以重庆话为代表说明这个问题

1. 形同、音近而词义宽窄不同的词汇

有一些词汇,重庆话与普通话在书写形式、读音两者都是相同相近的,而且其基本词义也是相同的,但是词义的宽窄、运用范围的广狭却有着一定的差别。

(1)重庆话词义宽普通话词义窄

在"他把我告了"这句话中,"告"是检举揭发的意思,这个意思及用法,重庆话与普通话都是完全相同的。但是,重庆话中"告"还有一个用法却是普通话中没有的。例如"售货员同志,请把那双鞋拿来我告一下"。这里的"告"普通话只能说成"试",没有说"告"的。可见这个词在重庆话中义项多一些,使用范围广一些。有关这类词我们举一些典型的例子。

重庆话	**普通话**
黄　huang²	
①指一种颜色	
他穿起一件黄衣服。	与重庆话相同。
②不懂行、外行	
你咋个尽说黄话嗬?	你怎么全说外行话呢?
③指技术不过关或不熟练	
我们的手艺不好,黄得很。	我们的手艺不好,还很不熟练。
④事情未办成或计划落空	
我们的计划全黄了。	我们的计划全落空了(口语中有时也说"黄了")。
麻　ma²	
①麻木、无知觉	
我的脚都蹲麻了。	与重庆话相同。
②表面不平不光滑	
这张纸一面光、一面麻。	与重庆话相同。

③欺哄、蒙骗

　他是个老实人,你们莫麻　　　他是个老实人,你们别欺哄他。
　他。

木　mu⁴

　①麻木

　　舌头木了,什么味也尝不出来。　　与重庆话相同。

　②楞

　　他木了半天也没反应过来。　　他楞了半天也没反应过来。

　③透明度差

　　这块玻璃木杵杵的。　　　　这块玻璃透明度差。

　④笨

　　他木得很,给他辅导也等于　　他笨得很,给他辅导也等于
　　零。　　　　　　　　　　　　零。

捞　lao³

　①扛

　　王勇气力好大,捞一根大木　　王勇力气好大,扛一根大木
　　头都不吃力。　　　　　　　　头都不吃力。

　②拿

　　他捞起一杆秤走过来。　　　他拿着一杆秤走过来。

恼火　lao³ho³

　①生气

　　你恼火,我比你更恼火。　　　与重庆话相同。

　②困难、吃力

　　这件事办起来咋个那么恼火　　这件事办起来怎么这么困难
　　哟!　　　　　　　　　　　　呢!

　③苦

　　他到处打小报告,把我害得　　他到处打小报告,把我害得
　　好恼火哟!　　　　　　　　　好苦哇!

　④够呛

这几天累得 hê¹ 恼火。　　　　　这几天累得够呛。

⑤苦恼

别个冤枉了他,他心头恼火　　　别人冤枉了他,他心头苦恼
得很。　　　　　　　　　　　　得很。

⑥伤脑筋

这件事情复杂,大家又各说　　　这件事情复杂,人们又各说
不一,哪个来办都恼火。　　　　不一,谁来处理都伤脑筋。

起　qi³

①有或无能力实现这个动作

这东西太贵了,我买不起。　　　与重庆话相同。

②着

他眑起睛眼说不干。　　　　　　他瞪着眼睛说不干。

③起来

快到屋头去藏起。　　　　　　　快到屋里去藏起来。

④上

今年他没考起大学。　　　　　　今年他没考上大学。

⑤快一点

走起,不然就晚了。　　　　　　走快一点,不然就晚了。

⑥种、类

选这起有点黄的。　　　　　　　选这种有点黄的。

吹牛　cui¹liu²

①聊天

他们几个没得事最爱在一起　　　他们几个没事最爱在一起聊
吹牛。　　　　　　　　　　　　天。

②说大话

他这是吹牛你也信了?　　　　　他这是说大话你也信了?
　　　　　　　　　　　　　　　(或与重庆话同)

(2)重庆话词义窄普通话词义宽

重庆话中,“碗碰烂了”,“他杵了一鼻子灰”,“莫搒(pang³)他

338

的东西","莫挨到我"几个句子中的"碰"、"杵"、"捞"、"挨"四个动词,普通话里一般都用"碰",说明有的词普通话词义宽,重庆话词义窄一些。例如:

普通话	重庆话

叫

①鸡叫了。(叫声)　　　　　　与普通话同。

②谁叫你。(呼唤)　　　　　　哪个喊你。

③叫他早点儿回去。(表命令)　喊他早点回去。

④叫辆车来。(雇)　　　　　　喊个车子来。

⑤他不叫我去。(准许)　　　　他不准我去。

⑥别叫雨淋着。(被)　　　　　莫遭雨淋着。

买

①今天买点豆腐回来吃。　　　今天端点豆腐回来吃。

②买五斤肉。　　　　　　　　割五斤肉。

③我到商店去买布。　　　　　我到商店去扯布。

④你买多少油?　　　　　　　你打好多油?

⑤买三斤盐。　　　　　　　　称三斤盐。

⑥我去粮店买米。　　　　　　我去粮店开米。

　　2. 普通话没有重庆话有的词汇

　　重庆方言词汇中有许多词普通话里根本没有,这类词必须转换。

　　(1)有音有字的词语

重庆话	普通话

默倒 $mê^2 dao^3$　　　　　　　以为

二天 $er^3 tian^1$　　　　　　　以后、赶明儿

哪阵子 $la^3 zen^4 zi^2$　　　　什么时候、多会儿

巴片儿 $ba^1 pianr^4$　　　　　白食

巴巴实实 $ba^1 ba^1 si^2 si^2$　妥妥贴贴

跰 bai^1　　　　　　　　　　跛、瘸

包谷 bao^{1}gu^2　　　　玉米

白墨 bê^{2}mê^2　　　　粉笔

背时 bei^{4}si^2　　　　倒霉、晦气

冰口 bin^{1}kou^3　　　　裂口、裂缝

扯把子 cê^{3}ba^{3}zi^3　　　　撒谎

冲壳子 cong^{4}ko^{2}zi^3　　　　吹牛、说大话

撑花儿（撑子）cen^{1}huar^1　　　　伞

慈姑儿 ci^{2}guer^1　　　　荸荠 bíqí

卡 ka^3（大拇指与中指张开的距离）　　怍 zhǎ

排 pai^3（两臂左右平伸之间的距离）　　庹 tuǒ

哪个 la^{3}go^4　　　　谁

啥子 sa^{4}zi^3　　　　什么

咋个 za^{3}go^4　　　　怎么

啷个 lang^{3}go^4　　　　怎么

铺盖 pu^{1}gai^4　　　　被子

莽起 mang^{3}qi^3　　　　使劲地

相因 xiang^{1}yin^1　　　　便宜

浊 co^2　　　　笨、差

打摆子 da^{3}bai^{3}zi^3　　　　患疟疾

当门 dang^{1}men^2　　　　面前

得行 dê^{2}xin^2　　　　好、能干

颠东 dian^{1}dong^1　　　　糊涂

颠转 dian^{1}zuan^3　　　　反而、反倒

掟子 din^{4}zi^3　　　　拳头

卡轮子 qia^{1}len^{2}zi^3（也说卡位子、卡列子）　　加塞儿

挑子 tiao^{1}zi^3　　　　担子

估倒 gu^{3}dao^3　　　　强迫、执意

落教 lo^{2}jiao^4　　　　重情义、守信用

煞搁 sa^{2}go^2　　　　结束、最后

逗硬 dou⁴ngen⁴   兑现

　　另外,重庆话中的量词比较特殊,与普通话说法不一样,我们择其要者排列对比出来。

重庆话	普通话
杆(烟、笔)	支
根(牛)	头、条
根(羊子)	口、头(羊)
根(猪)	只、头
根(鱼)	条、尾
根(蛇、围巾、蛆、蚕子)	条(蚕)
根、个(凳子)	张、个、条(长形的)
根(树子)	棵、株(树)
颗(米、砂子)	粒
颗(棋子)	个(棋子儿)
个(鸡、鸭子)	只、个
床(帐子)	顶、个(蚊帐)
床(席子)	领、张
匹(山)	座
匹(叶子)	片、张
匹(砖)	块
匹(瓦)	块、片
匹(肋巴骨)	根(肋骨)
炮(屎、尿)	泡
炮(口水、口痰)	口(唾沫、痰)
炮(鼻子)	把(鼻涕)
窝(菜)	棵
坨、块(肥皂)	块
坨(棉花、线)	团
抓(葡萄)	串

一炟拉(事情)　　　　　一大堆
摞(纸、票子)　　　　　沓、叠(钞票)
以上是物量词,而动量词需要写出例句对比。

重庆话	普通话
这本书我看过一道。	遍
他说了一道又一道。	遍
昨天我去看过他一道。	次
我去峨嵋山耍了一盘儿。	(玩了一)次、回
不信就告一盘儿。	(试一)次、下
他们到几个厂走了一转(zuan^4)。	趟、圈儿
帮我把毛线挽几转(zuan^4)。	圈儿
他在路上挞了几扑爬。	(跌了几)跤
他挨了几捵子。	拳头
麻糖都结做一饼了。	(结成一)团儿、块儿
下下(ha^{4}ha^4)都是我挨批评。	次次、回回、每次、每回

(2)有音无字的词语(所无之字用"□"表示)

重庆话	普通话

□　lia^2

①滑

　眼镜脚脚松得很,一□(her^1)　　眼镜架松得很,一会儿又往下
　又往下头□。　　　　　　　　面滑。

②推脱

　这件事都有责任,哪个都莫想　　这件事都有责任,谁都别想推
　□脱。　　　　　　　　　　　脱。

□tia^3

巴结、讨好

　他最爱□有权有势的人。　　　　他最爱讨好有权有势的人。

□dia¹

提、拎

帮我把包包□倒起。　　　　　　　　帮我把包拎着。

□kui³

手肘或膝头着物

莫把手□到地下。　　　　　　　　　别把手触在地上。

□nga¹

压

板凳□到我的脚指拇了。　　　　　　凳子压着我的脚指头了。

□liao¹

缝、连上

我把衣服□几针。　　　　　　　　　我把衣服缝几针。

□□liao¹zi³（或 diao¹zi³）

故意、特地

我又不是□□踩你的脚，你骂啥　　　我又不是故意踩你的脚，你骂
子嘛！　　　　　　　　　　　　　什么嘛！

□lia¹

亲近

这娃儿□他妈，不□他老汉。　　　　这孩子亲近他妈，不亲近他爸。

□pen¹

靠

那上头脏，莫□到高底。　　　　　　那上面脏，不要靠在上面。

□ter¹（川东音 dier³）

傻

你咋个这么□喃？　　　　　　　　　你怎么这样傻呢？

□xiao¹

推

快帮我把门□开。　　　　　　　　　快帮我把门推开。

□lui¹

滚、摔

他从墙上□下来,脚杆都绊肿了。　　他从墙上滚下来,脚都摔肿了。

□ngen³

硌(gè)

这床□人得很。　　　　　　　　这床硌人得很。

□zang²

砸

他用石头□我。　　　　　　　　他用石头砸我。

□zao³

挽

洗衣裳时要把袖子□起。　　　　洗衣服时要把袖子挽起来。

□zua²

①踢、踹

　你再不听话,我一脚把你□出　　你再不听话,我一脚把你踢出
　去。　　　　　　　　　　　　去。

②低着(头)

　他走路时最爱把脑壳□起。　　他走路时,总爱低着头。

③打瞌睡

　他每天上课都要□瞌睡。　　　他每天上课都要打瞌睡。

□kao²

搅、搅拌

浆糊□好没得?　　　　　　　　浆糊搅好没有?

□ku²(或 gu¹)

蹲

你□到地下做啥子?　　　　　　你蹲在地上干什么?

　　另外还有一种情况,即重庆话与普通话词汇形、音同而义异,
这种情况少见。例如:

　　婆婆:重庆话指父亲的母亲;普通话则指丈夫的母亲。公公:

重庆话指父亲的父亲(爷爷);普通话指丈夫的父亲。抄手:重庆话指馄饨;普通话则是指一种动作状态。打瓜:重庆话指卖剩的东西(主要是农产品)冘卖或冘买;普通话则指西瓜的一个品种,或指吃这种瓜等等。

3. 词汇对应转换训练

重庆话	**普通话**
①他巴倒别个去吃巴片儿。	他跟着别人吃白食。
②他巴倒墙壁走了嘿远。	他顺着(或扶着)墙壁走了很远。
③这件事没得啥子说头,一点抖摆都没得,坚决要逗硬。	这件事没什么可说的,一点通融的余地都没有,坚决要兑现。
④今年子莽起干,明年子搞个大丰收。	今年使劲干,明年来个大丰收。
⑤把扫把□(pen¹)倒门角角头。	把笤帚靠到门角落里。
⑥腰杆痛就□(pen¹)倒铺盖上嘛。	腰疼就靠在被子上吧。
⑦她看见一根蛇,吓得一身打战战。	她看见一条蛇,吓得一身发抖。
⑧这次考试,百分之四十的题都是打掟子打准的。	这次考试,百分之四十的题是猜准的。
⑨你剩下的这些梨子我跟你打瓜买,相因点要不要得?	你剩下的这些梨儿我全买,便宜点好不好?
⑩这间房子这么小还住八个人,好打挤哟!	这间房子这么小还住八个人,太拥挤了!
⑪你如果找不到座位就到我这儿来挤倒坐嘛。	你如果找不到座位就到我这儿挤在一块儿坐。
⑫出一趟差,就得给孩子带点杂包儿。	出一趟差,就得给孩子带点吃食儿。
⑬小王今天穿戴得这么周正,到	小王今天穿戴得这么整齐,到

哪去呀？

哪去呀？

⑭这价格是规定的,一点都没得走展。

这价格是规定的,丝毫没有变动。

⑮不要把寻帕搭在凉台上,免得水滴到楼脚去。

不要把拖把搭在凉台上,以免水滴到楼下去。

⑯穿红裙裙那个女娃儿叉巴得很。

穿红裙子那个女孩子举止太随便,欠庄重。

⑰你莫看他一天到晚不开腔不出气的,其实阴倒爱整人。

你别看他一天到晚不言不语,其实暗地里最爱算计人。

⑱莫看他年纪小,嘴巴子嚼（jao²）得很。

别看她年纪小,那张嘴厉害得很。

⑲他出去了那么长的时间,紧倒不回来。

他出去了那么长的时间,老是不回来。

⑳我肯信这个时候他敢走！

我不相信这个时候他敢走。

㉑他只晓得冲壳子,不知干实事。

他只知道吹牛说大话,不知干实事。

㉒你们要悄悄眯眯地进去,不要惊动了娃儿。

你们要悄悄地进去,不要惊动了孩子。

㉓你告一下这双鞋子穿起合不合脚。

你试一下这双鞋穿上合不合适。

㉔大家展劲干,争取春节前完成任务。

大家加劲干,争取春节前完成任务。

㉕孩子从小就跟着婆婆,所以遭惯失得不像样子了。

孩子从小就跟着奶奶,所以被惯得不像样子了。

㉖莫这样叫,他这个队长早就垮杆儿了。

别这样叫,他这个队长早就垮台了。

㉗你要弄醒豁,我没得那么炝和。

你要搞清楚,我没有那么软弱可欺。

㉘你默倒把别个马倒马倒的,别

你以为把人压住,别人就会听

个就听你的啰。 你的。

㉙说得倒撇脱,你试一盘儿看。 说得倒容易,你试试看。

㉚这件事莫得那么撇脱。 这件事没那么简单。

㉛莫来头,他也是个撇撇脱脱的人。 没关系,他也是个干干脆脆的人。

㉜我的字写得稀撇(pie⁴)! 我的字写得很差劲!

㉝他气得把筷子都撇断了。 他气得把筷子都折断了。

㉞小伙子,到后头排队,莫喀轮子嘛! 小伙子,到后面排队,别加塞儿嘛!

㉟到解放碑并不远,几步就卡(qia²或ka²)拢了。 到解放碑并不远,几步就走到了。

㊱她从乡坝头来,穿得苕里苕气的。 她从乡下来,穿得土里土气。

㊲会都要煞角(go²)了,他才梭起来。 会都快开完了,他才溜进来。

㊳他们俩个要要搭搭地就走拢了。 他们俩边说边玩就走到了。

㊴这几天他总是睡不落告。 这几天他总是睡不踏实。

㊵恼火的活路总是拿给我胎倒。 难干的活儿总是我摊上。

㊶他办事巫教得很,一点都不坚持原则。 他办事太不公平了,一点不坚持原则。

㊷一天到黑渣渣瓦瓦的事整都整不归一。 一天到晚零零碎碎的事总做不完。

㊸只要你给我拃起,我啥子事都不怕。 只要你给我撑腰,我什么事都不怕。

㊹那个崽儿千翻得很,不要理他。 那个小孩调皮得很,不要理他。

㊺这件事只有领导宰指后,才能干。 这件事只有领导决定后,才能干。

㊻这么冷的天你遭得住遭不住? 这么冷的天,你受得了受不了?

㊼旧社会我们造孽得很。旧社会我们可怜得很。

㊽正南齐北的,你不要开玩笑嘛。说真的,你不要开玩笑嘛。

㊾你从来没见过那么大的阵仗。你从来没见过那么大的场面。

㊿莫装疯迷窍的,你晓得这是咋个的。别装疯卖傻的,你知道是怎么回事儿。

51这件袄子穿起不热火。这件棉袄穿着不暖和。

52小张入给我几颗糖。小张塞给我几颗糖。

53那个事情我挼(rua²)不转。那件事儿我弄不好。

54他都七十几了,身体还那么硬走。他都七十几岁了,身体还那么硬朗。

55瑛瑛今天捉了三个丁丁猫儿。瑛瑛今天捉了三只蜻蜓。

56"灭害灵"真灵,把它喷到灶屋头,偷油婆全部都死了。"灭害灵"真灵,把它喷到厨房里,蟑螂就全死了。

57檐老鼠儿是吃蚊蚊、蛾蛾的昆虫。蝙蝠是吃蚊子、蛾子的昆虫。

58抄手好多钱一碗?馄饨(húntun)多少钱一碗?

59看他手膀子那么细,肯定没劲。看他胳膊那么细,肯定没劲儿。

60有盖盖的墨盘儿,墨水不容易干。有盖儿的砚台(yàntai)墨汁不容易挥发。

61他是一个齁包儿(hou¹baor¹),莫同他睡在一个屋头。他是一个哮喘病人,别同他睡在一个屋里。

62我家来的好多人我都认不倒。我家来的好些人我都不认识。

63妈妈给我买了好多东西。妈妈给我买了好些东西。

64你咋个那么多天都不来喃?你怎么那么多天都不来呢?

65他哪个认得我喃?他怎么认识我呢?

66对直走,莫倒手,十分钟就到了。直走,别拐弯,十分钟就到了。

67小虎子是班上有名的费头子。小虎子是班上有名的调皮鬼。

68现在好生学习,长大才有本事。现在好好学习,长大才有本事。

69烤红苕比煮红苕好吃得多。 烤红薯比煮的红薯好吃得多。

70他们两个的性格合不拢。 他们俩的性格合不来。

71如果你愿意伙倒我们干,那你就留下。 如果你愿意同我们合伙干,那你就留下。

72郭红实实在在太疲倦了,几分钟内就连打了几个呵嗨(ho¹hai⁴)。 郭红实在太疲倦了,几分钟内就连打了几个哈欠(hāqian)。

73我们重庆人最喜欢吃海椒。 我们重庆人最喜欢吃辣椒。

74究竟行不行?你嗰个把话说得活甩甩的? 究竟行不行?你怎么把话说得模棱两可的?

75他母亲病得恼火,差点就拿过去了。 他母亲病得厉害,差一点就死去了。

76鸡把渣渣都哈开了。 鸡把渣滓都扒拉开了。

77腊肉有点哈喉了。 腊肉有点哈喇(hála)了。

78你只有那点本领,就别充行势了。 你只有那点本领,就别逞能了。

79接倒信,我就扑爬跟斗赶回来了。 接到信,我就急急忙忙地赶回来。

80这次考试把连都没考好,不知是什么原因。 这次考试全部都没考好,不知什么原因。

81他巴心不得早一点调到大城市去。 他巴不得早一点调到大城市去。

82英英上梯坎儿时跶了一扑爬。 英英上台阶时跌了一跤。

83你们不要抽我的底火嘛。 你们不要拆我的台嘛!

84外婆一睡觉就扯扑鼾。 姥姥一睡觉就打呼噜。

85你只把过经过脉的地方教给他们就是了。 你只把关键的地方教给他们就是了。

86他说话都说不伸抖还要叫他发言! 他说话都说不清楚还要叫他发言!

⑧⑦那个女娃子长得好伸抖哟。　　　那个女孩长得好漂亮啊。

⑧⑧我们那个领导歪得很。　　　　　我们那个领导厉害得很。

⑧⑨那条蛇有两排多长。　　　　　　那条蛇有两庹(tuǒ)多长。

⑨⑩我家来了好多客人。　　　　　　我家来了好些个客人。

⑨①你包包头还有好多钱?　　　　　你包里还有多少钱?

⑨②这件事我哪个好说嗬?　　　　　这件事我怎么好说呢?

⑨③他是哪阵子来的?　　　　　　　他是多会儿(或什么时候)来的?

⑨④那下儿(hɑer¹)你咋不说?　　　那个时候你怎么不说?

⑨⑤你们嘚个好嗦?　　　　　　　　你们那么好哇?

⑨⑥你做啥子生气?　　　　　　　　你为什么生气?

⑨⑦他啥子事情都做不来。　　　　　他什么事情都不会做。

⑨⑧咋个办?　　　　　　　　　　　怎么办?

⑨⑨咋个说嗬?　　　　　　　　　　怎么说呢?

⑩⑩他咋个认得我嗬?　　　　　　　他怎么认识我呢?

二、语法对照

　　一种语言的语法结构规律是比较稳定的,因此,同一民族的语言里各方言之间的语法差异是不大的。重庆话与普通话之间的语法差异相对来说是很小的,但是由于语法规则的高度抽象性和概括性,所以即使有很少一点差异,也会带出一大片与普通话不同即不规范的语言现象。举例来说,普通话的问句多采用 AB 不 AB 的句法表达形式,而重庆话则多使用 A 不 AB 的形式。例如:普通话说"一样不一样"、"着急不着急",重庆话则说"一不一样","着不着急"。可见,语法中一条规则或一种句型的差异就可能生成一大片不规范的句子。而不规范的句子不仅可能影响口语交际,还可能影响书面表达。

　　重庆话与普通话的语法差异,主要体现在一些虚词和句法上面。

（一）虚词对照

在虚词中，差异主要体现在一些程度副词、介词、助词上面。

1. 程度副词

（1）用于修饰形容词的程度副词，重庆话中尤其是口语中比较丰富。常用的是"飞"、"稀"、"焦"、"帮"、"嘿"几个，而在普通话中，要对应转换为"很"、"太"、"非常"、"特别"、"那么"，作状语。例如：

重庆话	普通话
①这碗汤飞烫的。	这碗汤很烫。
②重庆的公共汽车开得飞快的。	重庆的公共汽车开得特别快的。
③你的手稀脏。	你的手太脏了。
④这件衣服都稀烂了。	这件衣服很烂了。
⑤他的牙焦黄的。	他的牙很黄。
⑥衣服烤得焦干了。	衣服烤得很干了。
⑦这个包包帮重的。	这个提包很重。
⑧这部电影嘿好看。	这部电影很好看。
⑨他嘿伤心。	他很伤心

（2）用于补充说明形容词的程度副词，重庆话常用"惨了"、"到注"，而在普通话中要对应转换为"很"、"够呛"、"极了"等。例如：

重庆话	普通话
①今天耍得痛快惨了。	今天玩得痛快极了。
②他高兴惨了。	他高兴极了。
③今天把他气惨了。	今天把他气得够呛。
④那样子硬是惨惨了。	那样子真是惨得很。
⑤骑在马背上安逸惨了。	骑在马背上舒服极了。
⑥她的普通话说得标准惨了。	她的普通话说得标准极了。
⑦一天没吃饭饿到注了。	一天没吃饭饿得够呛。
⑧今天走了一天的路，真是累到	今天走了一天的路，真是累极

注了。   了。

（3）表示过分语气的程度副词,重庆话常常直接在动词、形容词后用"很",而普通话则常用"太"放在形容词前,在动词后加"多"或"得太厉害"、"得太多"等。例如:

重庆话	普通话
①你累很了容易得病。	你太累了,容易得病。
②清静很了,又觉得有点孤独。	太清静了,又觉得有点孤独。
③莫对他好很了,他是个不领情的家伙。	别对他太好了,他是个不领情的家伙。
④莫劝她了,劝很了她要生气。	别劝她了,劝多了她要生气。
⑤莫跳了,跳很了对伤口不利。	别跳了,跳得太厉害了对伤口不利。
⑥莫想了,想很了谨防出毛病。	别想了,想得太多了谨防出毛病。

2. 介词

重庆话口语中有两个使用频率极高的介词最值得注意,它们是"老给($lao^3 ge^1$,也可以说成"拿给")和"遭(zao^2)"。前一个是介引对象的介词;后一个是表被动的介词,句中的施动者可以不出现。这两个常用介词在普通话里都是不存在的,讲普通话时应该把它们一律转换为"被"字。例如:

重庆话	普通话
①杯子老给弟弟打烂了。	杯子被弟弟摔破了。
②篮球老给二班的同学借走了。	篮球被二班的同学借走了。
③姐姐遭蚊子咬得到处都是包包。	姐姐被蚊子咬得到处都是疙瘩。
④他今天遭老师批评了。	他今天被老师批评了。
⑤我的书包遭偷了。	我的书包被偷了。
⑥今年发大水四川没有遭淹。	今年涨大水四川没有被淹。

3. 助词

（1）结构助词

在重庆话中,常用于动词之后的结构助词主要有这几个:倒、起、倒起、起在。这些助词普通话中没有,要转换成普通话的"着"、"了"、"着呢"。例如:

重庆话   **普通话**

①看电视时,他看倒看倒就睡着   看电视时,他看着看着就睡着

（zo²）了。   （zháo）了。

②你好生听倒,思想莫开小差。   你好好听着,思想别开小差。

③你先走倒,我跟倒就来。   你先走着,我跟着就来。

④睡倒看书要坏眼睛。   躺着看书会损坏眼睛。

⑤你拉倒他的衣裳。   你拉着他的衣裳。

⑥你先坐倒休息一会儿。   你先坐着休息一会儿。

⑦这条路近不倒好多。   这条路近不了多少。

⑧要不倒好久就搞完了。   要不了多久就搞完了。

⑨我管不倒那么多。   我管不了那么多。

⑩坐起说不如站起干。   坐着说不如站着干。

⑪他闭起眼睛乱说。   他闭着眼瞎说。

⑫我看倒起你长大的。   我看着你长大的。

⑬你先走倒起,我等一下就来。   你先走着,我等一会儿就来。

⑭书在柜柜里头锁起在。   书在柜子里面锁着呢。

⑮包包在墙壁上挂起在。   书包在墙壁上挂着呢。

⑯他把东西弄起走了。   他把东西弄走了。

⑰你咋个梭起跑了?   你怎么溜走了?

重庆话中用在动词后的"倒"、"起"除了作助词外,还可作动词充当补语成分,例如"作业做起了","逮倒三个耗子"。

另外,重庆话中还有一个助词"得来",常用在动词、形容词之后联结情态和结果补语。这个"得来"要转换在普通话的结构助词"得"。例如:

重庆话	普通话
①他笑得来弯下了腰。	他笑得弯下了腰。
②气得来直跳。	气得直跳。
③红得来耀眼。	红得耀眼。
④这双鞋脏得来看不见本色了。	这双鞋脏得看不见本色了。

（2）语气助词

重庆话与普通话不同的语气助词比较多,这里主要讲八个:"不"、"舍"、"啰"、"嗦"、"哈"、"呬"、"得嘛"、"哆"。

不（bu²）

重庆话中把这个词用在问句后,表示疑问的语气,相当于普通话的"吗"。例如:

重庆话	普通话
你回家不?	你回家吗?
到图书馆去不?	到图书馆去吗?
今晚去跳舞不?	今晚去跳舞吗?
现在的情况你晓得不?	现在的情况你知道吗?

舍（sê³）

这个词重庆话常用在假设复句的前一分句之后,表示"如果……"这样的语气,引起下文,相当于普通话的"……的话"。例如:

重庆话	普通话
①明天下雨舍,就不能爬山啰哟。	明天下雨的话,就不能去爬山了哟。
②都像你这样想舍,问题就好办多了。	都像你这样想的话,问题就好办多了。
③你不去舍,可能要扣奖金哟。	你不去的话,可能要扣奖金哟。
④这些东西是他私人的舍,他肯定不得这样浪费了。	这些东西是他私人的话,他肯定不会这样浪费了。

啰（lo³）

重庆话把它用在陈述句句末,表示承认事实,并带有感叹的意

味。"啰"也常与"嗦"构成复合语气词"啰嗦"。"啰"相当于普通话的"了"、"啦"(了和啊的合音)。例如:

重庆话	普通话
①走啰,走啰,快点走啰,不然天黑还赶不回家。	走啦,走啦,快点走啦,不然天黑还赶不回家。
②现在该老九们吃香啰!	现在该老九们吃香了!
③小王的帽子都跳脱啰!	小王的帽子都跑掉了!
④今天的工作做完啰!	今天的工作做完了!
⑤跳进黄河也洗不清啰!	跳进黄河也洗不清啦!

"啰"有时也用在句中动词后,作时态助词,表示动作结束。例如:

重庆话	普通话
①吃啰饭就出去散散步。	吃了饭就出去散散步。
②做啰作业就去看电视。	做了功课就去看电视。
③现在又了啰一件事。	现在又了了一件事。
④弟弟又拿啰一个糖。	弟弟又拿了一颗糖。

$$嗦(so^2)、啰嗦$$

重庆话这个语气词有两种用法。一种是用在句末表示反问或疑问的语气,可转换成普通话的语气词"吗"。例如:

重庆话	普通话
①老实话,欺头就那么好吃嗦?	说真的,便宜就那么容易占吗?
②多说你几句,你就不耐烦啰嗦?	多说你几句,你就不耐烦了吗?
③你病啰嗦?吃药没有?	你病了吗?吃药没有?
④才当了屁大的官,就了不起啰嗦?	才当了个芝麻官,就了不起了吗?
⑤你默倒我不晓得嗦?	你以为我不知道吗?

第二种用法是承接别人的话题或行为顺势说一句,表示落实、确定的意思。它相当于普通话"啊"的变体如呀、哪、哇等等。例如:

重庆话	普通话
①请我吃饭嗦,要得嘛。	请我吃饭哪,可以嘛。
②他会弹钢琴嗦,我还不晓得。	他会弹钢琴哪,我还不知道。
③妈妈的病早就好了嗦,咋个没有写信跟我说嗬?	妈妈的病早就好了呀,怎么没写信告诉我呢?
④要我讲嗦,好嘛,我就讲两句。	要我讲呀,好吧,我就讲两句。
⑤你说跳舞嗦,我当然会哟。	你说跳舞哇,我当然会嘛。

哈(ha^3)

重庆话多用于祈使句末,表示请求、商量的语气。在普通话中要转换成"是吗"、"行吗"、"是不是"、"行不行"一类词。例如:

重庆话	普通话
①把你的笔借来用一下儿就还给你哈?	把你的笔借来用一会儿就还给你,行吗?
②你上那边去哈?	你上那边去,行吗?
③明天开运动会,该是哈?	明天开运动会,是不是?

另外,当"哈"读成阴平时,"哈"则直接转换成普通话的"吗"。例:

重庆话	普通话
你上那边去哈?	你上那边去吗?
下雨啰哈?	下雨了吗?
是个语气词哈?	是个语气词吗?

叫(san^2 或 san^1)

这个词用在句子之末,表示陈述语气,确认事实或者事理,含有事实或事理显而易见的意思。有时也表祈使或责备语气,含有理应这样做的意思。它相当于普通话的"嘛"。例如:

重庆话	普通话
①有意见就提叫。	有意见就提嘛。
②他今天上午就来找你啰,你总不能明天才去叫。	他今天上午就来找你啦,你总不能明天才去嘛。
③你接着讲叫。	你接着讲嘛。

重庆话	普通话
④你话就好生说嘛,何必大吵大闹的。	有话就好好说嘛,何必大吵大闹的。
⑤吃饭啰嘛,你还在做啥子嘛?	吃饭了嘛,你还在干什么嘛?

得嘛(de^2ma^2)

用于句末,表示客观情况如此,不容置疑的语气,相当于普通话的"呀"、"不是吗"。有时也表反问语气,但语气较弱。例如:

重庆话	普通话
①我们是一家人得嘛。	我们是一家人呀。
②他来了得嘛,你拦得住?	他已经来了呀,你拦得住吗?
③饭都煮起了得嘛。	饭已经煮上了呀。
④今天不上课得嘛?	今天不是不上课吗?

哆(do^1)

用于句末,表祈使语气,含有把旁的事搁下,先解决了当前的问题再说的意思,相当于普通话的"再说"。例如:

重庆话	普通话
①等一会儿,我吃了药哆。	等一会儿,我吃了药再说。
②我休息一会哆嘛。	我休息一会儿再说嘛。
③处理这件事要等开完会哆。	处理这件事要等开完会再说。
④让我看一眼哆。	让我看一眼再说。

4. 训练

重庆话	普通话
①你那一身衣服都帮(溻)汗臭啰,还不脱下来洗!	你那一身衣服都汗臭得很了,还不换下来洗!
②我今天忙到注了。	我今天忙得够呛。
③他埋倒脑壳不开腔。	他低着头,不说话。
④外头来了嘿多人,不晓得是干啥子的。	外面来了许多人,不知道是干什么的。
⑤你炒的菜焦咸,咋个吃嘛?	你炒的菜太咸了,怎么吃呀?
⑥小王的成绩稀孬的,他还想考	小王的成绩那么差劲,他还想

重点校？   考重点校？

⑦飞烫的水叫我咋个喝嘛？   那么烫的水叫我怎么喝呢？

⑧《流浪者》这个电影好看惨了。   《流浪者》这部电影好看极了。

⑨前几天把我累惨了。   前几天把我累得够呛。

⑩你脚上的伤口刚好，不要走很了。   你脚上的伤口刚好，不要走得太多了。

⑪娃娃惯失很了不好。   小孩过份娇惯不好。

⑫昨天遭摸包儿摸了几十块钱，今天又遭掉了几十块，硬是倒霉惨了！   昨天被扒手扒了几十元钱，今天又给掉了几十元，真是倒霉极了！

⑬我的新鞋子老给耗儿咬了一个洞洞，人都气死啰！   我的新鞋被老鼠咬了一个洞儿，把我气死哪！

⑭站倒起，莫要走，把话说清楚哆！   站着，不要走，把话说清楚再走！

⑮张老师讲倒讲倒就昏倒了。   张老师讲着讲着就昏倒了。

⑯细娃的伤口要不倒好久就告口啰。   小孩的伤口要不了多久就愈合了。

⑰他这几天好累哦，只要一坐倒起就啄瞌睡。   他这几天好累呀，只要一坐着就打瞌睡。

⑱看倒起不咋个样，吃倒起倒嘿好吃。   看着不怎么样，吃起来倒很好吃。

⑲那么晚了，灯还在亮起在。   那么晚了，灯还在亮着呢。

⑳我们家的高压锅正用起在。   我们家的高压锅正用着呢。

㉑你看他跑得来上气不接下气的。   你看他跑得上气不接下气的。

㉒你和我一起去看电影不？   你和我一起去看电影吗？

㉓要是每个人都像焦裕禄那样舍，四化早就建成了。   要是每个人都像焦裕禄那样的话，四化早就建成了。

㉔人是铁饭是钢，看电视就看得   人是铁饭是钢，看电视就看得

饱嗦?	饱吗?
㉕他已经调过来啰嗦,咋个没到我家来耍嘛?	他已经调过来了呀,怎么没到我家来玩呢?
㉖这是件好事吅,啷个还不高兴嘀?	这是件好事嘛,怎么还不高兴呢?
㉗我讲过啰得嘛,做啥子还要讲嘀?	我讲过了嘛,怎么还要讲呢?
㉘不管咋个安排,反正先吃啰饭哆。	不管怎么安排,反正先吃了饭再说。
㉙你先拿给我哆。	你先拿给我了再说。
㉚我看了哆。	我看了再说。

（二）短语对照

重庆话与普通话在短语上的差异,主要有偏正短语,述补短语,联合短语几类,而且仅仅是个别差异,问题比较简单。

1. 偏正短语

（1）多个并列亲属名称

重庆话在称呼和叙说多个并列亲属名称时,常常把数词放在名词前,构成偏正短语,而普通话则是把数词放在名词后,正好相反,构成同位短语。例如:

重庆话	**普通话**
两爷子	爷儿俩
两夫妻	夫妻俩
两婆媳	婆媳俩
两娘母	母女俩(或母子俩)
三弟兄	弟兄仨(或弟兄三个)
四姊妹	姊妹四个

（2）不定单位量词"些"

"些"是个不定单位量词,重庆话与普通话都用。但是,普通话可以直接用在形容词后,表示略微的意思,如:小些、好些、简单些,但却不能直接用在名词后;而重庆话常把"些"直接用在某些名词后,表示复数。(这种用法在川西地区更广泛)普通话在表示复数时,有两种情况:表示人物和物的拟人化复数时,直接在名词后加词缀"们";表示事物和动物复数时,则在名词前加上指量短语"这些"、"那些"或数量短语。因此重庆话中的这些"些"要转换为普通话的"们"或"这些"、"那些"。例如:

重庆话	普通话
客人些	客人们
老师些	教师们
娃儿些	孩子们(这些孩子)

2. 中补短语

重庆话中有一种"动词加一下儿(har¹)"的中补短语,表示动作的短暂或尝试的意味,普通话则多用动词的重叠形式来表示,有时也用动词加一会儿的格式。例如:

重庆话	普通话
看一下儿	看看
耍一下儿	玩玩
坐一下儿	坐坐
等一下儿	等等
研究一下儿	研究研究
考虑一下儿	考虑考虑

3. 联合短语

重庆话中,用双音节词构成的正反并列的联合词组,常常省略前一个双音节词的后一个语素,构成"A 不 AB"的格式。普通话则少有这种现象,而是用"AB 不 AB"或"AB 吗"的格式。例如:

重庆话	普通话
一不一样	一样不一样(一样吗)
着不着急	着急不着急(着急吗)
理不理解	理解不理解(理解吗)

整不整齐	整齐不整齐(整齐吗)
愉不愉快	愉快不愉快(愉快吗)
头不头痛	头痛不头痛(头痛吗)
安不安稳	安稳不安稳(安稳吗)

需要指出的是,重庆话中的这种 A 不 AB 的格式,普通话中有些词语也可以采用。例如:"可不可以",在普通话中就时有所用,而在书面语尚未有见。

4. 训练

重庆话	**普通话**
①她两娘母一早就在厨房里间忙开了。	她母女俩一早就在厨房里面忙开了。
②我家一共有五姊妹。	我家一共有姐妹五个。
③张家三兄弟,一个比一个伸抖。	张家弟兄三个,一个比一人英俊。
④他们两夫妻事业心都很强。	他们夫妻俩事业心都很强。
⑤张伯伯他两爷子硬(en⁴)是有意思。	张伯伯他们爷儿俩挺有意思的。
⑥客人些拢了半天,他们的茶还没端出来。	客人们到了半天,他们的茶还没端出来。
⑦小方,你把我的书些收到哪里去啰?	小方,你把我的那些书收到哪里去了?
⑧明天就要考试了,他今天还不见回来,你说着不着急?	明天就要考试了,他今天还不见回来,你说着急不着急?
⑨你看这对双儿长得一不一样?	你看这对双胞胎长得一样不一样?
⑩这道理你明不明白?	这道理你明白不明白?
⑪让我看一下儿,这样得不得行?	让我看看,这样能行不能行。
⑫这件事我们研究一下儿哆,现在不能回答你。	这件事我们研究研究再说,现在不能回答你。

361

⑬我们今天到北温泉去耍一下儿好不好? | 我们今天到北温泉去玩玩好不好?
⑭快把这消息告诉他,好让他高兴一下儿。 | 快把这消息告诉他,好让他高兴高兴。
⑮他每天来找我的麻烦,你说头不头痛? | 他每天来找我的麻烦,你说头痛不头痛?

(三)句式对照

1. 重庆话与普通话句式的差异,主要的有四种

"……得不得 B……"

重庆话这种句式表示询问,猜测动作的可能性,普通话中则用"会不会 B"。例如:

重庆话	普通话
①他今天得不得来哟?	他今天会不会来呀?
②这么晚了,他们得不得睡了?	这么晚了,他们会不会已经睡了?
③不晓得中秋节得不得发奖金啰?	不知道中秋节会不会发奖金呢?
④他得不得张视我们?	他会不会理我们?
⑤这种苹果以后得不得红?	这种苹果以后会不会红?
⑥这盒盒得不得小啰?	这盒子会不会小了?

在回答这种问句时,重庆话的肯定式一般用"可能 B"、"可能要 B",否定式一般用"不得 B"、"不得会 B"。而普通话前者用"会 B"、"可能会 B",后者用"不会 B"、"不可能 B"等。又用以上六句为例,其回答分别是:

重庆话	普通话
①〔可能不得来。 〔可能要来。	①〔可能不会来。 〔可能会来。
②〔可能睡了。 〔可能不得睡。	②〔可能睡了。 〔可能不会睡。

③ ⎡ 可能要发。
⎣ 可能不得发。

③ ⎡ 可能会发吧。
⎣ 可能不会发吧。

④ ⎡ 可能要张视。
⎣ 可能不得张视。

④ ⎡ 可能会理的。
⎣ 可能不会理的。

⑤ ⎡ 可能要红。
⎣ 可能不得红。

⑤ ⎡ 可能会红。
⎣ 可能不会红。

⑥ ⎡ 可能小啰。
⎣ 可能不得小。

⑥ ⎡ 可能小了。
⎣ 可能不会小。

2."B 得来 B 不来"("B 得来不"、"B 不 B 得来")

这种句型也是表示询问,普通话则是用"会 B 不会"、"会 B 吗"、"会不会 B"来表示。例如:

重庆话

①他说得来说不来?

他说得来不?

他说不说得来?

②这首歌你唱得来唱不来?

这首歌你唱得来不?

这首歌你唱不唱得来?

③你写得来写不来?

你写得来不?

你写不写得来?

④南方的菜你吃得来吃不来?

普通话

他会说不会说?

他会说吗?

他会不会说?

这首歌你会唱不会唱?

这首歌你会唱吗?

这首歌你会不会唱?

你会不会写?

你会写吗?

你会不会写?

南方的菜你能吃吗?

(或习惯不习惯吃、会吃不会吃)

回答这种问句时,重庆话肯定式用"B 得来",否定式用"B 不来",普通话则前者常用"会 B",后者常用"不会 B"。

上举例句的回答分别是:

	重庆话		普通话
①	说得来 说不来	①	会说 不会说
②	唱得来 唱不来	②	会唱 不会唱
③	写得来 写不来	③	会写 不会写
④	吃得来 吃不来	④	会吃（能吃、习惯吃） 不会吃（不能吃、不习惯吃）

3. "B 得不"

重庆话中常用一个单音动词加上"得不"构成问句。普通话中没有这种说法，一般是用"能 B 吗"，或"能 B 不能 B"来表示。有时也用"B 得 B 不得"。例如。

重庆话	普通话
①这东西吃得不？	这东西能吃吗？ 这东西能吃不能吃？ 这东西吃得吃不得？
②这封信看得不？	这封信能看吗？ 这封信能看不能看？ 这封信看得看不得？
③你走得不？	你能走吗？ 你能不能走？ 你走得走不得？

回答以上问句，重庆话肯定式一般用"B 得"，否定式一般用"B 不得"；普通话前者用"能 B"或"可以 B"，后者用"不能 B"。有时也用"B 得"、"B 不得"。如对上三个问句的回答分别是：

重庆话	普通话
① 吃得 吃不得	① 能吃、可以吃、吃得 不能吃、吃不得
② 看得 看不得	② 能看、可以看、看得 不能看、看不得
③ 走得 走不得	③ 能走、可以走、走得 不能走、走不得

从回答的句型来看,重庆话与普通话有相通之处。也就是说,重庆话这种回答形式基本上是符合普通话的规范的,而问句则不符合普通话规范,必须转换。

4."B 都 B 了"

重庆话的这种句式是用一个副词"都"嵌在两个同形动词、形容词或数词之中,后面直接或间接配"了",强调动作的已然和数量的多。普通话中没有这种句型,其表达方式多为"已经 B 了"。例如:

重庆话	普通话
拿都拿出来了。	已经拿出来了。
看都看过了。	已经看过了。
烧都烧完了。	已经烧完了。
红都红了。	已经红了。
天黑都黑了。	天已经黑了。
知都知道了。	已经知道了。
三都三点了。	已经三点了。
五都五个了。	已经五个了。
上都上万了。	已经上万了。

重庆话中还有一种类似的句型,主要是在两个数词中间嵌上一个助词"打",有的在数量词后加"了",表示已然和数量的大;有的数量词后无"了",只强调数量大或多(非数词也有构成者,如"实打实的"、"直打直的"、"明打明的"等等也只是一种语气强调)。在

普通话中,前一种情况要变成"已经 + 数量词 + 了"这种格式;后一种情况则只去掉前一个数词和"打"。例如:

重庆话	普通话
①十打十天了还不回家。	①已经十天了还不回来。
②晴了三打三个月了。	②已经晴了三个月了。
③他吃了五打五个馒头。	③他已经吃了五个馒头。
④五打五万块钱的东西就这样糟蹋了吗?	④五万元的东西就这样糟蹋吗?

5. 训练

重庆话	普通话
①他今天得不得把开会的事忘了?	①他今天会不会把开会的事忘了?
可能不得哟。	可能不会吧。
他来了以后,晓得他愿不愿意发言哦?	他来了以后,不知他愿意不愿意发言呢?
肯定愿意的。	肯定愿意的。
②书架上的书翻得不?	②书架上的书能翻吗?
咋个翻不得喃?	怎么不能翻呢?
难得说。不晓得主人家喜不喜欢别个动他的东西。	难说。不知道主人家喜欢不喜欢别人动他的东西。
③你下不下得来围棋?	③你会不会下围棋?
下不来。	不会下。
那你下得来象棋不?	那你会下象棋吗?
下得来。	会下。
你高不高兴和我下象棋喃?	你高兴和我下象棋吗?
当然高兴。	当然高兴。
④八都八点了还不起床!	④已经八点了还不起床!
⑤那个电影我看都看过了。	⑤那部电影我已经看过了。
⑥二打二十个人了,你还嫌不够	⑥已经二十个人了,你还嫌不

嗦?

⑦明天和我一起到成都去,要得不?

⑧你唱不来歌,那跳不跳得来舞喃?

⑨他既唱得来歌,又跳得来舞。

⑩六月、七月、八月,三打三个月的时间都要政府供给粮食。

⑪九打九月份了,重庆还这么热。

⑫他的病那么重,走得到那么远不?

⑬这本书少年儿童看得不?

⑭今天安的热水器用不用得?

⑮你吃了凉拌菜得不得拉肚子?

⑯我不得吃凉拌菜,吃啰肚子要痛。

⑰妈妈,你放心,我不得吃凉拌菜的。

⑱老师你吃得来凉拌菜不?

⑲公共汽车上,他得不得给老人让位子喃?

够呀?

⑦明天和我一起到成都去,行吗?

⑧你不会唱歌,那你会不会跳舞呢?

⑨他既会唱歌,又会跳舞。

⑩六月、七月、八月,三个月的时间都要政府供给粮食。

⑪已经九月份了,重庆还这么热。

⑫他的病那么重,能走那么远吗?

⑬这本书少年儿童能看吗?

⑭今天安装的热水器能用不能用?

⑮你吃了凉拌菜会不会拉肚子?

⑯我不能吃凉拌菜,吃了肚子要痛。

⑰妈妈放心,我不会吃凉拌菜的。

⑱老师你会吃凉拌菜吗?

⑲公共汽车上,他会不会给老年人让座儿呢?

第八章　普通话水平等级测试

一、普通话水平测试的内容和标准

（一）国家对普通话水平测试的有关规定

为了有效地推动推广普通话的工作，自 1986 年 1 月全国语言文字工作会议规定了普通话水平测试的级别标准以后，国家教委、国家语委和广电部于 1994 年 10 月 30 日联合发出《关于开展普通话水平测试工作的决定》。

《决定》规定现阶段的主要测试对象和他们应达到的普通话的等级要求是："中小学教师、师范院校的教师和毕业生应达到一级或二级水平，专门教授普通话语音的教师应达到一级水平；县级以上（含县级）广播台和电视台的播音员、节目主持人应达到一级水平（此要求列入广播电影电视部部颁标准岗位规范，逐步实行持普通话等级合格证书上岗）；电影、电视剧演员和配音演员，以及相关专业的院校毕业生应达到一级水平。""测试对象经测试达到规定的等级要求时，颁发普通话等级证书。对播音员、节目主持人、教师等岗位人员，从 1995 年起逐步实行持普通话等级证书上岗制度。"

（二）普通话水平测试的内容

普通话水平测试是对人们运用普通话能力的检测和评定。包括水平测试和等级评定两项内容。水平测试重在考核被测试者运用普通话所达到的标准程度，它不是普通话系统知识的考试，不是文化水平的考核，也不是口才的评估。它的目的在于给被测试者评出普通话水平的等级。测试采用定性与定量相结合的方法,包括水平测试和直观评判两个方面,以定量分析为主要依据。为了便于操作和突出口头检测的特点,测试一律采取口试,具体从五个方面进行:

(1)读单音节词100个(排除轻声、儿化音节)。考查应试人普通话声、韵、调的发音。成绩占总分的10%。

(2)读双音节词50个。除考查应试人声、韵、调的发音外,还要考查上声的变调、儿化韵和轻声的读音。成绩占总分的20%。

(3)朗读一篇400字左右的文字材料。主要考查应试人用普通话朗读书面材料的水平,重点考查语音、连续音变(上声、"一"、"不")、语调(语气)等项目。成绩占总分的30%。

(4)判断测试。重点考查应试人员掌握普通话词汇、语法的程度。成绩占总分的10%。

(5)说话。考查应试人在没有文字凭借的情况下,说普通话的能力和所能达到的规范程度。这项测试是对应试人语音面貌、词汇语法规范、表达自然流畅的综合考查,以单向说话为主,必要时辅以主试人和应试人的双向对话。成绩占总分的30%。

(三)普通话水平测试的标准

1986年1月全国语言文字工作会议规定了普通话水平测试的级别标准,大致分为以下三级:第一级是会说相当标准的普通话,语音、词汇、语法差错很少。第二级是会说比较标准的普通话,方音不太重,词汇、语法差错较少。第三级是会说一般的普通话,不同方言区的人能够听懂。

1994年10月30日国家《关于开展普通话水平测试工作的决定》中,颁布了《普通话水平测试等级标准》(试行)。1997年12月5日,在全国语言文字工作会议上,该《标准》经再次审订,已作为部级标准正式颁布。其具体规定为:

一级

甲等　朗读和自由交谈时,语音标准,词汇、语法正确无误,语调自然,表达流畅。测试总失分率在3%以内。

乙等　朗读和自由交谈时,语音标准,词汇、语法正确无误,语调自然,表达流畅。

偶然有字音、字调失误。测试总失分率在8%以内。

二级

甲等　朗读和自由交谈时,声韵调发音基本标准,语调自然,表达流畅。少数难点音(平翘舌音、前后鼻音、边鼻音等)有时出现失误。词汇、语法极少有误。测试总失分率在13%以内。

乙等　朗读和自由交谈时,个别调值不准,声韵母发音有不到位现象。难点音(平翘舌音、前后鼻尾音、边鼻音、fu—hu、z—zh—j、送气不送气音、i—ü 不分、保留浊塞音、浊塞擦音、丢介音、复韵母单音化等)失误较多。方言语调不明显。有使用方言词、方言语法的情况。测试总失分率在20%以内。

三级

甲等　朗读和自由交谈时,声韵母发音失误较多,难点音超出常见范围,声调调值多不准。方言语调较明显。词汇语法有失误。测试总失分率在30%以内。

乙等　朗读和自由交谈时,声韵母发音失误较多,方音特征突出。方言语调明显。词语语法失误较多。外地人听其谈话有听不懂的情况。测试总失分率在40%以内。

二、普通话水平测试方式和应试技巧

(一)普通话水平测试方式分析

普通话水平测试是主要针对以方言为母语的人所进行的标准语测试。人们掌握和应用普通话的情况,一般都与普通话的终极标准存在着差距。普通话的水平测试就是根据这种差距的大小来评定等级。测试评定实行百分制,根据应试人失分的多少判断其普通话水平的高低等级。

测试失分主要是由错误和缺陷造成。错误指明显的误读、误用和误判,如音节读音中保留了方言声母、声韵调误读、轻声重读、儿化韵读为平舌韵,或读为独立音节等;缺陷主要指因发音不到位等情况引起的游移、含混、模棱两可的现象,如声母阻碍部位略有偏移、圆唇元音圆唇程度不够、复韵母舌位动程不够、鼻辅音韵尾太偏前或偏后、声调调值未能读够、儿化韵卷舌色彩不足等。

需要指出的是,普通话测试考查的重点是语音,但其中也包括对词汇和语法应用情况的检测。同时,在测试的第五项(说话)内容中,还特别强调对应试人语音面貌、词汇语法规范程度和自然流畅表达程度的全面考查。

总之,普通话水平测试是对应试人普通话水平的全面考查。从具体的音节读音到整体的语言运用都是考查的内容,等级的评判也实行定量和定性相结合的综合标准。因此,应试人只有全面提高自己的普通话水平,才可能在测试中获得较好成绩。

(二)如何准备普通话水平测试

全面提高普通话水平,需要平时长期的努力。但是,许多人参加普通话水平测试的时候,由于缺乏应有的准备,发挥失常而影响了成绩,非常可惜。因此对普通话测试进行一定的准备,是十分必要的。

参加测试之前,首先应该对普通话水平测试的性质、目的、测试的方式和内容作基本的了解,并根据这种了解找出自己的不足,以加强有针对性的学习和训练。

我们可以从以下几方面入手:

(1)针对单、双音节词的朗读。除读准一般意义上的声韵调外,还要特别注意那些容易读错的字词,参照《现代常用汉字表》、《容易读错的字词表》、《普通话常用词语》或《新华字典》准确辨别、记牢它们的读音。朗读双音节词,除了注意音变现象(主要是上声的变调、轻声和儿化词的读音)外,还应处理好音节间的节奏关系。这就不仅要了解相关知识,掌握一定的音变规律,还要借助一定的语感帮助判断和认读。

（2）朗读的测试。除了看应试者的语音标准和规范程度以外，还要考查朗读短文的准确流畅程度，不应有读错、读漏、读重和读破词句的现象。所以，应试者应注意训练对文字的快捷反映和准确朗读，注意在日常生活中培养良好的朗读习惯。朗读测试题大多为散文，因此训练内容应以散文为主。

（3）说话是一项综合性较强、检测水平较高的测试内容，主要考查应试者运用普通话进行思维和表达的能力。应试者如果平时就能坚持多说普通话，甚至已有用普通话进行阅读、交谈和思维的良好习惯，自然可以从容应付；而那些平时很少开口，运用普通话经验相对不足的应试者则很难获得较好成绩。总之，学习普通话是一番功夫一番境界。有经验的测试员在应试者一开口说话时就能大致判断对方普通话水平的好坏，花功夫的多少。说话这一项，是对应试者普通话的真实水平和能力的最好检验。所以对普通话水平测试的准备，说到底还是只能从扎扎实实地学习，真正掌握普通话上着手。

最后，充分的心理准备，是应试者正常发挥水平的一个重要保障。关键是应试者对自己的普通话水平要有一个正确的评价，对测试的结果也应该有一个较客观的估计。若能在测试中保持一颗平常心，则大致不会出现患得患失，过分紧张而发挥失常的情况。另外，有些应试者害怕暴露自己的不足，故意在测试中把字音读得含糊不清。这样做不仅不能掩盖自己的错误，反而导致了语言面貌的模糊，增加了更多的语音缺陷，失分更多。这种现象应该注意避免。

（三）普通话水平测试的应试技巧

学习普通话，掌握应试技巧是次要的问题。但技巧的掌握可以避免测试中不必要的失分，正常地发挥自己的普通话水平，因此还是应该引起应试者的注意。

参加测试，首先要注意保持从容不迫的镇定状态。在普通话的各项测试题中，都有一个较宽的时间限制。如读单音节字词

100 个和读双音节词语 50 个,限时都是 3 分钟;朗读要求在 4 分钟内读 400 个音节的文字材料;说话的时间限制也是 4 分钟,但没有要求说话内容的多少。因此,应试人可以把握好节奏和速度,更好地利用朗读字词的正常间隙,在徐疾有度的朗读和说话中真正做到认清、辩明、读准,尽可能减少失误。

读单音节字词,主要考察应试人声、韵、调读音的标准程度。朗读时一定要做到字正腔圆。具体地说,声母的读音虽然轻短,但一定要读得清晰可辨;韵母的读音要读得响亮完整,防止丢失韵头和韵尾,同时要注意读出复韵母元音变化的必要动程;声调是较易被忽视的一项内容,应试者往往因发音草率而缩短音节的读音时间,使声调的调值变化得不到完整表达,如把阳平声读成 34、上声读成 21、去声读 41 等等,这些都容易造成缺陷而被扣分。

读双音节词语看来像是与读单音节字词大体相同,都注重声韵调的发音。但若不注意其区别就很难读好。读双音节词语的要求不仅要读准每一个独立的音节,而且要读出双音节词语的节奏关系。即在能够读准单个音节的基础上,还要能读出常见的音变现象及双音节词语组合的轻重音格式,能否读准上声的变调、轻声词、儿化音等音变现象,更是考察的重点。应试者除了要了解相关知识以外,还需要借助一定的语感帮助判断和认读。所以读好双音节词语还要注意找准朗读的感觉,这可参照北京语音的生活语,使读音更加自然。

朗读的测试,重点考查语音、连读音变(上声、"一"、"不")、语调(语气)等项目。读准字、词、句是第一要求。朗读不同于朗诵,不需要花很多精力去处理感情和技巧。应试者应着力使读音清晰、语调自然、节奏合理。这里特别强调的是,朗读测试对读错、读漏、读重和读破的字词均作为错误处理。所以应试者一旦发现失误,不宜紧张,也不要对错误进行纠正。

说话是对应试者普通话能力的综合考查。应试者一方面沉着应对,一方面要特别注意表述方式的选择。在描写、叙事、抒情、议论等各种表述方式中,叙事表达最为简易。准备话题的时候,与其组织一个复杂的内容,不如去编织一个简洁的故事,让口语表述随故事情节的发生自然流畅地展开。这样的表达使思路清晰流畅、情绪投入、心理稳定,具有一定的优越性。如果应试者在这方面训练有素,就可以更加应付自如。

普通话水平测试是推广普通话工作的重要组成部分,是使推广普通话工作逐步走向科学化、规范化、制度化的重要举措。推广普通话促进语言规范化,是汉语发展的总趋势。普通话水平测试工作的健康开展必将对社会的语言生活产生深远的影响。

附 录 六

测试试题选例

读单音节词（100 个）

哀	昌	营	向	忍	井	作	溶	征	奴
进	封	雨	多	纱	姓	斑	迟	落	灯
次	反	现	造	岸	白	旅	测	岷	奥
镇	革	春	驻	论	巨	泥	蹦	顿	桥
寸	摘	果	窗	略	仇	饿	舱	彻	轻
罢	再	狼	钟	何	缩	冷	损	耐	赠
叮	撑	升	黑	名	热	审	横	哲	病
呼	琴	腊	腾	舟	挫	听	货	许	习
尊	崇	握	笔	领	介	虽	装	课	速
雷	社	软	才	梦	石	侵	认	脱	雪

读双音节词语（50 个）

持久	车辆	承包	产地	床单
叮嘱	猜想	病情	存放	恶性
不觉	多半	灯火	风浪	歌星
过程	尽管	跟前	公元	鼓励
可爱	节日	京剧	合适	火车
浪费	便宜	旅行	前面	人工
耐用	萝卜	热情	内容	烟卷儿
坐等	逐渐	资产	约请	掌勺儿
玉器	走调儿	硬性	装束	特例
腰板儿	雪原	药引子	卧具	轻巧

朗读(抽选朗读材料,400 个音节)

说话(4 分钟):我的童年

附 录 七

作品拼音选注

（作品 11、12、13、14、15、16、17、18、19、20、21、22、24、25、26、27、28、29、30、31、35、37、43、45、46 共二十五篇。为便于教学，文中所有"一"、"不"均标其变调）

作品 11 号

Wǒmen de chuán jiànjiàn de bī jìn róngshù le. Wǒ yǒu jīhuì kànqīng
我们的 船 渐渐地 逼近 榕树 了。我 有 机会看清
tā de zhēnmiànmù：Shì yìkē dàshù, yǒu shǔbùqīng de yā zhī, zhīshang yòu
它 的 真 面目：是 一棵大树，有 数不清 的 丫枝，枝上 又
shēng gēn, yǒu xǔduō gēn yì zhí chuídào dì shang, shēnjìn nítǔ li . Yí bù-
生 根，有 许多 根 一直 垂 到 地 上 ，伸进 泥土里。一部
fèn shùzhī chuídào shuǐmiàn, cóng yuǎnchù kàn, jiù xiàng yì kē dàshù xié tǎng-
分树枝 垂到 水 面，从 远处 看，就 像 一棵大树 斜 躺
zài shuǐmiànshang yí yàng.
在 水 面 上 一样。

Xiànzài zhèngshì zhīfán yè mào de shí jié . Zhè kē róngshù hǎoxiàng zài
现 在 正 是 枝繁叶茂 的 时节。这 棵 榕树 好像 在
bǎ tā de quánbù shēngmìnglì zhǎnshì gěi wǒmen kàn. Nàme duō de lǜ-
把 它 的 全部 生 命力 展示给 我们 看。那么 多 的 绿
yè, yícù duīzài lìng yícù de shàngmiàn, bù liú yì diǎn fèngxì . Cuìlǜ de
叶，一簇堆在 另 一簇 的 上 面，不 留 一 点 缝隙。翠绿 的
yánsè míngliàng de zài wǒmen de yǎnqián shǎnyào, sìhū měi yípiàn shùyè
颜色 明 亮 地在 我们 的 眼 前 闪耀，似乎 每 一片 树叶
shang dōu yǒu yí gè xīn de shēngmìng zài chàndòng, zhè měilì de nánguó de
上 都 有 一个 新的 生 命 在 颤 动，这 美丽 的 南国 的
shù!
树！

Chuán zài shùxia bó le piànkè, àn shang hěn shī, wǒmen méiyǒu shàng

船 在 树下 泊了 片刻,岸上 很 湿,我们 没有 上

qu. Péngyou shuō zhèlǐ shì "niǎo de tiāntáng", yǒu xǔduō niǎo zài zhè kē shù

去。朋友 说 这里 是 "鸟 的 天堂",有 许多 鸟 在 这棵树

shang zuòwō, nóngmín bù xǔ rén qù zhuō tā men. Wǒ fǎng fú tīngjiàn jǐ zhī niǎo

上 做窝,农民 不许 人 去 捉 它们。我 仿佛 听见 几只鸟

pū chì de shēngyīng, dànshì děngdào wǒ de yǎnjing zhùyì de kàn nàlǐ shí, wǒ

扑翅 的 声音,但是 等到 我 的 眼睛 注意地看 那里时,我

què kàn bú jiàn yìzhī niǎo de yǐngzi. Zhǐyǒu wúshù de shùgēn lì zài dìshang,

却 看不见 一只鸟 的 影子。只有 无数 的 树根 立在 地上,

xiàng xǔduō gēn mùzhuāng. Dì shì shī de, dàgài zhǎngcháo shí hé shuǐ cháng-

像 许多 根 木桩 。地是 湿的,大概 涨 潮 时河水 常

cháng chōng shàng àn qù. " Niǎo de tiāntáng" li méiyǒu yìzhī niǎo, wǒ zhèyàng

常 冲 上岸去。"鸟 的 天堂"里 没有 一只 鸟,我 这样

xiǎngdào. Chuán kāi le, yí ge péngyou bō zhe chuán, huǎn huǎn de liú dào hé

想 到。船 开了,一个 朋友 拨着 船, 缓缓地流 到 河

zhōngjiān qu.

中 间去。

Dì-èr tiān, wǒmen huázhe chuán dào yí ge péngyou de jiāxiāng qù,

第二天,我们 划着 船 到 一个 朋友 的 家乡 去,

jiùshì nà ge yǒu shān yǒu tǎ de dì fang. Cóng xuéxiào chūfā, wǒmen yòu jīng-

就是 那个 有 山 有塔 的 地方。从 学校 出发,我们 又 经

guò nà "niǎo de tiāntáng".

过 那 "鸟 的 天堂"。

Zhè yí cì shì zài zǎochén, yángguāng zhào-zài shuǐmiàn shang, yě zhào-

这 一次 是在 早晨,阳光 照 在 水 面 上,也照

zài shùshāo shang. Yíqiè dōu xiǎnle fēicháng guāngmíng. Wǒmen de chuán yě

在 树梢 上 。一切 都 显得 非常 光 明。我们 的 船 也

zài shùxia bó le piànkè.

在 树下 泊了 片刻。

Qǐ chū sì zhōuwéi fēicháng qīngjìng. Hòu lai hū rán qǐ le yì shēng niǎo

起初 四周 围 非常 清静。后来 忽然 起了 一声 鸟

jiào. Wǒmen bǎ shǒu yì pāi, biàn kànjiàn yì zhī dà niǎo fēi le qǐ lai, jiē zhe

叫。我们 把手 一拍,便 看见 一只 大 鸟 飞了 起来,接着

yòu kànjiàn dì-èr zhī, dì-sānzhī. Wǒmen jìxù pāizhǎng, hěnkuài de zhè ge
又 看见 第二只,第三只。我们 继续拍掌,很 快 地 这个
shùlín jiù biàn de hěn rènao le. Dàochù dōu shì niǎoshēng, dàochù dōu shì
树林 就 变 得 很 热闹了。到处 都是 鸟 声,到处 都 是
niǎoyǐng. Dàde, xiǎode, huā de, hēi de, yǒu de zhànzài zhīshang jiào, yǒu de
鸟 影。大的,小的,花的,黑的,有 的 站在 枝 上 叫,有 的
fēi qǐlai, zài pū chìbǎng……
飞起来,在 扑 翅 膀 ……

（节选自巴金《小鸟的天堂》,共521字。）

作品 12 号

Qiáozhì · Huáshèngdùn shì Měilìjiān Hézhòngguó de dì-yi rènzǒngtǒng.
乔治·华 盛 顿 是 美利坚 合 众 国 的 第一任 总 统。
Jiùshì tā lǐngdǎo Měiguó rénmín wèi le zì yóu wèi le dú lì yùxuè fènzhàn, gǎn
就是 他 领导 美国 人民 为了 自由 为了 独立 浴血 奋 战,赶
zǒu le tǒngzhìzhě.
走 了 统治者。

Qiáozhì · Huáshèngdùn shì ge wěirén, dàn bìng fēi hòulái rén suǒ xiǎng
乔治·华 盛 顿 是 个 伟人,但 并 非 后来 人 所 想
xiàng de, tā zhuān zuò wěidà de shì, bǎ bù wěidà de shì dōu liúgěi bù wěi-
象 的,他 专 做 伟大 的 事,把 不 伟大 的 事 都 留给 不 伟
dà de rén qù zuò. Shí jì shang, tā ruò zài nǐ miànqian, nǐ huì juéde tā pǔ-
大 的 人 去 做。实际 上,他 若 在 你 面 前,你 会 觉得 他 普
tōng de jiù hé nǐ yí yàng, yí yàng de chéngshí, yí yàng de rè qíng, yí yàng
通 得 就 和 你 一 样,一 样 的 诚 实,一 样 的 热 情,一 样
de yǔ rén wéi shàn.
的 与 人 为 善。

Yǒu yì tiān, tā shēn chuān mò xī de dàyī, dúzì yì rén zǒuchū
有 一 天,他 身 穿 没膝 的 大衣,独自 一 人 走出
yíngfáng. Tā suǒ yùdào de shìbīng, méi yí ge rènchū tā. Zài yí chù, tā kàn-
营 房。他 所 遇到 的 士兵,没 一 个 认出 他。在 一 处,他 看

dào yí gè xiàshì lǐngzhe shǒuxià de shìbīng zhù jiē lěi.
到 一个 下士 领着 手下 的 士兵 筑 街垒。

"Jiā bǎ jìn!" Nà ge xiàshì duì táizhe jùdà shuǐníkuài de shìbīngmen
"加 把 劲!"那 个 下士 对 抬着 巨大 水泥块 的 士兵 们

hǎndào: "Yī 、èr, jiā bǎ jìn!" Dànshì, nà xiàshì zìjǐ de shuāngshǒu lián shí-
喊道:"一、二,加把劲!"但是,那下士 自己的 双 手 连石

kuài dōu bú pèng yí xià. Yīnwèi shíkuài hěn zhòng, shìbīngmen yì zhí méinéng
块 都 不 碰 一下。因为 石块 很 重,士兵 们 一直 没能

bǎ tā fàngdào wèizhì shang. Xiàshì yòu hǎn: "Yī 、èr, jiā bǎ jìn!" Dànshì shì-
把 它 放到 位置 上。下士 又 喊:"一、二,加把劲!"但是士

bīngmen háishì bùnéng bǎ shíkuài fàngdào wèizhi shang. Tāmen lìqì jīhū
兵 们 还是 不能 把 石块 放到 位置 上。他们 力气 几乎

yòngjǐn, shíkuài jiù yào gǔnluò xiàlai.
用尽,石块 就 要 滚落 下来。

Zhèshí, Huáshèngdùn yǐ jīng jíbù pǎodào gēnqián, yòng tā qiángjìn de
这时,华 盛 顿 已经 疾步 跑到 跟前,用 他 强劲的

bì bǎng, dǐngzhù shíkuài. Zhè yì yuánzhù hěn jíshí, shíkuài zhōng yú fàng-
臂 膀,顶住 石块。这 一 援助 很 及时,石块 终 于 放

dào le wèizhi shang. Shìbīngmen zhuǎnguò shēn, yōngbào Huáshèngdùn, biǎo-
到了 位置 上。士兵 们 转 过 身,拥抱 华 盛 顿,表

shì gǎnxiè.
示 感谢。

"Nǐ wèi shénme guāng hǎn jiā bǎ jìn ér ràng zìjǐ de shǒu fàngzài yī-
"你 为 什么 光 喊 加把劲而 让 自己 的 手 放在 衣

dài li ne?" Huáshèngdùn wèn nà xiàshì.
袋 里 呢?华 盛 顿 问 那 下士。

"Nǐ wèn wǒ Nándào nǐ kànbuchū wǒ shì zhè li de xiàshì ma?"
"你 问 我?难道 你 看不出 我 是 这里 的 下士 吗?"

"Ǒ, zhè dàoshì zhēn de!" Huáshèngdùn shuōzhe, jiěkāi dà yī niǔkòu,
"哦,这 倒是 真 的!"华 盛 顿 说着,解开 大 衣 纽扣,

xiàng zhè wèi bí kǒng cháotiān, bèi jiǎo shuāngshǒu de xiàshì lòuchū tā de jūn-
向 这位 鼻孔 朝天,背绞 双 手 的 下士 露出 他 的 军

fú. "Àn yī fu kàn, wǒ jiùshì shàngjiàng. Búguò, xiàcì zài tái zhòng dōngxi
服。"按衣服 看,我 就是 上 将。不过,下次 再 抬 重 东西

shí, nǐ jiù jiào shàng wǒ!"
时,你就叫 上 我!"

Nǐ kě yǐ xiǎngxiàng, nà wèi xiàshì kàndào zhàn zài zìjǐ miànqián de
你可以 想 象,那 位 下士 看到 站 在 自己 面 前 的

shì Huáshèngdùn běnrén, shì duōme xiūkuì, dàn zhìcǐ tā yě cái zhēnzhèng
是 华 盛 顿 本人,是 多 么 羞愧,但 至此 他 也 才 真 正

dǒng dé: Wěidà de rén zhī suǒyǐ wěidà, jiù zài yú tā jué bù zuò bī rén
懂 得:伟大 的 人 之 所以 伟大,就 在于 他 决 不 做 逼人

zūnzhòng de rén suǒ zuòchū de nàzhǒng dǎo rén wèikǒu de chǔnshì.
尊 重 的 人 所 做出 的 那种 倒人 胃口 的 蠢事。

(《上将与下士》520 字)

作品 13 号

Diē bù dǒng de zěnyàng biǎodá ài, shǐ wǒmen yì jiārén róngqià xiāngchǔ
爹不 懂 得 怎样 表达 爱,使 我们 一 家人 融洽 相 处

de shì wǒ mā. Tā zhǐshì měitiān shàngbān xiàbān, ér mā zé bǎ wǒmen zuò
的 是 我 妈。他 只是 每天 上 班 下班,而 妈 则 把 我们 做

guò de cuòshì kāiliè qīngdān, ránhòu yóu tā lái zé mà wǒmen.
过 的 错事 开列 清单,然后 由 他 来 责骂 我们。

Yǒu yícì wǒ tōu le yíkuài tángguǒ, tā yào wǒ bǎ tā sòng huíqu, gào
有 一次 我 偷了 一块 糖果,他 要 我 把 它 送 回去,告

sù màitáng de shuō shì wǒ tōulái de, shuō wǒ yuànyì tì tā chāixiāng xièhuò
诉 卖糖 的 说 是 我 偷来 的,说 我 愿意 替 他 拆箱 卸货

zuòwéi péicháng. Dàn māma què míngbái wǒ zhǐshì gè háizi.
作为 赔 偿 。但 妈妈 却 明白 我 只是 个 孩子。

wǒ zài yùndòngchǎng dàng qiūqiān, diēduàn le tuǐ, zài qiánwǎng yī yuàn
我 在 运动 场 荡 秋 千,跌断 了 腿,在 前往 医院

tú zhōng yì zhí bàozhe wǒ de, shì wǒ mā. Diē bǎ qì chē tíng zài jízhěnshì
途 中 一直 抱着 我 的,是 我 妈。爹 把 汽 车 停 在 急诊室

ménkǒu, tāmen jiào tā shǐkāi, shuō nà kòngwèi shì liúgěi jǐnjí chēliàng tíng
门口,他们 叫 他 驶开,说 那 空 位 是 留给 紧急 车辆 停

fàng de, Diē tīng le biàn jiàorǎng dào: "Nǐ yǐwéi zhè shì shénme chē? Lǚyóu
放 的,爹 听 了 便 叫 嚷 道:"你 以为 这 是 什么 车?旅游
chē?"
车?"

Zài wǒ shēngrì huì shang, diē zǒngshì xiǎn de yǒu xiē bú dà xiāngchèn. Tā
在 我 生日会 上,爹 总是 显得 有 些 不大 相 称。他
zhǐshì máng yú chuī qì qiú, bù zhì cānzhuō, zuò zá wù. Bǎ chāzhe là zhú de
只是 忙 于 吹 气球,布置 餐桌,做 杂务。把 插着 蜡烛 的
dàngāo tuī guolai ràng wǒ chuī de, shì wǒ mā.
蛋糕 推 过来 让 我 吹 的,是 我 妈。

Wǒ fānyuè zhàoxiàng cè shí, rénmen zǒngshì wèn: "Nǐ bà ba shì shénme
我 翻阅 照相册 时,人们 总是 问:"你 爸爸 是 什么
yàngzi de?" Tiān xiǎode! Tā lǎoshì mángzhe tì biéren pāizhào. Mā hé wǒ
样子 的?"天 晓得!他 老是 忙着 替 别人 拍照。妈 和 我
xiàoróng kě jū de yìqǐ pāi de zhàopiān, duō de bù kě shèngshǔ.
笑 容 可掬 地 一起 拍 的 照 片,多 得 不可 胜 数。

Wǒ jì de mā yǒu yí cì jiào tā jiāo wǒ qí zìxíngchē. wǒ jiào tā bié
我 记得 妈 有 一次 叫 他 教 我 骑 自行车。我 叫 他 别
fàngshǒu, dàn tā què shuō shì yīnggāi fàngshǒu de shíhou le. Wǒ shuāidǎo zhī
放手,但 他 却 说 是 应该 放手 的 时候 了。我 摔 倒 之
hòu, mā pǎo guolai fú wǒ, bà què huīshǒu yào tā zǒukāi. Wǒ dāngshí shēng-
后,妈 跑 过来 扶 我,爸 却 挥手 要 她 走开。我 当 时 生
qì jí le, juéxīn yào gěi tā diǎn yánsè kàn. Yúshì wǒ mǎshàng páshang zì-
气 极了,决心 要 给 他 点 颜色 看。于是 我 马上 爬上 自
xíngchē, érqiě zìjǐ qí gěi tā kàn. Tā zhǐshì wēixiào.
行车,而且 自己 骑 给 他 看。他 只是 微笑。

Wǒ niàn dàxué shí, suǒyǒu de jiāxìn dōushì mā xiě de. Tā chú le jì zhī-
我 念 大学 时,所有 的 家信 都是 妈 写 的。他 除了 寄 支
piào wài, hái jì guo yì fēng duǎnjiǎn gěi wǒ, shuō yīnwèi wǒ méiyǒu zài cǎopíng
票 外,还 寄 过 一封 短 柬 给 我,说 因为 我 没有 在 草坪
shang tī zú qiú le, suǒ yǐ tā de cǎopíng zhǎng de hěn měi.
上 踢 足球 了,所以 他 的 草坪 长 得 很 美。

Měi cì wǒ dǎ diànhuà huí jiā, tā sìhu dōu xiǎng gēn wǒ shuōhuà, dàn
每次 我 打 电话 回家,他 似乎 都 想 跟 我 说话,但

jiéguǒ zǒngshì shuō：“Wǒ jiào nǐ mā lái jiē.”
结果 总是 说：“我 叫 你 妈 来 接。”

Wǒ jiéhūn shí，diào yǎnlèi de shì wǒ mā. Tā zhǐshì dà shēng xǐng le yí-
我 结婚 时，掉 眼泪 的 是 我 妈。他 只是 大 声 擤了 一

xià bízi，biàn zǒuchu fángjiān.
下 鼻子，便 走出 房间。

Wǒ cóng xiǎo dào dà dōu tīng tā shuō：“Nǐ dào nǎli qù？Shénme shíhou
我 从 小 到 大 都 听 他 说：“你 到 哪里 去？什么 时候

huíjiā？Qìchē yǒuméiyǒu qìyóu？Bù，bù zhǔnqù.”Diē wánquán bù zhīdao
回家？汽车 有 没有 汽油？不，不 准 去。”爹 完 全 不 知道

zěnyàng biǎodá ài. Chúfēi……
怎样 表达 爱。除非……

Huìbuhuì shì tā yǐjīng biǎodá le ér wǒ què wèinéng chájué？
会 不 会 是 他 已经 表达 了 而 我 却 未 能 察觉？

（《父亲的爱》554 字）

作品 14 号

Dú xiǎoxué de shíhou，wǒ de wàizǔmǔ guòshì le . Wàizǔmǔ shēngqián
读 小学 的 时候，我 的 外祖母 过世 了。外祖母 生 前

zuì téng'ài wǒ，wǒ wúfǎ páichú zìjǐ de yōushāng，měitiān zài xuéxiào de cāo-
最 疼 爱我，我 无法 排除 自己 的 忧 伤，每天 在 学校 的 操

chǎng shang yì quānr yòu yì quānr de pǎozhe，pǎo de léidǎo zài dì shang，pū
场 上 一 圈儿 又 一 圈儿 地 跑着，跑 得 累倒 在 地 上，扑

zài cǎopíng shang tòngkū.
在 草坪 上 痛哭。

Nà āi tòng de rìzi，duànduànxù xù de chíxù le hěn jiǔ，bàba māma
那 哀痛 的 日子，断 断 续续 的 持续 了 很 久，爸爸 妈妈

yě bù zhīdao rúhé ānwèi wǒ. Tāmen zhīdao yǔ qí piàn wǒ shuō wàizǔmǔ
也 不 知道 如何 安慰 我。他们 知道 与其 骗 我 说 外祖母

shuìzháo le，hái bùrú duì wǒ shuō shíhuà：Wàizǔmǔ yǒngyuǎn búhuì huílai
睡 着 了，还 不如 对 我 说 实话：外祖母 永 远 不会 回来

le.
了。

"shénme shì yǒngyuǎn búhuì huílai ne?" Wǒ wèn zhe.
"什么 是 永 远 不会 回来 呢?"我 问 着。

"Suǒyǒu shíjiān li de shìwù, dōu yǒngyuǎn búhuì huílai. Nǐ de zuótiān
"所有 时间 里 的 事物,都 永 远 不会 回来。你 的 昨天

guòqu, tā jiù yǒngyuǎn biànchéng zuótiān, nǐ bùnéng zài huídào zuótiān. Bà-
过去,它 就 永 远 变 成 昨天,你 不能 再 回到 昨天。爸

ba yǐqián yě hé nǐ yíyàng xiǎo, xiànzài yě bùnéng huídào nǐ zhème xiǎo
爸 以前 也 和 你 一样 小,现在 也 不能 回到 你 这么 小

de tóngnián le; yǒu yì tiān nǐ huì zhǎngdà, nǐ huì xiàng wài zǔmǔ yíyàng
的 童年 了;有 一 天 你 会 长大,你 会 像 外祖母 一样

lǎo; yǒu yì tiān nǐ dùguò le nǐ de shíjiān, jiù yǒngyuǎn búhuì huílai le."
老;有 一 天 你 度过 了 你 的 时间,就 永 远 不会 回来 了。"

Bàba shuō.
爸爸 说。

Bàba děngyú gěi wǒ yí ge míyǔ, zhè míyǔ bǐ kèběn shang de "Rìlì
爸爸 等于 给 我 一个 谜语,这 谜语 比 课本 上 的"日历

guà zài qiángbì, yìtiān sī qu yíyè, shǐ wǒ xīnli zháojí" hé "Yícùn guāng-
挂 在 墙壁,一天 撕去 一页,使 我 心里 着急"和"一寸 光

yīn yícùnjīn, cùn jīn nán mǎi cùn guāngyīn" hái ràng wǒ gǎndào kě pà; yě bǐ
阴一寸金,寸 金 难 买 寸 光阴"还 让 我 感到 可怕;也 比

zuòwénběn shang de "Guāngyīn sì jiàn, rì yuè rú suō" gèng ràng wǒ juéde yǒu
作文本 上 的"光阴似箭,日月如梭"更 让 我 觉得 有

yì zhǒng shuōbuchū de zīwèi.
一 种 说不出 的 滋味。

......

Shíjiān guò de nàme fēikuài, shǐ wǒ de xiǎoxīnyǎn li bù zhǐshì zháojí,
时间 过 得 那么 飞快,使 我 的 小心眼 里 不只是 着急,

ér shì bēishāng. Yǒuyìtiān wǒ fàngxué huíjiā, kāndào tàiyáng kuài luòshān le,
而是 悲伤。有一天 我 放学 回家,看到 太阳 快 落山 了,

jiù xià juéxīn shuō: "Wǒ yào bǐ tàiyáng gèng kuài de huíjiā." Wǒ kuángbēn
就 下 决心 说:"我 要 比 太阳 更 快 地 回家。"我 狂 奔

huíqù , zhàn zài tíngyuàn qián chuǎnqì de shíhou , kàndào tàiyáng hái lòuzhe
回去，站 在 庭院 前 喘气 的时候，看到 太阳 还 露着
bànbiān liǎn , wǒ gāoxìng de tiàoyuè qilai , nà yì tiān wǒ páoyíng le tàiyáng .
半边 脸，我 高兴 地 跳跃 起来，那 一 天 我 跑赢了 太阳。
Yǐhòu wǒ jiù shícháng zuò nàyàng de yóuxì , yǒushí hé tàiyáng sàipǎo , yǒushí
以后 我 就 时常 做 那样 的 游戏，有时 和 太阳 赛跑，有时
hé xīběifēng bǐ kuài , yǒushí yí ge shǔjià cáinéng zuòwán de zuòyè , wǒ shí
和 西北风 比 快，有时 一 个 暑假 才能 做 完 的 作业，我 十
tiān jiù zuòwán le ; nàshí wǒ sānnián jí , chángcháng bǎ gēge wǔniánjí de
天 就 做完 了；那时 我 三年 级，常 常 把 哥哥 五年级 的
zuòyè ná lai zuò .
作业 拿来 做。

Měi yí cì bǐ sài shèngguò shíjiān , wǒ jiù kuài lè dé bù zhīdao zěnme
每一次 比赛 胜 过 时间，我 就 快乐 得 不 知道 怎么
xíngróng .
形 容。

……

Rúguǒ jiānglái wǒ yǒu shénme yào jiāogěi wǒ de hái zi , wǒ huì gào sù
如果 将来我 有 什么 要 教给 我 的 孩子，我 会 告诉
tā : Jiǎruò nǐ yìzhí hé shíjiān bǐsài , nǐ jiù kěyǐ chénggōng !
他：假若 你 一直 和 时间 比赛，你 就 可以 成 功！

(《和时间赛跑》547 字)

作品 15 号

Wǒ zài Jiānádà xuéxí qījiān yùdào guo liǎng cì mùjuān , nà qíngjǐng zhì
我 在 加拿大 学习 期间 遇到 过 两次 募捐，那 情 景 至
jīn shǐ wǒ nán yǐ wànghuái .
今 使 我 难以 忘 怀。

Yì tiān , wǒ zài Wòtàihuá de jiēshang bèi liǎng ge nánháizi lánzhù qù-
一 天，我 在 渥太华 的 街 上 被 两 个 男孩子 拦住 去
lù . Tāmen shí lái suì , chuān de zhěngzhěng qí qí , měirén tóushang dàizhe ge
路。他们 十 来 岁，穿 得 整 整 齐齐，每人 头 上 戴着 个

做工 精巧、色彩鲜艳 的 纸帽，上 面 写着"为 帮助 患 小儿麻痹 的伙伴募捐。"其 中 的一个不由分说 就 坐 在 小凳 上 给 我 擦起皮鞋 来，另 一 个 则 彬彬有礼地 发问："小姐，您 是 哪 国 人？喜欢 渥太华 吗？""小姐，在 你们 国家 里 有 没有 小孩 患 小儿麻痹？谁 给 他们 医 疗费？"一连 串 的 问题，使 我 这个 有 生 以来 头 一次 在 众 目 睽睽 之下 让 别人擦鞋 的 异乡人，从 近乎 狼狈 的 窘态 中 解脱 出来。我们 像 朋友 一样 聊起天 来……

几 个 月 之后，也是 在 街上 。一些 十字 路口 处 或 车 站 坐着 几位 老人。他们 满头 银发，身 穿 各种 老式 军 装 ，上 面 布满了 大大小小 形形色色 的 徽章、 奖 章，每人手 捧 一 大束 鲜花，有 水仙、石竹、玫瑰 及 叫 不出 名字 的，一色 雪白。匆匆 过往 的 行人 纷纷 止步，把 钱 投进 这些 老人 身 旁 的 白色 木箱 内，然后 向 他们 微微 鞠躬，从 他们 手 中 接过 一朵 花。我 看了 一会儿 ，有人投 一 两 元 ，有人投 几百 元 ，还有

rén tāochū zhīpiào tiánhǎo hòu tóujìn mùxiāng. Nàxiē lǎojūnrén háo bú zhùyì
人 掏出 支票 填好 后 投进 木 箱 。那些 老军人 毫 不 注意

rénmen juān duōshao qián, yì zhí bù tíng de xiàng rénmen dī shēng dàoxiè.
人们 捐 多少 钱，一直 不停 地 向 人们 低 声 道谢。

Tóngxíng de péngyou gàosu wǒ, zhè shì wèi jì niàn Èrcìdàzhàn zhōng cānzhàn
同行 的 朋友 告诉 我，这 是 为 纪念 二次大战 中 参战

de yǒngshì, mùjuān jiùjì cánfèi jūnrén hé lièshì yí shuāng, měi nián yí cì;
的 勇士，募捐 救济 残废 军人 和 烈士 遗孀，每 年 一次；

rènjuān de rén kěwèi yǒngyuè, ér qiě zhìxù jǐngrán, qìfēn zhuāngyán. Yǒu xiē
认捐 的 人 可谓 踊跃，而且 秩序 井然，气氛 庄 严。有 些

dì fang, rénmen hái nàixīn de pái zhe duì. Wǒ xiǎng, zhè shì yīnwèi tā men dōu
地方，人们 还 耐心 地 排着 队。我 想，这 是 因为 他们 都

zhīdao: Zhèngshì zhèxiē lǎorénmen de liúxuè xīshēng huànlái le bāokuò tāmen
知道：正 是 这些 老人们 的 流血 牺牲 换来了 包括 他们

xìnyǎng zìyóu zài nèi de xǔxǔduōduō.
信仰 自由在 内 的 许许多多。

Wǒ liǎngcì bǎ nà wēibùzúdào de yì diǎn qián pěng gěi tā men, zhǐ
我 两次 把 那 微不足道 的 一 点 钱 捧 给 他们，只

xiǎng duì tā men shuō shēng "xièxiè".
想 对 他们 说 声 "谢谢"。

（《捐诚》550 字）

作品 16 号

Zài wǒ yīxī jìshì de shíhou, jiā zhōng hěn qióng, yí ge yuè nándé chī
在 我 依稀 记事 的 时候，家 中 很 穷，一个 月 难得 吃

shang yí cì yúròu. Měi cì chī yú, māma xiān bǎ yútóu jiā zài zìjǐ wǎn li,
上 一 次 鱼肉。每 次 吃 鱼，妈妈 先 把 鱼头 夹 在 自己 碗里，

jiāng yú dùzi shang de ròu jiāxia, jí zǐxì de jiǎn qù hěn shǎo de jǐ gēn
将 鱼 肚子 上 的 肉 夹下，极 仔细地 捡 去 很 少 的 几 根

dàcì, fàng zài wǒ wǎn li, qíyú de biàn shì fùqīn de le. Dāng wǒ yě chǎo
大刺，放 在 我 碗里，其余 的 便 是 父亲 的 了。当 我 也 吵

zhe yào chī yú tóu shí, tā zǒng shì shuō:

着 要 吃 鱼头 时,她 总 是 说:

"Māma xǐ huān chī yú tóu."

"妈妈 喜 欢 吃 鱼头。"

Wǒ xiǎng, yú tóu yí dìng hěn hǎo chī de. Yǒu yí cì fùqīn bú zài jiā, wǒ

我 想,鱼头 一 定 很 好 吃 的。有一次父亲不 在 家,我

chèn māma chéngfàn zhī jì, jiā le yí ge, chī lái chī qù, jué de méi yú dù-

趁 妈妈 盛饭 之际,夹 了 一 个,吃来吃 去,觉得 没 鱼肚

zi shang de ròu hǎo chī.

子 上 的 肉 好 吃。

Nà nián wàipó cóng jiāng běi dào wǒ jiā, māma mǎi le jiāxiāng hěn jīn

那 年 外婆 从 江 北 到 我家,妈妈 买 了 家乡 很 金

guì de guī yú. Chī fàn shí, māma bǎ běn shǔyú wǒ de nà kuài yú dùzi

贵 的 鲑鱼。吃 饭 时,妈妈 把 本 属于 我 的 那 块 鱼肚子

shang de ròu, jiā jìn le wàipó de wǎn li. Wàipó shuō:

上 的 肉,夹 进 了 外婆 的 碗 里。外婆 说:

"Nǐ wàng le? Māma zuì xǐhuān chī yú tóu."

"你 忘 了?妈妈 最 喜欢 吃 鱼头。"

Wàipó mī fengzhe yǎn, mànmàn de tiāo qù nà jǐ gēn dà cì, fàngjìn wǒ

外婆 眯缝着 眼,慢 慢 地 挑 去 那 几 根 大 刺,放进 我

de wǎn lǐ, bìng shuō: "háizi nǐ chī."

的 碗 里,并 说:"孩子 你 吃。"

Jiēzhe, wàipó jiù jiā qǐ yú tóu, yòng méi yá de zuǐ, jīn jīn yǒu wèi de suō

接着,外婆 就 夹 起 鱼头,用 没牙 的 嘴,津津有味 地 嗍

zhe, bùshí tǔ chū yì gēngēn xiǎo cì. Wǒ yì biān chīzhe méi cì de yúròu, yì

着,不时 吐 出 一 根根 小 刺。我 一 边 吃着 没 刺 的 鱼肉,一

biān xiǎng: "Zěnme māma de māma yě xǐ huān chī yú tóu?"

边 想:"怎么 妈妈 的 妈妈 也 喜欢 吃 鱼头?"

Èrshíjiǔsuì shang, wǒ chéng le jiā, lìng lì ménhù. Shēnghuó hǎo le, wǒ

29 岁 上,我 成 了 家,另 立 门户。生 活 好 了,我

liǎ jīngcháng mǎi xiē yúròu zhī lèi de hǎo cài. Měi cì chī yú, zuìhòu shèngxià

俩 经常 买 些 鱼肉 之类 的 好 菜。每 次 吃 鱼,最后 剩 下

de, zǒngshì jǐge wú rén wènjīn de yú tóu.

的,总是 几个 无 人 问 津 的 鱼头。

Èrlì zhī niǎn, xǐ dé qiānjīn. Zhuǎnyǎn nǚ ér yě néng zìjǐ chīfàn le.
而立之年,喜得千金。转眼女儿也能自己吃饭了。

Yǒu yí cì wǔcān, qīzi jiā le yí kuài yú dùzi shang de ròu, jí málì de
有一次午餐,妻子夹了一块鱼肚子上的肉,极麻利地

jiǎnqù dàcì, fàng zài nǚ ér de wǎn li. Zìjǐ què jiā qǐ le yútóu. Nǚ -
捡去大刺,放在女儿的碗里。自己却夹起了鱼头。女

ér jiàn zhuàng yě chǎo zhe yào chī yútóu. Qī shuō:
儿见状也吵着要吃鱼头。妻说:

"Guāihái zǐ, māma xǐ huān chī yútóu."
"乖孩子,妈妈喜欢吃鱼头。"

Shuí zhī nǚ ér shuō shénme yě bù dā yìng, fēi yào chī bù kě. Qī wú-
谁知女儿说什么也不答应,非要吃不可。妻无

nài, hǎo bù róng yì cóng yú lèi biān tiāochū diǎn méi cì de ròu lai, kě nǚ ér
奈,好不容易从鱼肋边挑出点没刺的肉来,可女儿

chī le mǎshàng tǔ chū, lián shuō bù hǎo chī, cóngcǐ zài bù yào chī yútóu le.
吃了马上吐出,连说不好吃,从此再不要吃鱼头了。

Dǎ nà yǐ hòu, méi féng chī yú, qī biàn jiāng yú dùzi shang de ròu jiā
打那以后,每逢吃鱼,妻便将鱼肚子上的肉夹

gěi nǚ ér, nǚ ér zǒngshì hěn jiānnán de yòng tāngchí qiēxià yú tóu, fàngjìn
给女儿,女儿总是很艰难地用汤匙切下鱼头,放进

māma de wǎn li, hěn xiàoshùn de shuō:
妈妈的碗里,很孝顺地说:

"Māma, nín chī yútóu."
"妈妈,您吃鱼头。"

Dǎ nà yǐ hòu, wǒ wùchū le yí ge dàolǐ:
打那以后,我悟出了一个道理:

Nǚrén zuò le mǔqīn, biàn xǐ huān chī yútóu le.
女人作了母亲,便喜欢吃鱼头了。

(陈运松《妈妈喜欢吃鱼头》,《散文》1991 年 5 期,共 556 字)

作品 17 号

Xiǎoxué de shíhou, yǒu yí cì wǒmen qù hǎibiān yuǎnzú, māma méiyǒu
小学的时候,有一次我们去海边远足,妈妈没有

做 便饭,给了我十 块 钱买午餐。好 像 走了 很 久,很

久, 终 于 到 海边 了,大家 坐 下来 便 吃饭, 荒 凉 的 海

边 没有 商 店,我 一个人跑 到 防 风 林 外面 去,级任老师

要 大家把 吃 剩 的 饭菜 分 给 我 一 点。有 两 三个男 生

留 下 一 点给我,还 有 一 个 女生 ,她 的 米饭 拌 了 酱油,

很 香。我 吃 完 的 时候,她 笑 咪 咪 地 看 着 我, 短 头发,

脸 圆 圆 的。

她 的 名字 叫 翁 香 玉。

每天 放学 的 时候,她 走 的 是 经 过 我们 家 的 一条

小路,带着 一 位 比 她 小 的 男孩,可 能 是 弟弟。小路 边

是 一条 清 澈 见 底 的 小溪, 两 旁 竹荫 覆盖,我 总是 远

远 地 跟在 她 后 面 ,夏日 的 午后 特别 炎热, 走 到 半路 她

会 停 下来,拿 手 帕 在 溪水 里 浸湿,为 小 男孩 擦脸。我 也

在 后 面 停 下来,把 肮脏 的 手 帕 弄 湿 了 擦脸,再 一 路

远 远 跟着 她 回家。后来 我们 家 搬到 镇 上 去 了,过

几 年 我 也 上 中学 了。有 一 天 放学 回家,在 火车

上 ,看见 斜 对 面 一 位 短 头发、圆 圆 脸 的 女孩,一 身

sù jìng de bái yī hēi qún. wǒ xiǎng tā yí dìng bú rènshi wǒ le. Huǒchē hěn
素 净 的 白 衣 黑 裙。我 想 她 一 定 不 认 识 我 了。火 车 很
kuài dào zhàn le, wǒ suízhe rénqún jǐxiàng ménkǒu, tā yě zǒu jìn le, jiào
快 到 站 了,我 随 着 人 群 挤 向 门 口,她 也 走 近 了,叫
wǒ de míngzi. Zhèshì tā dì yī cì hé wǒ shuōhuà.
我 的 名 字。这 是 她 第一次 和 我 说 话。

Tā xiào mī mī de, hé wǒ yìqǐ zǒuguò yuètái. Yǐhòu jiù méiyǒu zài jiàn
她 笑 咪 咪 的,和 我 一 起 走 过 月 台。以 后 就 没 有 再 见
guò tā le. Zhè piān wénzhāng shōu zài wǒ chūbǎn de shàonián xīnshì zhè
过 她 了。这 篇 文 章 收 在 我 出 版 的《少 年 心 事》这
běn shū li. Shū chūbǎn hòu bànnián, yǒu yì tiān wǒ hūrán shōu dào chūbǎnshè
本 书 里。书 出 版 后 半 年,有 一 天 我 忽 然 收 到 出 版 社
zhuǎn lái de yì fēng xìn, xìnfēng shang shì mòshēng de zìjì, dàn qīngchǔ
转 来 的 一 封 信,信 封 上 是 陌 生 的 字 迹,但 清 楚
de xiě zhe wǒ de běnmíng.
地 写 着 我 的 本 名。

Xìnli shuō tā kàn dào le zhè piān wénzhāng xīn li fēicháng jīdòng, méi
信 里 说 她 看 到 了 这 篇 文 章 心 里 非 常 激 动,没
xiǎng dào zài lí kāi jiā xiāng, piāo bó yìdì zhè me jiǔ zhī hòu, huì kànjiàn
想 到 在 离 开 家 乡,漂 泊 异 地 这 么 久 之 后,会 看 见
zìjǐ réngrán zài yí ge rén de jìyì li, tā zìjǐ yě shēnshēn jì de zhè qí-
自 己 仍 然 在 一 个 人 的 记 忆 里,她 自 己 也 深 深 记 得 这 其
zhōng de měi yí mù, zhǐshì, méi xiǎngdào yuè guò yáoyuǎn de shíkōng, jìngrán
中 的 每 一 幕,只 是,没 想 到 越 过 遥 远 的 时 空,竟 然
lìng yí ge rén yě shēnshēn jìde.
另 一 个 人 也 深 深 记 得。

……

（苦伶《永远的记忆》,《青年文摘》1993 年 2 期,共 547 字）

作品 18 号

Nànián wǒ liù suì. Lí wǒ jiā jǐn yí jiànzhīyáo de xiǎo shān pō pang, yǒu yí
那 年 我 六 岁。离 我 家 仅 一 箭 之 遥 的 小 山 坡 旁,有 一

ge zǎo yǐ bèi fèiqì de cǎishíchǎng, shuāngqīn cónglái bù zhǔn wǒ qù nàr,
个 早已 被 废弃 的 采石 场 ,双 亲 从来 不 准 我 去 那儿,

qíshí nàr fēngjǐng shífēn mírén.
其实那儿 风景 十分 迷人。

Yí ge xiàjì de xiàwǔ, wǒ suízhe yì qún xiǎohuǒbàn tōutōu shàng nar
一个 夏季 的 下午,我 随着 一 群 小 伙伴 偷偷 上 那儿

qù le. Jiù zài wǒmen chuānyuè le yì tiáo gūjì de xiǎolù hòu, tāmen què bǎ
去了。就 在 我们 穿 越了 一条 孤寂 的 小路 后,他们 却 把

wǒ yí ge rén liú zài yuándì, ránhòu bēnxiàng "gèng wēixiǎn de dìdài" le.
我 一个 人 留 在 原地,然后 奔 向 "更 危险 的 地带"了。

Děng tāmen zǒu hòu, wǒ jīnghuāng shīcuò de fāxiàn, zài yě zhǎobúdào
等 他们 走后,我 惊 慌 失措地 发现,再 也 找 不 到

yào huíjiā de nà tiáo gūjì de xiǎodào le. Xiàng zhī wú tóu de cāngying,
要 回家 的 那 条 孤寂 的 小道 了。 像 只 无头 的 苍蝇,

wǒ dàochù luàn zuān, yī kù shang guàmǎn le máng cì. Tàiyáng yǐjīng luò
我 到处 乱 钻,衣裤 上 挂 满了 芒刺。太阳 已经 落

shān, ér cǐ shí cǐ kè, jiā li yí dìng kāishǐ chī wǎncān le, shuāngqīn zhèng
山,而 此时 此刻,家里 一 定 开始 吃 晚餐了,双 亲 正

pànzhe wǒ huíjiā…… xiǎngzhe xiǎngzhe, wǒ bùyóu de bèi kàozhe yìkē shù,
盼着 我 回家…… 想 着 想 着,我 不由得 背 靠着 一棵 树,

shāngxīn de wūwū dà kū qilai……
伤心地 呜呜 大哭 起来……

Tūrán, bù yuǎn chù chuánlái le shēngshēng liǔdí. Wǒ xiàng zhǎodào le
突然,不 远 处 传来 了 声 声 柳笛。我 像 找 到了

jiùxīng, jímáng xúnshēng zǒu qu. Yì tiáo xiǎo dào biān de shùzhuāng shang
救星,急忙 循声 走 去。一 条 小 道 边 的 树桩 上

zuòzhe yí wèi chuīdírén, shǒu li hái zhèng xiāozhe shénme. Zǒu jìn xìkàn, tā
坐着 一位 吹笛人,手里 还 正 削着 什么。走 近 细看,他

bú jiùshì bèi dàjiā chēngwéi "xiāng ba lǎo" de Kǎtíng ma?
不 就是 被 大家 称 为 "乡 巴佬"的 卡廷 吗?

"Nǐhǎo, xiǎojiāhuo," Kǎtíng shuō, "Kàn tiānqì duō měi, nǐ shì chūlai
"你好,小家伙,"卡廷 说,"看 天气 多 美,你 是 出来

sǎnbù de ba?"
散步 的 吧?"

我怯生生地点点头,答道:"我要回家了。"

"请耐心等上几分钟,"卡廷说,"瞧,我正在削一枝柳笛,差不多就要做好了,完工后就送给你吧!"

卡廷边削边不时把尚未成形的柳笛放在嘴里试吹一下。没过多久,一支柳笛便递到我手中。我俩在一阵阵清脆悦耳的笛音中,踏上了归途……

当时,我心中只充满感激,而今天,当我自己也成了祖父时,却突然领悟到他用心之良苦!那天当他听到我的哭声时,便判定我一定迷了路,但他并不想在孩子面前扮演"救星"的角色,于是吹响柳笛以便让我能发现他,并跟着他走出困境!卡廷先生以乡下人的纯朴,保护了一个小男孩强烈的自尊。

(《迷途笛音》527 字)

作品 19 号

从　山　沟沟里　跨进　大学　那年，我　才　16 岁，浑身
上　下　飞　扬　着　土气。没有　学过　英语，不知道　安娜卡列尼娜
是　谁；不　会　说　普通话，不　敢　在　公开　场合　讲　一　句
话；不　懂得　烫发　能　增加　女性　的　妩媚；第一　次　看到　班
上　男　同学　搂着　女　同学　跳舞，吓得　心　跳　脸红……上
铺的　丽娜　从　省　城　来，一口　流利　的　普通话，一口　发音
吐字　皆佳　的　英语。她　见多　识广，安娜卡列尼娜　当然　不在
话下，还　知道　约翰·克理斯朵夫。她　用　白　手绢　将　柔软
的　长发　往　后　一　束，用　发钳　把留海　卷弯，她　只要　一
在　公开　场合　出现，男　同学　就　前呼后拥地　争　献
殷勤。

那时，我　对　自己　遗憾　得　要命，对　丽娜　羡慕　得　要命。

有一次，丽娜　不厌其烦地　描述　她　八　岁　那年　如何　勇
敢地　从　城西　换　一趟　车　走到　城　东，我　突然　想到，
我　八　岁　的　时候　独自　翻过　几座　大山，把　我　养　的　一头　老
黄　牛　从　深　山　里　找　回来，从此　我　不再　羡慕　丽娜。

上大学三年级的时候，女同学好像什么事都羡慕男生，"下辈子再也不做女人"这句话挂在口头……学习成绩差了，知识面窄了羡慕男同学，软弱时哭了就骂自己是个女人没出息，连失恋也怪自己是个女人，甚至连男人可以在夏天穿短裤、背心、理短发都羡慕得要死。有一次，一个男同学跟我推心置腹地谈了一个晚上。我知道了男人的好成绩也免不了要死记硬背，男人的知识面也不一定宽；知道了男人也哭，知道了男人常常追求女人却又追求不到；知道了男人也羡慕女人可以穿裙子，知道了男人觉得自己活得累，男人也说"下辈子不再做男人"……

于是我不再为自己是个女人而遗憾。

（《我不再羡慕……》526字）

作品20号

出差在外，在一农家借宿一夜，放亮时又踏上一段新路。一阵积水响，老大娘追出来，拿着一把她

女儿的小花伞：“带上……”看她那慈祥的目光，霎

时,我像是听见了母亲的叮咛。

路上果然下了大雨,许多人在树下店旁躲着。

我撑开那把伞,照旧走着,一种说不清却感人至

深的温暖和情感洋溢在我的周围。

途中的一天晚上,我在招待所翻书,读到一篇

《母性》的文章:

我和太太在马来西亚槟榔屿参加一个游览团体。

向导带我们到橡胶园参观割胶。一个男童爬

上一棵椰树,正打算用弯刀割下一个椰子,他母亲

便在附近房子里叫嚷。我告诉太太:“她说:‘孩子,小心

啊,别把手指割掉。’”

向导惊讶地问:“原来你懂马来话。”

我答:“我不懂。不过我了解母亲的叮咛。”

出差回单位后,我把自己伞下的感受和这则故

事说给一位长辈听,他的眼睛似乎有些湿润。他说

他的母亲早已过世,但母亲那句“好好儿工作,注意

shēntǐ"de zhǔfu, yí jù zuì píngcháng bú guò de huà, bànsuí tā zǒu guò le
身体"的嘱咐，一句最平常不过的话，伴随他走过了
fēngfēngyǔyǔ sì shí nián, chéng le mǔqīn zuì zhēnguì de yíchǎn.
风风雨雨四十年，成了母亲最珍贵的遗产。

Wǒ gǎndòng zhì jí. Xiǎng qǐ le wǒ de mǔqīn. Xiǎoshíhou qù shàngxué
我感动至极。想起了我的母亲。小时候去上学
shí, tā zǒng zài wǒ chū mén shí gěi wǒ zhěng lǐ hǎo língluàn de yīfu qīng-
时，她总在我出门时给我整理好凌乱的衣服轻
qīng de dīngníng: "Zǒuhǎo, tīng lǎoshī huà."
轻地叮咛："走好，听老师话。"

Yòu shì yí ge yǔtiān, wǒ qíchē qù yuēhuì. Zhōnghuámén chéngbǎo xià,
又是一个雨天，我骑车去约会。中华门城堡下，
gāng rènshi bù jiǔ de nǚyǒu zǒudào wǒ shēnbiān, qīngqīng de xiānxià wǒ yǔ-
刚认识不久的女友走到我身边，轻轻地掀下我雨
pī de màozi: "kàn nǐ rè de, kuài bǎ yǔpī tuō xià lai." Yuánlái, yǔ zǎo
披的帽子："看你热得，快把雨披脱下来。"原来，雨早
yǐjīng tíng le, wǒ é shàng quán shì hàn. Kōngqì qīngxīn dé hěn, xī rù
已经停了，我额上全是汗。空气清新得很，吸入
fèifǔ de quán shì wēnxīn.
肺腑的全是温馨。

Xiǎng dào měi cì yuēhuì jiéshù, wǒ tuīzhe zìxíngchē zhǔnbèi zǒu de shí-
想到每次约会结束，我推着自行车准备走的时
hou, tā wáng bù liǎo shuō yí jù "Qíhǎo, wǎnshàng zǎo yì diǎn xiūxi." Yú-
候，她忘不了说一句"骑好，晚上早一点休息。"于
shì wǒ rèn kě tā le, yīnwèi méiyǒu ài xīn de rén, shì búhuì wèi biérén zhuo
是我认可她了，因为没有爱心的人，是不会为别人着
xiǎng de.
想的。

（言者《轻轻的一声叮咛》，《羊城晚报》1991年8月27日，共
538字。）

作品 21 号

巴尼·罗伯格是美国缅因州的一个伐木工人。一天早晨,巴尼像平时一样驾着吉普车去森林干活。由于下过一场暴雨,路上到处坑坑洼洼。好不容易把车开到路的尽头。他走下车,拿了斧子和电锯,朝着林子深处又走了大约两英里路。

巴尼打量了一下周围的树木,决定把一棵直径超过两英尺的松树锯倒。出人意料的是松树倒下时,上端猛地撞在附近的一棵大树上,一下子松树弯成了一张弓,旋即又反弹回来,重重地压在巴尼的右腿上。

剧烈的疼痛使巴尼只觉得眼前一片漆黑。但他知道,自己首先要做的事是保持清醒。他试图把脚抽回来,可是办不到。腿给压得死死的,一点也动弹不得。巴尼很清楚,要是等同伴们下工后发现他不见了再来找他的话,很可能会因流血过多而死去。他只能靠自己了。

巴尼拿起手边的斧子，狠命朝树身砍去。可是，由于用力过猛，砍了三四下后，斧子柄便断了。巴尼觉得自己真的什么都完了。他喘了口气，朝四周望了望。还好，电锯就在不远处躺着。他用手里的断斧柄，一点一点地拨动着电锯，把它移到自己手够得着的地方，然后拿起电锯开始锯树。但他发现，由于倒下的松树呈 45 度角，巨大的压力随时会把锯条卡住，如果电锯出了故障，那么他只能束手待毙了。左思右想，巴尼终于认定，只有一条路可走了。他狠了狠心，拿起电锯，对准自己的右腿，进行截肢

……

……

巴尼把断腿简单包扎了一下，他决定爬回去。一路上，巴尼忍着剧痛，一寸一寸地爬着；他一次次地昏迷过去，又一次次地苏醒过来，心中只有一个念头：一定要活着回去！

（《难以想象的抉择》沈亚刚译，《读者文摘》1986 年 1 期，共 549 字。）

作品 22 号

Fēishēng yú shì de Xīní Gējùyuàn, zuòluò zài Àodàlìyà zhùmíng de
蜚 声 于世 的 悉尼 歌剧院,坐落 在 澳大利亚 著 名 的
gǎngkǒu chéngshì Xīní sān miàn huán hǎi de Bèi ní lǎng jiǎ jiǎo shang. Tā yóu
港口 城市 悉尼 三 面 环 海 的 贝尼朗 岬角 上 。它由
yí ge dà jīzuò hé sān ge gǒngdǐng zǔchéng, zhàn dì yú shíbāwàn píngfāng-
一个 大 基座 和 三 个 拱 顶 组成 ,占 地 逾 18 万 平 方
mǐ. Yuǎnyuǎn wàng qù, jì xiàng yí cù jiébái de bèikér, yòu xiàng yí duì
米。远 远 望 去,既 像 一 簇 洁白 的 贝壳,又 像 一 队
yángfān de hángchuán.
扬帆 的 航 船 。

Shuō qǐ Xīní Gējùyuàn de jiànzào, hái yǒu yí duàn xiǎnwéi rén zhī de
说起 悉尼 歌剧院 的 建造,还 有 一 段 鲜为人知 的
yìshì.
轶事。

Yījiǔwǔliùnián, dāngshí de Àodàlìyà zǒnglǐ Kǎi xī'ěr yìng dānrèn yuè-
1956 年,当时 的 澳大利亚 总理 凯希尔 应 担任 乐
tuán zǒngzhǐhuī de hǎoyǒu Gǔshēnsī de qǐngqiú, juédìng yóu zhèng fǔ chū zī
团 总指挥 的 好友 古申斯 的 请求,决定 由 政府 出资
zài Bèinílǎng jiànzào yí zuò xiàndàihuà de gējùyuàn. Yǒu sānshí ge guójiā de
在 贝尼朗 建造 一座 现代化 的 歌剧院。有 30 个 国家 的
jiànzhùshī sòng lái le èrbǎi'èrshísān ge shè jì fāng'àn, yóu Měiguó zhùmíng jiàn
建筑师 送 来 了 223 个设计方案,由 美国 著名 建
zhùshī Shālǐníng děng rén zǔchéng de píng wěi huì fùzé píng xuǎn. Píng-
筑师 沙里宁 等 人组成 的 评委会 负责 评选 。评
xuǎn chū qī, Shālǐníng yīngù wèi néng jíshí cānjiā. Tā duì chū píng chūlai de
选 初期,沙里宁 因故 未 能 及时 参加。他 对 初 评 出来的
shí ge fāng'àn dōu bù mǎnyì, biàn yòu zǐxì de shěnyuè le bèi táotài de
十个 方 案 都 不 满意,便 又 仔细 地 审 阅了 被 淘汰的
èrbǎiyīshísān ge fāng'àn, cóng zhōng tiāoxuǎn chū sānshíbāsuì de Dānmài jiàn-
213 个 方案,从 中 挑选出 38 岁 的 丹麦 建

zhùshī Yē ěr'ēn ·Wūtèsōng shèjì de fāng'àn. Dújùhuìyǎn de Shālǐníng rènwéi,
筑师 耶尔恩·乌特松 设计 的 方案。独具慧眼 的 沙里宁 认为，

zhè ge shè jì fāng' àn rú néng shíxiàn, bìjiāng chéngwéi fēifán de jiànzhù. Tā
这个 设计 方 案 如 能 实现，必将 成为 非凡 的 建筑。他

zuìzhōng shuō fú qí tā píngwěi cǎi nà le zhè ge fāng' àn, shǐ zhī miǎn zāo "tāi
最终 说服 其他 评委 采纳了 这个 方 案，使之 免 遭 "胎

sǐ fù zhōng" de èyùn.
死腹 中 "的 厄运。

　　Dāng Wūtèsōng de fāng'àn yú yījiǔwǔjiǔnián kāishǐ fù zhū shíshī shí, yòu
　　当 乌特松 的 方案 于 1959 年 开始 付诸 实施时，又

yùdào le gǒngdǐng qiàomiàn jiànzhù jiégòu hé shīgōng jìshù fāngmiàn de kùn-
遇到 了 拱 顶 壳 面 建筑 结构 和 施工 技术 方 面 的 困

nan. Jīngguò xiūgǎi shèjì hòu, cái shǐ qiàomiàn dé yǐ jìxù shīgōng. Dàn dāng
难。经过 修改 设计 后，才 使 壳 面 得以 继续 施工。但 当

gōngchéng jìnxíng dào dì jiǔ nián shí, jiāndìng bù yí de zhīchízhě Kǎi xī' ěr
工 程 进行 到 第九 年 时，坚定 不移 的 支持者 凯希尔

zǒnglǐ qùshì le, xīn shàng tāi de zìyóudǎng rén yǐ zàojià chāoguò yuán gū-
总理 去世 了，新 上 台 的 自由 党 人 以 造价 超过 原 估

suàn wéiyóu, jù fù suǒ qiàn shèjìfèi , qǐtú pò shǐ gōngchéng tíngzhǐ. Ér cǐ shí
算 为由，拒付 所 欠 设计费， 企图 迫使 工 程 停止。而此时

jù yuàn de zhǔtǐ jiégòu yǐjīng wánchéng, xíngchéng qí hǔ nánxià、yù bà bù
剧 院 的 主体 结构 已经 完 成 ，形 成 骑虎 难下、欲罢不

néng zhī shì. Zuìhòu jīngguò duō fāng xiéshāng, yóu zhèng fǔ de sān rén xiǎozǔ
能 之势。最后 经过 多 方 协商，由 政 府的 三 人 小组

qǔdài Wūtèsōng fùzé gōngchéng jìxù jiànshè. Jīng lì le shíwǔ ge jiānnán
取代 乌特松 负责 工 程 继续 建设。经历 了 15 个 艰难

de chūnqiū zhī hòu, Xīní Gējùyuàn zhōng yú zài yījiǔqīsānnián jùngōng, Yīng-
的 春 秋 之 后，悉尼 歌剧院 终 于 在 1973 年 竣工，英

guó Nǚwáng Yī lì shābái'èr shì zhuānchéng qiánwǎng Xīní , cānjiā le shíyuè
国 女 王 伊丽莎白 二世 专 程 前 往 悉尼，参加了 10月

èrshí rì jǔ xíng de shèngdà luòchéng diǎnlǐ.
20 日 举行 的 盛 大落 成 典礼。

（司图一凡《悉尼歌剧院建设轶事》，《人民日报》1991 年 8 月 18 日，共 548 字。）

作品 24 号

……西红柿怎样从南美洲来到欧洲，传说不一。有人说，在 1554 年左右，有一位名叫俄罗拉答利的英国公爵到南美洲旅行，见到这种色艳形美的佳果，将之带回大不列颠，作为礼物献给伊利莎白女王，种植在英王的御花园中。因此，西红柿曾作为一种观赏植物，被称为"爱情苹果"。

虽称"爱情苹果"，并没有人敢吃它，因为它同有毒的颠茄和曼佗罗有很近的亲缘关系，本身又有一股臭味，人们常警告那些嘴馋者不可误食，所以在一段长时间里无人敢问津。最早敢于吃西红柿的，据说是一位名叫罗伯特·吉本·约翰逊的人，他站在法庭的台阶上当众吃了一个，从而使西红柿成了食品的一员。此事发生在大约一百年前。

1895 年，美国商人从西印度群岛运来一批西

红柿。按美国 当时 的 法律,输入 水果 是 免 交 进口税

的,而进口 蔬菜 则 必须 缴纳 10% 的 关税。纽约 港

的 关 税 官 认定 西红柿 是 蔬菜。理由 是:它 要 进入 厨

房,经过 烹制,成 为 人们 餐桌 上 的 佳肴。商 人 则

认为 应 属 水果,据理力争:西 红柿 有 丰富 的 果汁,这

是 一般 蔬菜 所 不 具备 的;它 又 可以 生 食,同 一般 蔬菜

也 不 一 样,形 状 色泽 也 都 应 当 属于 水果 范畴。

双 方 为此 争 执 不下,最后 只好 把 它 作为 被告,送进

美国 高等 法院,接受 审判。

经过 审理,法院 一致 判决:"正 像 黄瓜、大豆 和

豌豆 一样,西红柿 是 一 种 蔓 生 的 果实。在 人们 通

常 的 谈论 中 总是 把 它 和 种植 在 菜园 中 的 马

铃薯、胡萝卜 等 一样 作为 饭菜 用;无论 是 生 食 还是

熟食,它 总是 同 饭后 才 食用 的 水果 不一样。"从

此,西红柿 才 法定 为 蔬菜,成 为 人们 餐桌 上 的 第

一 佳肴。

（《美国历史上的西红柿案件》,《中国食品》1984 年 6 期,共

539 字。)

作品 25 号

　　Mǎlù páng de rénxíngdào bǐ mǎ lù yào zhěngzhěng gāochū yí ge tái-
　　马路 旁 的 人行道 比 马路 要 整 整 高出 一个 台
jiē, ér tā jiǎnzhí hái méi mǎn yì zhōusuì.
阶,而 他 简直 还 没 满 一 周岁。

　　Tā Zhǎngzhe liǎngtiáo xìruò de xiǎotuǐ, cǐkè zhè liǎng tiáo xiǎotuǐ què
　　他 长着 两条 细弱 的 小腿,此刻 这 两 条 小腿 却
zěnme yě bù tīng shǐhuan, lǎoshì duōduōsuōsuō de······ Dàn liǎng tiáo tuǐ de
怎么 也 不 听 使唤,老是 哆哆嗦嗦 地······ 但 两 条 腿 的
zhǔrén—— xiǎonánhái xiǎng cóng mǎlù shang dēngshàng rénxíngdào de yuàn-
主人—— 小男孩 想 从 马路 上 登 上 人行道 的 愿
wàng què shífēn qiángliè, érqiě xìnxīn shí zú.
望 却 十分 强烈,而且 信心 十足。

　　Qiáo, nà zhī chuānzhe hǎokàn wàzi de xiǎojiǎo yǐ jīng tái le qǐlai, cǎi
　　瞧,那 只 穿 着 好看 袜子 的 小脚 已经 抬了 起来,踩
zài le rénxíngdào de biānyán shang, dàn hái zi hái méiyǒu xiàdìng juéxīn dēng-
在了 人行道 的 边沿 上 ,但 孩子 还 没有 下定 决心 登
shàng dì-èr zhī jiǎo, yǒu nàme yíhuìr tā jiù nàme zhànzhe: yì zhī jiǎo zài
上 第二只 脚,有 那么 一会儿 他 就 那么 站 着:一 只 脚 在
rénxíngdào shang, ér lìng yì zhī jiǎo hái zài yuánchù méidòng.
人行道 上 ,而 另 一 只 脚 还 在 原处 没动。

　　Rán'ér xiǎohái yòu shōuhuí le kuà chūqù de nà yí bù, tā sìhū zài jī-
　　然而 小孩 又 收回 了 跨 出去 的 那 一步,他 似乎 在 积
xù lìliang, xiǎo nánhái jiù zhème zhànzhe, jì bù qiánjìn yě bú hòutuì, zhǐshì
蓄 力量,小 男孩 就 这么 站着,既不 前进 也 不 后退,只是
gùzhí de zhùshì zhe zìjǐ de qiánfāng.
固执地 注视 着 自己 的 前方。

　　"Hái xiǎo ne, gānggāng néng zǒulù, jiù néng kuà táijiē?"Lù páng yí
　　"还 小 呢,刚 刚 能 走路,就 能 跨 台阶?"路 旁 一

wèi tóu fa huābái de lǎonǎinai zé le zé zuǐ shuō : "Zuò dàrén de yào bāng tā
位 头发 花白 的 老奶奶 啧了啧嘴 说 : "做 大人 的 要 帮 他

yì bǎ."
一把."

Èr háizi de māma bìng méiyǒu shēnchū shǒu qù, zhǐshì wēixiào zhe gǔ-
而 孩子 的 妈妈 并 没有 伸 出 手 去,只是 微笑 着 鼓

lì shuō :
励 说 :

"Zìjǐ shàng, xiǎoguāiguai, zìjǐ shàng."
"自己 上 ,小 乖乖 ,自己 上 。"

Xiǎojiǎo yòu yí cì de tà shang le rénxíngdào, lìng yì zhī jiǎo yě fèilì
小 脚 又 一次 地 踏 上 了 人行道,另 一 只 脚 也 费力

de tí dào le kōng zhōng, zhèhuí kě zhēnshì biē zú le jìn.
地 提 到 了 空 中,这回 可 真 是 憋 足 了 劲。

"Jiāyóu! Jiāyóu!" Pángbiān de xiǎoguniang hǎnzhe.
"加油! 加油!" 旁 边 的 小姑娘 喊着。

Zhōngyú liǎng zhī jiǎo dōu zhàndào rénxíngdào shang qù le, zhè yěxǔ
终 于 两 只 脚 都 站到 人行道 上 去 了,这 也许

shì háizi yìshēng zhōng náxià de dì-yī ge gāodì, xiǎopángliǎn tóngshí zhàn-
是 孩子 一生 中 拿下 的 第 一 个 高地,小 胖 脸 同时 绽

kāi le xiàoróng —— liǎobùqǐ de shènglì!
开 了 笑 容 —— 了不起 的 胜利!

"Hǎo yí ge dēngshānzhě!" Húzi lǎo yéye yōumò de shuō, tā mōmo
"好 一个 登 山 者!" 胡子 老爷爷 幽默 地 说,他 摸摸

háizi de tóu, "Yì kāitóu zǒngshì kùnnan de, dàn xiànzài zǒngsuàn duìfu guòqu
孩子 的 头,"一开头 总是 困难 的,但 现在 总算 对付过去

le. Guāi háizi, zhù nǐ yǒngyuǎn xiàng xīn de gāodù jìnjūn!"
了。乖孩子,祝 你 永远 向 新 的 高度 进军!"

Rénshēng huì yǒu duōshǎo ge dì-yī cì ya!
人 生 会 有 多少 个 第一次 啊!

(《第一次》449 字)

作品 26 号

Zìcóng chuányán yǒu rén zài Sàwén hépàn sànbù shí wúyì fāxiàn le jīn-
自从 传言 有 人 在 萨文 河畔 散步 时 无意 发现 了 金
zi hòu, zhèli biàn cháng yǒu láizì sì miàn bā fāng de táojīnzhě. Tāmen dōu
子 后,这里 便 常 有 来自 四 面 八 方 的 淘金者。他们 都
xiǎng chéng wéi fùwēng, yúshì xúnbiàn le zhěng ge héchuáng, hái zài hé -
想 成 为 富翁,于是 寻遍 了 整 个 河床 ,还 在 河 -
chuáng shang wāchū hěnduō dàkēng, xīwàng jièzhù tāmen zhǎodào gèngduō
床 上 挖出 很多 大坑,希望 借助 它们 找 到 更多
de jīnzi. Díquè, yǒu yìxiē rén zhǎodào le, dàn lìngwài yìxiē rén yīnwèi yī
的 金子。的确,有 一些 人 找 到 了,但 另外 一些 人 因为 一
wúsuǒdé ér zhǐhǎo sǎoxìng guīqù.
无所得 而 只好 扫兴 归去。

Yě yǒu bù gānxīn luòkōng de, biàn zhùzhā zài zhèli, jìxù xúnzhǎo. Bǐ-
也 有 不 甘心 落空 的,便 驻 扎 在 这里,继续 寻找。彼-
dé · Fúléi tè jiùshì qízhōng yì yuán. Tā zài héchuáng fùjìn mǎi le yí kuài
得 · 弗雷特 就是 其 中 一 员。他 在 河 床 附近 买了 一块
méi rén yào de tǔdì, yí ge rén mòmò de gōngzuò. Tā wèi le zhǎo jīn- zi,
没 人 要 的 土地,一个 人 默默 地 工作。他 为 了 找 金 子,
yǐ bǎ suǒyǒu de qián duō yā zài zhè kuài tǔdì shang. Tā máitóu kǔgàn le
已 把 所有 的 钱 都 押 在 这 块 土地 上 。他 埋头 苦干 了
jǐ ge yuè, zhídào tǔdì quán biànchéng le kēngkēngwāwā, tā shīwàng le
几 个 月,直到 土地 全 变 成 了 坑坑洼洼,他 失 望 了
—— Tā fānbiàn le zhěngkuài tǔdì, dàn lián yì dīngdiǎn jīnzi dōu méi kàn-
——他 翻遍 了 整 块 土地,但 连 一 丁点 金子 都 没 看
jiàn.
见。

Liù ge yuè hòu, tā lián mǎi miànbāo de qián dōu méiyǒu le, Yúshì tā
六 个 月 后,他 连 买 面 包 的 钱 都 没有 了,于是 他
zhǔnbèi líkāi zhè dào biéchù qù móushēng.
准备 离开 这 到 别处 去 谋生 。

Jiù zài tā jíjiāng líqù de qián yí ge wǎnshang, tiān xià qǐ le qīngpén
就 在 他 即将 离去 的 前 一 个 晚上 ,天 下 起 了 倾盆

dà yǔ, bīngqiě yí xià jiùshì sān tiān sān yè. Yǔ zhōngyú tíng le, Bǐ dé zǒu-
大雨，并且 一 下 就是 三 天 三夜。雨 终 于 停 了，彼得 走

chū xiǎomùwū, fāxiàn yǎnqián de tǔdì kànshangqu hǎoxiàng hé yǐ qián bù
出 小木屋，发现 眼 前 的 土地 看 上 去 好像 和以前 不

yí yàng: Kēng kēng wā wā yǐ bèi dà shuǐ chōng shuā píng zhěng, sōng ruǎn de
一 样：坑 坑 洼洼 已 被 大水 冲 刷 平 整，松 软 的

tǔdì shang zhǎngchū yì céng lù rōngrōng de xiǎocǎo.
土地 上 长 出 一 层 绿茸茸 的 小草。

"Zhè li méi zhǎodào jīn zi," Bǐ dé hū yǒu suǒ wù de shuō, Dàn zhè tǔ-
"这里没 找 到 金子，"彼得 忽 有 所 悟地 说，但 这土

dì hěn féi wò, wǒ kěyǐ yònglái zhòng huā, bīngqiě ná dào zhènshang qù mài
地 很 肥沃，我 可以 用来 种 花，并且 拿到 镇 上 去 卖

gěi nàxiē fùrén, tāmén yí dìng huì mǎi xiē huā zhuāngbàn tā men huālì de
给 那些 富人，他们 一 定 会 买 些 花 装 扮 他们 华丽 的

kètīng. Rúguǒ zhēnshì zhèyàng de huà, nàme wǒ yídìng huì zhuàn xǔ duō
客厅。如果 真 是 这样 的 话，那么 我 一 定 会 赚 许多

qián, yǒuzhāo yí rì wǒ yě huì chéngwéi fùrén……"
钱，有 朝 一 日 我 也 会 成 为 富人……"

Yúshì tā liú le xiàlái. Bǐdé huā le bùshǎo jīnglì péiyù huāmiáo, bù jiǔ
于是 他 留 了 下来。彼得 花 了 不 少 精力 培育 花 苗，不久

tiándì li zhǎngmǎn le měilì jiāoyàn de gè sè xiānhuā.
田地 里 长 满 了 美丽 娇艳 的 各色 鲜花。

Wǔnián yǐ hòu, Bǐ dé zhōngyú shíxiàn le tā de mèngxiǎng —— chéng le
五年 以 后，彼得 终 于 实现 了 他 的 梦 想 —— 成 了

yí ge fùwēng. "Wǒ shì wéiyī de yí ge zhǎodào zhēn jīn de rén!" Tā shí-
一个 富翁。"我 是 惟一 的 一 个 找 到 真金 的 人！"他 时

cháng bù wú jiāo'ào de gàosu biérén, "biérén zài zhè zhǎobúdào jīnzi hòu biàn
常 不无 骄傲 地 告诉 别人，"别人 在 这 找 不 到 金子 后 便

yuǎnyuǎn de líkāi, ér wǒ de 'jīnzi' shì zài zhè kuài tǔdì li, zhǐyǒu chéng
远 远 地 离开，而 我 的 '金子' 是 在 这 块 土地 里，只有 诚

shí de rén yòng qínláo cáinéng cǎi jídào."
实 的 人 用 勤劳 才能 采集到。"

（《金子》553 字）

作品 27 号

Qiángbì shang, yì zhī chóngzi zài jiānnán de wǎng shàng pá, pá dào yí
墙壁 上 ,一只 虫子 在 艰难 地 往 上 爬,爬到 一

dà bàn, hū rán diēluò xià lai.
大半,忽然 跌落 下来。

Zhè shì tā yòu yí cì shībài de jìlù.
这 是 它 又 一次 失败 的 记录。

Ránér, guò le yí huìr, Tā yòu yánzhe qiánggēn, yí bù yí bù de wǎng
然而,过了 一会儿,它 又 沿着 墙根,一步 一步 地 往

shàng pá le. dì - yī ge rén zhùshì zhe zhè zhī chóngzi, gǎntàn de shuō:
上 爬了。第一个 人 注视 着 这 只 虫子,感叹 地 说:

" Yì zhī xiǎoxiǎo de chóngzi, zhèyàng de zhízhuó、wánqiáng;shībài le,
"一只 小小 的 虫子,这样 的 执着、顽强;失败 了,

bù qūfú;diēdǎo le, cóng tóu gàn;zhēn shì bǎizhé bù huí ya!
不 屈服;跌倒 了,从 头 干;真 是 百折不回 啊!

Wǒ zāodào le yì diǎn cuòzhé, wǒ néng qìněi、tuìsuō、zìbàozìqì ma?
我 遭到 了 一点 挫折,我 能 气馁、退缩、自暴自弃 吗?

Nándào wǒ hái bù rú zhè zhī chóngzi ?"
难道 我 还 不 如 这 只 虫子?"

Dì - èr ge rén zhùshì tā, jīnbuzhù tànqì shuō:
第二个 人 注视 它,禁不住 叹气 说:

" Kělián de chóngzi ! zhèyàng mángmù de pá xíng, shénme shíhou cái-
"可怜 的 虫子!这样 盲目 地 爬行,什么 时候 才

néng pá dào qiángtóu ne ?
能 爬到 墙头 呢?

Zhǐyào shāowēi gǎibiàn yí xià fāngwèi, tā jiù néng hěn róngyì de pá-
只要 稍微 改变 一下 方位,它 就 能 很 容易 地 爬

shàng qù ; kě shì tā jiùshì bú yuàn fǎnxǐng, bù kěn kàn yi kàn。Ài —— Kě
上 去;可是 它 就是 不 愿 反省,不 肯 看 一看。唉——可

bēi de chóngzi !"
悲 的 虫子!"

Fǎnxǐng wǒ zìjǐ ba:Wǒ zhèng zài zuò de nà jiàn shì yí zài shīlì, wǒ
反省 我 自己 吧:我 正 在 做 的 那件 事 一再 失利,我

该 学 得 聪 明 一 点,不 能 再 闷 着 头 蛮 干 一 气 了——
我 是 个 有 头 脑 的 人,可 不 是 虫子。

第 三 个 人 询 问 智 者:

" 观 察 同 一 只 虫子,两 个 人 的 见 解 和 判 断 截
然 相 反,得 到 的 启 示 迥 然 不 同。可 敬 的 智 者,请 您 说
说,他 们 哪 一 个 对 呢?"

智者 回答:" 两 个 人 都 对."

询 问 者 感 到 困 惑:

"怎么 会 都 对 呢?"

您 是 不 愿 还 是 不 敢 分 辨 是非 呢?"

智者 笑 了 笑,回答 道:

"太 阳 在 白 天 放 射 光 明,月 亮 在 夜 晚 投 洒 青
辉,——它 们 是 相 反 的;你 能 不 能 告诉 我:太 阳 和 月
亮 ,究 竟 谁 是 谁 非?

……但 是,世 界 并 不 是 简 单 的 是非 组 合体。同 样
观 察 虫子,两 个 人 所 处 的 角 度 不 同,他 们 的 感 觉
和 判 断 就 不 可 能 一 致,他 们 获 得 的 启 示 也 就 有 差异。

Nǐ zhǐ kàndào liǎng ge rén zhījiān de yì, què méiyǒu kàndào tāmen zhī-
你 只 看到 两 个 人 之间 的 异,却 没有 看到 他们 之

jiān de tóng tāmen tóngyàng yǒu fǎnxǐng hé jìnqǔ de jīngshén.
间 的 同：他们 同样 有 反省 和 进取 的 精神。

Xíngshì de chāyì, wǎngwǎng yùnhán zhe jīngshén shízhì de yízhì；biǎo-
形式 的 差异,往 往 蕴含 着 精神 实质 的 一致；表

miàn de xiāngsì, dào kěnéng yǎnbì zhe nèizài de bùkětiáohé de duìlì
面 的 相似,倒 可能 掩蔽 着 内在 的 不可调和 的 对立

……”
……”

（伊人《启示的启示》,《读者文摘》1987 年 1 期,共 530 字）

作品 28 号

Hěn zǎo hěn zǎo yǐqián, māo bìng bù chī lǎoshǔ.
很 早 很 早 以前,猫 并 不 吃 老鼠。

yǒu yì zhī māo hé yì zhī lǎoshǔ zhù dào le yìqǐ.
有 一 只 猫 和 一 只 老鼠 住 到 了 一起。

Dōngtiān kuài dào le, tāmen mǎi le yì tánzi zhūyóu zhǔnbèi guòdōng
冬 天 快 到 了,它们 买 了 一 坛子 猪油 准备 过 冬

chī. Lǎoshǔ shuō：“Zhūyóu fàngzài jiā li wǒ zuǐchán, bùrú cángdào yuǎn yì-
吃。老鼠 说：“猪油 放在 家里 我 嘴馋,不如 藏到 远 一

diǎn de dìfang qu, dào dōngtiān zài qǔ lái chī.” Māo shuō：“xíng a.” Tā-
点 的 地方 去,到 冬 天 再 取来 吃。”猫 说：“行 啊。”它

men chèn tiān hēi, bǎ zhè tánzi zhūyóu sòng dào lí jiā shí lǐ yuǎn de dà
们 趁 天 黑,把 这坛子 猪油 送 到 离家 十 里 远 的 大

miào li cáng qilai.
庙 里 藏 起来。

Yǒu yì tiān, lǎoshǔ tūrán shuō：“wǒ dàjiě yào shēng háizi, shāoxìn ràng
有 一 天,老鼠 突然 说：“我 大姐 要 生 孩子,捎信 让

wǒ qù.” Māo shuō：“Qù ba, lù shang yào xiǎoxīn gǒu.”
我 去。”猫 说：“去 吧,路 上 要 小心 狗。”

Tiān kuài hēi shí, lǎoshǔ huí lai le, dǔzi chī de gǔgǔ de, zuǐ ba yóu
天 快 黑 时, 老鼠 回来 了, 肚子 吃 得 鼓鼓 的, 嘴巴 油
guāngguāng de. Māo wèn: "Nǐ dà jiě shēng le shá ya?" "Shēng ge bái
光 光 的。 猫 问:"你 大姐 生 了 啥 呀?""生 个 白
pàngxiǎozi." Māo yòu wèn: "Qǐ ge shénme míng zi?" Lǎoshǔ zhuàn yí zhuàn
胖 小子。" 猫 又 问:"起 个 什么 名字?" 老鼠 转 一 转
yǎnzhū shuō: "Jiào, jiào yì céng."
眼珠 说:"叫, 叫 一 层。"

Yòu guò le shí lái tiān, lǎoshǔ yòu shuō: "Wǒ èr jiě yòu yào shēng hái-
又 过 了 十来 天, 老鼠 又 说:"我 二姐 又 要 生 孩
zi, qǐng wǒ qù chīfàn." Māo shuō: "zǎo qù zǎo huí." Lǎoshǔ biān dā yìng
子, 请 我 去 吃饭。" 猫 说:"早 去 早 回。" 老鼠 边 答应
biān wǎng wài zǒu.
边 往 外 走。

Tiān hēi le, lǎoshǔ huí lai le, tiǎnzhe dǔzi, mǎn zuǐ dōu shì yóu. Māo
天 黑 了, 老鼠 回来 了, 腆着 肚子, 满 嘴 都 是 油。猫
wèn: "Nǐ èr jiě shēng le shá ya?" "Shēng le ge bái pàng yātou." "Qǐ ge shén-
问:"你 二姐 生 了 啥呀?""生 了 个 白 胖 丫头。""起 个 什
me míng zi?" "Jiào yí bàn."
么 名字?""叫 一半。"

Yòu guò le qī bā tiān, lǎoshǔ yòu shuō: "wǒ sānjiě shēng hái zi, qǐng wǒ
又 过 了 七八 天, 老鼠 又 说:"我 三姐 生 孩子, 请 我
chīfàn." Māo shuō: "Bié huí lai wǎng le."
吃饭。" 猫 说:"别 回来 晚 了。"

Tiān dà hēi shí, lǎoshǔ huí lai le, yí jìn wū dài lái yì gǔ yóuwèi, duì māo
天 大 黑 时, 老鼠 回来 了, 一 进 屋 带来 一 股 油味, 对 猫
shuō: "Wǒ sānjiě yě shēng le ge bái pàng xiǎozi, qǐ míngr jiào jiàn dǐ."
说:"我 三姐 也 生 了 个 白 胖 小子, 起名 叫 见底。"

Sān jiǔ tiān dào le, yì lián xià le sān sì tiān de dàxuě. Māo shuō:
三 九 天 到 了, 一连 下 了 三四 天 的 大雪。猫 说:
"Kuài guònián le, shénme shír   yě zhǎo bú dào, míngtiān zán bǎ zhūyóu qǔ
"快 过年 了, 什么 食儿 也 找 不到, 明天 咱 把 猪油 取
huí lai ba."
回来 吧。"

Dì-èr tiān yì zǎo, lǎoshǔ zǒu zài qiánbian, māo gēn zài hòubian, bèn dà
第二天一早,老鼠走在前边,猫跟在后边,奔大

miào zǒu qu.
庙走去。

Dào le dàmiào li, māo dì-yī yǎn jiù kàndào guòliáng shang mǎn shì lǎo-
到了大庙里,猫第一眼就看到过梁上满是老

shǔ de jiǎoyìn, tánzi xiàng bèi kāiguo, Māo jímáng dǎkāi tánzi yí kàn, zhū-
鼠的脚印,坛子像被开过,猫急忙打开坛子一看,猪

yóu jiàn dǐ le. Māo yíxiàzi quán míngbai le, dèngyuán shuāngyǎn dàshēng
油见底了。猫一下子全明白了,瞪圆双眼大声

shuō: "Shì nǐ gěi chī jiàn dǐ le?" Lǎoshǔ gāng zhāngkǒu, jiàn māo yǐjīng
说:"是你给吃见底了?"老鼠刚张口,见猫已经

pū guolai, jiù zhuǎn shēn tiàoxia dì. Māo jǐnzhuī tā, yǎnkàn jiù yào bèi māo
扑过来,就转身跳下地。猫紧追它,眼看就要被猫

zhuīshang le, yì jí yǎn, lǎoshǔ zuān dào zhuān fèng li qù le."
追上了,一急眼,老鼠钻到砖缝里去了。"

Hòulái, lǎoshǔ jiàn māo jiù táo, māo jiàn lǎoshǔ jiù zhuā.
后来,老鼠见猫就逃,猫见老鼠就抓。

(《"猫"和"老鼠"》516字)

作品29号

Yí cì, Yíshān chánshī xǐ zǎo.
一次,仪山禅师洗澡。

Shuǐ tài rè le diǎn, Yíshān ràng dìzi dǎlái lěngshuǐ, dàojìn zǎopén.
水太热了点,仪山让弟子打来冷水,倒进澡盆。

Tīng shīfu shuō, shuǐ de wēndù yǐjīng gāng hǎo, kànjiàn tǒng li hái
听师父说,水的温度已经刚好,看见桶里还

shèng yǒu lěngshuǐ, zuò dìzi de jiù suíshǒu dàodiào le.
剩有冷水,做弟子的就随手倒掉了。

Zhèngzài zǎopén li de shīfu yǎn kàn dìzi dàodiào shèngshuǐ, bùjīn
正在澡盆里的师父眼看弟子倒掉剩水,不禁

语重心长地说:"世界上的任何东西,不管是大是小,是多是少,是贵是贱,都各有各的用处,不要随便就浪费了。你刚才随手倒掉的剩水,不就可以用来灌浇花草树木吗?这样水得其用,花草树木也眉开眼笑,一举两得,又何乐而不为呢?"

弟子受师父这么一指点,从此便心有所悟,取法号为:"滴水和尚。"

万物皆有所用,不管你看上去多么卑微像一棵草,渺小得像滴水,但都有它们自身存在的价值。

科学家发明创造,石破天惊,举世瞩目,然而,如果没有众人智慧的积累,便就终将成为空中楼阁,子虚乌有。

鲁迅的那段话也掷地有声:"天才并不是自生自长在深林荒野里的怪物,是由可以使天才生长的民众产生、长育出来的,所以没有这种民众,就没有天才。"

"Luòhuā shuǐ miàn jiē wénzhāng, hǎo niǎo zhītóu yì péngyou." Dāngnián
"落花 水 面 皆 文 章，好 鸟 枝头 亦 朋友。"当 年
ZhūXī jiù céng zhèyàng shuō guò.
朱熹 就 曾 这样 说 过。

Rúguǒ nǐ chǔ zài shèhuì de dǐ céng—xiāngxìn zhè shì dà duō shù, qǐng
如果 你 处 在 社会 的 底层 — 相 信 这是 大 多 数，请
qiānwàn bú yào zìbēi, yàojǐn de háishì dǎpò piānjiàn, huànqǐ zìxìn. Wèn-
千 万 不 要 自卑，要紧 的 还是 打破 偏见，唤起 自信。问
tí bú zài yú rénjiā zěnme kàn, kě guì de shì nǐ de jīngshén miànmào rú
题 不 在于 人家 怎么 看，可贵 的 是 你 的 精 神 面 貌 如
hé?
何?

Sānbǎi liù shí háng, háng háng chū zhuàngyuán. Guānjiàn háishì zài yú
三 百 六 十 行 ，行 行 出 状 元 。关键 还是 在 于
zěnyàng ànzhào nǐ de shí jì, wèi shèhuì, wèi rénlèi duō zuò gòngxiàn, cóng'ér
怎样 按照 你 的 实际，为 社会，为 人类 多 做 贡 献，从 而
zài zhè ge shìjiè shang zhǎodào zìjǐ de yí piàn lù zhōu, yí piàn tiānkōng.
在 这个 世界 上 找 到 自己 的 一片 绿洲，一片 天 空。

(《珍视自己的存在价值》470 字)

作品 30 号

Jiāngnán yǒu wèi shūshēng, tā fùqīn zài Guózǐjiàn li dāng zhùjiào, tā
江南 有 位 书生，他 父亲 在 国子监 里 当 助教，他
yě suí fùqīn zhù zài jīngchéng, Yǒu yì tiān, tā ǒurán lù guò shòu zì dà jiē,
也 随 父亲 住 在 京 城，有 一天，他 偶然 路 过 寿 字 大 街，
jiàn yǒu yì jiān shūsì, biàn zǒu le jìnqù, shūsì li yǒu yí wèi shàonián shū-
见 有 一间 书肆，便 走 了 进去，书肆 里 有 一位 少 年 书
shēng, tiāozhòng le yí bù《LǚshìChūnqiū》, diǎnshǔ tóngqián jiāo qián shí, bù
生 ，挑 中 了 一部《吕氏春秋》，点 数 铜钱 交 钱 时，不
xiǎoxīn, yí ge tóngqián diào zài dì shang, gūlu dào yì biān qù le, shàonián
小心，一个 铜钱 掉 在 地 上 ，轱辘 到 一边 去 了，少 年

并没有发觉，江南书生看见了，暗中把钱踩在脚下，没有作声。等买书少年走后，他俯下身子把铜钱拾起来，装入自己衣袋中。他以为自己做得巧妙，没人看见。其实旁边坐着的一位老者，早就看见了，老者忽地起来，问他姓啥名什。书生办了昧心事，只得如实说出自己的姓名。老者听罢，冷笑一声走了。

后来这个书生读书倒也刻苦，进了誊录馆，接着拜求选举，被授予江苏常熟县县尉职务。他春风得意，整理行装。赴任途中，投递名片去拜见上司，这时候，汤公任江苏巡抚，一见递上来的名片，就传话说不见。书生多次求见，一次也见不到汤公的面儿。巡捕传达汤公的话说："你的名字已经被写到弹劾书上了。"书生一听愣了，便问："下官因何事被弹劾?"巡捕传说："只一个字一贪。"书生考虑，一定是弄错了，于是急切要求面见巡抚大人陈述理由。

Xúnbǔ jìnqu bǐngbào hòu, tānggōng háishì bú jiàn, réngràng xúnbǔ chū-
巡捕 进去 禀报 后, 汤公 还是 不见, 仍让 巡捕 出

lai chuánhuà shuō: "Nǐ bú jìde qián jǐ ge yuè zài shū sì zhōng fāshēng de
来 传话 说:"你 不 记得 前 几 个 月 在 书肆 中 发生 的

shì le ba. Dāng xiùcai shí, jiù bǎ yí ge xiǎoqiánr kàn de xiàng mìng yí
事 了 吧。当 秀才 时,就 把 一个 小钱儿 看 得 像 命 一

yàng, rú jīn jiǎoxìng dāng le dìfāngguān, shǒu zhōng yǒu le quánbǐng, néng
样,如今 侥幸 当 了 地方官,手 中 有 了 权柄,能

bù tuōxiāngtànnáng, pīnmìng sōuguā, zuò tóu dài wūshā de qièzéi ma? Nǐ gǎn
不 托箱 探囊,拼命 搜刮,作 头 戴 乌纱 的 窃贼 吗? 你 赶

jǐn jiě zhí huíqu ba."
紧 解职 回去 吧。"

Zhèshí shūshēng cái míngbai, yǐ qián zài shū sì zhōng xúnwèng xìngmíng,
这时 书生 才 明白,以前 在 书肆 中 询问 姓名,

jīxiào tā de lǎozhě, jiù shì jīntiān de xún fǔ dàrén.
讥笑 他 的 老者,就 是 今天 的 巡抚 大人。

(《贪得一钱丢了官》516 字)

作品 31 号

Shuōlái yěxǔ nǐ búxìn. Zài Yīngguó, yǒu yí ge zhēnshí de yòng tiě liàn
说来 也许 你 不信。在 英 国,有 一个 真实 的 用 铁链

suǒshān de gùshì.
锁 山 的 故事。

Yīngguó Wēi'ěrsīyǒu ge Gǔkǒucūn, cūn wài yǒu zuò xiǎoshān. Shān xia
英 国 威尔斯 有 个 谷口村,村 外 有 座 小山。山 下

yǒu yì jiā jiǔdiàn、liǎng jiā kuàicāndiàn、liǎng ge kāfēiguǎn hé yí ge shū-
有 一家 酒店、两 家 快餐店、两 个 咖啡馆 和 一个 书

diàn. Yóuyú fēng chuī yǔ dǎ rì shài, xiǎoshān bù shí luòxià shíkuài, wēixié
店。由于 风 吹 雨 打 日 晒,小 山 不 时 落下 石块,威胁

zhe gùkè hé cūnmín de ānquán. Yìtiān, cūnmín jí hé zài xiǎoshān xià, kàn
着 顾客 和 村民 的 安全。一天,村民 集合 在 小 山 下,看

到它 摇摇欲坠 的 样子，担心 它 总 有 一 天 要 倾倒 下来，把 村 庄 压碎。于是 经过 商 量，他们 锻 铸 了 一 条巨大 的 粗铁链，把 整 座 小 山 锁起来。后来，人们 称之 为 "锁 山 艺术。"

没 想 到 这 一 锁，竟 锁 了 六 十 年。小 山 再 也 没 有崩下 石头，也 没 有 倒塌。

但是，到 了 1982 年，本 村 年 轻 人 对 这 古 老 的"锁 山 艺 术"产 生 了 怀疑，他们 再 一 次 开会，研究 一 个防 止 山 塌 的 新 方法。

1983 年 4 月，苏格兰一家 专 门 治 理 有 倒塌 危 险山 石 的 公司 接受 了 任务，前 来 协助 解决 谷口 村 的 难题。该 公 司 采取 了 村民 的 传 统 工 艺，耗 资 一 百 万英 镑，搭起 了 二百五十 英尺 高 的 棚架，在 山 石 上 钻了 数 百 个 小孔，筑起 了 二十 个 山 石 固 定 网。这些 铁链 和 铁网，就 像 一 副 护身 盔甲 一 样，把 摇摇欲坠 的小 山 牢牢 围住。

1984 年 7 月 19 日 早 上 八 点，强 烈 的 地 震 摇

dòng le zhěng ge Gǔkǒucūn. Dāngshí fāshēng de shì Lǐshì wǔdiǎnwǔ jí dì-
动了 整个谷口村。当 时 发生 的 是 里氏 五点 五级 地

zhèn, cūnmín yǐwéi xiǎoshān bì dǎo wú yí, jiéguǒ tā què kuīránbúdòng.
震,村民 以为 小 山 必 倒 无 疑,结果 它 却 岿然不动。

Cóngcǐ yǐ hòu, Gǔkǒucūn de suǒshān yìshù yuǎn jìn wénmíng, jìng chéng
从此 以后,谷口村 的 锁山艺术 远近 闻名,竟 成

le Yíngguó yí ge lǚyóu diǎn.
了 英国 一个 旅游 点。

（裘艺《锁山艺术》,《艺术世界》1986 年第四期,共 439 字）

作品 35 号

Wǒ shì shān lǐ de háizi, qīsuì nànián, mā duì wǒ shuō: "Ní bù néng
我 是 山 里 的 孩子,七岁 那年,妈 对 我 说:"你 不 能

zài bái chīfàn le." Tā bǎ wǒ dài dào yì tóu dàshuǐniú gēnqián, yúshì, wǒ de
再 白 吃饭 了。"她 把 我 带 到 一头 大水牛 跟前,于是,我 的

yí duàn tóngnián biàn hé yìtiáo máxiàn cuōchéng de niúshéng shuān zài le
一段 童年 便 和 一条 麻线 搓成 的 牛绳 拴 在 了

yìqǐ.
一起。

Mùtóngmen dōu xǐhuan qí dào niúbèi shang ràng niú'ér tuózhe zǒu. Xué
牧童们 都 喜欢 骑 到 牛背 上 让 牛儿 驮着 走。学

jūn de nà tóu lǎoshuǐniú, pō tōng rénxìng. Shuí qí tā bú yòng pá, zhǐyào cǎi
军 的 那头 老水牛,颇 通 人性。谁 骑 它 不 用 爬,只要 踩

zài tā detóudǐng shang, zài hǎn yìshēng: "Shēnjiǎo!" Tā biàn huì bǎ tóu yì
在 它 的头顶 上,再 喊 一声:"伸角!"它 便 会 把 头 一

tái, qīngqīng de bǎ nǐ sòng shàng kuānkuān de bèijǐ.
抬,轻轻 地 把 你 送 上 宽 宽 的 背脊。

Zuì yǒu qù de shì zài kùrè de zhōngwǔ, dàizhe niú'ér qù shuǐ lǐ yóu-
最 有趣的 是 在 酷热的 中午,带着 牛儿 去 水 里 游

yǒng. Tàiyáng rè rè de shàizhe, chán'ér gāo chàng, dàohuā piāoxiāng. Wèi le
泳。太阳 热热 地 晒着,蝉儿 高 唱,稻花 飘香。为了

不弄湿衣裤,我们一律脱光身子,在银色的浪花里嬉戏。会游的,畅快地与水里的牛儿为伴,游来游去,累了就爬到牛背上让牛驮着游来游去。不会游的,则在水浅的河边,两手支着水底的沙石,或抓着岸边的水草、藤蔓,双脚胡乱地敲击水面,我就是这样学会游泳的。

可是,放牛的日子里,也常有人们的苦难给我们幼小的心灵带来重轭。

一天傍晚,我踏进家门,昏暗的油灯下,妈递给我一个竹篮,篮子里放着十来个红薯。"给康公家送去,他们还没吃晚饭呢,"妈说。我没说话,默默地照办了。

我放了整整一年的牛,因为八岁那年我幸运地上学了,只在课余偶尔牵牵那根牛绳。

放牛的日子里,我似乎没有感受到什么大的苦难,但我那多愁善感的心灵却镌上了人们被苦

nàn zhuógān de yǎnjing. Cóng shān lǐ zǒu dào dū shì, wǒ yì zhí yòng xīnlíng
难 灼 干 的 眼睛。从 山 里 走 到 都市, 我 一直 用 心灵

zhuāngtiánzhe zhèxiē kǔtòng. Rán'ér, rú jīn xiǎnglái, zhèxiē kǔtòng yǐ jīng bú
装 填着 这些 苦痛。然 而,如今 想 来,这些 苦痛 已经 不

zài shì kǔtòng le, ér shì yì zhǒng xīnlíng gǎnwù de cái fù! Zhè yěxǔ shì wǒ
再 是 苦痛 了,而 是 一 种 心灵 感悟 的 财富! 这 也许 是 我

yì zhí bǎochí le fàngniú shí nà kē huānlè de xīnlíng de yuángù.
一直 保持 了 放牛 时 那颗 欢乐 的 心灵 的 缘故。

(华宣飞《放牛的日子》,《北京日报》1994 年 2 月 17 日,共
508 字)

作品 37 号

Jì de wǒ shísānsuì shí, hé mǔqīn zhù zài Fǎguó dōngnánbù de Nàisī-
记 得 我 13 岁时,和 母亲 住 在 法国 东 南部 的 耐斯

chéng. Mǔqīn méiyǒu zhàng fu, yě méiyǒu qīnqi, gòu qīngkǔ de, dàn tā jīng-
城。母亲 没有 丈夫,也 没有 亲戚,够 清苦 的,但 她 经

cháng néng náchū lìngrén chījīng de dōngxi, bǎi zài wǒ miànqián. Tā cónglái
常 能 拿出 令人 吃惊 的 东西,摆在 我 面 前。她 从来

bù chī ròu, yí zài shuō zìjǐ shì sù shízhě. Rán'ér yǒu yì tiān, wǒ fāxiàn mǔ
不 吃 肉,一再 说 自己是 素食者。然而 有 一 天,我 发现 母

qīn zhèng zǐxì de yòng yì xiǎokuài suì miànbāo cā nà gěi wǒ jiān niúpái
亲 正 仔细地 用 一 小块 碎 面 包 擦 那 给 我 煎牛排

yòng de yóuguō. Wǒ míngbai le tā chēng zìjǐ wéi sù shízhě de zhēn zhèng
用 的 油锅。我 明 白了 她 称 自己 为 素食者 的 真 正

yuányīn.
原 因。

Wǒ shíliùsuì shí, mǔqīn chéng le Nàisīshì Měiméng lǚ guǎn de nǚ jīng-
我 16 岁时,母亲 成 了 耐斯市 美 蒙 旅馆 的 女 经

lǐ. Zhèshí, tā gèng mánglù le. Yì tiān, tā tān zài yǐzi shang, liǎn sè cāng-
理。这时,她 更 忙碌 了,一天,她 瘫 在 椅子 上,脸色 苍

bái, zuǐchún fā huī. Mǎ shàng zhǎo lái yì shēng, zuò chū zhěn duàn: Tā shèqǔ le
白,嘴唇 发 灰。马 上 找 来 医生,做出 诊 断:她 摄取了

guò duō de yídǎosù. Zhí dào zhèshí wǒ cái zhīdaomǔqīn duō nián yìzhí duì wǒ
过多的胰岛素。直到这时我才知道母亲多年一直对我
yǐnmán de jítòng —— tiángniàobìng.
隐瞒的疾痛——糖尿病。

Tā de tóu wāi xiàng zhěntou yìbiān, tòngkǔ de yòng shǒu zhuānáo xiōng-
她的头歪向枕头一边,痛苦地用手抓挠胸
kǒu. Chuángjià shàngfāng, zé guàzhe yì méi wǒ yījiǔsān'èr nián yíng dé Nài-
口。床架上方,则挂着一枚我1932年赢得耐
sīshì shàonián pīngpāngqiú guànjūn de yínzhì jiǎngzhāng.
斯市少年乒乓球冠军的银质奖章。

À, shì duì wǒ de měihǎo qiántú de chōngjǐng zhīchēng tā huó xiàqu,
啊,是对我的美好前途的憧憬支撑她活下去,
wèi le gěi tā nà huāngtáng de mèng zhìshǎo jiā yì diǎn zhēnshí de sècǎi,
为了给她那荒唐的梦至少加一点真实的色彩,
wǒ zhǐnéng jìxù nǔlì, yǔ shíjiān jìngzhēng, zhízhì yījiǔsānbā nián wǒ bèi
我只能继续努力,与时间竞争,直至1938年我被
zhēng rù kōng jūn. Bālí hěn kuài shī xiàn, wǒ zhǎnzhuǎn diàodào Yīng guó
征入空军。巴黎很快失陷,我辗转调到英国
Huángjiā kōngjūn. Gāng dào Yīngguó jiù jiē dào le mǔqīn de lái xìn. Zhèxiē
皇家空军。刚到英国就接到了母亲的来信。这些
xìn shì yóu zài Ruìshì de yí ge péngyou mìmì de zhuǎndào Lúndūn, sòngdào
信是由在瑞士的一个朋友秘密地转到伦敦,送到
wǒ shǒu zhōng de.
我手中的。

Xiànzài wǒ yào huíjiā le, xiōng qián pèidàizhe xǐngmù de lǜ hēi liǎng
现在我要回家了,胸前佩带着醒目的绿黑两
sè de jiěfàng shízì shòudài, shàngmiàn guàzhe wǔ liù méi wǒ zhōngshēn nán-
色的解放十字绶带,上面挂着五六枚我终身难
wàng de xūnzhāng, jiān shàng hái pèidàizhe jūnguān jiānzhāng. Dàodá lǚ-
忘的勋章,肩上还佩带着军官肩章。到达旅
guǎn shí, méiyǒu yí ge rén gēn wǒ dǎ zhāohu. Yuánlái, wǒ mǔqīn zài sānnián
馆时,没有一个人跟我打招呼。原来,我母亲在3年
bàn yǐ qián jiù yǐ jīng lí kāi rénjiān le.
半以前就已经离开人间了。

Zài tā sǐ qián de jǐ tiān zhōng, tā xiě le jìn èrbǎiwǔshí fēng xìn, bǎ
在 她 死 前 的 几 天 中 ，她 写 了 近 250 封 信 ，把

zhè xiē xìn jiāo gěi tā zài Ruìshì de péngyou, qǐng zhè ge péngyou dìngshí jì
这 些 信 交 给 她 在 瑞士 的 朋友 ，请 这 个 朋友 定时 寄

gěi wǒ. Jiù zhèyàng, zài mǔqīn sǐ hòu de sānnián bàn de shíjiān lǐ, wǒ yì
给 我 。就 这样 ，在 母亲 死 后 的 3 年 半 的 时间 里 ，我 一

zhí cóng tā shēn shàng xī qǔzhe lì liang hé yǒng qì —— zhè shǐ wǒ nénggòu
直 从 她 身 上 吸取 着 力量 和 勇气 ——这 使 我 能 够

jìxù zhàndòu dào shènglì nà yì tiān.
继续 战斗 到 胜利 那 一天 。

　　（［法］罗曼·加里《我的母亲独一无二》，《中华周末报》1994
年 1 月 15 日 ，共 536 字）

作品 43 号

Wǒ shàng xiǎoxué de shíhou, rìzi guò de hěn kǔ. Xuéxiào shì yí zuò
我 上 小学 的 时候 ，日子 过 得 很 苦 。学校 是 一 座

xiǎotǔmiào, pò pò làn làn de, dōng tiān lǐ sìmiàn jìnfēng, xué shēng men jiù
小土庙 ，破 破 烂烂 的 ，冬 天 里 四面 进风 ，学 生 们 就

chángcháng dòng le shǒu jiǎo. Hánlěng de zǎochen wǒmen dúzhe shū, chuāng
常 常 冻 了 手 脚 。寒冷 的 早晨 我们 读着 书 ，窗

wài liàngliàng de yángguāng yí zhào, wǒmen jiù jí qiè de pànzhe xià kè le.
外 亮 亮 的 阳 光 一 照 ，我们 就 急切 地 盼着 下 课 了 。

Língshēng yì xiǎng, xuéshēngmen fēngyōng ér chū, pǎojìn gān lěng de yáng-
铃 声 一 响 ，学 生 们 蜂 拥 而 出 ，跑进 干 冷 的 阳

guāng lǐ, zhàn zài jiàoshì qián, duòduo jiǎo, jiǎo nuǎn le, jiù yán qiánggēnr
光 里 ，站 在 教室 前 ，跺跺 脚 ，脚 暖 了 ，就 沿 墙 根儿

yí zì páikāi, zhōngjiān zhàn dà gèzi, liǎngbiān rénshù xiāngděng, yìqí wǎng
一字 排开 ，中 间 站 大个子 ，两 边 人数 相 等 ，一齐 往

zhōngjiān jǐ, yǎoyá, gōngtuǐ, hǎn hàozi, jǐdiào le màozi shì gù bù jí jiǎn
中 间 挤 ，咬牙 ，弓 腿 ，喊 号子 ，挤掉 了 帽子 是 顾 不 及 捡

de, bēngduàn le xiàn zuò de yāodài, yě zhǐ néng yìng chēng zhe, yì lái èr qù,
的 ，绷 断 了 线 做 的 腰带 ，也 只 能 硬 撑 着 ，一来二去 ，

身体也就暖和起来，甚至冒出汗来。这种游戏，我们叫挤油儿，天天要做的。

那时做老师的并不反对我们这一活动。记得教我们数学的老师，年龄不大，个头不小，冬天戴一顶油乎乎的破军帽，帽沿儿皱皱巴巴。他教我们学小数时，把0.24读成零点二十四，是过了一天又让我们读作0.24的。他常靠墙根儿一站，两手向自己一挥，"来"，学生们便一拥而上，好像总是挤不动他，上课铃一响，他猛地抽身而去，学生们便倒成一片。

语文老师是上了年纪的，姓余，面黑，不苟言笑，据说私塾底子厚实。他当然不挤油儿了，总是提前走进教室，写一些成语要我们抄背，诸如"爱屋及乌"、"入木三分"之类。开课前总先提问题，我们最怕的就是头十分钟，回答不出来，他就会拿眼瞪你，半天说一句："挤油儿的劲儿呢？站着！"

那时候学生穿的小袄都是自家纺的棉布，

cū cāo, yì huài, zài āo tū bù píng de huáng tǔ qiáng shàng mó bù duō jiǔ,
粗糙，易坏，在凹凸不平的黄土墙上磨不多久，

jiù huì lòuchū hēi huáng de mián xù, huí jiā zǒng shǎo bù liǎo ái mà: "Yòu zài
就会露出黑黄的棉絮，回家总少不了挨骂："又在

qiáng shàng mó yǎngyang le." Hēchì hǎoxiàng bìng méiyǒu jiǎnshǎo le jǐ yóur
墙上磨痒痒了。"呵斥好像并没有减少了挤油

de cìshù, háizi kuàilè qǐlái de shíhou, shénme dōu gǎn wàngjì.
儿的次数，孩子快乐起来的时候，什么都敢忘记。

Zhèshì wǒ tóngnián shídài zuì yǒuqù de yóuxì.
这是我童年时代最有趣的游戏。

（刘宗礼《"挤油"》，《文汇报》1994.4.4，共534字）

作品46号

Zài cāngmáng de dàhǎi shàng, fēng jùjí zhe wūyún. Zài wūyún hé dà-
在苍茫的大海上，风聚集着乌云。在乌云和大

hǎi zhī jiān, hǎiyàn xiàng hēi sè de shǎndiàn gāo'ào de fēixiáng.
海之间，海燕像黑色的闪电高傲地飞翔。

Yíhuìr chìbǎng pèngzhe hǎilàng, yíhuìr jiàn yìbān de zhí chōng yún
一会儿翅膀碰着海浪，一会儿箭一般地直冲云

xiāo, tā jiàohǎnzhe, —— zàizhè niǎo'ér yǒnggǎn de jiàohǎn shēng lǐ, wūyún
霄，它叫喊着，——在这鸟儿勇敢的叫喊声里，乌云

tīngdào le huānlè.
听到了欢乐。

Zài zhè jiàohǎn shēng lǐ, chōngmǎnzhe duì bàofēngyǔ de kěwàng! Zài
在这叫喊声里，充满着对暴风雨的渴望！在

zhè jiàohǎn shēng lǐ, wūyún gǎndào le fènnù de lìliàng、rèqíng de huǒyàn
这叫喊声里，乌云感到了愤怒的力量、热情的火焰

hé shènglì de xìnxīn.
和胜利的信心。

Hǎi'ōu zài bàofēngyǔ dàolái zhī qián shēnyínzhe, shēnyínzhe, zài dàhǎi
海鸥在暴风雨到来之前呻吟着，呻吟着，在大海

上面飞窜，想把自己对暴风雨的恐惧，掩藏到大海深处。

海鸭也呻吟着，——这些海鸭呀，享受不了生活的战斗的欢乐：轰隆隆的雷声就把它们吓坏了。

愚蠢的企鹅，畏缩地把肥胖的身体躲藏在峭崖底下……只有那高傲的海燕，勇敢地、自由自在地、在翻起白沫的大海上面飞翔。

乌云越来越暗，越来越低，向海面上压下来；波浪一边歌唱，一边冲向空中去迎接那雷声。

雷声轰响。波浪在愤怒的飞沫中呼啸着，跟狂风争鸣。看吧，狂风紧紧抱起一堆巨浪，恶狠狠地扔到峭崖上，把这大块的翡翠摔成尘雾和水沫。

海燕叫喊着，飞翔着，像黑色的闪电，箭一般地穿过乌云，翅膀刮起波浪的飞沫。

看吧，它飞舞着像个精灵——高傲的、黑色的暴风雨的精灵，——它一边大笑，它一边高叫……它笑

nà xiē wūyún, tā wèi huānlè ér gāojiào!
那些 乌云,它 为 欢乐 而 高叫!

Zhè ge mǐngǎn de jīnglíng, cóng léishēng de zhènnù lǐ zǎo jiù tīngchū
这个 敏感的 精灵, 从 雷声 的 震怒里早就 听出

kùnfá, tā shēnxìn wūyún zhēbúzhù tàiyáng, —— shì de, zhē bú zhù de!
困乏,它 深信 乌云 遮不住 太阳,——是的,遮 不 住 的!

Fēng zài kuánghǒu…… léi zài hōngxiǎng……
风 在 狂吼……雷在 轰 响……

Yì duīduī de wūyún xiàng qīngsè de huǒyàn, zài wú dǐ de dàhǎi shang
一堆堆的 乌云 像 青色的 火焰,在 无底的大海 上

ránshāo. Dàhǎi zhuāzhù jīnjiàn shì de shǎndiàn, bǎ tā xī miè zài zìjǐ de
燃烧。大海 抓住 金箭似的 闪电,把 它 熄灭 在 自己的

shēnyuān lǐ. Shǎndiàn de yǐngzi, xiàng yì tiáotiáo de huǒshé, zài dàhǎi lǐ
深渊里。闪电的 影子,像 一条条的 火舌,在 大海 里

wānyán fúdòng, yìhuǎng jiù xiāoshī le.
蜿蜒 浮动,一晃 就 消失 了。

—— Bàofēngyǔ! Bàofēngyǔ jiù yào láile!
—— 暴风雨!暴风雨就要来了!

Zhè shì yǒnggǎn de hǎiyàn, zài shǎndiàn zhījiān, zài nùhǒu de dàhǎi
这是 勇敢的 海燕,在 闪电之间,在怒吼的大海

shang gāo'ào de fēixiáng. Zhè shì shènglì de yùyánjiā zài jiàohǎn:
上 高傲地 飞翔。这是 胜利的 预言家在 叫喊:

—— Ràng bàofēngyǔ láide gèng měngliè xiē ba!……
—— 让 暴风雨来得 更 猛烈些吧!……

(高尔基《海燕》九年义务教育三年制初中语文第五册,共578
字)